高等职业教育
新形态创新
系列教材

U0719657

# 会计信息系统实验教程

主　编　刘春明　王　丹　李咏桐
副主编　丁万博　郭文尧

西安交通大学出版社
XI'AN JIAOTONG UNIVERSITY PRESS

**图书在版编目（CIP）数据**

会计信息系统实验教程 / 刘春明，王丹，李咏桐主编. —西安：
西安交通大学出版社，2022.11

ISBN 978 - 7 - 5693 - 2959 - 9

Ⅰ.①会… Ⅱ.①刘… ②王… ③李… Ⅲ.①会计信息-财务管
理系统-高等职业教育-教材 Ⅳ.①F232

中国版本图书馆 CIP 数据核字（2022）第 231874 号

---

Kuaiji Xinxi Xitong Shiyan Jiaocheng

| | |
|---|---|
| 书　　名 | 会计信息系统实验教程 |
| 主　　编 | 刘春明　王　丹　李咏桐 |
| 副 主 编 | 丁万博　郭文尧 |
| 策划编辑 | 杨　璠 |
| 责任编辑 | 杨　璠　王　帆 |
| 责任校对 | 张　欣 |
| 装帧设计 | 伍　胜 |

---

| | |
|---|---|
| 出版发行 | 西安交通大学出版社 |
| | （西安市兴庆南路 1 号　邮政编码 710048） |
| 网　　址 | http：//www.xjtupress.com |
| 电　　话 | (029)82668357　82667874(市场营销中心) |
| | (029)82668315(总编办) |
| 传　　真 | (029)82668280 |
| 印　　刷 | 西安五星印刷有限公司 |

---

| | |
|---|---|
| 开　　本 | 787mm×1092mm　1/16　印张 21　字数 420 千字 |
| 版次印次 | 2022 年 11 月第 1 版　2022 年 11 月第 1 次印刷 |
| 书　　号 | ISBN 978 - 7 - 5693 - 2959 - 9 |
| 定　　价 | 54.60 元 |

---

如发现印装质量问题，请与本社市场营销中心联系。

订购热线：(029)82665248　(029)82667874

投稿热线：(029)82668804

读者信箱：phoe@qq.com

# 前 言
## Preface

本书以用友 ERP‑U8V10.1 软件为平台，以商贸企业一个月的业务活动为主线，业务类型丰富且业务描述以原始单据形式呈现，能够更好地培养学生的会计职业操作能力。

本书主要内容包括：账套和用户管理、公共基础信息设置、单据设置、总账系统核算与管理、应收款管理系统核算与管理、应付款管理系统核算与管理、固定资产管理系统、薪资管理系统、供应链管理系统、UFO 报表系统。

本书为便于教学，以二维码形式将视频嵌入书中，这些资源既可以用于教学，也适用于学生自学，可以为教师教学和学生学习提供极大的便利。在对经济业务案例的处理上，本书依据新会计准则、新税法的有关规定。经济业务以商贸企业为背景，所选业务具有典型性和可操作性。

本书的参考学时为 96 学时，其中实践环节为 60～70 学时，各模块的参考学时参见下面的学时分配表。

| 模块 | 课程内容 | 学时分配 | |
|------|----------|:----:|:----:|
| | | 讲授 | 实训 |
| 模块一 | 账套和用户管理 | 2 | 2 |
| 模块二 | 公共基础信息设置 | 4 | 8 |
| 模块三 | 单据设置 | 2 | 2 |
| 模块四 | 总账系统核算与管理 | 5 | 9 |
| 模块五 | 应收款管理系统核算与管理 | 2 | 4 |
| 模块六 | 应付款管理系统核算与管理 | 2 | 4 |
| 模块七 | 固定资产管理系统 | 2 | 4 |
| 模块八 | 薪资管理系统 | 3 | 5 |
| 模块九 | 供应链管理系统 | 10 | 22 |
| 模块十 | UFO 报表系统 | 2 | 2 |
| 课时总计 | | 34 | 62 |

本书由吉林工程技术师范学院刘春明、长春金融高等专科学校王丹、长春金融高等专科学校李咏桐担任主编，长春金融高等专科学校丁万博、长春金融高等专科学校郭文尧为副主编。模块一、二、三由刘春明老师编写，字数约 12 万字；模块四、五、六由王丹老师编写，字数约 11 万字；模块九、十由李咏桐老师编写，字数约 10 万字；模块七和八由丁万博和郭文尧老师共同编写，字数约 7 万字。全书案例设计由刘春明老师负责。

由于编者水平有限，对实际工作研究不够全面，书中难免存在疏漏，在此，我们期待使用本书的教师和同学不吝指正，以便今后不断改进与完善。

编　者

2022 年 4 月

# 目 录
## Contents

账套是用于存放企业财务和业务数据的特定载体。用友 ERP 软件所提供的是管理平台和管理工具，企业用户在购买软件后必须根据企业的业务管理和核算需要进行个性化的设置，以使软件功能与企业的具体业务相衔接，这就好比从市场上买来了账簿，必须通过立账，在账簿中定义账簿的具体记录内容，才能使账簿真正成为业务核算的载体。

用友 ERP – U8 软件允许同时建立多个账套，一个账套代表一个独立的企业资源管理系统，所以当企业使用用友 ERP – U8 软件时，首先要做的就是建立一个账套来作为企业资源管理的专用系统，依托这个专用系统存放自己的业务数据，并且在业务发生时通过这个专用系统进行操作和数据处理。

# 任务一　企业概况

## 一、企业基本信息

企业名称：吉林×公司(简称×公司)

企业地址：吉林省长春市×街

邮编：130000

法定代表人：刘某某

电话：0431 – 56780000

邮箱：×××@163.com

经营范围：主要从事饮品的批发、零售。

基本存款账户：中国银行×支行(人民币户)

　　　　　　　账号：0001

中国银行×支行(美元户)

账号：0002

纳税人识别号：00001

## 二、案例背景

### (一)科目设置及辅助核算要求

科目设置及辅助核算要求见表1-1。

表1-1　科目设置及辅助核算要求

| 科目设置 | 辅助核算要求 |
|---|---|
| 日记账 | 库存现金、银行存款 |
| 银行账 | 银行存款/工行存款(人民币)、银行存款/工行存款(美元) |
| 客户往来 | 应收票据/银行承兑汇票、应收票据/商业承兑汇票、应收账款(人民币)、应收账款(美元)、预收账款(人民币)、预收账款(美元) |
| 供应商往来 | 在途物资、应付票据/商业承兑汇票、应付票据/银行承兑汇票、应付账款/一般应付账款、应付账款/暂估应付账款(其中，一般应付账款设置为受控于应付系统，暂估应付账款设置为不受控于应付系统)、预付账款/人民币、预付账款/美元、其他应付款/其他单位往来、受托代销商品款 |

### (二)会计凭证的基本规定

为保证财务信息与业务数据的一致性，特此进行如下规定。

(1)企业信息的录入或会计凭证的生成应由企业对应的操作人员完成。

(2)当凭证由财务主管W01李某某审核并记账完成后，发现该笔凭证存在问题，采用红字冲销法，对该笔凭证进行冲销。

(3)能在子系统生成的记账凭证不得在总账系统直接录入。例如，销售类业务，应根据销售合同、销售发票以及销售出库单在销售管理系统中自动生成对应凭证，不得在总账系统中直接录入。

### (三)结算方式

吉林×公司采用的结算方式：现金、支票、托收承付、委托收款、银行汇票、商业汇票、电汇等。

### (四)外币及汇率

吉林×公司按业务发生当日的即期汇率记账，按期末汇率按月计算汇兑损益。

### (五)存货业务的处理

吉林×公司的存货种类包括乳制品、果汁、乳酸菌，除了代销商品以外，其他产品按照存货分类方式进行存放，并且按照实际成本计价原则进行核算，发出采用

"先进先出法"；该公司对存货进行盘点时采用的是永续盘存制。

## (六)财产清查的处理

吉林×公司应于每年年末对财产进行清查，具体包括存货和固定资产，并根据盘点表上提供的数据信息进行盘点，仓储部主管 C01 丁某某审核后再进行处理。

## (七)坏账损失的处理

吉林×公司仅对应收账款计提坏账准备，其他科目暂不计提，计提方法采用余额百分比法，计提比例为 0.5%。

## (八)损益类账户的结转

吉林×公司应于月末结转损益类账户，将其余额结转至"本年利润"账户中，根据业务类型不同，划分为收入类业务和支出类业务，并分别生成凭证。

# 任务二　账套建立与管理

## 一、账套信息建立

建立吉林×公司的新账套，新账套信息如表1-2所示。

表1-2　吉林×公司的新账套基本信息

| 项目 | | 内容 |
| --- | --- | --- |
| 账套信息 | 账套号 | 777 |
| | 账套名称 | 吉林×公司 |
| | 启用会计期 | 2022年1月1日 |
| | 账套存储路径 | 系统默认路径 |
| 单位信息 | 单位名称 | 吉林×公司 |
| | 单位简称 | ×公司 |
| | 纳税人识别号 | 00001 |
| 核算类型 | 本币代码 | RMB |
| | 企业类型 | 商业企业 |
| | 行业性质 | 2007年新会计制度科目 |
| | 账套主管 | 刘某某 |
| | 会计科目 | 按行业性质预设会计科目 |
| 基础信息 | 存货是否分类 | 是 |
| | 客户是否分类 | 是 |
| | 供应商是否分类 | 是 |
| | 是否有外币核算 | 有 |
| 编码方案 | 科目编码 | 4-2-2-2 |
| | 部门编码 | 采用系统默认值 |
| | 收发类别 | 1-2 |
| | 其他编码 | 采用系统默认值 |
| 数据精度 | 各类数据精度 | 采用系统默认值 |
| 系统启用 | 需要立即启用的模块 | 总账、应收款管理、应付款管理、固定资产、薪资管理、采购管理、销售管理、库存管理、存货核算系统，启用时间为2022年1月1日 |

## 二、操作员及权限分工

操作员及权限分工如表1-3所示。

表1-3 操作员及权限分工

| 操作员编号 | 操作员姓名 | 隶属部门 | 职务 | 操作分工 |
|---|---|---|---|---|
| A01 | 刘某某 | 总经办 | 总经理 | 账套主管 |
| W01 | 李某某 | 财务部 | 财务主管 | 审核凭证、查询凭证、总账记账、总账对账及结账、恢复记账前状态、完成 UFO 报表 |
| W02 | 王某某 | 财务部 | 会计 | 应收应付系统权限、存货核算、在凭证处理中整理凭证 |
| W03 | 赵某某 | 财务部 | 出纳 | 总账（出纳签字）、查询总账、查询凭证、应收应付系统的票据管理，收、付款单填制权限（卡片编辑、卡片删除、卡片查询、列表查询），完整的总账—出纳权限 |
| G01 | 张某某 | 采购部 | 采购主管 | 采购管理的全部权限 |
| X01 | 于某某 | 销售部 | 销售主管 | 销售管理的全部权限 |
| C01 | 丁某某 | 仓储部 | 仓库主管 | 库存管理的全部权限、公用目录和公用单据权限 |

## 操作指导

### 1. 登录系统管理

（1）执行【开始】按钮，点击"所有程序"，选择用友 ERPU8-V10.1中的"系统服务"，执行"系统管理"命令，打开"系统管理"窗口。

（2）点击工具栏上的"系统"，选择"注册"命令，系统弹出"登录"窗口。

登录系统管理

（3）在"登录"窗口中输入服务器，此处为默认；输入操作员名称"admin"；密码为空；选择系统默认账套"（default）"，单击【登录】按钮，以系统管理员身份进入系统管理，如图1-1至图1-5所示。

### 2. 增加用户

（1）以系统管理员 admin 的身份登录系统管理，点击工具栏上的【权限】按钮，选择下拉菜单中的"用户"，系统自动弹出"用户管理"窗口。

增加用户

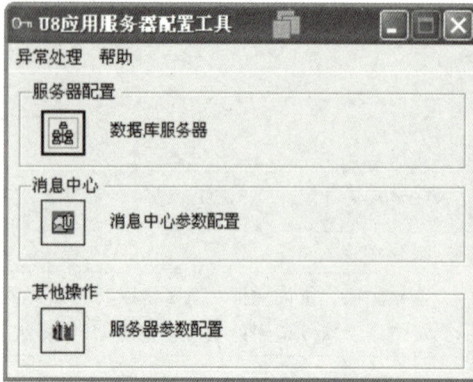

图 1-1 "系统登录"对话框 1

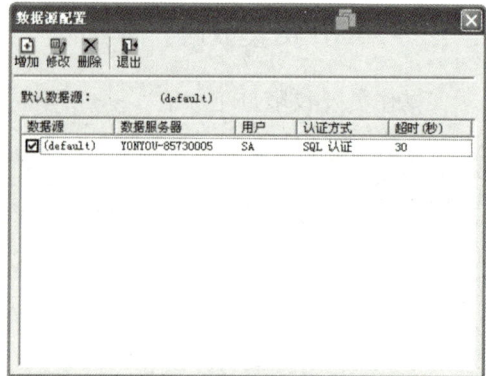

图 1-2 "系统登录"对话框 2

图 1-3 "系统登录"对话框 3

图 1-4 "系统登录"对话框 4

图 1-5 "系统登录"对话框 5

(2)单击工具栏中的【增加】按钮，系统会自动弹出"操作员详细情况"对话框，根据吉林×公司的背景资料依次录入用户的编号、姓名、所属部门、口令等信息，勾选对应的角色编码及名称后，单击操作页面下方的【增加】按钮，继续录入下一条信息，完成添加用户的操作，其操作过程如图 1-6 至图 1-12 所示。

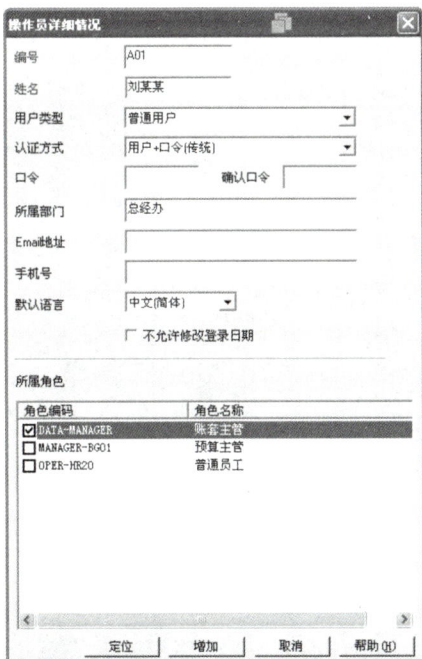

图 1-6 "操作员详细情况"对话框 1

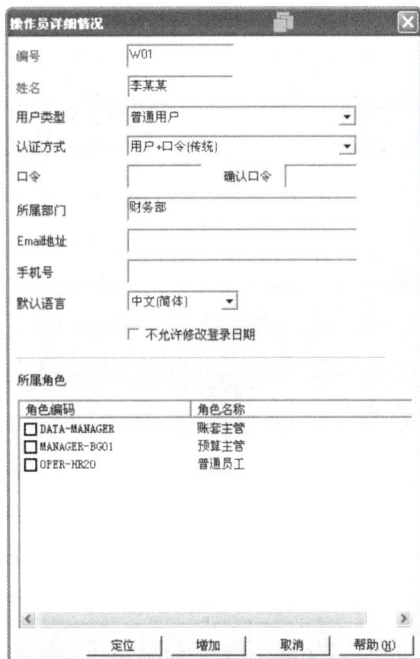

图 1-7 "操作员详细情况"对话框 2

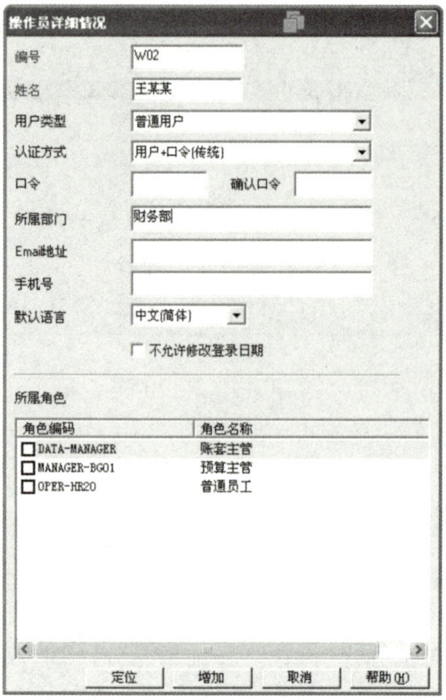

图1-8 "操作员详细情况"对话框3

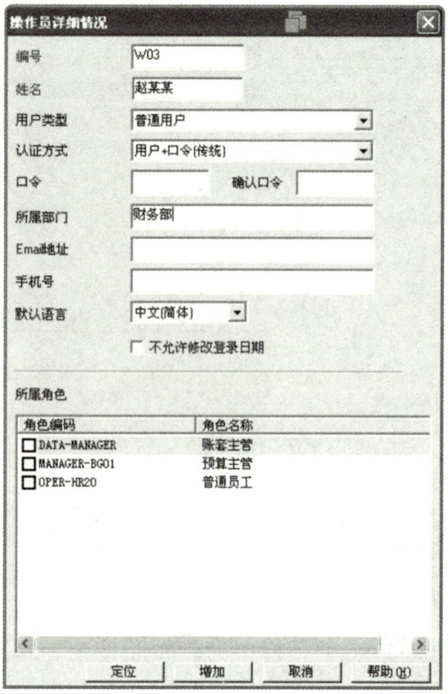

图1-9 "操作员详细情况"对话框4

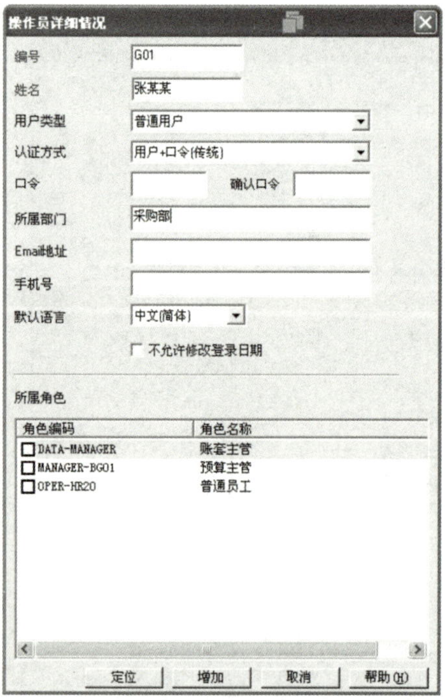

图1-10 "操作员详细情况"对话框5

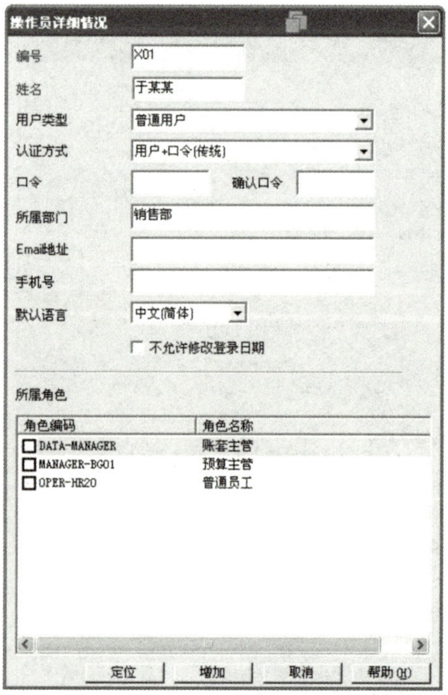

图1-11 "操作员详细情况"对话框6

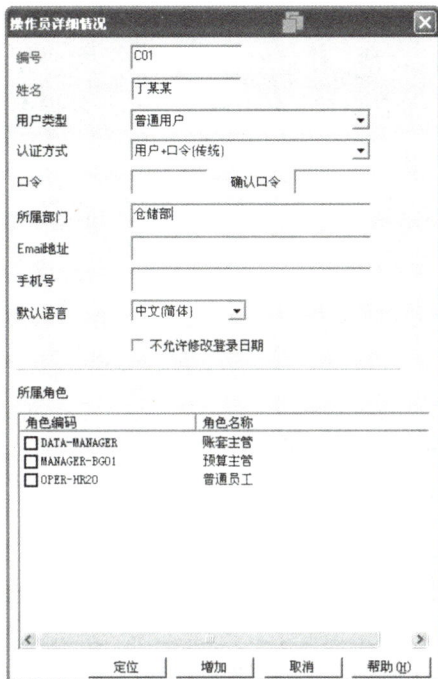

图 1-12 "操作员详细情况"对话框 7

### 3. 建立账套

(1)以系统管理员 admin 的身份登录系统管理，点击工具栏上的【账套】按钮，执行"建立"命令，系统会自动弹出"创建账套—建账方式"对话框，默认选择"新建空白账套"，该页面无须增加任何信息，单击【下一步】按钮，如图 1-13 所示。

图 1-13 "创建账套—建账方式"对话框

建立账套

(2)在"创建账套—账套信息"对话框中，根据吉林×公司的背景资料依次输入相关账套信息，包括账套号"777"、账套名称"吉林×公司"及启用会计期"2022年1月"，此时应注意启用会计期的时间，一旦选定，无法进行更改。核对信息输入无误后，点击页面下方的【下一步】，如图1-14所示。

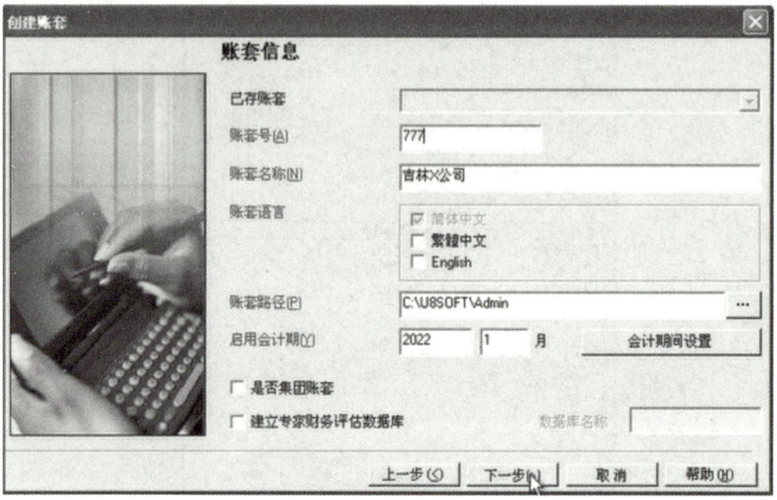

图1-14 "创建账套—账套信息"对话框

(3)系统会自动弹出"创建账套—单位信息"对话框，根据吉林×公司的背景资料依次输入单位名称"吉林×公司"、单位简称"×公司"、单位地址"吉林省长春市×街"、法人代表"刘某某"等信息，核对信息输入无误后，点击页面下方的【下一步】，其具体操作流程如图1-15、图1-16所示。

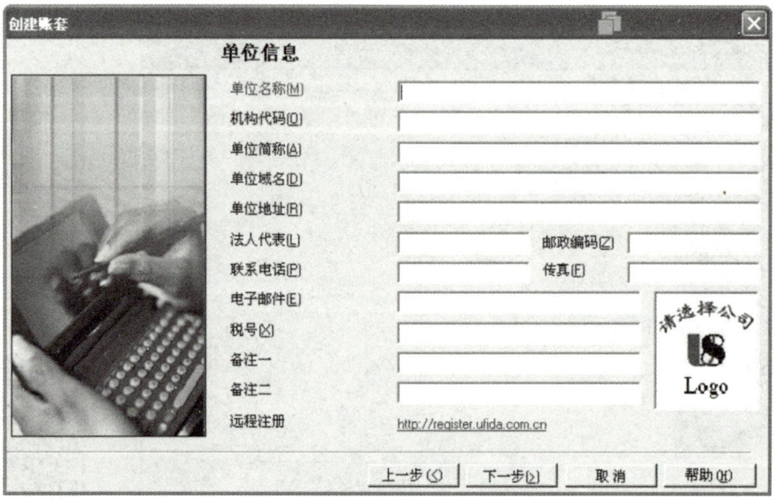

图1-15 "创建账套—单位信息"对话框1

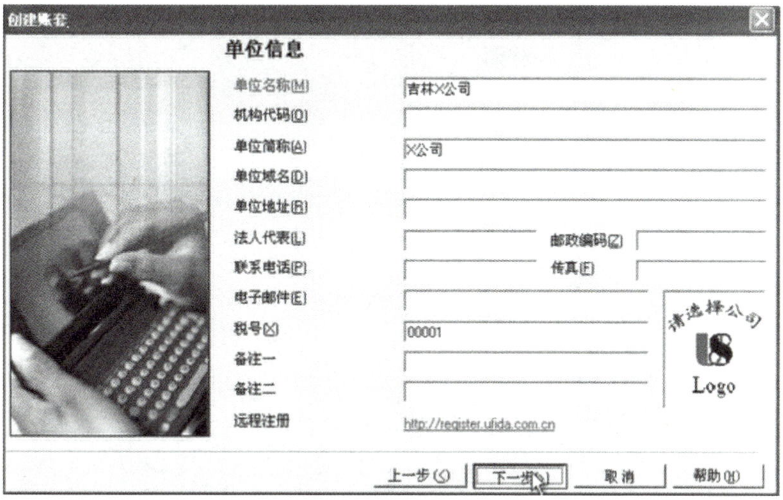

图 1-16 "创建账套—单位信息"对话框 2

（4）系统会自动弹出"创建账套—核算类型"的对话框，更改企业类型为"商业"，行业性质默认不变，应为"2007 年新会计制度科目"，从"账套主管"下拉列表中选择"［A01］刘某某"，勾选"按行业性质预置会计科目（S）"复选框，其他信息按照系统默认进行设置。核对信息输入无误后，点击页面下方的【下一步】，其具体操作流程如图 1-17、图 1-18 所示。

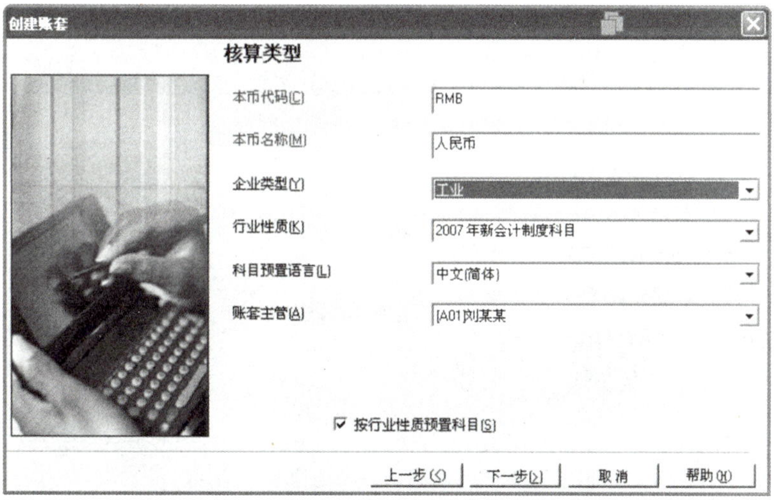

图 1-17 "创建账套—核算类型"对话框 1

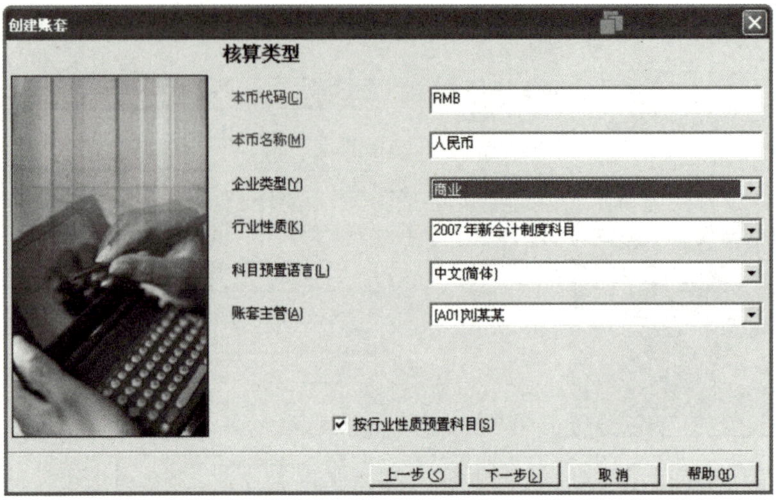

图 1-18 "创建账套—核算类型"对话框 2

（5）系统会自动弹出"创建账套—基础信息"对话框，按照吉林×公司的背景资料，同时勾选"存货是否分类（V）""客户是否分类（C）""供应商是否分类（P）"和"有无外币核算（A）"复选框，核对信息输入无误后，点击页面下方的【下一步】，如图 1-19 所示。

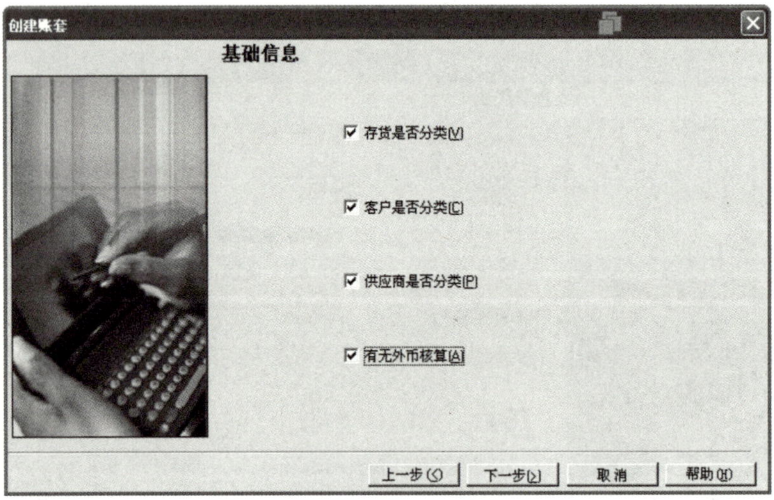

图 1-19 "创建账套—基础信息"对话框

（6）系统会自动弹出"创建账套—开始"对话框，如图 1-20 所示。

图 1-20 "创建账套—开始"对话框

（7）系统提示"可以创建账套了么？"，单击【是】，其操作流程如图 1-21 至图 1-24 所示。

温馨提示

　　当点击完【是】后，系统会自动创建账套。建立账套的时间较长，同学们在操作过程中可以耐心等候。

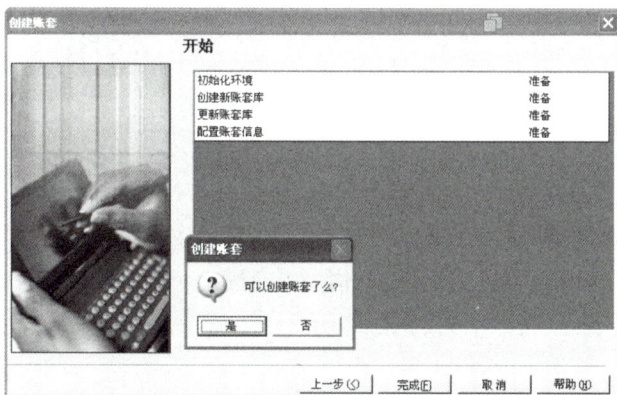

图 1-21 "创建账套"提示框 1

图 1-22 "创建账套"提示框 2

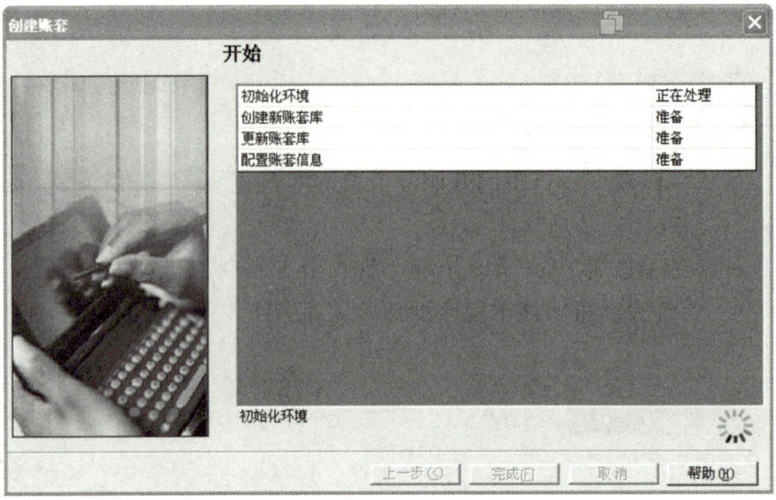

图 1-23 "创建账套"提示框 3

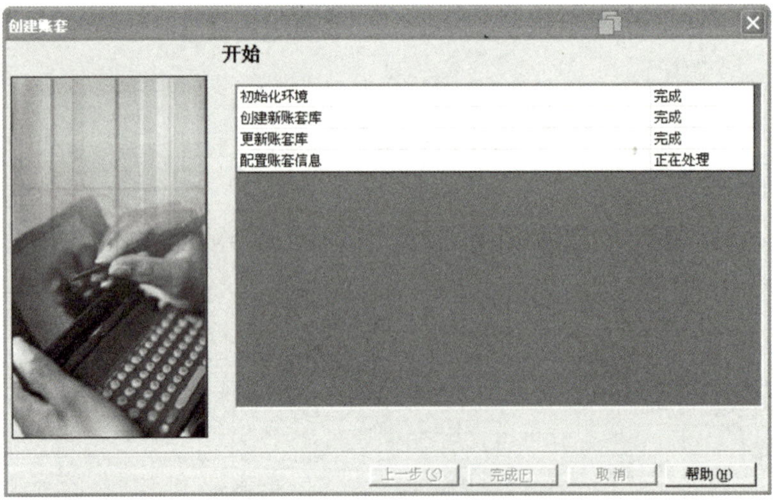

图 1-24 "创建账套"提示框 4

(8)建账完成后，系统会自动打开"编码方案"对话框，按照吉林×公司的背景资料修改分类编码方案。修改完成后，点击页面下方的【确定】按钮，当【确定】按钮处于灰显状态后，再次点击页面下方的【取消】按钮，如图 1-25 所示。

图 1-25 "编码方案"对话框

（9）系统会自动弹出"数据精度"的对话框，根据吉林×公司的背景资料进行修改，点击页面下方的【确定】按钮，其具体操作流程如图 1-26、图 1-27 所示。

图 1-26 "数据精度"对话框 1

图 1-27 "数据精度"对话框 2

（10）系统会自动提示"吉林×公司：［777］建账成功"，点击【是】，其具体操作流程如图 1-28 至图 1-30 所示。

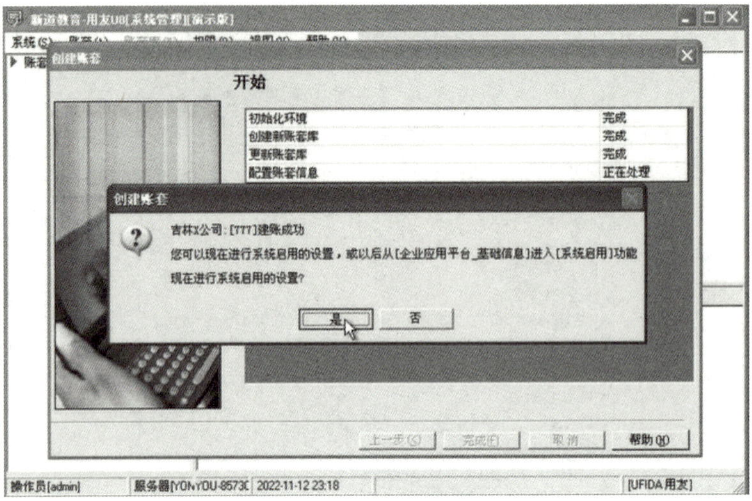

图1-28  建账成功提示框1

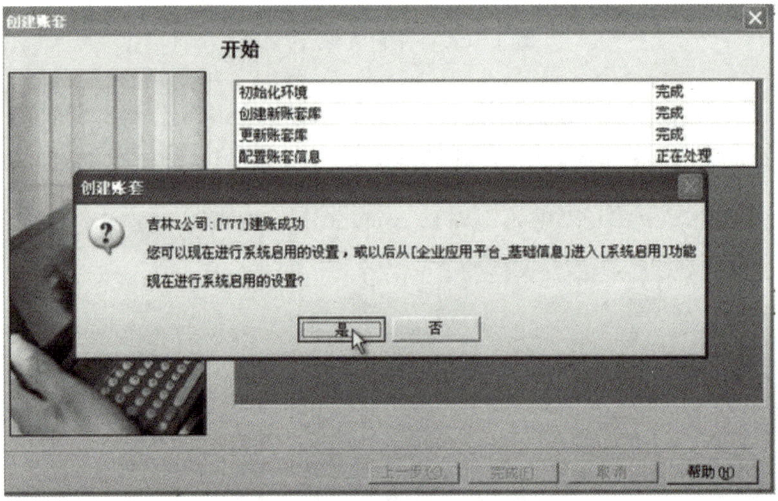

图1-29  建账成功提示框2

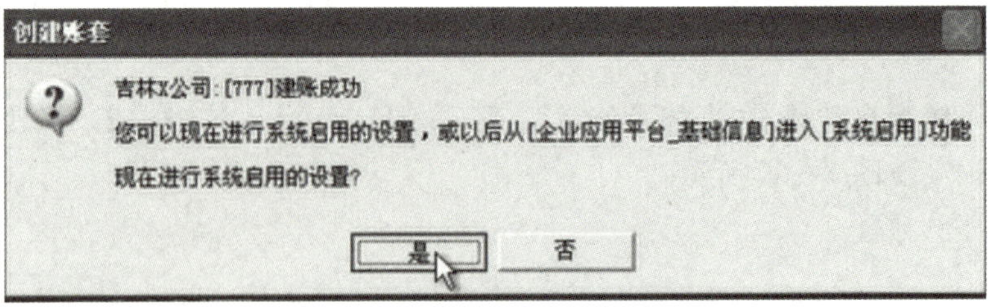

图1-30  建账成功提示框3

（11）当完成上述操作后，系统会自动弹出"系统启用"对话框，按照吉林×公司的背景资料，依次启用"总账""应收款管理""应付款管理""固定资产""薪资管理""采购管理""销售管理""库存管理""存货核算"子系统，启用日期为 2022 年 1 月 1 日，其具体操作流程如图 1－31 至 1－39 所示。

图 1－31 "系统启用"对话框 1

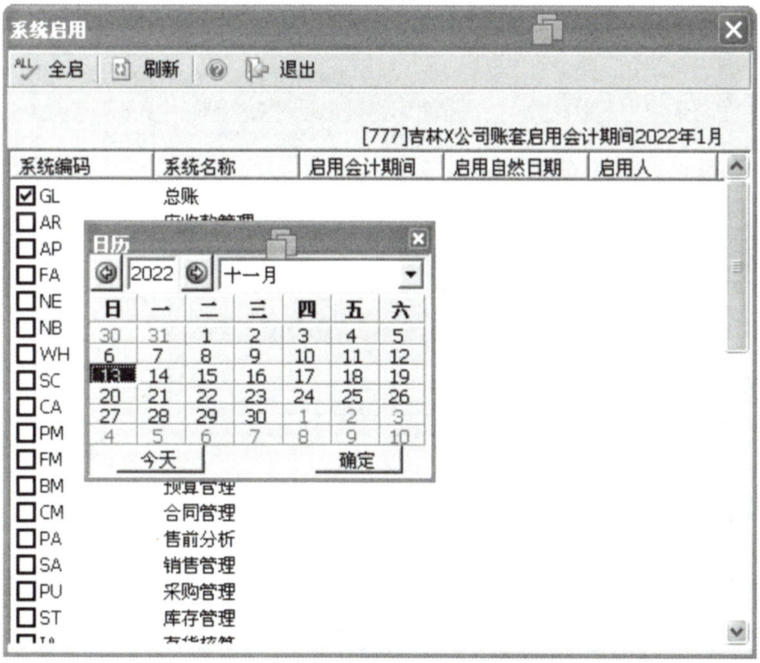

图 1－32 "系统启用"对话框 2

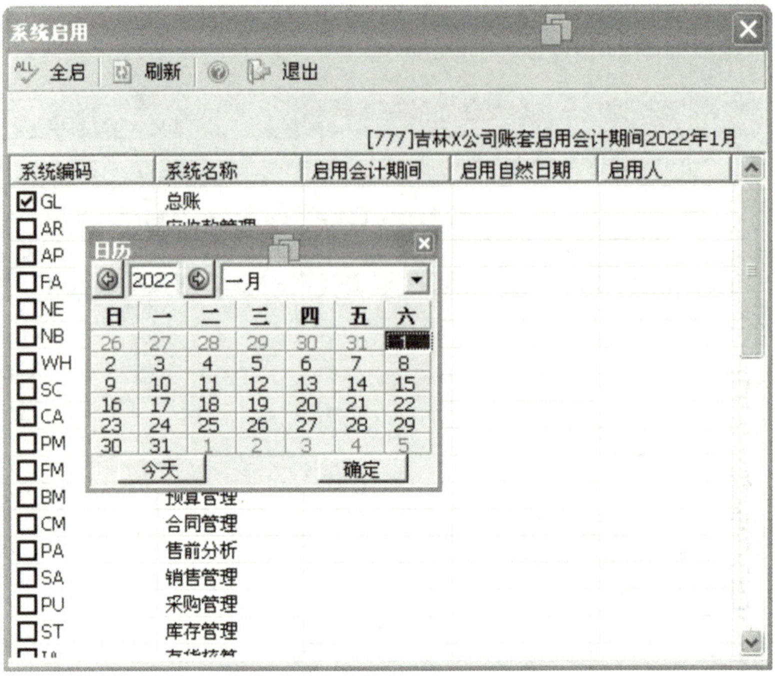

图 1-33　"系统启用"对话框 3

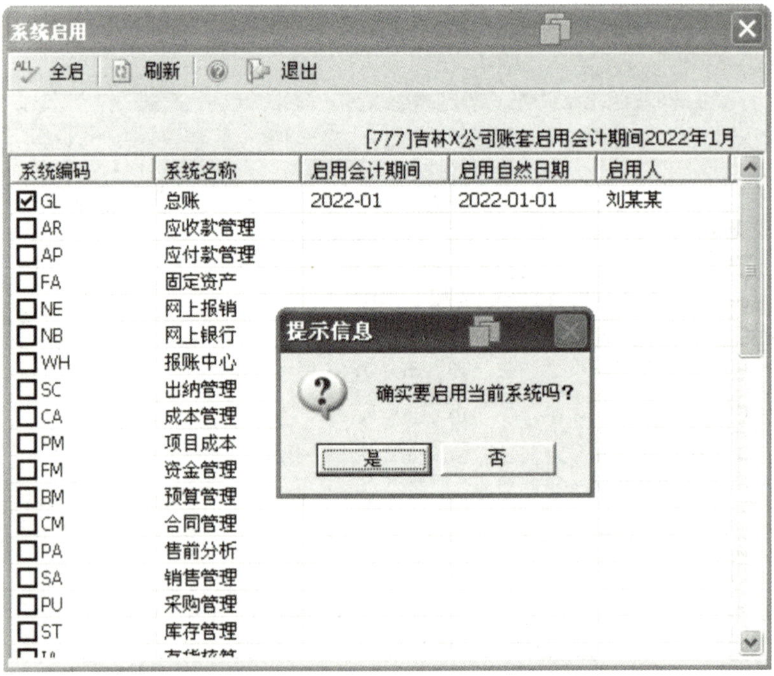

图 1-34　"系统启用"对话框 4

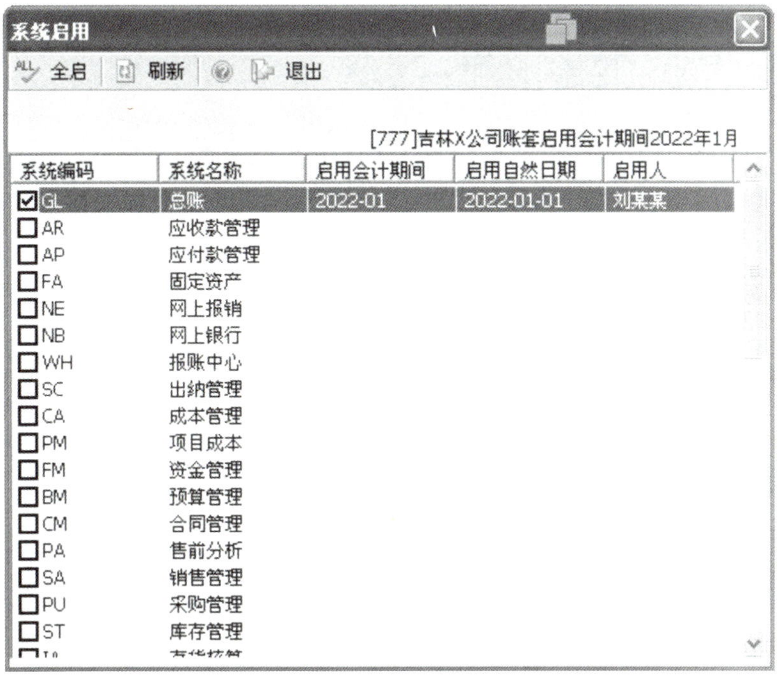

图1-35 "系统启用"对话框5

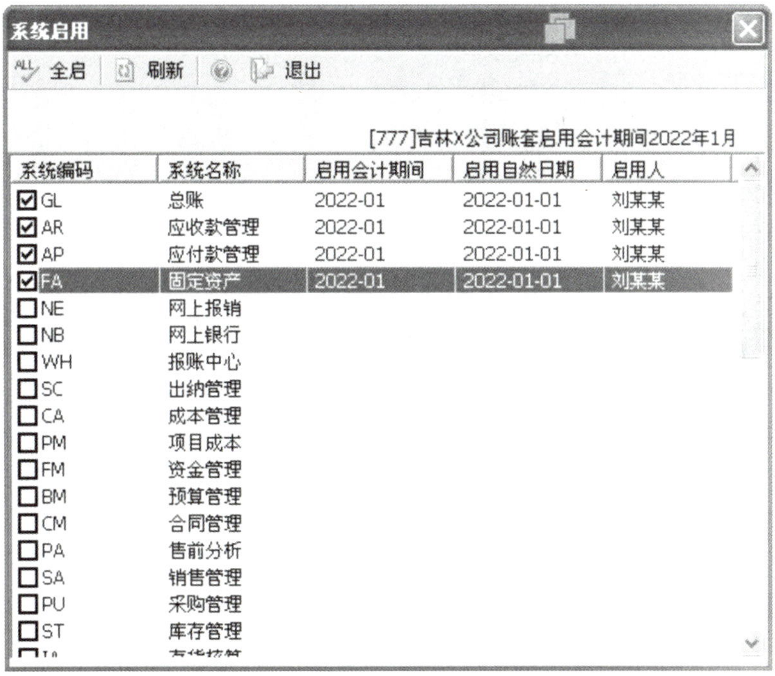

图1-36 "系统启用"对话框6

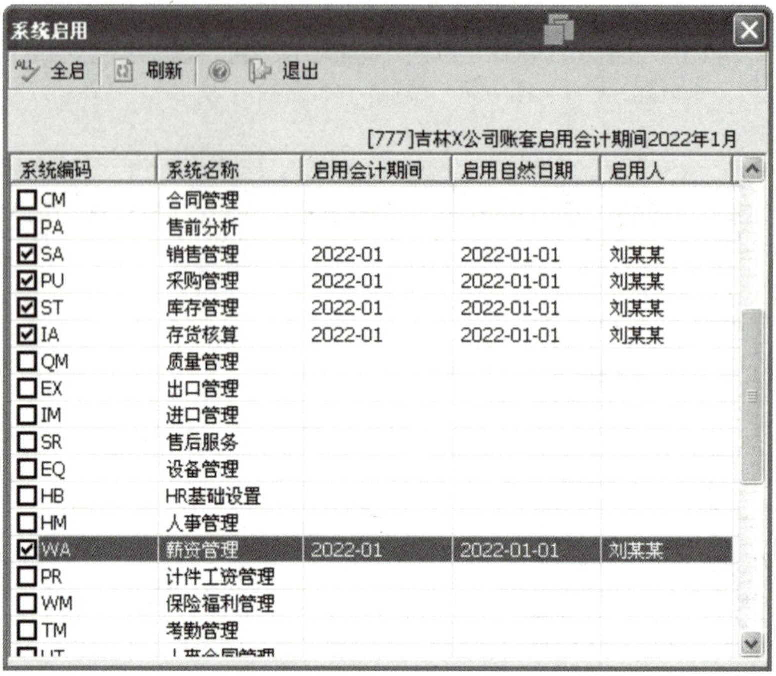

会计信息系统实验教程

图 1-37 "系统启用"对话框 7

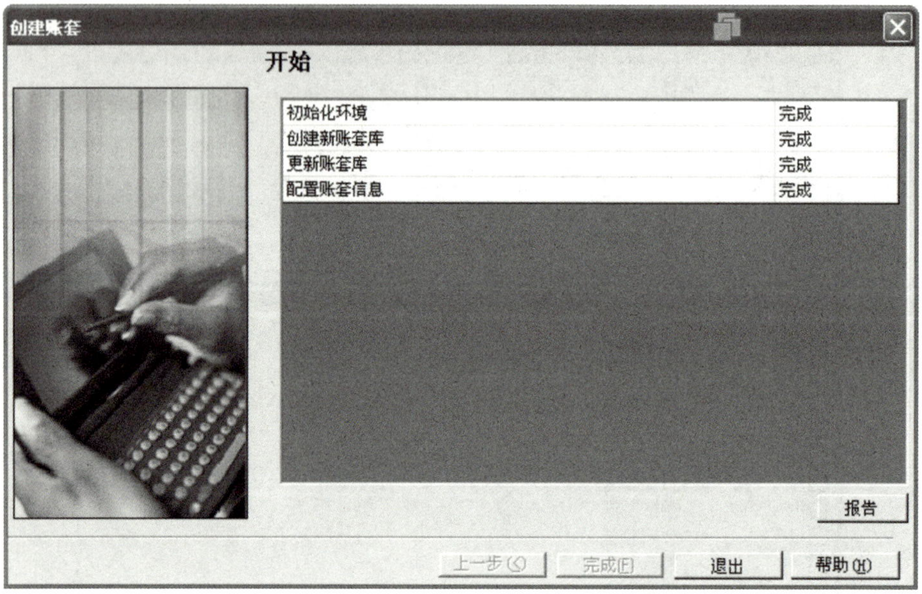

图 1-38 "系统启用"对话框 8

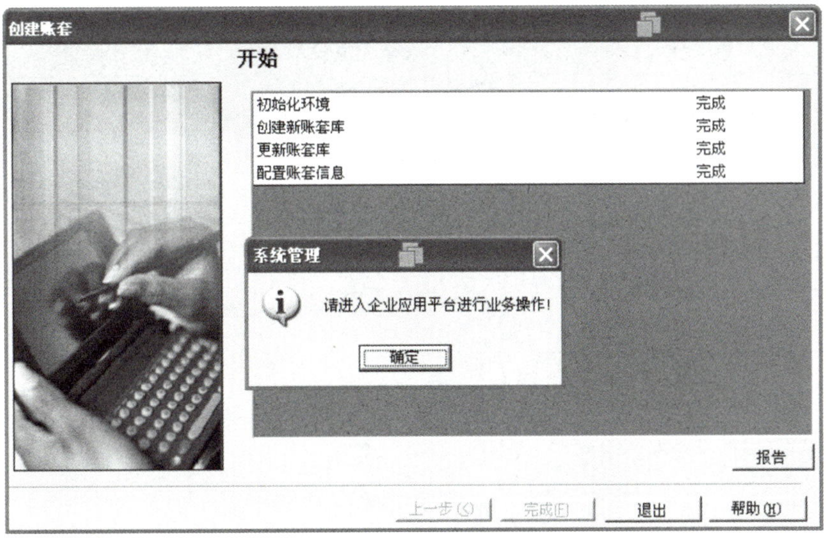

图 1-39 "系统启用"对话框 9

### 4. 设置操作员权限

(1)以系统管理员 admin 的身份登录系统管理，点击工具栏上的【权限】按钮，执行"权限"操作命令，系统会自动弹出"操作员权限"窗口。

(2)在右边的下拉列表中，选择"[777]吉林×公司"账套，时间为"2022—2022"。

(3)在左侧的操作员列表中，选中 W01 李某某操作员，如图 1-40 至 1-46 所示。

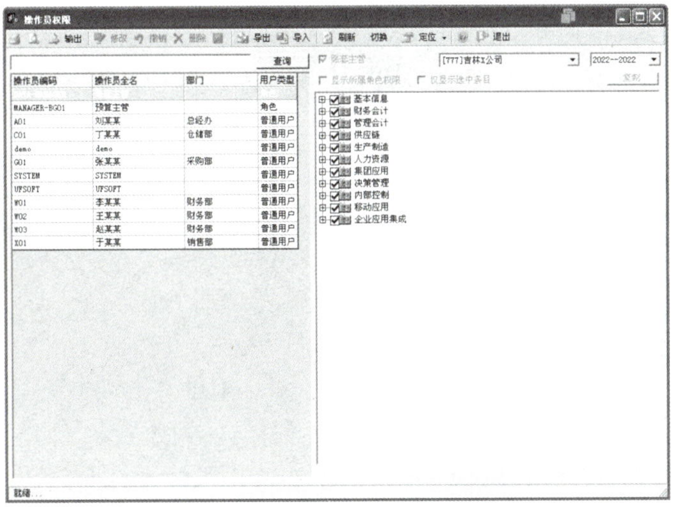

图 1-40 W01 操作员权限窗口 1

设置操作员权限

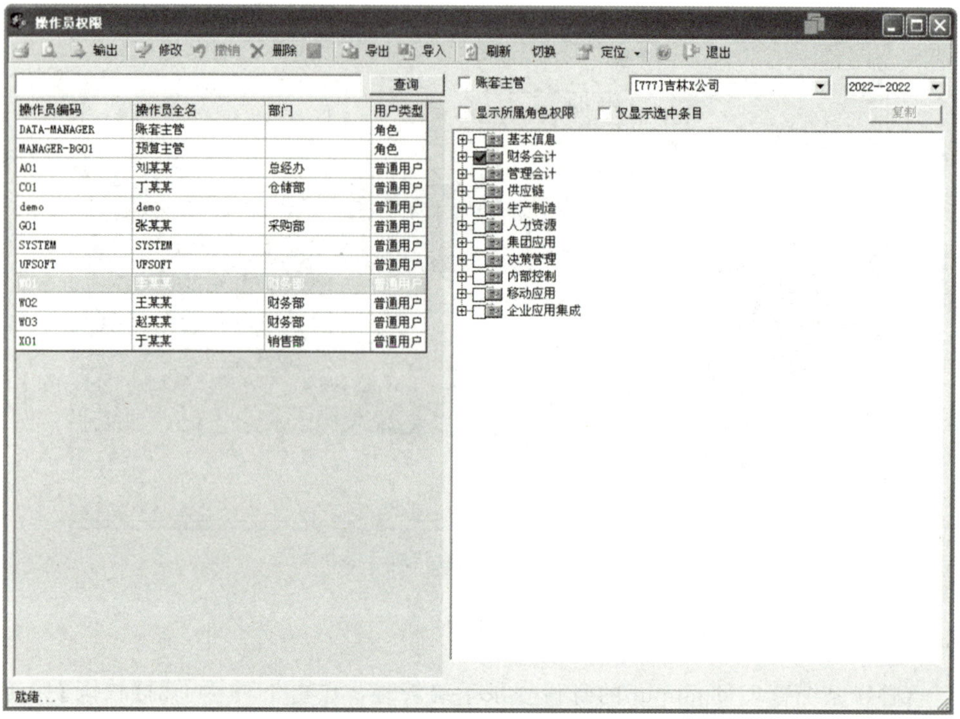

图 1－41　W01 操作员权限窗口 2

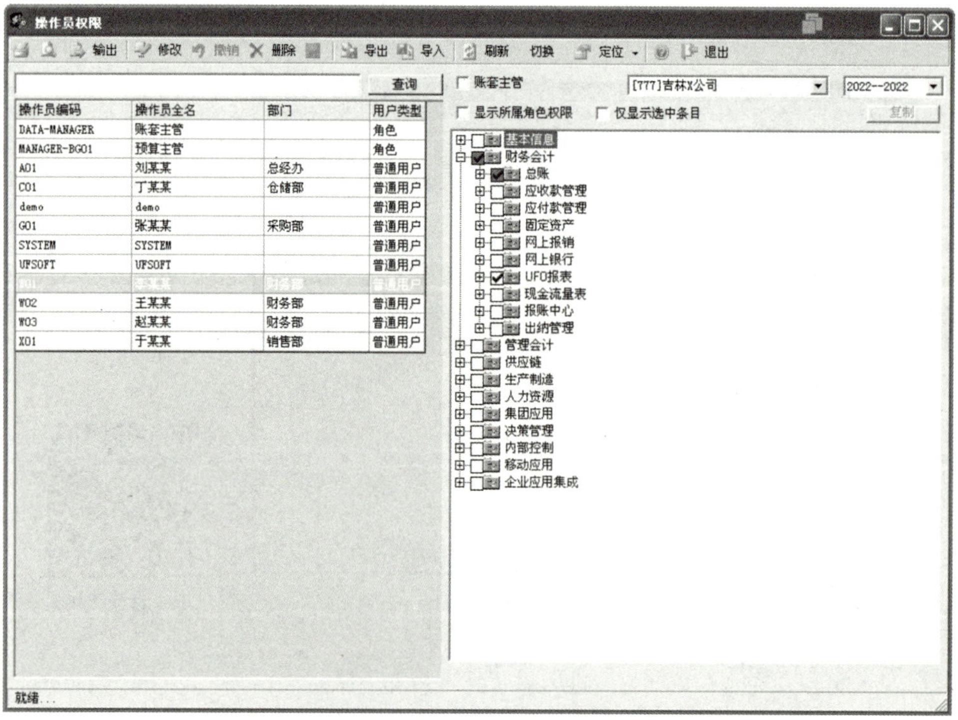

图 1－42　W01 操作员权限窗口 3

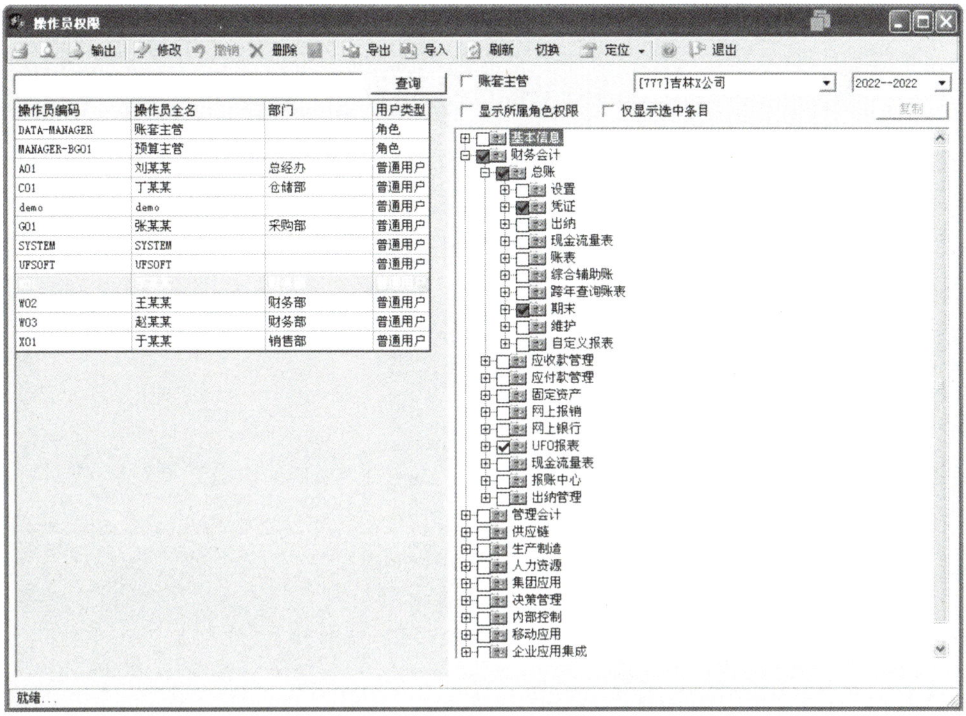

图 1－43　W01 操作员权限窗口 4

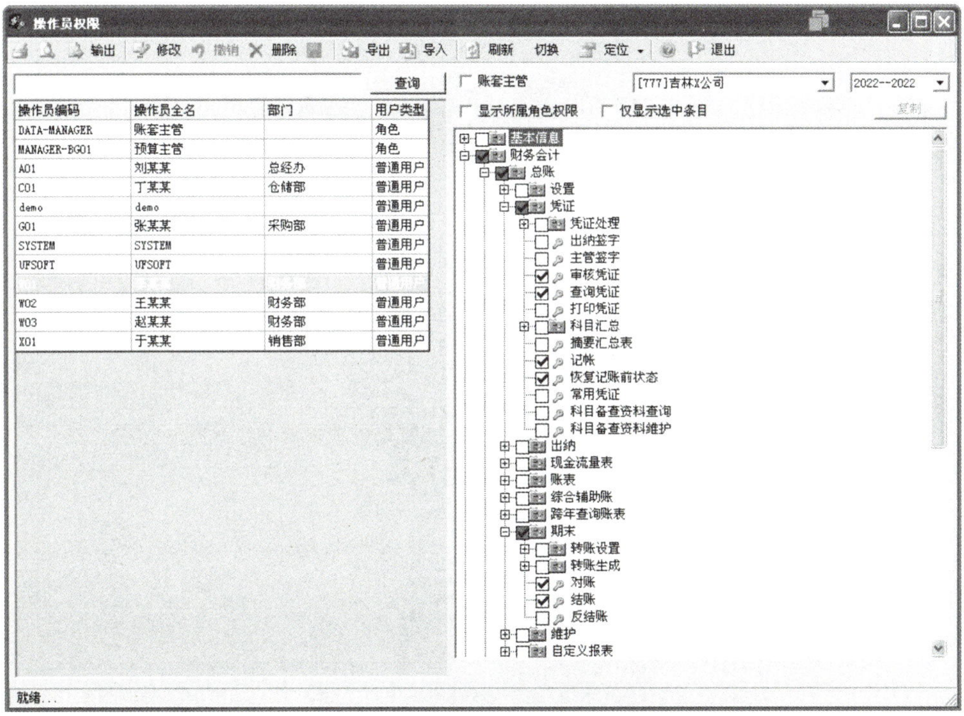

图 1－44　W01 操作员权限窗口 5

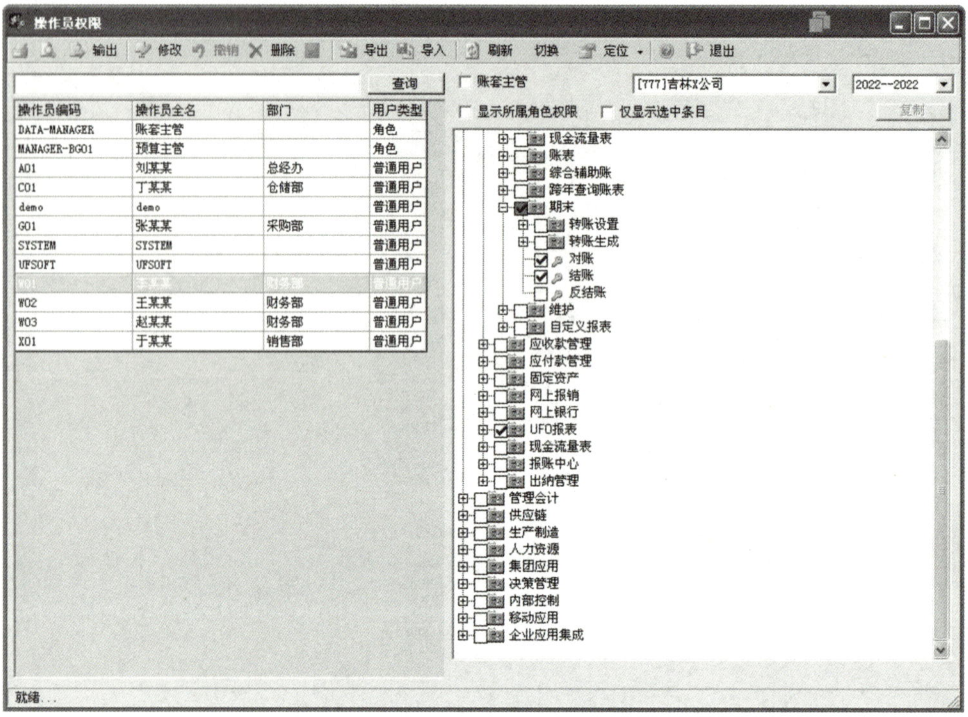

图 1－45　W01 操作员权限窗口 6

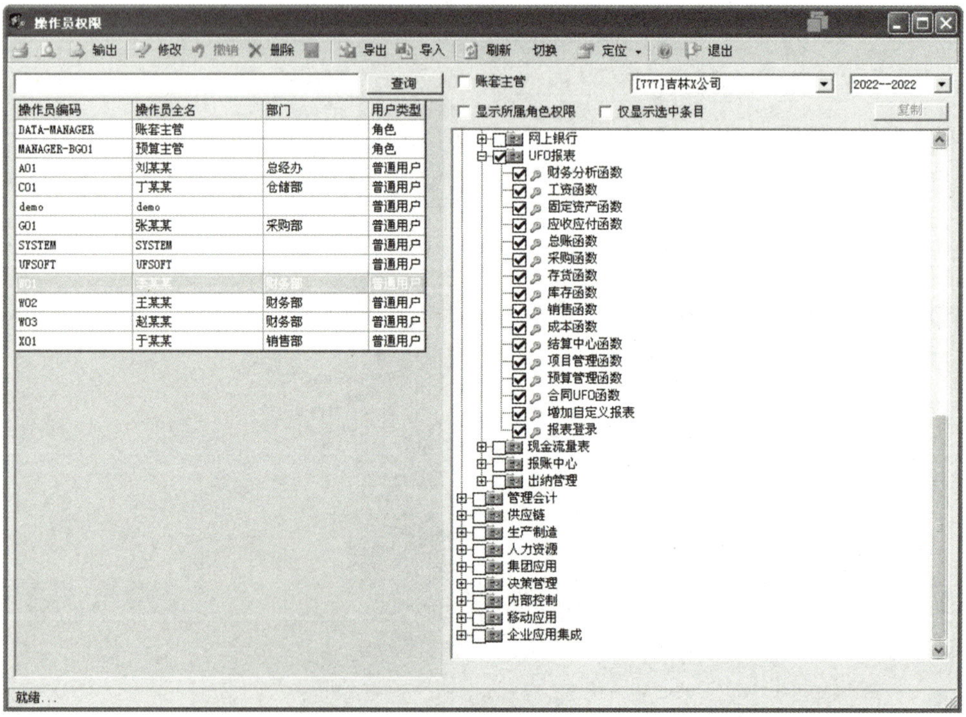

图 1－46　W01 操作员权限窗口 7

(4)选中应该赋予权限人员所在行，单击工具栏上的【修改】按钮。

(5)按照吉林×公司的背景资料依次设置操作员权限。当所有权限都选择完毕后，单击工具栏上的【保存】按钮。

### 5. 账套备份

(1)在"我的电脑"D盘中新建"1-1"的文件夹，如图1-47所示。

(2)以系统管理员admin的身份登录系统管理，点击工具栏上的【账套(A)】按钮，执行【输出(X)】操作命令，系统会自动弹出"账套输出"对话框，其具体操作流程如图1-48至图1-49所示。

图 1-47　新建文件夹

图1-48 "账套—输出"对话框

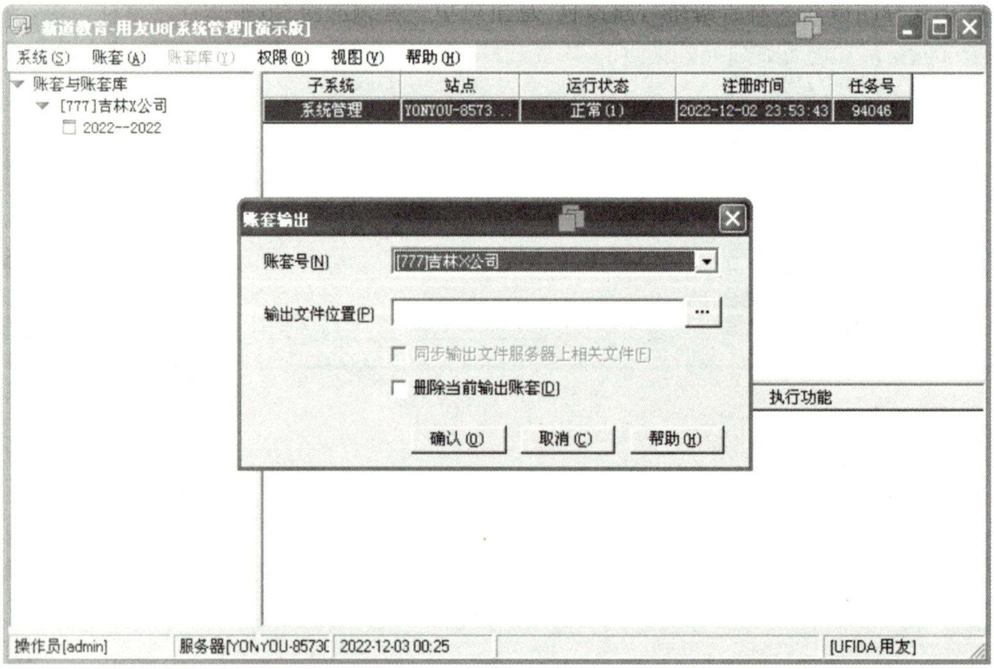

图1-49 "账套—输出"对话框

（3）选择账套号为"［777］吉林×公司"，输出文件位置选择后面的拓展按钮，系统会自动弹出"请选择账套备份路径"对话框，打开 D 盘下建立的"1-1"文件夹，双击保证其处于打开状态。点击【确定】按钮，再点击【确认】，其操作流程如图 1-50、图 1-51 所示。

图 1-50 "请选择账套备份路径"对话框　　　图 1-51 "账套输出"对话框 2

（4）系统弹出"输出成功"信息提示框，单击【确定】按钮，完成账套备份。将 D 盘下建立的"1-1"文件夹，复制粘贴到 U 盘中，其具体操作流程如图 1-52 至图 1-53 所示。

图 1-52 "输出成功"信息提示框 1　　　图 1-53 "输出成功"信息提示框 2

### 6. 引入账套

（1）系统管理员在"系统管理"中注册，执行【账套（A）】—【引入（I）】命令，如图 1-54 所示。

（2）在打开的"请选择账套备份文件"对话框中，找到需要引入的账套文件所在的磁盘和文件夹，单击该文件夹进行选择，选择好目标账套后单击【确定】按钮，如图 1-55 所示。

(3)在弹出的"系统管理"提示框中单击【确定】按钮，在打开的"请选择账套引入的目录"对话框中设置引入路径，可选择系统的默认设置，直接单击【确定】按钮，如图1-56至图1-57所示。

(4)在下一个弹出的是否覆盖提示框中单击【是】按钮，最后单击【确定】按钮。如图1-58至图1-59所示。

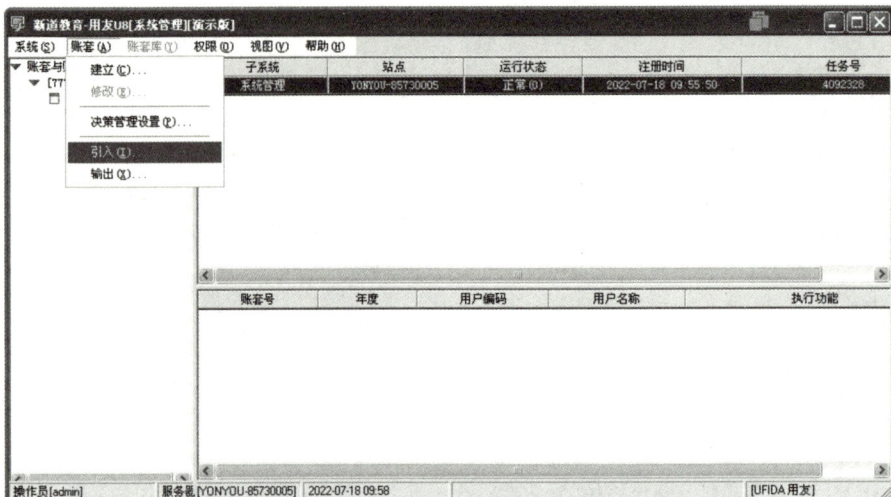

图1-54 "账套—引入"对话框

图1-55 "请选择账套备份文件"对话框

图 1-56 "系统管理"对话框

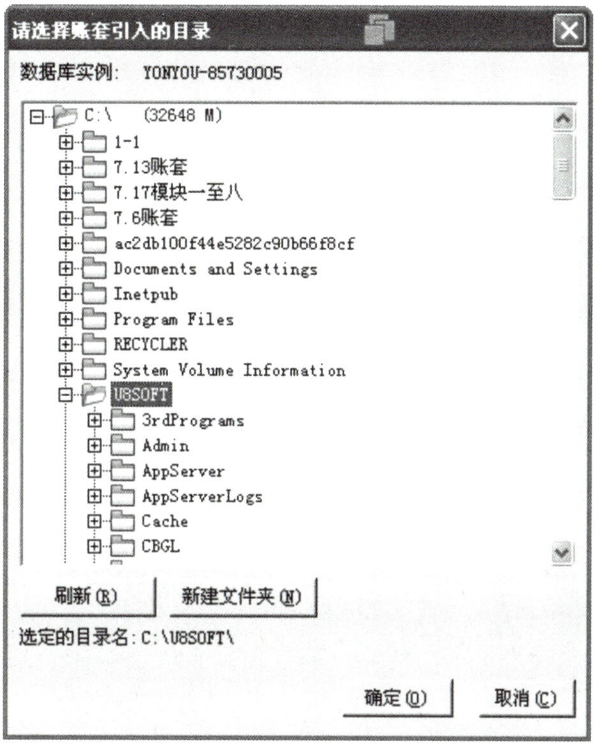

图 1-57 "请选择账套引入目录"对话框

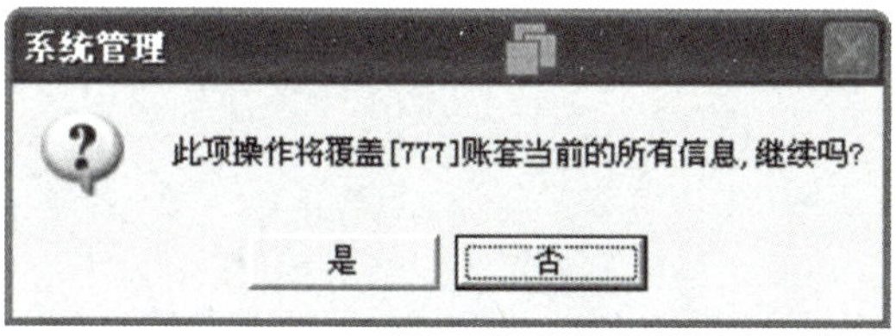

图 1-58 是否覆盖提示框

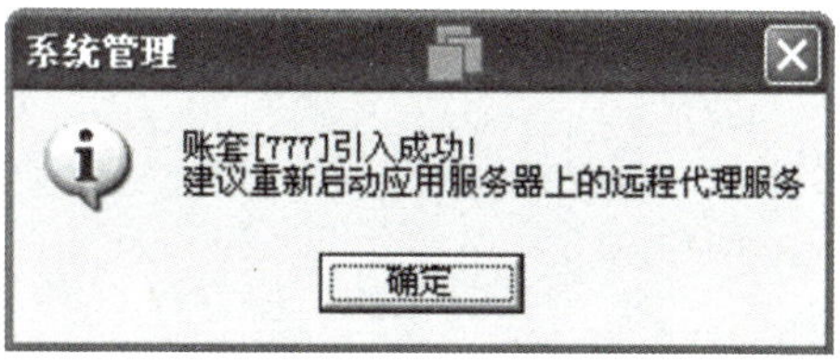

图 1-59 引入成功提示框

　　为了使用友 ERP - U8 管理软件能够成为连接企业员工、用户和合作伙伴的公共平台，使系统资源能够得到高效、合理的使用，在用友 ERP - U8 管理软件中设立了企业应用平台。通过企业应用平台，用户能够从单一入口访向其所需的个性化信息，定义自己的业务工作，并设计自己的工作流程。

　　登录用友 ERP - U8 V10.1 软件平台，如图 2-1 和图 2-2 所示。

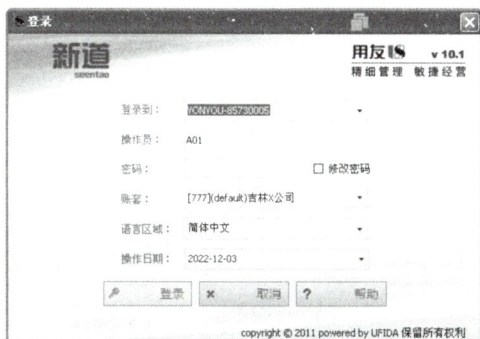

图 2-1 "登录"对话框 1　　　　　　　图 2-2 "登录"对话框 2

# 任务一　设置机构人员信息

## 一、设置部门档案信息

　　部门档案在系统中是使用较为普遍的档案信息，各业务管理系统都需要调用部门档案，在总账系统中，辅助核算也需要调用部门档案。部门档案通常是根据单位的组织结构建立的。由于组织结构具有层次性，所以在建立部门档案时，对部门编码的设置要考虑到相应的组织层次结构，按照组织结构设置部门编码是通常采用的较为简便易记的编码方式。

吉林×公司的部门档案信息如表2-1所示。

表2-1 吉林×公司部门档案信息

| 部门编码 | 部门名称 |
|---|---|
| 1 | 总经办 |
| 2 | 财务部 |
| 3 | 采购部 |
| 4 | 销售部 |
| 5 | 仓储部 |

## 二、设置人员类别信息

设置人员档案是将企业的职员个人资料录入系统，以便在进行业务管理和业务核算时调用。建立人员档案不仅有助于加强财务业务管理，而且也能为企业加强人力资源管理提供参考信息。部门档案是设置人员档案的前提条件，在建立人员档案时，先要对人员进行分类设置，然后才能录入人员档案。

吉林×公司的人员类别信息如表2-2所示。

表2-2 吉林×公司人员类别信息

| 档案编码 | 档案名称 |
|---|---|
| 104 | 管理人员 |
| 105 | 采购人员 |
| 106 | 销售人员 |

吉林×公司的人员档案信息如表2-3所示。

表2-3 吉林×公司人员档案信息

| 人员编码 | 人员名称 | 所属部门 | 人员类别 | 性别 | 是否业务员 | 业务或费用部门 |
|---|---|---|---|---|---|---|
| 101 | 刘某某 | 总经办 | 管理人员 | 女 | 是 | 总经办 |
| 201 | 李某某 | 财务部 | 管理人员 | 女 | 是 | 财务部 |
| 202 | 王某某 | 财务部 | 管理人员 | 女 | 是 | 财务部 |
| 203 | 赵某某 | 财务部 | 管理人员 | 女 | 是 | 财务部 |
| 301 | 张某某 | 采购部 | 采购人员 | 男 | 是 | 采购部 |
| 302 | 关某某 | 采购部 | 采购人员 | 男 | 是 | 采购部 |
| 401 | 于某某 | 销售部 | 销售人员 | 女 | 是 | 销售部 |
| 402 | 周某某 | 销售部 | 销售人员 | 女 | 是 | 销售部 |
| 501 | 丁某某 | 仓储部 | 管理人员 | 男 | 是 | 仓储部 |

# 操作指导

### 1. 设置部门档案信息

点击页面左下方的【基础设置】按钮，选择【基础档案】，点击【机构人员】，执行【部门档案】命令，系统会自动弹出"部门档案"对话框。按照吉林×公司的背景资料，依次输入部门档案信息，其具体操作流程如图2-3至图2-7所示。

设置部门档案信息

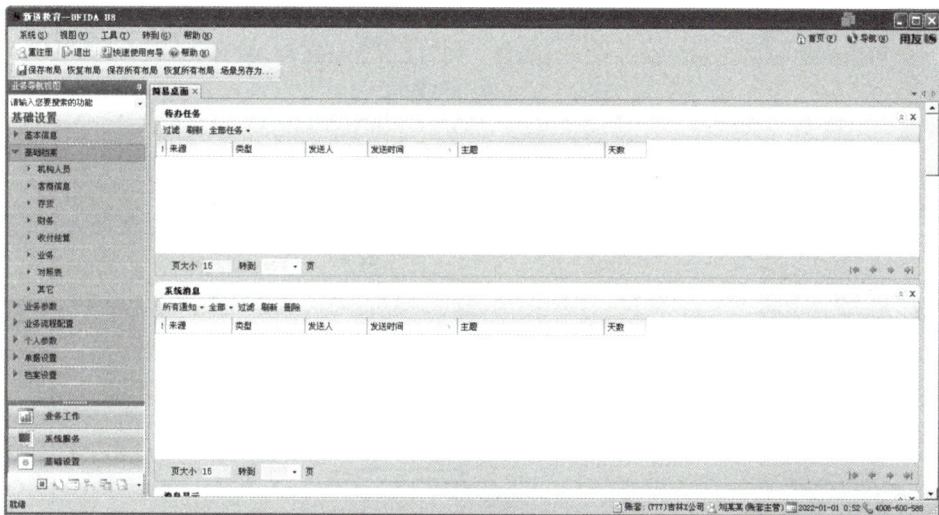

图2-3 选择基础档案

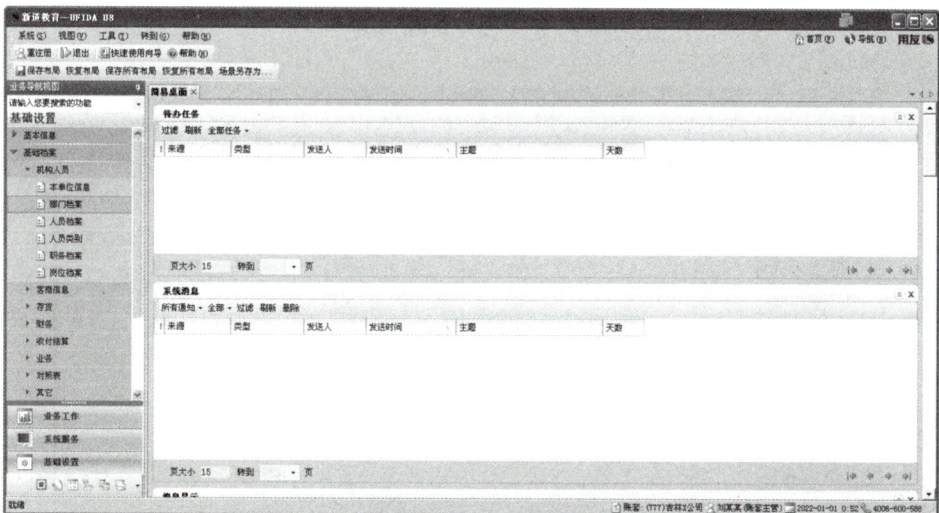

图2-4 "部门档案"窗口1

图 2-5 "部门档案"窗口 2

图 2-6 "部门档案"窗口 3

图 2-7 "部门档案"窗口 4

## 2. 设置人员类别信息

点击页面左下方的【基础设置】按钮，选择【基础档案】，点击【机构人员】，执行【人员类别】命令，系统会自动弹出“人员类别”对话框。按吉林×公司的资料输入人员类别信息，操作流程如图 2-8 至图 2-10 所示。

设置人员类别信息

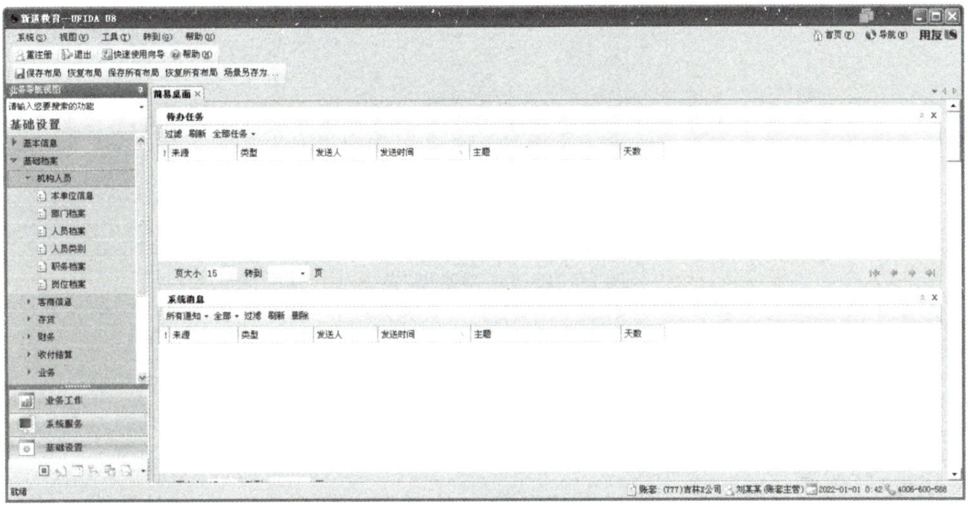


图 2-8 选择基础档案

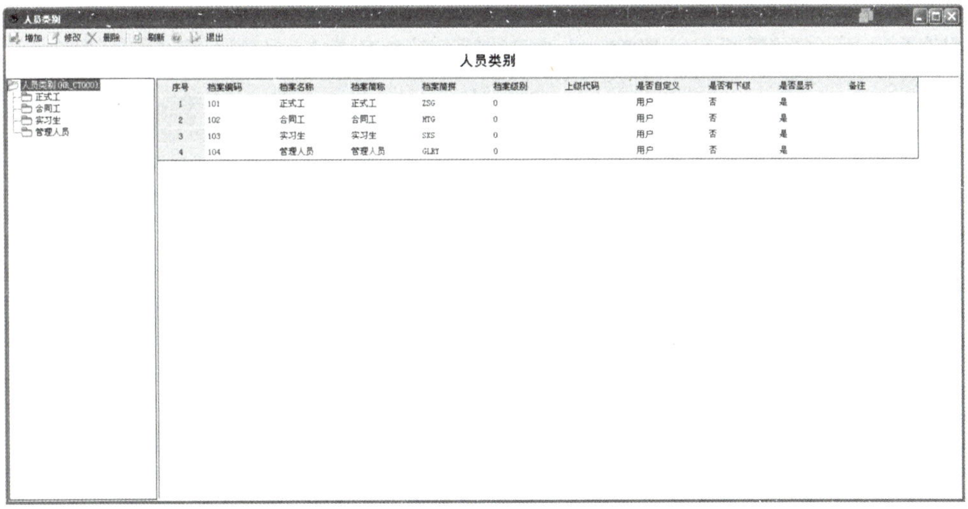


| 序号 | 档案编码 | 档案名称 | 档案简称 | 档案简拼 | 档案级别 | 上级代码 | 是否自定义 | 是否有下级 | 是否显示 | 备注 |
|---|---|---|---|---|---|---|---|---|---|---|
| 1 | 101 | 正式工 | 正式工 | ZSG | 0 | | 用户 | 否 | 是 | |
| 2 | 102 | 合同工 | 合同工 | HTG | 0 | | 用户 | 否 | 是 | |
| 3 | 103 | 实习生 | 实习生 | SXS | 0 | | 用户 | 否 | 是 | |
| 4 | 104 | 管理人员 | 管理人员 | GLRY | 0 | | 用户 | 否 | 是 | |

图 2-9 “人员类别”窗口 1

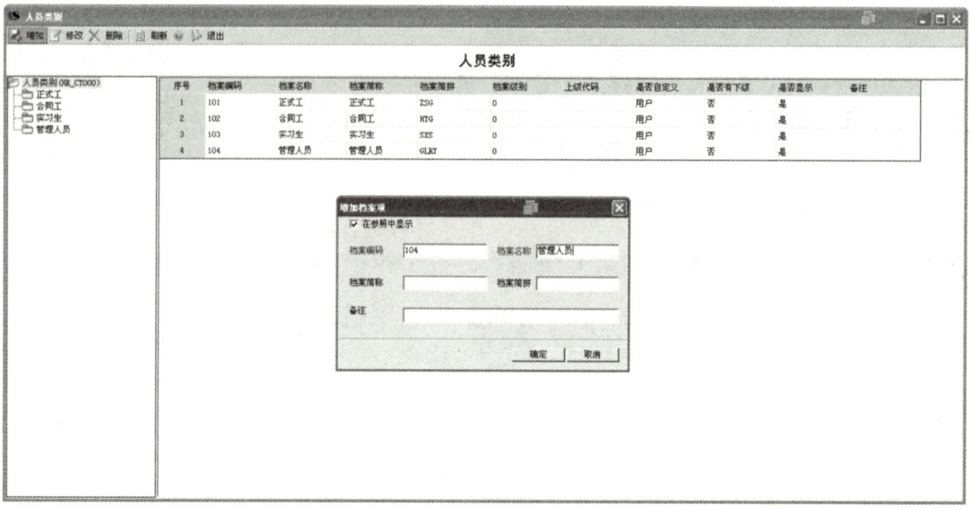

图 2-10 "人员类别"窗口 2

### 3. 设置人员档案信息

点击页面左下方的【基础设置】按钮，选择【基础档案】，点击
【机构人员】，执行【人员档案】命令，系统会自动弹出"人员列表"
对话框。按照吉林×公司的背景资料，依次输入人员档案信息，
操作过程如图 2-11 至图 2-14 所示。

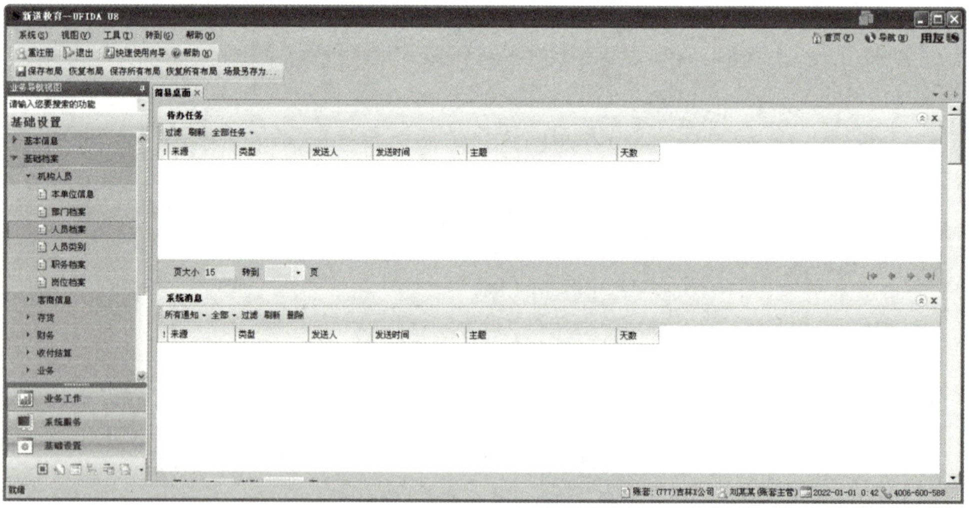

设置人员档案信息

图 2-11 选择基础档案

图 2-12 "人员列表"窗口 1

图 2-13 "人员档案"窗口

图 2-14 "人员列表"窗口 2

# 任务二　设置客商信息

客户档案和供应商档案主要用于录入往来客户和供应商的信息资料，以便对客户和供应商进行管理和业务分析。

如果企业的客户数量较少，一般不需要对客户进行分类管理，可以直接设置相关客户档案；如果企业的客户规模庞大，为了更有效地对客户进行管理和分析，一般需按一定的标准对客户进行分类，如按区域、按消费级别、按职业等都是常见的有助于对客户进行业务管理的分类方法。由此，在设置了客户分类的前提下，设置客户档案也需分两个阶段进行。首先需在系统中建立客户分类，然后才能在客户分类的基础上建立客户档案。

## 一、地区分类设置

吉林×公司的地区分类信息如表 2-4 所示。

表 2-4　吉林×公司地区分类信息

| 地区分类编码 | 地区分类 |
| --- | --- |
| 01 | 吉林 |
| 02 | 黑龙江 |
| 03 | 辽宁 |
| 04 | 内蒙古 |
| 05 | 浙江 |
| 06 | 北京 |

## 二、客户分类设置

吉林×公司的客户分类信息如表 2-5 所示。

表 2-5　吉林×公司客户分类信息

| 客户分类编码 | 客户分类 |
| --- | --- |
| 01 | 超市类 |
| 02 | 商贸类 |
| 03 | 零售商店 |

## 三、客户档案设置

吉林×公司的客户档案信息如表 2-6 所示。

表 2-6　吉林×公司客户档案信息

| 客户编码 | 客户名称 | 客户简称 | 所属分类 | 所属地区 | 税号 | 地址电话 | 所属银行 | 开户银行 | 账号 | 分管部门 | 分管业务员 |
|---|---|---|---|---|---|---|---|---|---|---|---|
| 0001 | 长春A集团股份有限公司 | A | 超市 | 吉林 | 01000 | 长春市A路 | 中国银行 | 中国银行A支行 | 01000 | 销售部 | 于某某 |
| 0002 | B购物广场 | B | 超市 | 吉林 | 02000 | 长春市B路 | 中国银行 | 中国银行B支行 | 02000 | 销售部 | 于某某 |
| 0003 | C超市 | C | 超市 | 吉林 | 03000 | 长春市C路 | 中国银行 | 中国银行C支行 | 03000 | 销售部 | 于某某 |
| 0004 | D商贸公司 | D | 商贸 | 吉林 | 04000 | 长春市D路 | 中国银行 | 中国银行D支行 | 04000 | 销售部 | 周某某 |
| 0005 | E商贸公司 | E | 商贸 | 吉林 | 05000 | 长春市E路 | 中国银行 | 中国银行E支行 | 05000 | 销售部 | 周某某 |
| 0006 | F进出口公司 | F | 商贸 | 吉林 | 06000 | 长春市F路 | 中国银行 | 中国银行F支行 | 06000 | 销售部 | 周某某 |
| 0007 | G便利店 | G | 零售商店 | 吉林 | 07000 | 长春市G路 | 中国银行 | 中国银行G支行 | 07000 | 销售部 | 周某某 |
| 0008 | H有限公司 | H | 商贸 | 辽宁 | 08000 | 沈阳市H路 | 中国银行 | 中国银行H支行 | 08000 | 销售部 | 周某某 |

## 四、供应商分类设置

吉林×公司的供应商分类信息如表 2-7 所示。

表 2-7　吉林×公司供应商分类信息

| 供应商分类编码 | 供应商分类 |
|---|---|
| 01 | 商品 |
| 01001 | 乳制品 |
| 01002 | 果蔬汁 |
| 01003 | 乳酸菌 |
| 02 | 其他 |

## 五、供应商档案设置

吉林×公司的供应商档案信息如表 2-8 所示。

表 2－8　吉林×公司供应商档案信息

| 供应商编码 | 供应商名称 | 供应商简称 | 所属分类 | 所属地区 | 税号 | 地址电话 | 所属银行 | 开户银行 | 账号 | 分管部门 | 分管业务员 |
|---|---|---|---|---|---|---|---|---|---|---|---|
| 0001 | 内蒙古P实业集团股份有限公司 | P | 01001 | 内蒙古 | 09000 | 内蒙古P路 | 中国银行 | 中国银行P支行 | 09000 | 采购部 | 张某某 |
| 0002 | Q乳业集团股份有限公司 | Q | 01001 | 内蒙古 | 01100 | 内蒙古Q路 | 中国银行 | 中国银行Q支行 | 01100 | 采购部 | 张某某 |
| 0003 | T股份有限公司 | T | 01002 | 浙江 | 01200 | 浙江省杭州市T路 | 中国银行 | 中国银行T支行 | 01200 | 采购部 | 张某某 |
| 0004 | 杭州S集团有限公司 | S | 01003 | 浙江 | 01300 | 浙江省杭州市S路 | 中国银行 | 中国银行S支行 | 01300 | 采购部 | 关某某 |
| 0005 | W集团投资控股有限公司 | W | 02 | 北京 | 01400 | 北京市W路 | 中国银行 | 中国银行W支行 | 01400 | 采购部 | 关某某 |

# 操作指导

## 1．设置地区分类

点击页面左下方的【基础设置】按钮，选择【基础档案】，点击【客商信息】，执行【地区分类】命令，系统会自动弹出"地区分类"对话框。按照吉林×公司的背景资料，依次输入地区分类信息，操作过程如图 2－15 至图 2－17 所示。

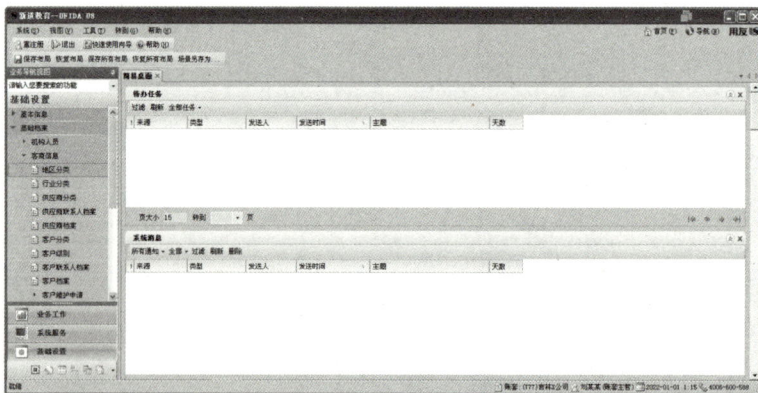

设置地区分类

图 2－15　选择基础档案

图 2-16 "地区分类"窗口 1

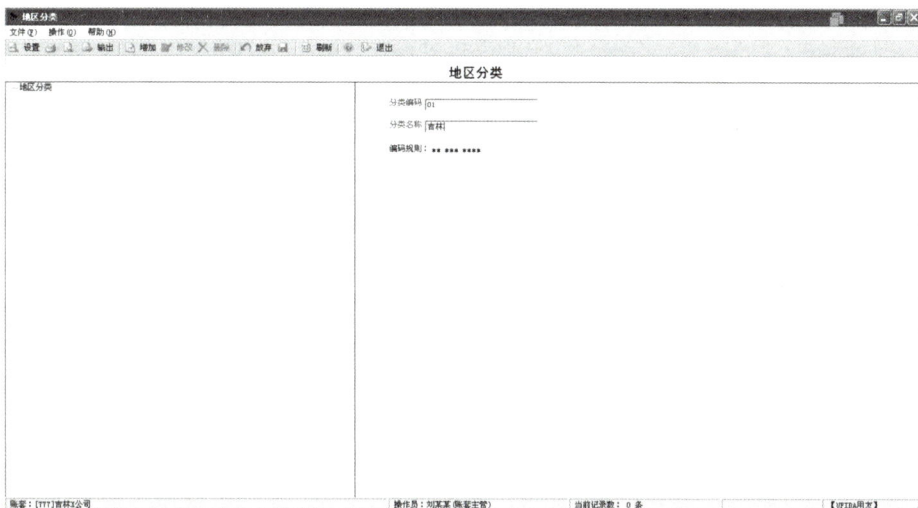

图 2-17 "地区分类"窗口 2

### 2. 设置客户分类

点击页面左下方的【基础设置】按钮，选择【基础档案】，点击【客商信息】，执行【客户分类】命令，系统会自动弹出"客户分类"对话框。按照吉林×公司的背景资料，依次输入客户分类信息，操作过程如图 2-18 至图 2-19 所示。

设置客户分类

图 2-18 "客户分类"窗口 1

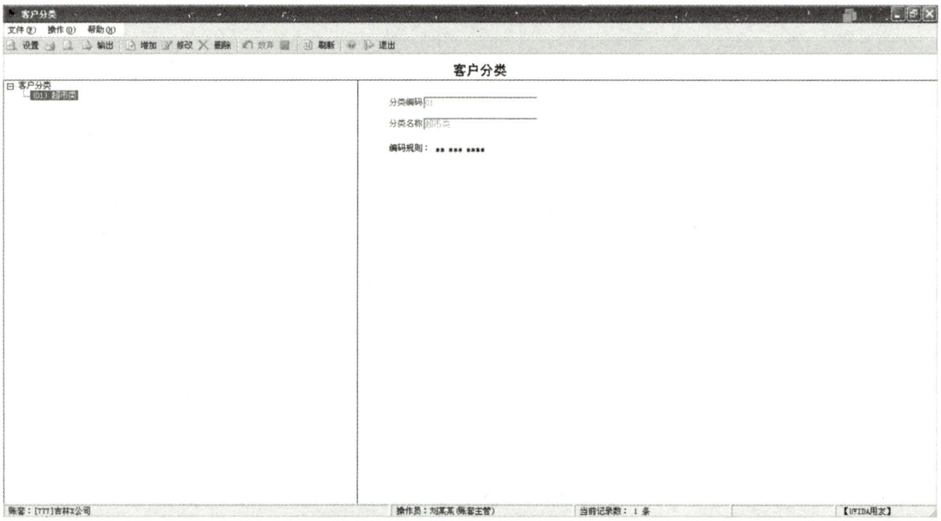

图 2-19 "客户分类"窗口 2

### 3. 设置客户档案

点击页面左下方的【基础设置】按钮，选择【基础档案】，点击
【客商信息】，执行【客户档案】命令，系统会自动弹出"客户档案"对
话框。按照吉林×公司的背景资料，依次输入客户档案。点击工具
栏上的【银行】按钮，系统会自动弹出"客户银行档案"窗口，录入对
应客户银行信息，其具体操作流程如图 2-20 至图 2-25 所示。

设置客户档案

图 2-20 "客户档案"窗口

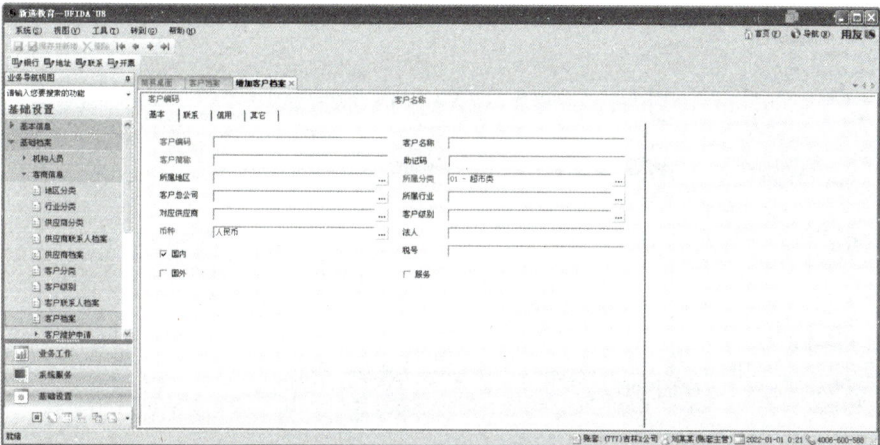

图 2-21 增加客户档案 1

图 2-22 增加客户档案 2

图 2-23　增加客户档案 3

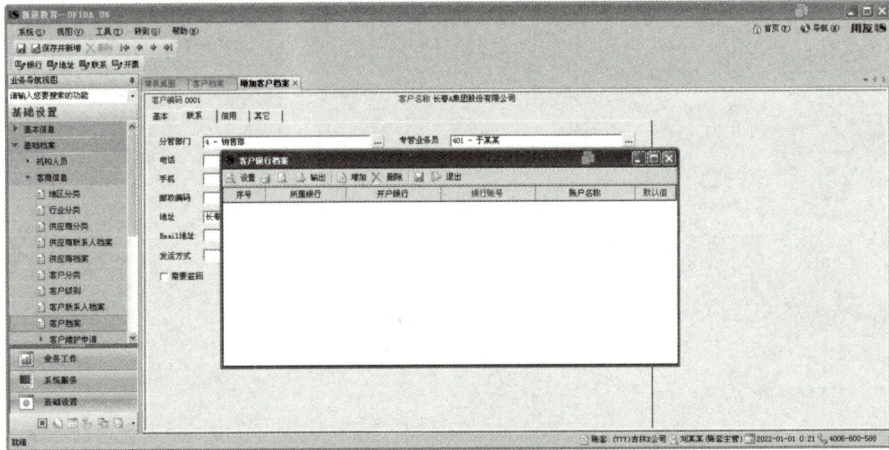

图 2-24　客户银行档案 1

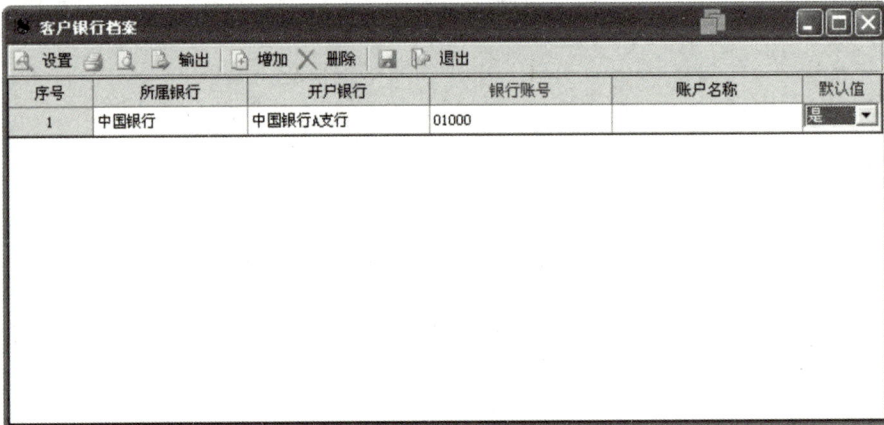

图 2-25　客户银行档案 2

### 4. 设置供应商分类

点击【客商信息】，执行【供应商分类】命令，系统会自动弹出"供应商分类"对话框。按照吉林×公司的背景资料，依次输入供应商分类信息，其具体操作流程如图2－26至图2－27所示。

设置供应商分类

图2－26 "供应商分类"窗口1

图2－27 "供应商分类"窗口2

### 5. 设置供应商档案

点击【客商信息】，执行【供应商档案】命令，系统会自动弹出"供应商档案"对话框。按照吉林×公司的背景资料，点击工具栏上的【增加】按钮，依次输入供应商档案，其具体操作流程如图2－28至图2－32所示。

设置供应商档案

图 2-28 "供应商档案"窗口

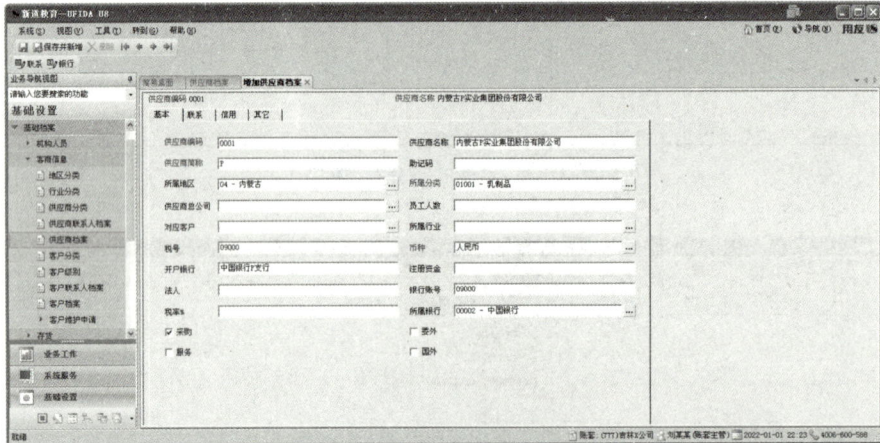

图 2-29 增加供应商档案 1

图 2-30 增加供应商档案 2

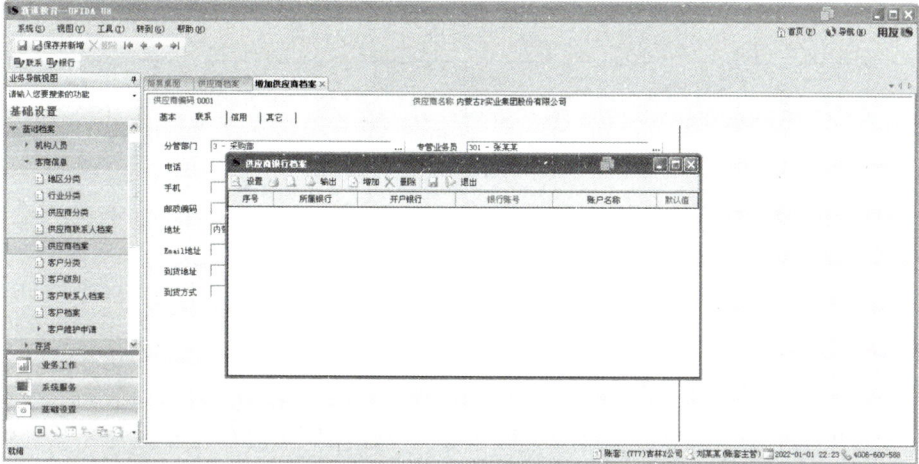

图 2‑31　供应商银行档案 1

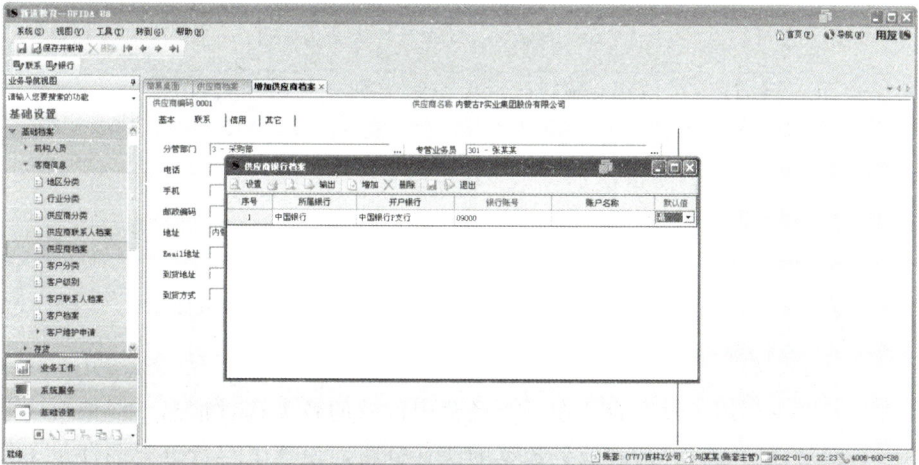

图 2‑32　供应商银行档案 2

# 任务三　设置存货信息

## 一、存货分类设置

吉林×公司的存货分类信息如表 2‑9 所示。

表 2-9　吉林×公司存货分类信息

| 分类编码 | 分类名称 |
|---|---|
| 01 | 商品 |
| 0101 | 乳制品 |
| 0102 | 果蔬汁 |
| 0103 | 乳酸菌 |
| 02 | 其他 |

## 二、存货计量单位设置

设置单位主要用于对应存货的实物计量。设置计量单位首先要设置好计量单位组，然后在组下再增加具体的计量单位资料。

吉林×公司的存货计量单位信息如表 2-10 所示。

表 2-10　吉林×公司存货计量单位信息

| 计量单位组编码 | 计量单位组名称 | 计量单位组类别 | 计量单位编码 | 计量单位 |
|---|---|---|---|---|
| 01 | 自然单位 | 无换算 | 01 | 箱 |
| | | | 02 | 个 |
| | | | 03 | 千米 |
| | | | 04 | 次 |

## 三、存货档案设置

存货档案主要用于设置企业在生产经营中涉及的各类存货信息，以便对这些存货进行资料管理、实物管理和业务数据的统计分析，设置了存货分类和计量单位之后，才能设置存货档案。

吉林×公司的存货档案信息如表 2-11 所示。

表 2-11　吉林×公司存货档案信息

| 分类编码 | 所属类别 | 存货编码 | 存货名称 | 计量单位 | 税率 | 规格 | 存货属性 |
|---|---|---|---|---|---|---|---|
| 0101 | 乳制品 | 010101 | 001 纯牛奶 | 箱 | 13% | 1×10 | 外购、内销 |
| | | 010102 | 002 纯牛奶 | 箱 | 13% | 1×10 | 外购、内销 |
| 0102 | 果蔬汁 | 010201 | 003 混合果蔬汁 | 箱 | 13% | 1×15 | 外购、内销 |
| | | 010202 | 004 橙汁 | 箱 | 13% | 1×24 | 外购、内销 |
| | | 010203 | 005 西柚汁 | 箱 | 13% | 1×15 | 外购、内销 |
| | | 010204 | 006 乌龙茶 | 箱 | 13% | 1×15 | 外购、内销 |
| | | 010205 | 007 运动饮料 | 箱 | 13% | 1×15 | 外购、内销、受托代销 |

续表

| 分类编码 | 所属类别 | 存货编码 | 存货名称 | 计量单位 | 税率 | 规格 | 存货属性 |
|---|---|---|---|---|---|---|---|
| 0103 | 乳酸菌 | 010301 | 008 乳酸菌 | 箱 | 13% | 1×15 | 外购、内销 |
| | | 010302 | 009 乳酸菌 | 箱 | 13% | 1×32 | 外购、内销 |
| 02 | 其他 | 0201 | 运输费 | 千米 | 9% | — | 外购、内销、应税劳务 |
| | | 0202 | 代销手续费 | 次 | 6% | — | 外购、内销、应税劳务 |

## 操作指导

### 1. 设置存货分类

点击【存货】，执行【存货分类】命令，系统会自动弹出"存货分类"对话框。按照吉林×公司的背景资料，依次输入存货分类信息，其具体操作流程如图 2-33 至图 2-34 所示。

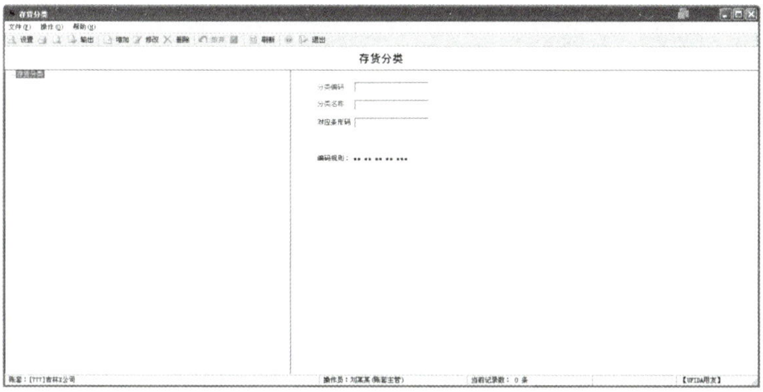

图 2-33 "存货分类"窗口 1

设置存货分类

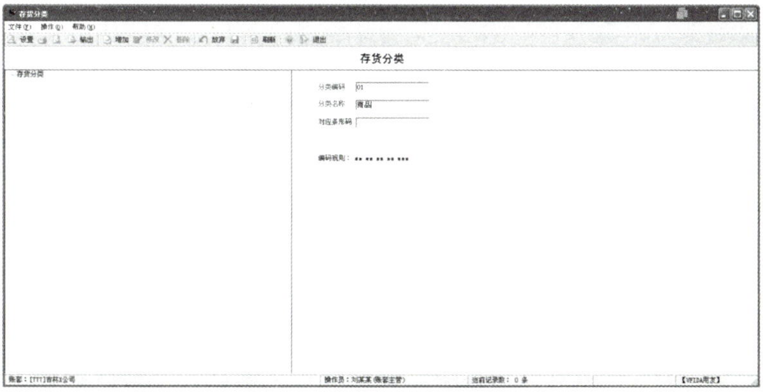

图 2-34 "存货分类"窗口 2

## 2. 设置存货计量单位

（1）点击页面左下方的【基础设置】按钮，选择【基础档案】，点击【存货】，执行【计量单位】命令，系统会自动弹出"计量单位"对话框。点击工具栏上的【分组】按钮，系统会自动弹出"计量单位—计量单位组"的对话框。点击工具栏上的【增加】按钮，按照吉林×公司的背景资料，依次输入计量单位组的编码、名称和类别等信息，单击工具栏上的【保存】按钮，其操作流程如图 2-35 至图 2-40 所示。

设置存货计量单位

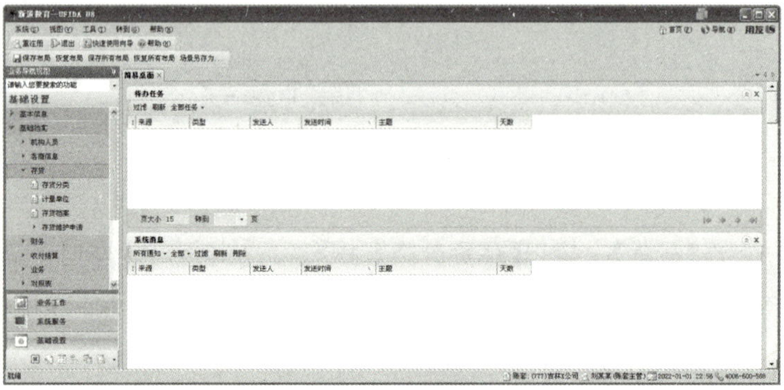

图 2-35　选择"存货"

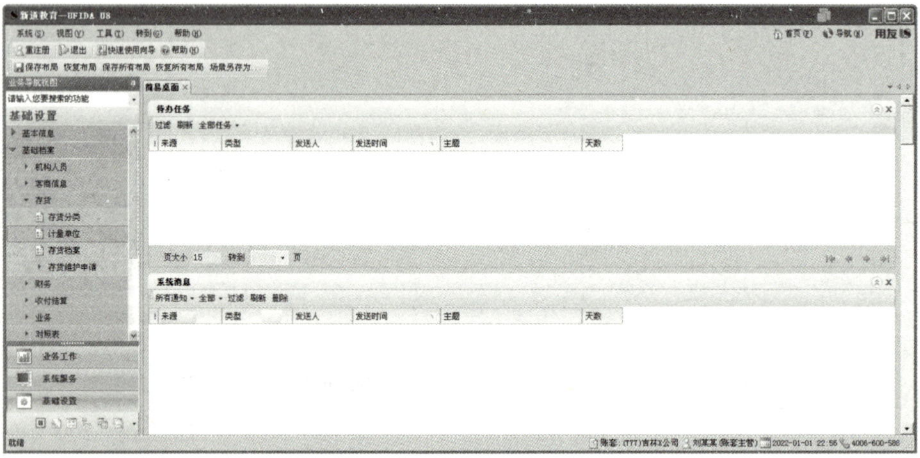

图 2-36　选择"计量单位"

图 2－37 "计量单位—计量单位组"对话框

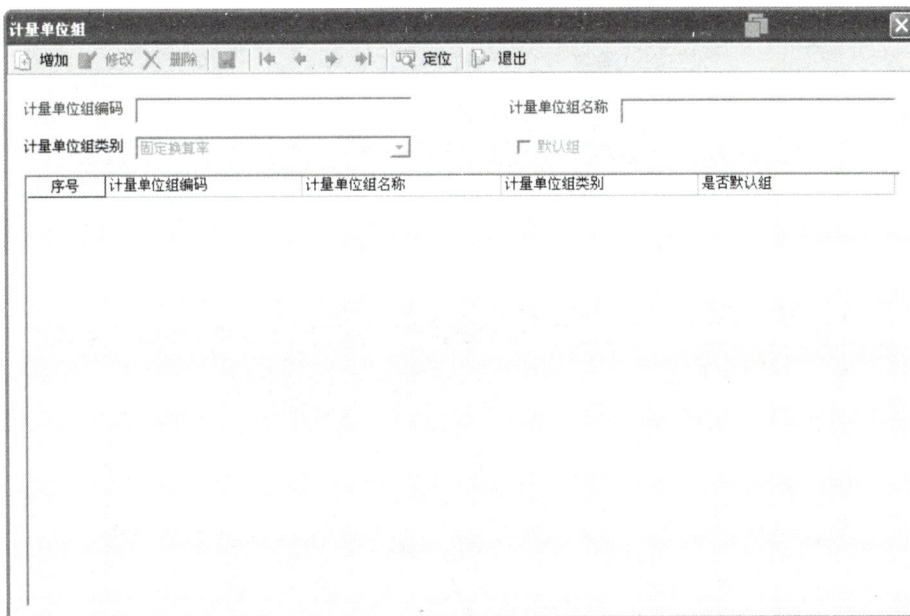

图 2－38 "计量单位组"窗口 1

图 2-39 "计量单位组"窗口 2

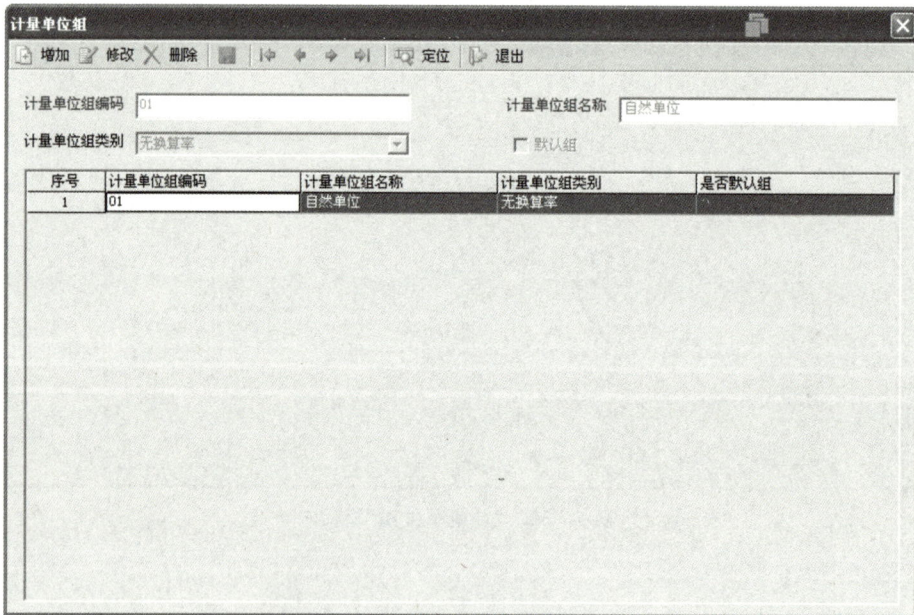

图 2-40 "计量单位组"窗口 3

(2)点击工具栏上的【单位】按钮，再单击工具栏上的【增加】按钮，按照吉林×公司的背景资料，依次输入计量单位编码和计量单位名称，其操作流程如图2-41至图2-43所示。

图2-41 "计量单位"窗口1

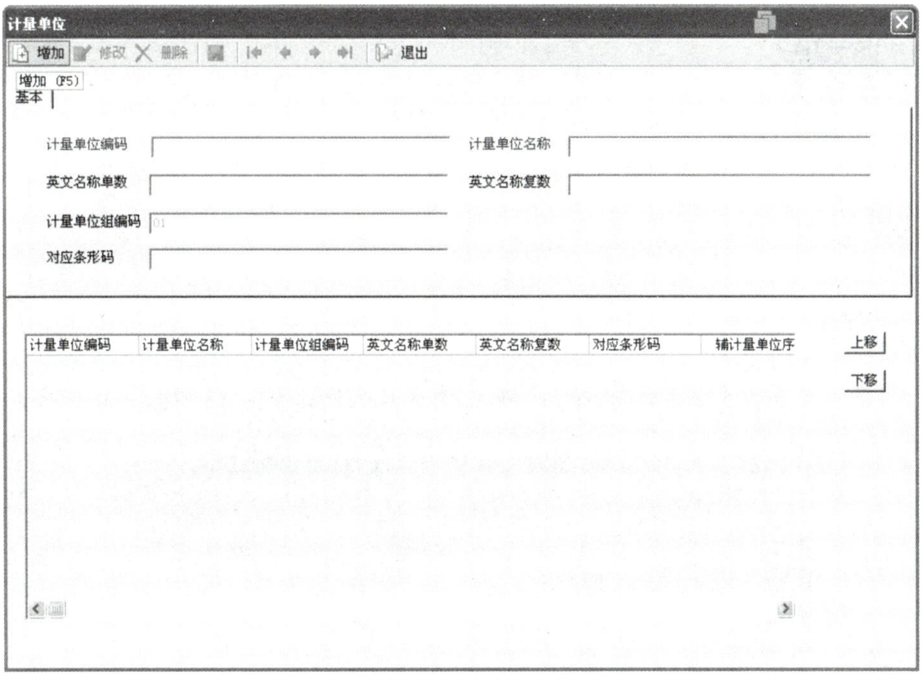

图2-42 "计量单位"窗口2

图 2-43 "计量单位"窗口 3

### 3. 设置存货档案

设置存货档案

(1)点击【存货】，执行【存货档案】命令，系统会自动弹出"存货档案"对话框。选择存货分类中的"(0101)乳制品"。

(2)点击工具栏上的【增加】按钮，系统会自动弹出"增加存货档案"的对话框。输入存货档案"基本"选项卡，核对信息填写无误后，单击工具栏上的【保存】按钮。

(3)按照吉林×公司的背景资料，依次输入全部存货档案，其操作流程如图 2-44 至图 2-45 所示。

## 温馨提示

请先打开采购管理系统"选项"，勾选"有受托代销业务"，再增加存货档案。

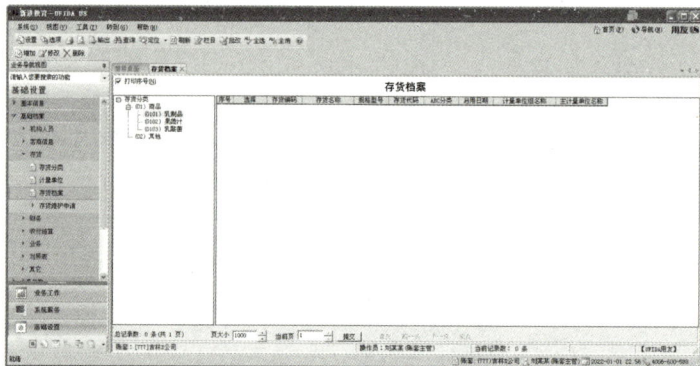

图 2-44 "存货档案"窗口

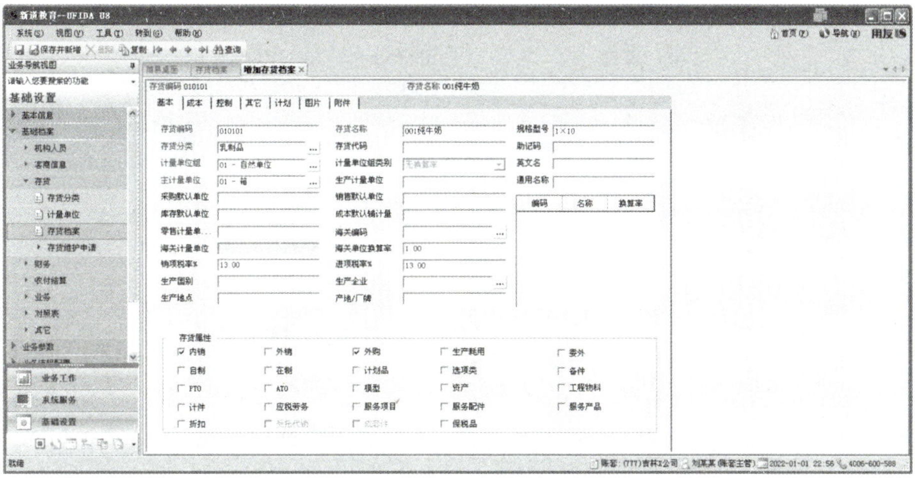

图 2-45 增加存货档案

# 任务四 设置财务信息

## 一、外币设置

货币是进行财务核算的基本计量单位。对于有外币业务的用户来说，财务核算的货币计量单位可能涉及多个，企业的各种外币须换算为记账本位币进行统一核算，因此，必须在系统中设置外币及其汇率。

吉林×公司外币类型设置为"美元"，币符为"USD"，汇率类型为"固定汇率"，汇率为 1 美元＝7.1625 人民币。

## 二、会计科目设置

会计科目的设置内容主要包括设置科目编码、科目名称、账页格式、是否数量核算、是否外币核算、是否辅助核算、是否建立日记账和银行账及相关受控系统等内容。使用辅助核算的优点在于：一是简化了重复设置明细核算科目的工作量，如应收账款、预收账款、应收票据科目涉及对大量客户的明细核算，而在用友 ERP - U8 系统中，只需在该科目设置时设定"客户往来"的辅助核算的类型，就可以调用相关的客户基础档案，不需要再建立客户明细账；二是可以通过辅助核算功能方便对部门或项目进行管理。在用友 ERP - U8 系统中，提供了部门核算、个人往来、客户往来、供应商往来、项目核算和自定义项等多种辅助核算形式，用户可以根据实际需要选择是否采用。

吉林×公司的会计科目信息如表 2－12 所示。

**表 2－12　吉林×公司会计科目信息**

| 科目编码 | 科目名称 | 外币币种 | 辅助账类型 | 账页格式 | 余额方向 | 受控系统 | 银行账 | 日记账 |
|---|---|---|---|---|---|---|---|---|
| 1001 | 库存现金 | | | 金额式 | 借 | | | Y |
| 1002 | 银行存款 | | | 金额式 | 借 | | Y | Y |
| 100201 | ×银行（人民币） | | | 金额式 | 借 | | Y | Y |
| 100202 | ×银行（美元） | 美元 | | 外币金额式 | 借 | | Y | Y |
| 1012 | 其他货币资金 | | | 金额式 | 借 | | | |
| 101201 | 存出投资款 | | | 金额式 | 借 | | | |
| 1121 | 应收票据 | | 客户往来 | 金额式 | 借 | 应收系统 | | |
| 112101 | 银行承兑汇票 | | 客户往来 | 金额式 | 借 | 应收系统 | | |
| 112102 | 商业承兑汇票 | | 客户往来 | 金额式 | 借 | 应收系统 | | |
| 1122 | 应收账款 | | 客户往来 | 金额式 | 借 | 应收系统 | | |
| 112201 | 人民币 | | 客户往来 | 金额式 | 借 | 应收系统 | | |
| 112202 | 美元 | 美元 | 客户往来 | 外币金额式 | 借 | 应收系统 | | |
| 1123 | 预付账款 | | 供应商往来 | 金额式 | 借 | | | |
| 112301 | 人民币 | | 供应商往来 | 金额式 | 借 | 应付系统 | | |
| 112302 | 美元 | 美元 | 供应商往来 | 外币金额式 | 借 | 应付系统 | | |
| 1221 | 其他应收款 | | 个人往来、自定义项4 | | 借 | | | |
| 1321 | 受托代销商品 | | | 金额式 | 借 | | | |
| 1405 | 库存商品 | | 数量核算（箱） | | 借 | | | |
| 140501 | 001 纯牛奶 | | 数量核算（箱） | | 借 | | | |
| 140502 | 002 纯牛奶 | | 数量核算（箱） | | 借 | | | |
| 140503 | 003 混合果蔬汁 | | 数量核算（箱） | | 借 | | | |
| 140504 | 004 橙汁 | | 数量核算（箱） | | 借 | | | |
| 140505 | 005 西柚汁 | | 数量核算（箱） | | 借 | | | |
| 140506 | 006 乌龙茶 | | 数量核算（箱） | | 借 | | | |
| 140507 | 007 运动饮料 | | 数量核算（箱） | | 借 | | | |
| 140508 | 008 乳酸菌 | | 数量核算（箱） | | 借 | | | |
| 140509 | 009 乳酸菌 | | 数量核算（箱） | | 借 | | | |
| 2001 | 短期借款 | | | 金额式 | 贷 | | | |

续表

| 科目编码 | 科目名称 | 外币币种 | 辅助账类型 | 账页格式 | 余额方向 | 受控系统 | 银行账 | 日记账 |
|---|---|---|---|---|---|---|---|---|
| 2201 | 应付票据 | | 供应商往来 | 金额式 | 贷 | 应付系统 | | |
| 220101 | 银行承兑汇票 | | 供应商往来 | 金额式 | 贷 | 应付系统 | | |
| 220102 | 商业承兑汇票 | | 供应商往来 | 金额式 | 贷 | 应付系统 | | |
| 2202 | 应付账款 | | | 金额式 | 贷 | | | |
| 220201 | 一般应付款 | | 供应商往来 | 金额式 | 贷 | 应付系统 | | |
| 220202 | 暂估应付款 | | 供应商往来 | 金额式 | 贷 | | | |
| 2203 | 预收账款 | | | 金额式 | 贷 | | | |
| 220301 | 人民币 | | 客户往来 | 金额式 | 贷 | 应收系统 | | |
| 220302 | 美元 | 美元 | 客户往来 | 金额式 | 贷 | 应收系统 | | |
| 220303 | 定金 | | 客户往来 | 金额式 | 贷 | | | |
| 2211 | 应付职工薪酬 | | | 金额式 | 贷 | | | |
| 221101 | 工资 | | | 金额式 | 贷 | | | |
| 221102 | 社会保险费 | | | 金额式 | 贷 | | | |
| 221103 | 住房公积金 | | | 金额式 | 贷 | | | |
| 221104 | 工会经费 | | | 金额式 | 贷 | | | |
| 221105 | 职工教育经费 | | | 金额式 | 贷 | | | |
| 221106 | 职工福利 | | | 金额式 | 贷 | | | |
| 221107 | 非货币性福利 | | | 金额式 | 贷 | | | |
| 221108 | 其他 | | | 金额式 | 贷 | | | |
| 2221 | 应交税费 | | | 金额式 | 贷 | | | |
| 222101 | 应交增值税 | | | 金额式 | 贷 | | | |
| 22210101 | 进项税额 | | | 金额式 | 贷 | | | |
| 22210102 | 已交税金 | | | 金额式 | 贷 | | | |
| 22210103 | 减免税款 | | | 金额式 | 贷 | | | |
| 22210104 | 转出未交增值税 | | | 金额式 | 贷 | | | |
| 22210106 | 销项税额 | | | 金额式 | 贷 | | | |
| 22210107 | 进项税额转出 | | | 金额式 | 贷 | | | |
| 22210108 | 转出多交增值税 | | | 金额式 | 贷 | | | |
| 222102 | 未交增值税 | | | 金额式 | 贷 | | | |

| 科目编码 | 科目名称 | 外币币种 | 辅助账类型 | 账页格式 | 余额方向 | 受控系统 | 银行账 | 日记账 |
|---|---|---|---|---|---|---|---|---|
| 222103 | 应交城建税 | | | 金额式 | 贷 | | | |
| 222104 | 应交教育费附加 | | | 金额式 | 贷 | | | |
| 222105 | 应交企业所得税 | | | 金额式 | 贷 | | | |
| 222106 | 应交个人所得税 | | | 金额式 | 贷 | | | |
| 2314 | 受托代销商品款 | | 供应商往来 | 金额式 | 贷 | | | |
| 4104 | 利润分配 | | | 金额式 | 贷 | | | |
| 410415 | 未分配利润 | | | 金额式 | 贷 | | | |
| 6601 | 销售费用 | | | 金额式 | 借 | | | |
| 660101 | 职工薪酬 | | | 金额式 | 借 | | | |
| 660102 | 广告费 | | | 金额式 | 借 | | | |
| 660103 | 委托代销手续费 | | | 金额式 | 借 | | | |
| 660104 | 赠品费用 | | | 金额式 | 借 | | | |
| 660105 | 培训费 | | | 金额式 | 借 | | | |
| 660109 | 运输费 | | | 金额式 | 借 | | | |
| 6602 | 管理费用 | | | 金额式 | 借 | | | |
| 660201 | 职工薪酬 | | | 金额式 | 借 | | | |
| 660202 | 办公费 | | | 金额式 | 借 | | | |
| 660203 | 折旧费 | | | 金额式 | 借 | | | |
| 660209 | 其他 | | | 金额式 | 借 | | | |

## 三、指定科目设置

指定现金科目为库存现金、银行科目为银行存款。

## 四、凭证类别设置

吉林×公司凭证类别设置为"记账凭证"。

# 操作指导

### 1. 设置外币

点击【财务】，执行【外币设置】命令，系统会自动弹出"外币设置"对话框。点击工具栏上的【增加】按钮，选择"固定汇率"，输入"币符"为"USD"，"币名"为"美元"，单击【确认】按钮，录入汇率值1美元＝7.16250元人民币，其操作流程如图2－46至图2－50所示。

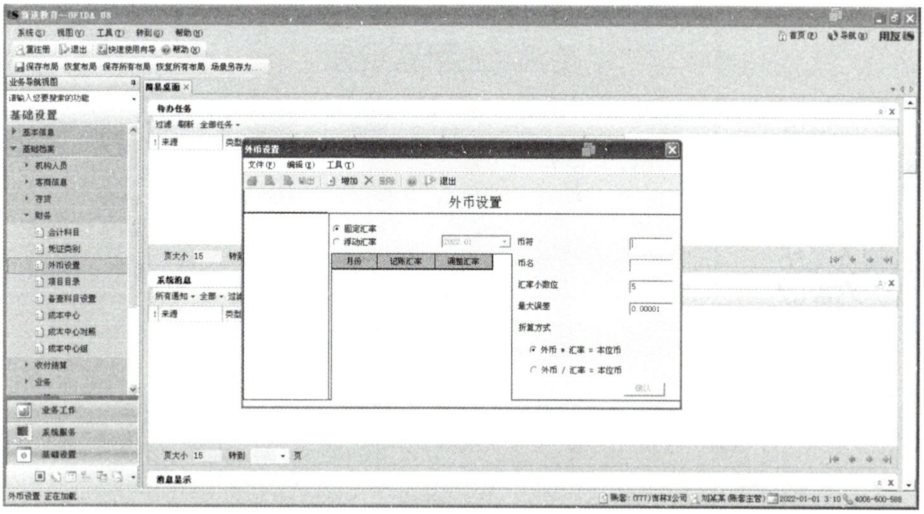

图2－46 "外币设置"窗口1

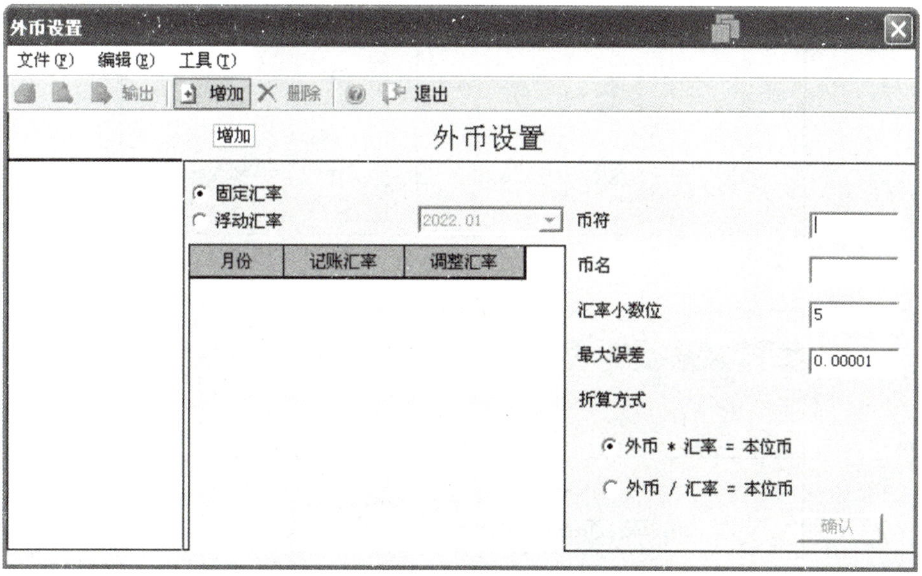

图2－47 "外币设置"窗口2

图 2-48 "外币设置"窗口 3

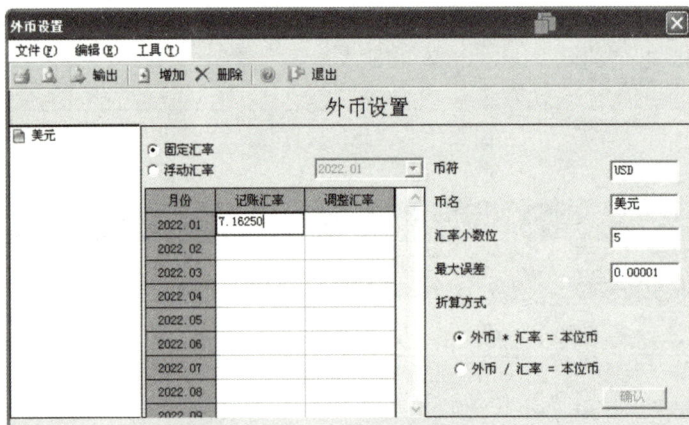

图 2-49 "外币设置"窗口 4

图 2-50 "外币设置"窗口 5

## 2. 设置会计科目

点击【财务】，执行【会计科目】命令，系统会自动弹出"会计科目"对话框。点击工具栏上的【增加】按钮，系统会自动弹出"新增会计科目"的对话框。点击工具栏上的【增加】按钮，依次输入科目编码和科目名称，勾选"客户往来"辅助项，选择受控系统为"应收系统"，其操作流程如图 2-51 至图 2-53 所示。

图 2-51 "会计科目"对话框

图 2-52 "新增会计科目"对话框 1

设置会计科目

成批复制会计科目

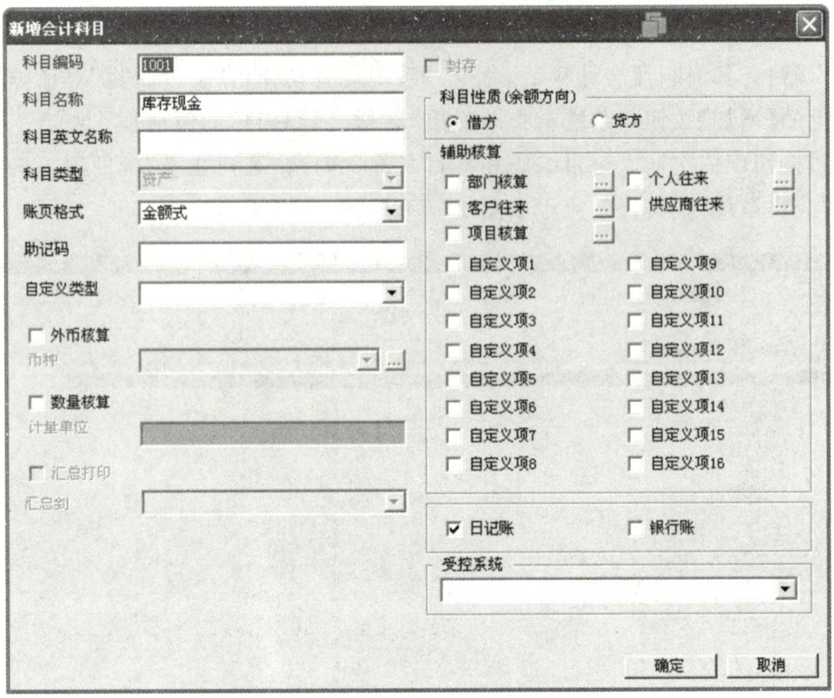

图 2-53　"新增会计科目"对话框 2

### 3. 设置指定科目

设置指定科目

　　点击【财务】，执行【会计科目】命令，系统会自动弹出"会计科目"对话框。点击工具栏上的【编辑(E)】按钮，执行【指定科目】命令，系统会自动弹出"指定科目"的对话框。选择"现金科目"为"1001 库存现金"，"银行科目"为"1002 银行存款"，单击【确定】按钮，其操作流程如图 2-54 至图 2-60 所示。

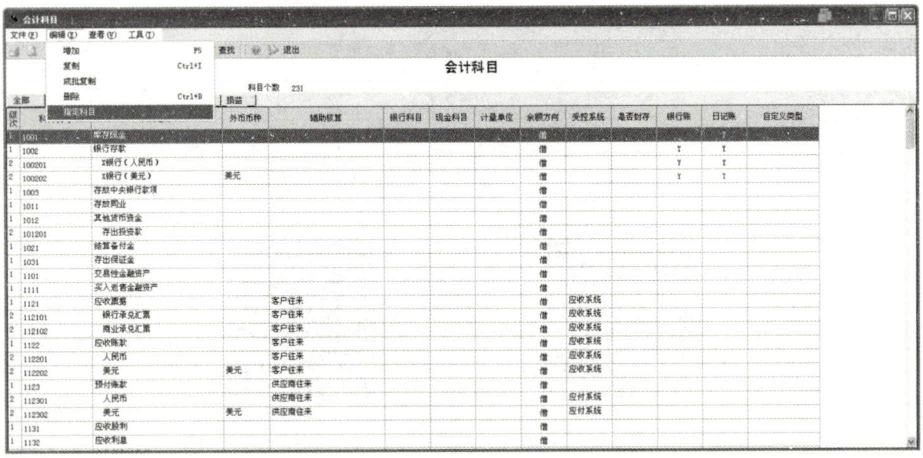

图 2-54　"会计科目"对话框

图 2-55 "指定科目"对话框 1

图 2-56 "指定科目"对话框 2

图 2-57 "指定科目"对话框 3

图2-58 "指定科目"对话框4

图2-59 "指定科目"对话框5

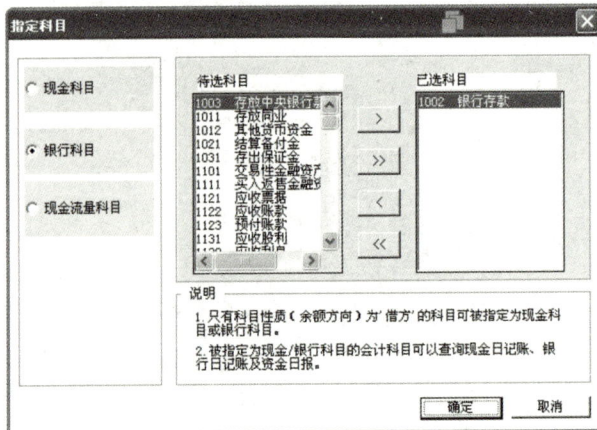

图2-60 "指定科目"对话框6

### 4. 设置凭证类别

点击【财务】，执行【凭证类别】命令，系统会自动弹出"凭证类别预置"对话框。选中"记账凭证"，单击页面下方的【确定】按钮，其操作流程如图2-61至图2-64所示。

图2-61　选择凭证类别

设置凭证类别

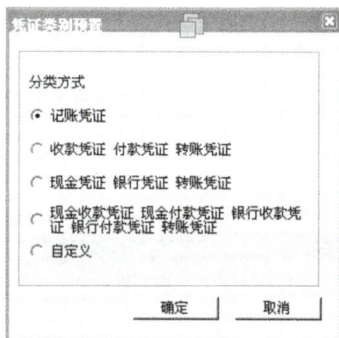

图2-62　"凭证类别预置"对话框

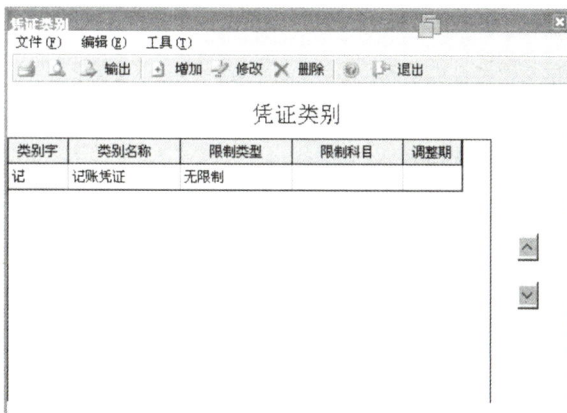

图2-63　"凭证类别"对话框1

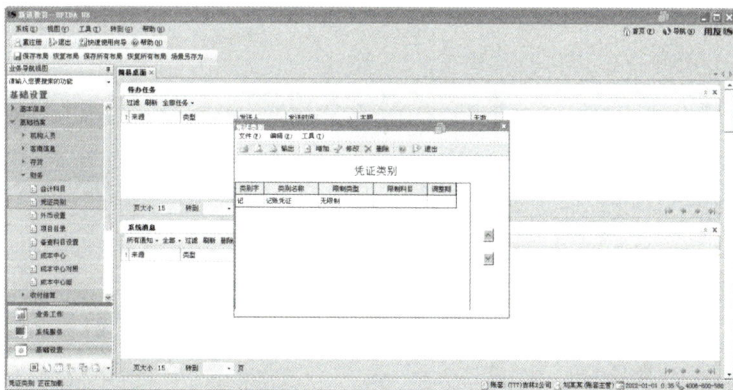

图2-64　"凭证类别"对话框2

# 任务五　设置收付结算信息

## 一、结算方式设置

吉林×公司结算方式信息如表 2-13 所示。

表 2-13　吉林×公司结算方式信息

| 编号 | 结算方式名称 | 编号 | 结算方式名称 |
|---|---|---|---|
| 1 | 现金 | 302 | 商业承兑汇票 |
| 2 | 支票 | 4 | 电汇 |
| 201 | 现金支票 | 5 | 托收承付 |
| 202 | 转账支票 | 6 | 委托收款 |
| 3 | 汇票 | 9 | 其他 |
| 301 | 银行承兑汇票 | — | — |

## 二、付款条件设置

吉林×公司付款条件信息如表 2-14 所示。

表 2-14　吉林×公司付款条件信息

| 付款条件编码 | 信用天数 | 优惠天数 1 | 优惠率 1 | 优惠天数 2 | 优惠率 2 |
|---|---|---|---|---|---|
| 01 | 30 | 10 | 2 | 20 | 1 |

## 三、开户银行信息设置

吉林×公司开户银行信息如表 2-15 所示。

表 2-15　吉林×公司开户银行信息

| 项目 | 内容 |
|---|---|
| 企业开户银行编码 | 01 |
| 开户银行名称 | 中国银行×支行 |
| 账号 | 0001 |
| 账户名 | 吉林×公司 |
| 币种 | 人民币 |

续表

| 项目 | 内容 |
|---|---|
| 所属银行 | 中国银行 |
| 机构号 | 1 |
| 银联号 | 2 |
| 企业开户银行编码 | 02 |
| 开户银行名称 | 中国银行×支行 |
| 账号 | 0002 |
| 账户名 | 吉林×公司 |
| 币种 | 美元 |
| 所属银行 | 中国银行 |
| 机构号 | 1 |
| 银联号 | 2 |

# 操作指导

### 1. 设置结算方式

点击页面左下方的【基础设置】按钮，选择【基础档案】，点击【收付结算】，执行【结算方式】命令，系统会自动弹出"结算方式"对话框。按照吉林×公司的背景资料依次输入结算方式，如图2-65所示。

设置结算方式

图2-65 "结算方式"窗口

## 2. 设置付款条件

点击页面左下方的【基础设置】按钮，选择【基础档案】，点击【收付结算】，执行【付款条件】命令，系统会自动弹出"付款条件"对话框。按照吉林×公司的背景资料依次输入付款条件，其操作流程如图2-66至图2-67所示。

设置付款条件

图2-66 "付款条件"窗口1

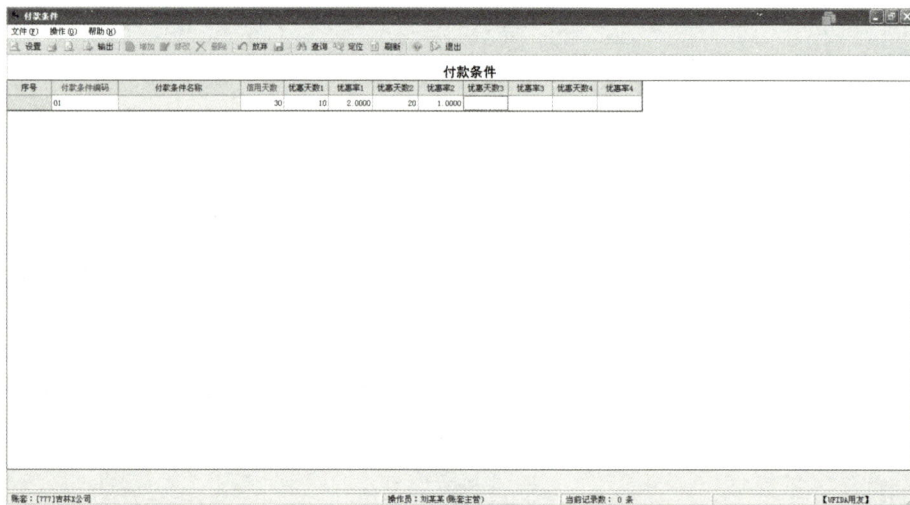

图2-67 "付款条件"窗口2

## 3. 设置开户银行信息

点击页面左下方的【基础设置】按钮，选择【基础档案】，点击【收付结算】，执行【本单位开户银行】命令，系统会自动弹出"本单位开户银行"对话框。按照吉林×公司的背景资料依次输入本单位开户银行信息，其操作流程如图2-68至图2-70所示。

设置开户行信息

图 2-68 "本单位开户银行"窗口

图 2-69 "增加本单位开户银行"窗口 1

图 2-70 "增加本单位开户银行"窗口 2

# 任务六　业务信息设置

## 一、仓库档案设置

吉林×公司仓库档案信息如表2－16所示。

表 2－16　吉林×公司仓库档案信息

| 仓库编码 | 仓库名称 | 计价方式 |
|---|---|---|
| 01 | 乳制品库 | 先进先出法 |
| 02 | 果蔬汁库 | 先进先出法 |
| 03 | 乳酸菌库 | 先进先出法 |
| 04 | 受托代销库 | 先进先出法 |
| 05 | 赠品库 | 先进先出法 |

## 二、收发类别设置

吉林×公司收发类别信息如表2－17所示。

表 2－17　吉林×公司收发类别信息

| 收发类别编码 | 收发类别名称 | 收发标志 | 收发类别编码 | 收发类别名称 | 收发标志 |
|---|---|---|---|---|---|
| 1 | 入库 | 收 | 2 | 出库 | 发 |
| 101 | 采购入库 | 收 | 201 | 销售出库 | 发 |
| 102 | 采购退货 | 收 | 202 | 销售退货 | 发 |
| 103 | 盘盈入库 | 收 | 203 | 盘亏出库 | 发 |
| 104 | 受托代销入库 | 收 | 204 | 委托代销出库 | 发 |
| 109 | 其他入库 | 收 | 205 | 赠品出库 | 发 |
| — | — | — | 209 | 其他出库 | 发 |

## 三、采购和销售类型设置

吉林×公司采购和销售类型信息如表2－18所示。

表 2-18　吉林×公司采购和销售类型信息

| 采购类型 | | 销售类型 | |
| --- | --- | --- | --- |
| 名称 | 出入库类别 | 名称 | 出入库类别 |
| 01 正常采购 | 采购入库 | 01 正常销售 | 销售出库 |
| 02 受托采购 | 受托代销入库 | 02 委托销售 | 委托代销出库 |
| 03 采购退货 | 采购退货 | 03 销售退货 | 销售退货 |
| — | — | 04 赠品销售 | 赠品出库 |

## 四、费用项目设置

吉林×公司费用项目信息如表 2-19 所示。

表 2-19　吉林×公司费用项目信息

| 费用项目分类编码 | 费用项目分类名称 | 费用项目编码 | 费用项目名称 |
| --- | --- | --- | --- |
| 0 | 无分类 | 01 | 运输费 |
| 0 | 无分类 | 02 | 委托代销手续费 |

## 五、非合理损耗类型设置

吉林×公司非合理损耗类型信息如表 2-20 所示。

表 2-20　吉林×公司非合理损耗类型信息

| 非合理损耗类型编码 | 非合理损耗类型名称 |
| --- | --- |
| 01 | 运输部门责任 |

# 操作指导

### 1. 设置仓库档案

点击页面左下方的【基础设置】按钮，选择【基础档案】，点击【业务】，执行【仓库档案】命令，系统会自动弹出"仓库档案"对话框。按照吉林×公司的背景资料依次输入企业仓库档案信息，其操作流程如图 2-71 至图 2-73 所示。

设置仓库档案

图 2-71 "仓库档案"对话框

图 2-72 "增加仓库档案"对话框 1

图 2-73 "增加仓库档案"对话框 2

## 2. 设置收发类别

点击页面左下方的【基础设置】按钮，选择【基础档案】，点击【业务】，执行【收发类别】命令，系统会自动弹出"收发类别"对话框。按照吉林×公司的背景资料依次输入收发类别信息，如图2-74所示。

设置收发类别

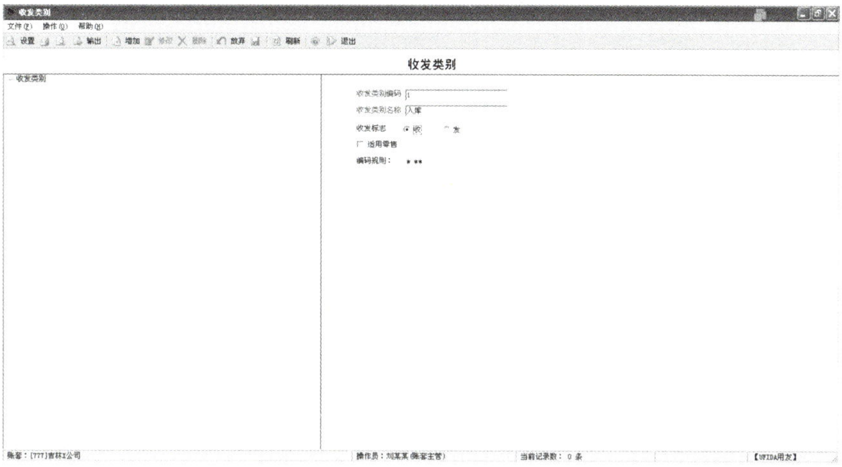

图2-74 "收发类别"窗口

## 3. 设置采购和销售类型

(1)点击页面左下方的【基础设置】按钮，选择【基础档案】，点击【业务】，执行【采购类型】命令，系统会自动弹出"采购类型"对话框。按照吉林×公司的背景资料依次输入采购类型信息，其操作流程如图2-75至图2-76所示。

设置采购类型

图2-75 "采购类型"窗口1

图 2-76 "采购类型"窗口 2

(2)点击页面左下方的【基础设置】按钮，选择【基础档案】，点击【业务】，执行【销售类型】命令，系统会自动弹出"销售类型"对话框。按照吉林×公司的背景资料依次输入销售类型信息，其操作流程如图 2-77 至图 2-78 所示。

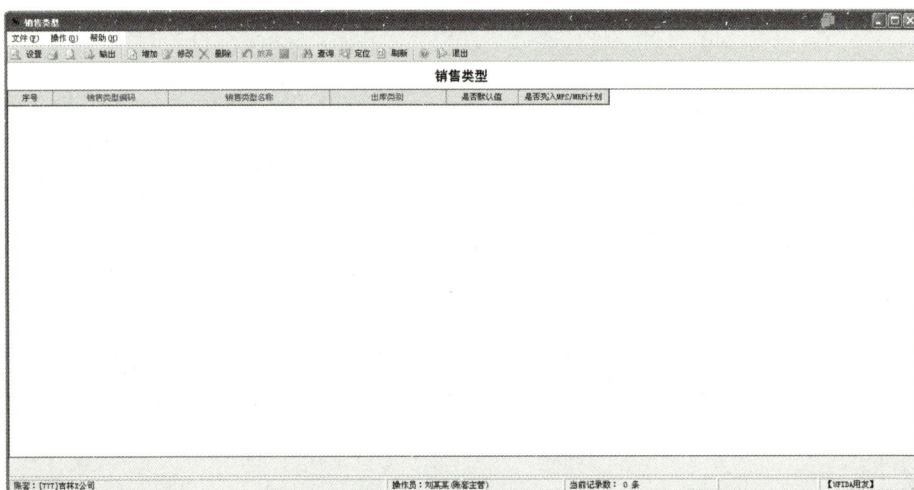

图 2-77 "销售类型"窗口 1

设置销售类型

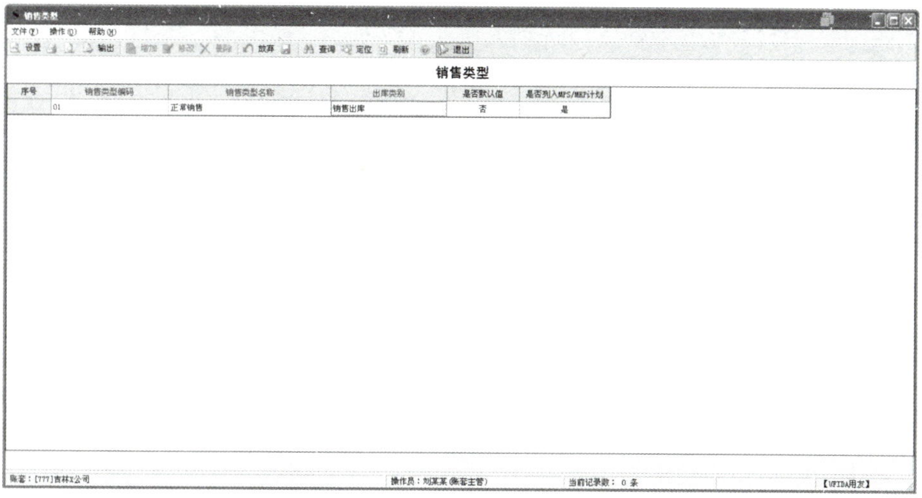

图 2-78 "销售类型"窗口 2

### 4. 设置费用项目

(1)点击页面左下方的【基础设置】按钮，选择【基础档案】，点击【业务】，执行【费用项目分类】命令，系统会自动弹出"费用项目分类"对话框。设置分类编号为"0"的"无分类"项目，如图 2-79 所示。

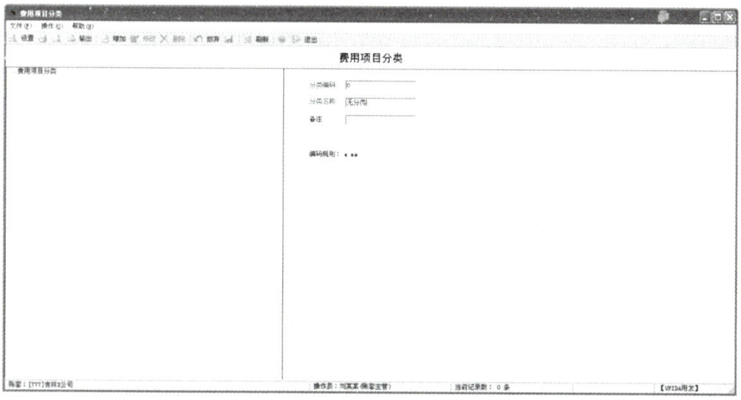

图 2-79 "费用项目分类"窗口

设置费用项目

(2)点击页面左下方的【基础设置】按钮，选择【基础档案】，点击【业务】，执行【费用项目】命令，系统会自动弹出"费用项目"对话框。按照吉林×公司的背景资料依次输入费用项目，其操作流程如图 2-80 至图 2-81 所示。

图 2-80 "费用项目"对话框 1

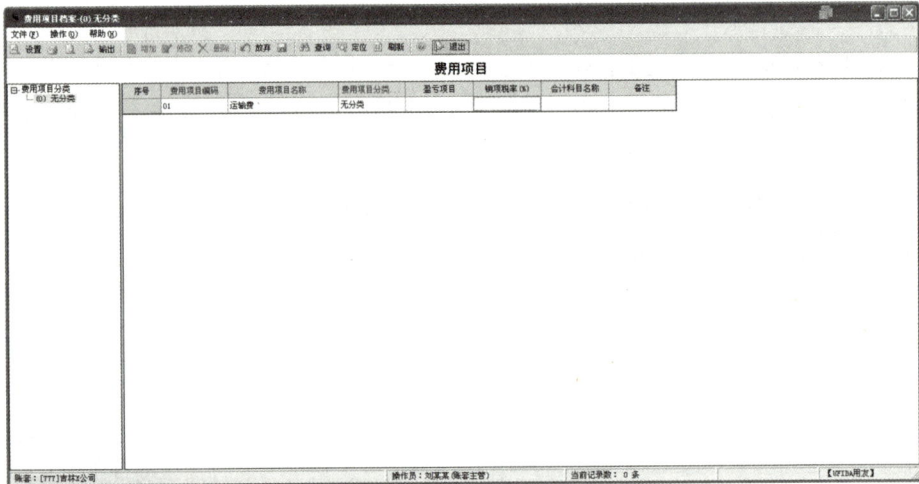

图 2-81 "费用项目"对话框 2

### 5. 设置非合理损耗类型

点击页面左下方的【基础设置】按钮，选择【基础档案】，点击【业务】，执行【非合理损耗类型】命令，系统会自动弹出"非合理损耗类型"对话框。按照吉林×公司的背景资料依次输入非合理损耗类型，其操作流程如图 2-82 至图 2-83 所示。

设置非合理损耗类型

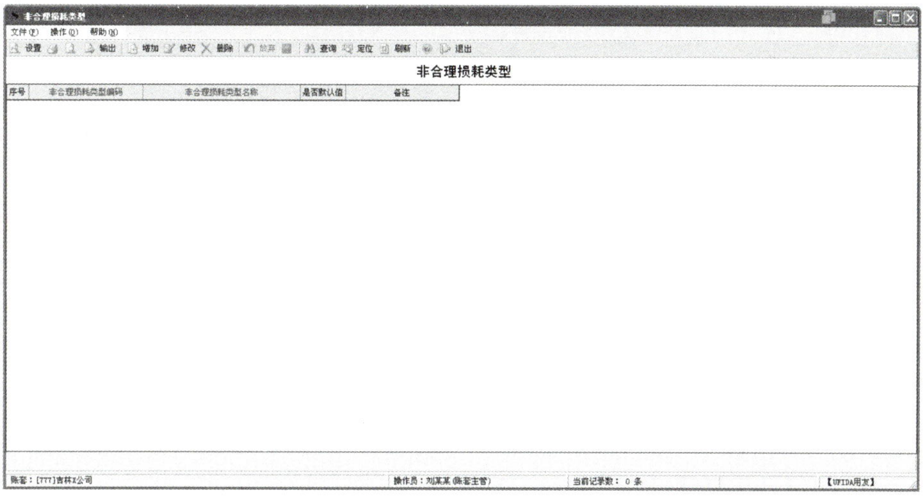

图 2－82 "非合理损耗类型"对话框 1

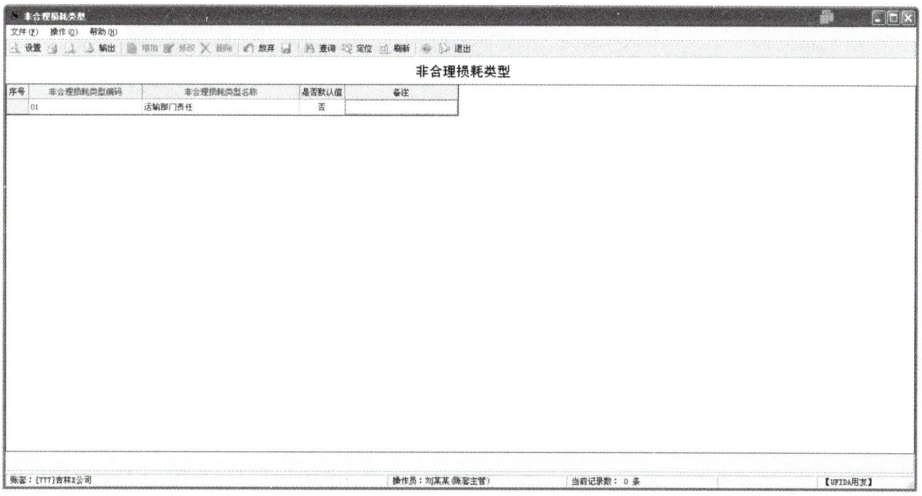

图 2－83 "非合理损耗类型"对话框 2

# 任务一　单据格式设置

## 一、修改销售订单、销售专用发票、发货单表头汇率

修改销售订单、销售专用
发票、发货单表头汇率

## 操作指导

　　点击页面左下方的【基础设置】按钮，选择【单据设置】，点击【单据格式设置】，系统会自动弹出"单据格式设置"对话框，其操作流程如图 3-1 至图 3-8 所示。

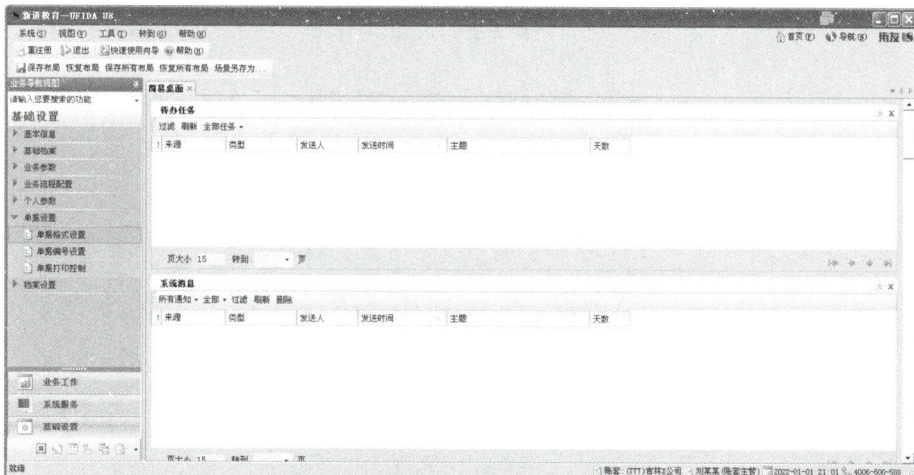

图 3-1　选择单据格式设置

图 3-2　"单据格式设置"对话框 1

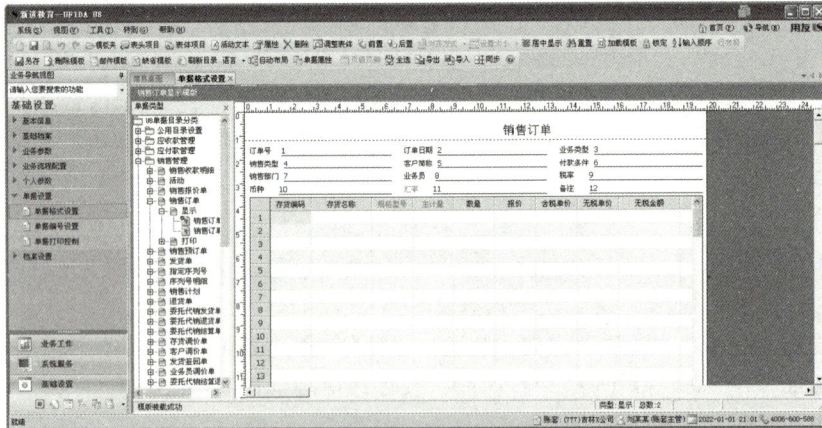

图 3-3　"单据格式设置"对话框 2

图 3-4　参数设置 1

图 3-5 "单据格式设置"对话框 3

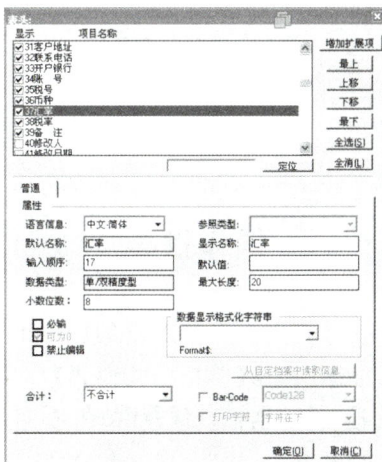

图 3-6 参数设置 2

图 3-7 "单据格式设置"对话框 4

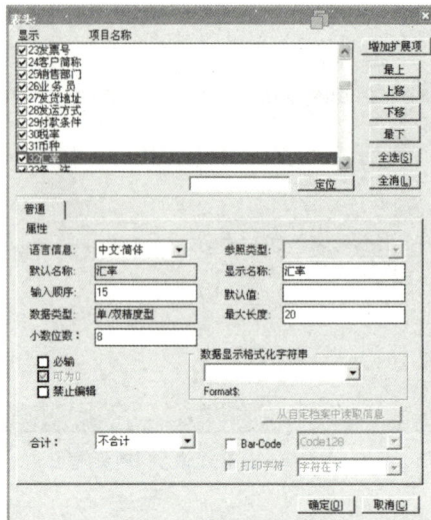

图 3-8　参数设置 3

## 二、修改销售专用发票表体"退补标志"，数量删除"必输"项

### 操作指导

修改销售专用发票表体"退补标志"，数量删除"必输"项

　　点击页面左下方的【基础设置】按钮，选择【单据设置】，点击【单据格式设置】，系统会自动弹出"单据格式设置"对话框，修改"销售专用发票"的表体项目"数量"，取消其"必输"选项，增加"退补标志"表体项目，单击【保存】。其操作流程如图 3-9 至图 3-13 所示。

图 3-9　选择单据格式设置

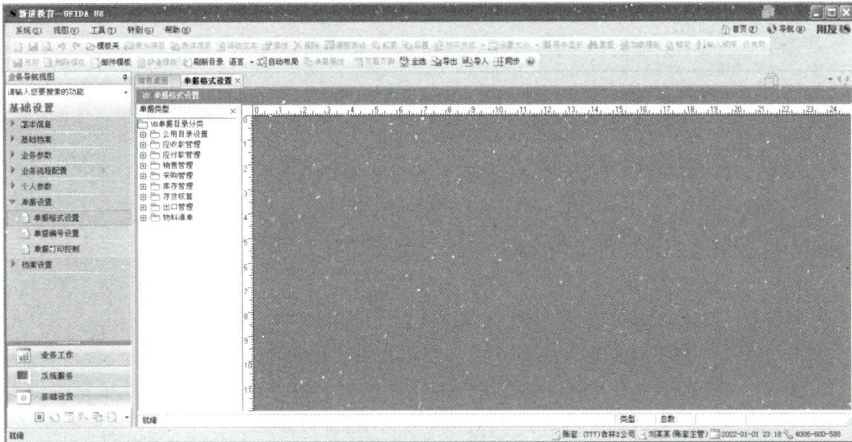

图 3-10　单据格式设置 1

图 3-11　单据格式设置 2

图 3-12　单据格式设置 3

图 3-13　单据格式设置 4

## 三、增加委托代销结算单"发票号"表头项目

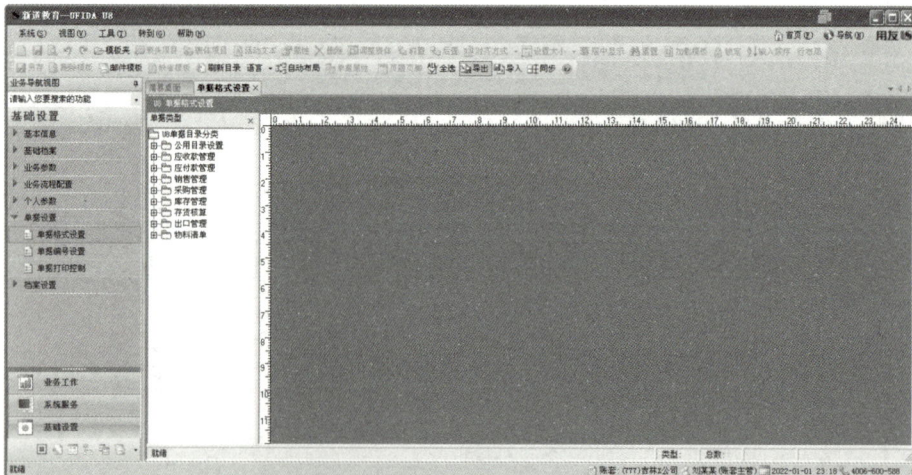

### 操作指导

点击【单据格式设置】，系统会自动弹出"单据格式设置"对话框。增加"31 发票号"表头项目，单击【确定】按钮，其操作流程如图 3-14 至图 3-15 所示。

增加委托代销结算单
"发票号"表头项目

图 3-14　单据格式设置 5

图 3-15　单据格式设置 6

## 四、增加销售订单"必有定金""定金原币金额""定金本币金额"表头项目

### 操作指导

点击【单据格式设置】，系统会自动弹出"单据格式设置"对话框。增加销售订单的表头项目"3 必有定金""5 定金原币金额""6 定金本币金额"，单击【确定】按钮，其操作流程如图 3-16 至图 3-18 所示。

增加销售订单"必有定金""定金原币金额""定金本币金额"表头项目

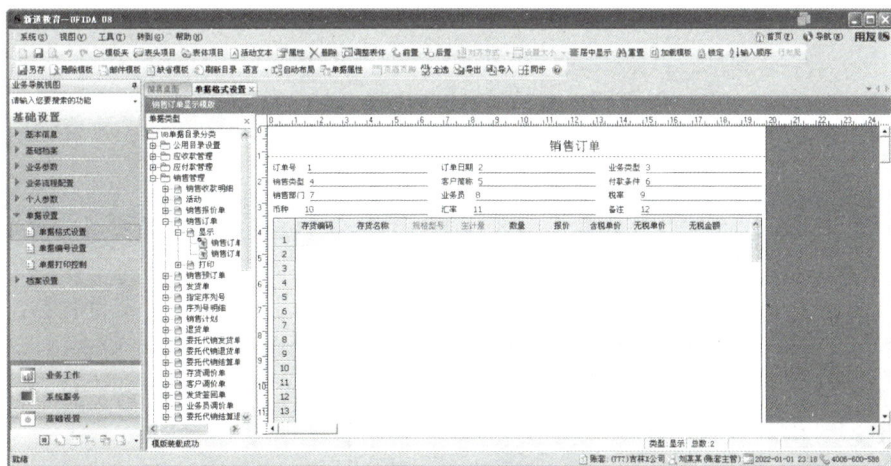

图 3-16　单据格式设置 7

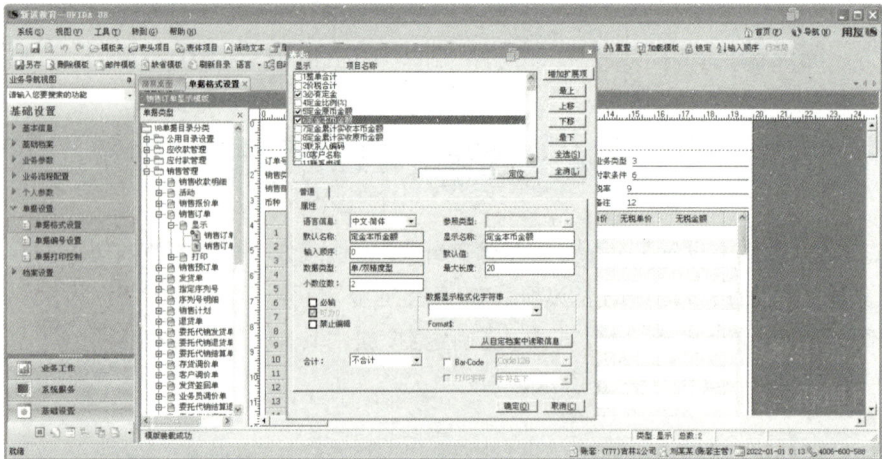

图 3-17　单据格式设置 8

图 3-18　单据格式设置 9

## 五、增加应收收款单"订单号"表头项目

### 操作指导

点击页面左下方的【基础设置】按钮，选择【单据设置】，点击【单据格式设置】，系统会自动弹出"单据格式设置"对话框。增加【应收收款单】的表头项目"41 订单号"，单击【确定】按钮，其操作流程如图 3-19 至图 3-20 所示。

增加应收收款
单"订单号"表头项目

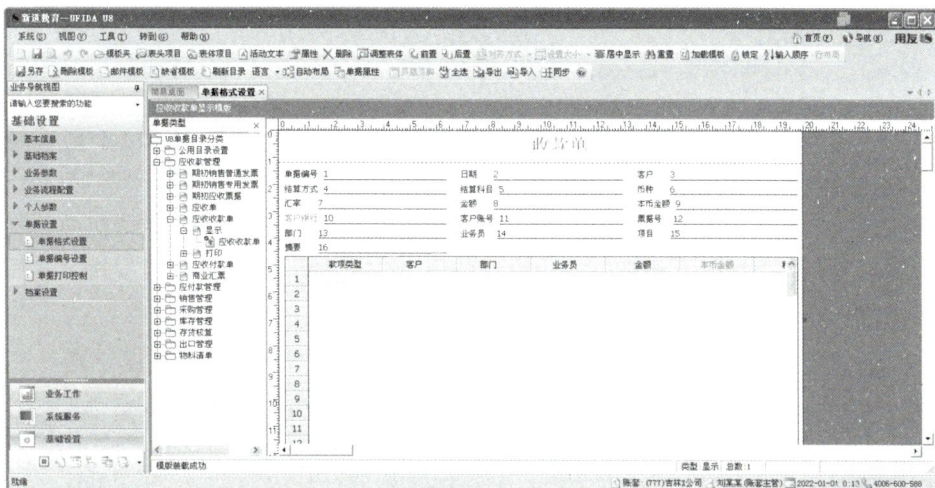

图 3-19  单据格式设置 10

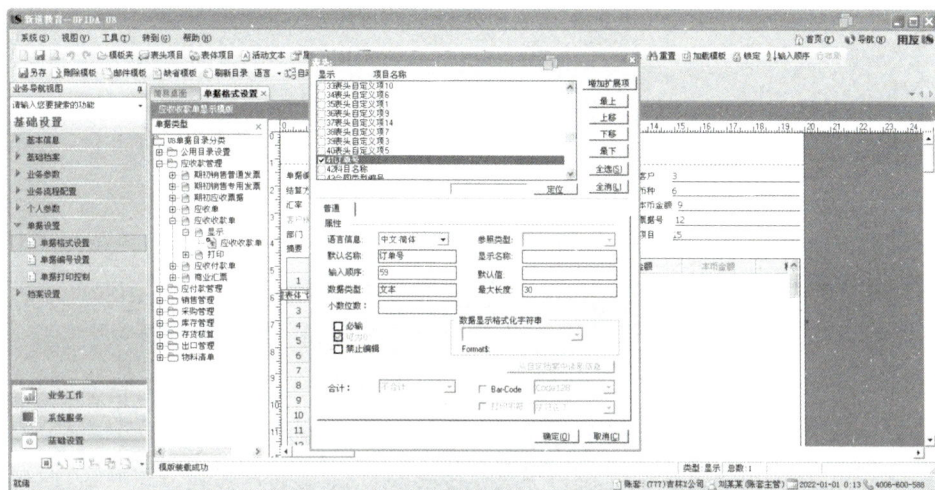

图 3-20  单据格式设置 11

# 任务二  单据编号设置

（1）采购订单，采购（专用、普通）发票，完全手工编号。

（2）销售订单，销售（专用、普通）发票，零售日报，完全手工编号。

操作指导

1. 点击页面左下方的【基础设置】按钮，选择【单据设置】，点击【单据编号设置】，系统会自动弹出"单据编号设置"对话框。点击【单据类型】下的【采购管理】，打开其【采购订单】选项，点击工具栏上的【修改】按钮，将"完全手工编号"前面的复选框选中，再点击工具栏上的【保存】按钮，随后单击页面下方的【退出】按钮，其操作流程如图3-21至图3-29所示。

2. 按照吉林×公司的背景资料依次设置其他单据编号，并保存修改设置。

图3-21 单据编号设置1

修改完全手工编号

图3-22 单据编号设置2

图 3 - 23　单据编号设置 3

图 3 - 24　单据编号设置 4

图 3 - 25　单据编号设置 5

图 3－26　单据编号设置 6

图 3－27　单据编号设置 7

图 3－28　单据编号设置 8

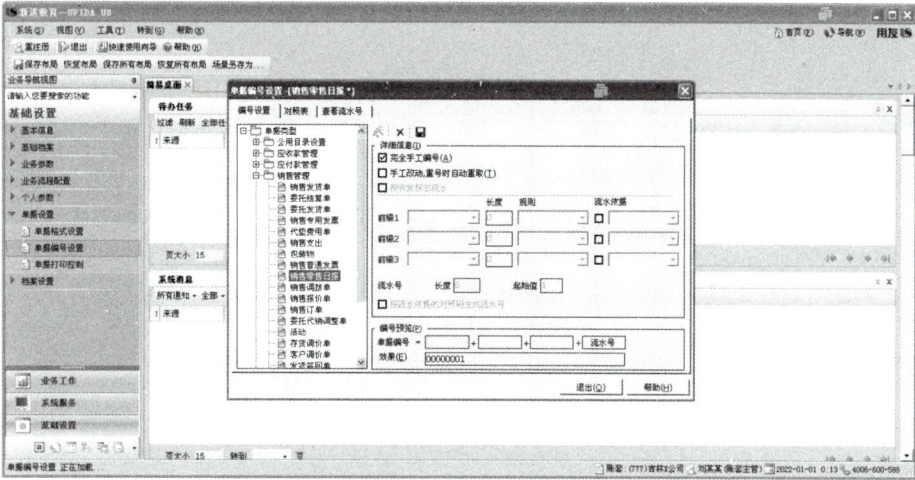

图 3-29　单据编号设置 9

# 模块四 ♥
## 总账系统核算与管理

## 任务一　认知总账系统

### 一、总账系统的基本功能

总账系统是用友软件最基本的系统，其既是软件的核心部分，同时也连接着其他子系统。该系统主要进行的是凭证处理、出纳业务管理、账簿管理、往来业务管理、期末管理等方面的工作。其工作处理流程是首先进行系统设置，设置后不用再进行改动，再根据业务工作需要进行凭证填制和凭证审核、登记账簿、期末业务处理等一系列环节。总账系统可以全面系统地反映财务工作的处理流程，目前是各类企事业单位使用频率较高的系统模块。

总账系统既可以单独使用，也可以接收其他系统的数据资料，与其他子系统形成工作连接闭环，把数据传输给其他子系统以供使用。对于日常财务业务较为简单的小微企业，使用总账系统即可实现财务核算的基本要求，但对于日常财务业务较为复杂的中大型企业来说，则需要在该系统的基础上，配合其他子系统来共同完成企业财务业务的管理。

总账系统由以下七个部分组成，即系统设置、凭证处理、现金流量管理、出纳管理、账簿管理、往来管理、期末管理模块，各模块结构如图 4-1 所示。

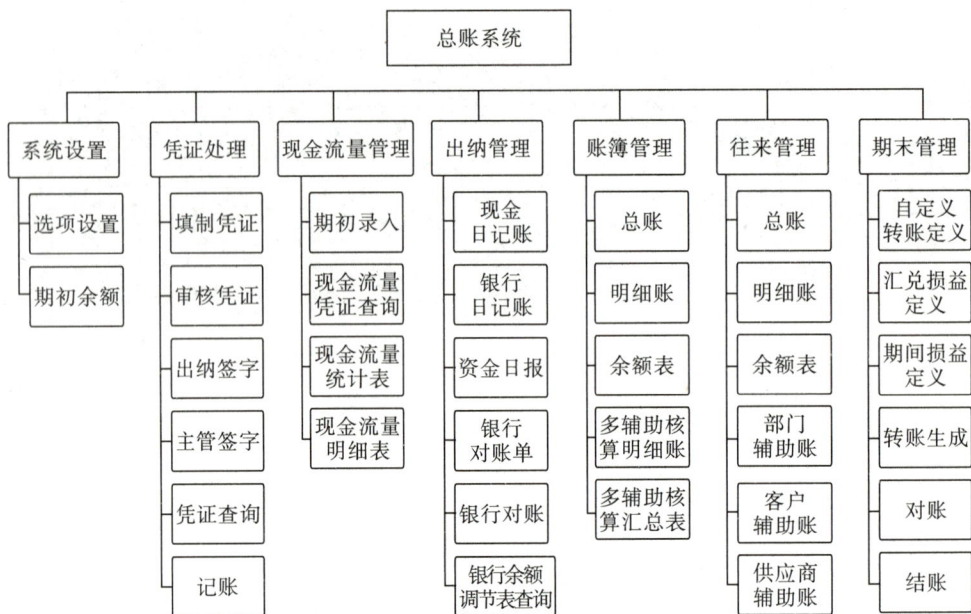

图 4-1　总账系统模块结构图

## 二、总账系统与其他子系统之间的数据传递关系

从传递关系图中的箭头方向，我们可以看出总账系统与其他子系统之间的传递关系。总账系统的记账凭证可以传递给 UFO 报表系统，生成会计报表及其他财务分析表，便于财务人员随时查询；同时又可以向财务分析系统、决策支持系统提供财务数据，如图 4-2 和图 4-3 所示。

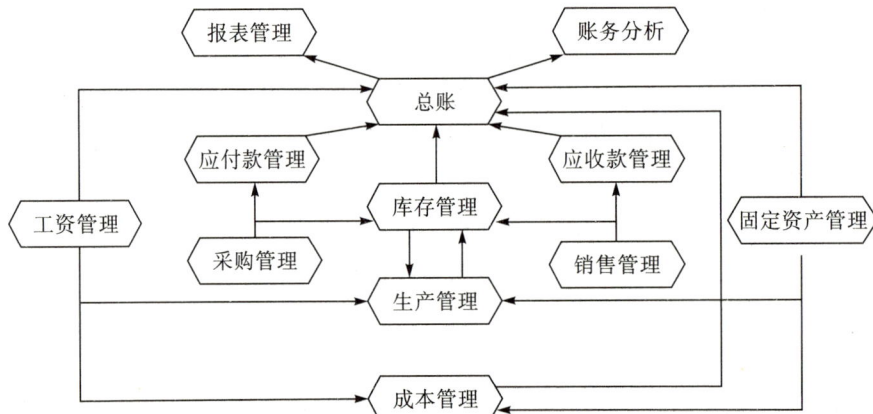

图 4-2　总账系统与其他模块数据传递关系图

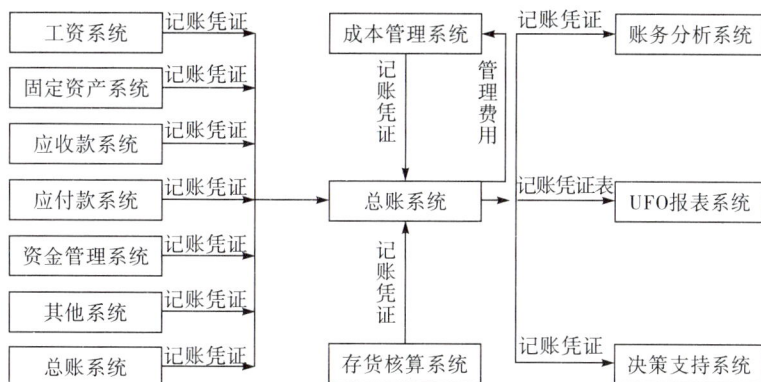

**图 4-3　总账系统与其他子系统数据传递关系图**

## 三、总账系统的基本操作流程

对于已有上年数据的企业用户来说，只需要根据已有数据进行相应的处理，如图 4-4 所示。

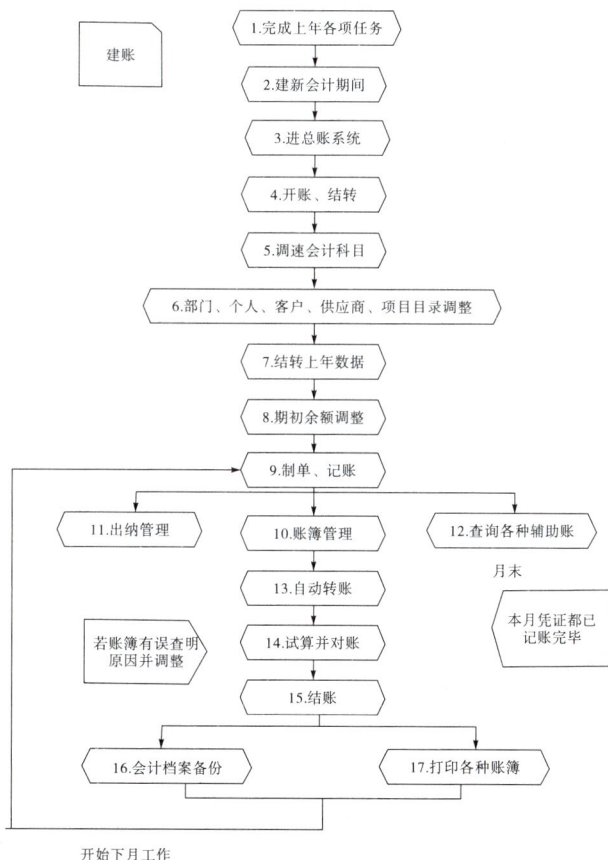

**图 4-4　老用户总账系统操作流程图**

# 任务二　总账系统初始化设置

## 一、设置总账系统参数

吉林×公司在"777"账套中，已经成功启用总账系统。从 2022 年 01 月 01 日起，以账套主管 A01 刘某某的身份登录企业应用平台，完成以下内容的操作。

### 1. 启用总账系统

(1)点击页面左下方的【基础设置】按钮，选择【基本信息】，点击【系统启用】。启用吉林×公司的总账系统，启用时间为 2022 年 01 月 01 日。

(2)在【提示信息】中，确定启用当前系统，点击【是】。

设置总账系统参数

### 2. 设置总账系统控制参数，如表 4-1 所示

表 4-1　吉林×公司总账系统控制参数

| 选项卡 | 参数设置 |
| --- | --- |
| 凭证 | 取消"现金流量科目必录现金流量项目"；自动填补凭证断号；同步删除业务系统凭证；可以使用应收受控科目；可以使用应付受控科目；其他采用系统默认值 |
| 会计日历 | 将数量小数位、单价小数位设置为 2 位，其他采用系统默认值 |
| 账簿/凭证打印/预算控制/其他 | 采用系统默认值 |
| 权限 | 勾选出纳凭证必须经由出纳签字 |

## 操作指导

(1)点击页面左下方的【业务工作】按钮，选择【财务会计】，点击【总账［演示版］】，执行【设置】下的【选项】命令。系统会自动弹出"选项"对话框，系统默认为【凭证】选项卡界面。

(2)单击【编辑】按钮，选中"自动填补凭证断号"复选框，单击"现金流量科目必录现金流量项目"前的复选框，取消选项框的对勾符号，单击选中"同步删除业务系统凭证"前的复选框，单击选中"可以使用应收受控科目""可以使用应付受控科目"前的复选框。

(3)单击【会计日历】选项卡，修改"数量小数位"为"2"，修改"单价小数位"为"2"，修改"本位币精度"为"2"，设置完毕后，单击【确定】按钮，返回到企业应用平台窗口。

如图 4 - 5 至图 4 - 7 所示。

图 4 - 5　设置总账系统控制参数 1

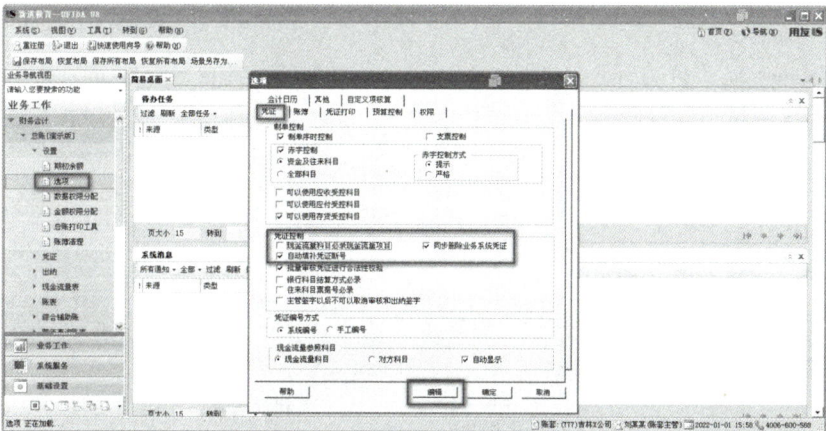

图 4 - 6　设置总账系统控制参数 2

图 4 - 7　设置总账系统控制参数 3

## 二、录入期初余额并试算平衡

吉林×公司期初余额见表4-2。

表4-2 吉林×公司期初余额表

单位：元

| 科目编码 | 科目名称 | 方向 | 期初余额 | | 科目编码 | 科目名称 | 方向 | 期初余额 | |
|---|---|---|---|---|---|---|---|---|---|
| | | | 借方余额 | 贷方余额 | | | | 借方余额 | 贷方余额 |
| 1001 | 库存现金 | 借 | 3000.00 | | 2001 | 短期借款 | 贷 | | 100000.00 |
| 1002 | 银行存款 | 借 | 503847.00 | | 2201 | 应付票据 | 贷 | | 60000.00 |
| 100201 | 人民币 | 借 | 500347.00 | | 2202 | 应付账款 | 贷 | | 97482.50 |
| 100202 | 美元（USD7） | 借 | 500.00 | | 220201 | 一般应付款 | 贷 | | 68082.50 |
| 1101 | 交易性金融资产 | 借 | 22000.00 | | 220202 | 暂估应付款 | 贷 | | 29400.00 |
| 1121 | 应收票据 | 借 | 16950.00 | | 2203 | 预收账款 | 贷 | | 11752.00 |
| 112101 | 银行承兑汇票 | 借 | 16950.00 | | 2211 | 应付职工薪酬 | 贷 | | 98800.00 |
| 112102 | 商业承兑汇票 | 借 | 0.00 | | 2221 | 应交税费 | 贷 | | 9064.00 |
| 1122 | 应收账款 | 借 | 68930.00 | | 2231 | 应付利息 | 贷 | | 1200.00 |
| 1123 | 预付账款 | 借 | 64000.00 | | 4001 | 实收资本 | 贷 | | 300000.00 |
| 1221 | 其他应收款 | 借 | 20000.00 | | 4103 | 本年利润 | 贷 | | 183415.75 |
| 1231 | 坏账准备 | 贷 | | 2000.00 | 4104 | 利润分配/未分配利润 | 贷 | | 26000.00 |
| 1321 | 受托代销商品 | 借 | 22035.00 | | | | | | |
| 1405 | 库存商品 | 借 | 145400.00 | | | | | | |
| 1601 | 固定资产 | 借 | 83960.00 | | | | | | |
| 1602 | 累计折旧 | 贷 | | 60407.75 | | | | | |
| | 小计： | | 950122.00 | 62407.75 | | 小计： | | | 887714.25 |
| | 资产合计： | | 887714.25 | | | （负债＋权益）合计： | | | 887714.25 |

### 1. 录入一般会计科目的期初余额

（1）点击页面左下方的【业务工作】按钮，选择【财务会计】，点击【总账】，执行【设置】下的"期初余额"命令。系统会自动弹出"期初余额录入"对话框，直接录入数据栏为白色的各末级科目的余额，如第一行"库存现金"，在期初余额数据行，输入"3000.00"，再点击回车键进入下一行，如图4-8所示。

（2）录入数据栏为灰色行的余额，只需录取下一级科目白色行的数据，即可自动生成。

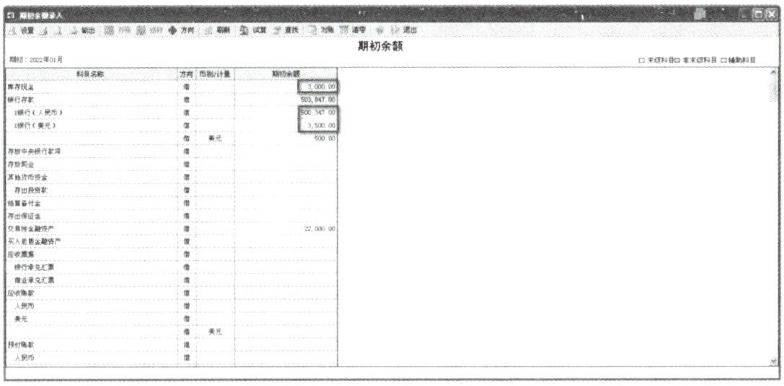

图 4-8 录入一般会计科目的期初余额

录入期初余额并试算平衡

### 2. 录入外币核算、数量核算和辅助核算科目的期初余额

（1）吉林×公司辅助核算科目期初余额见表4-3至表4-11。

①应收票据—银行承兑汇票（112101）期初余额如表4-3所示。

表 4-3 应收票据—银行承兑汇票（112101）辅助账

| 日期 | 凭证号 | 客户 | 业务员 | 摘要 | 方向 | 金额/元 | 票号 | 票据日期 |
|---|---|---|---|---|---|---|---|---|
| 2020-07-21 | 略 | D商贸 | 周某某 | 贷款 | 借 | 16950.00 | 32044175 | 2020-07-21 |

②应收账款—人民币（112201）期初余额如表4-4所示。

表 4-4 应收账款—人民币（112201）期初余额

| 开票日期 | 客户名称 | 业务员 | 摘要 | 方向 | 金额/元 |
|---|---|---|---|---|---|
| 2020-08-11 | A | 于某某 | 贷款 | 借 | 39550.00 |
| 2020-09-27 | B | 于某某 | 贷款 | 借 | 29380.00 |

③预付账款—人民币（112301）期初余额如表4-5所示。

表 4-5 预付账款—人民币（112301）期初余额

| 日期 | 供应商 | 业务员 | 摘要 | 方向 | 金额/元 |
|---|---|---|---|---|---|
| 2020-06-01 | P | 关某某 | 贷款 | 借 | 64000.00 |

④其他应收款(1221)期初余额如表 4-6 所示。

表 4-6　其他应收款(1221)辅助账

| 借款日期 | 部门 | 个人姓名 | 到期日期 | 摘要 | 金额/元 |
|---|---|---|---|---|---|
| 2020-05-11 | 采购部 | 张某某 | 2022-12-31 | 差旅费 | 12000.00 |
| 2020-10-15 | 销售部 | 于某某 | 2022-12-31 | 差旅费 | 8000.00 |

⑤库存商品(1405)期初余额如表 4-7 所示。

表 4-7　库存商品(1405)辅助账

| 商品名称 | 数量/箱 | 金额/元 | 商品名称 | 数量/箱 | 金额/元 |
|---|---|---|---|---|---|
| 001 纯牛奶 | 650 | 32500.00 | 003 混合果蔬汁 | 650 | 32500.00 |
| 005 西柚汁 | 650 | 19500.00 | 007 运动饮料 | 680 | 20400.00 |
| 009 乳酸菌 | 700 | 21000.00 | 004 橙汁 | 650 | 19500.00 |

⑥应付票据—银行承兑汇票(220101)期初余额如表 4-8 所示。

表 4-8　应付票据—银行承兑汇票(220101)辅助账

| 日期 | 供应商 | 业务员 | 摘要 | 方向 | 金额/元 | 票号 |
|---|---|---|---|---|---|---|
| 2020-12-16 | S | 张某某 | 贷款 | 贷 | 60000.00 | 54321856 |

⑦应付账款——一般应付款(220201)期初余额如表 4-9 所示。

表 4-9　应付账款——一般应付款(220201)辅助账

| 日期 | 供应商 | 业务员 | 摘要 | 方向 | 金额/元 |
|---|---|---|---|---|---|
| 2020-10-11 | Q 乳业 | 关某某 | 贷款 | 贷 | 33900.00 |
| 2020-11-07 | S 集团 | 关某某 | 贷款 | 贷 | 34182.50 |

⑧应付账款—暂估应付款(220202)期初余额如表 4-10 所示。

表 4-10　应付账款—暂估应付款(220202)辅助账

| 日期 | 供应商 | 业务员 | 摘要 | 方向 | 金额/元 |
|---|---|---|---|---|---|
| 2020-12-18 | T | 关某某 | 贷款 | 贷 | 29400.00 |

⑨预收账款—人民币(220301)期初余额如表 4-11 所示。

表 4 – 11    预收账款—人民币(220301)辅助账

| 日期 | 客户 | 业务员 | 摘要 | 方向 | 金额/元 |
|---|---|---|---|---|---|
| 2020 – 11 – 21 | C 超市 | 于某某 | 贷款 | 贷 | 11752.00 |

(2)录入辅助核算科目期初余额操作过程，见图 4 – 9 至图 4 – 10。

图 4 – 9    录入辅助核算科目期初余额 1

录入辅助核算科目的期初余额

图 4 – 10    录入辅助核算科目期初余额 2

## 三、对账

在"期初余额录入"对话框，单击【对账】，结果如图 4 – 11 所示。如果存在对账错误，单击【对账错误】按钮，系统会自动显示发现的错误。

图 4－11　对账

## 四、试算平衡

点击页面左下方的【业务工作】按钮，选择【财务会计】，点击【总账】，执行"设置"下的"期初余额"命令。单击工具栏上的【试算】按钮，系统会自动弹出"期初试算平衡表"对话框，当显示"试算结果平衡"时，表明期初数据录入正确，单击【确定】按钮，单击【退出】按钮返回，如图 4－12 所示。

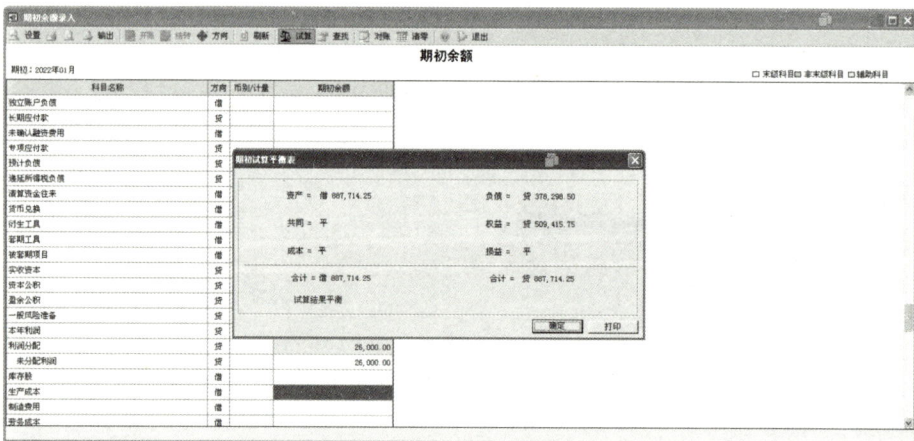

图 4－12　试算平衡

对账及试算平衡

# 任务三 凭证处理

## 一、填制凭证

根据吉林×公司 2022 年 01 月发生的经济业务，由总账会计 W02 王某某登录企业应用平台，登录日期 2022 年 01 月 01 日，要求制单日期与业务发生日期一致。

（1）记 0001，3 日，从工行提取备用金 3000 元，签发现金支票，支票票号 20101。

| | |
|---|---|
| 借：库存现金 | 3000 |
| 贷：银行存款—人民币 | 3000 |

（2）记 0002，5 日，采购人员张某某报销差旅费 5000 元。

| | |
|---|---|
| 借：管理费用—其他 | 5000 |
| 贷：其他应收款—差旅费（张某某） | 5000 |

（3）记 0003，8 日，以现金支付总经办办公费 1600 元。

| | |
|---|---|
| 借：管理费用—办公费 | 1600 |
| 贷：库存现金 | 1600 |

（4）记 0004，10 日，销售部发生广告宣传费 10000 元，财务部签发转账支票付讫，票号 20201。

| | |
|---|---|
| 借：销售费用—广告费 | 10000 |
| 贷：银行存款—人民币 | 10000 |

（5）记 0005，12 日，给销售部员工进行集体培训，发生培训费 8000 元，以转账支票付讫，票号 20202。

| | |
|---|---|
| 借：销售费用—培训费 | 8000 |
| 贷：银行存款—人民币 | 8000 |

（6）记 0006，12 日，购买的礼品用于发放职工福利共 5000 元，用银行存款支付，签发转账支票票号 20203。

| | |
|---|---|
| 借：管理费用—职工薪酬 | 5000 |
| 贷：银行存款—人民币 | 5000 |

（7）记 0007，12 日，开出转账支票（票号 20204）以工行存款支付上月未交增值税 2200 元。

| | |
|---|---|
| 借：2 应交税费—未交增值税 | 2200 |
| 贷：银行存款—人民币 | 2200 |

（8）记 0008，15 日，开出转账支票（票号 20205）以工行存款缴纳上月城市维护

建设费 210 元，教育费附加 90 元。

　　　　借：应交税费—应交城市维护建设费　　　　　　210

　　　　　　应交税费—应交教育费附加　　　　　　　　90

　　　　贷：银行存款—人民币　　　　　　　　　　　　　　　300

　　（9）记 0009，20 日，开出转账支票（票号 20206）以工行存款缴纳上月个人所得税 6600 元。

　　　　借：应交税费—应交个人所得税　　　　　　　6600

　　　　贷：银行存款—人民币　　　　　　　　　　　　　6600

　　（10）记 0010，23 日，支付上季度的财务利息，以银行存款支付 1200 元，签发转账支票付讫，票号 20207。

　　　　借：财务费用　　　　　　　　　　　　　　　1200

　　　　贷：银行存款—人民币　　　　　　　　　　　　1200

　　（11）记 0011，25 日，用银行存款购买 008 乳酸菌饮料 280 箱，单价 50/箱，共计 14000 元，签发转账支票付讫，票号 20208。

　　　　借：库存商品—乳酸菌（008 乳酸菌）　　　　14000

　　　　贷：100201 银行存款—人民币户　　　　　　14000

## 二、填制凭证的操作步骤

　　（1）业务 1 操作步骤如下。

　　点击页面左下方的【业务工作】按钮，选择【财务会计】，点击【总账】，执行【凭证】下的【填制凭证】命令。单击工具栏左上角的【增加】按钮或按"F5"键，增加一张新凭证，将光标定位在凭证类别上，选择凭证类别"记"字 0001 号，时间为 2022.01.03，附件张数 1。摘要手工录入提取备用金，科目输入 1001，点击回车，自动弹出库存现金，录入金额 3000。再点击第二行，摘要同上，录入贷方科目、辅助项。业务 1 操作如图 4-13 所示。

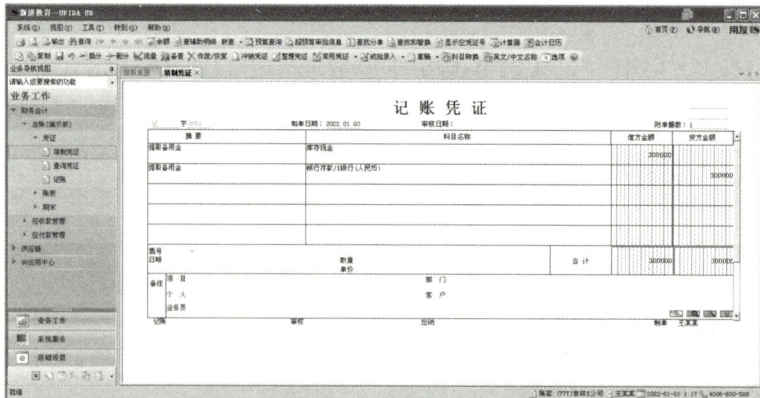

图 4-13　记账凭证 1

（2）业务 2 操作如图 4-14 所示。

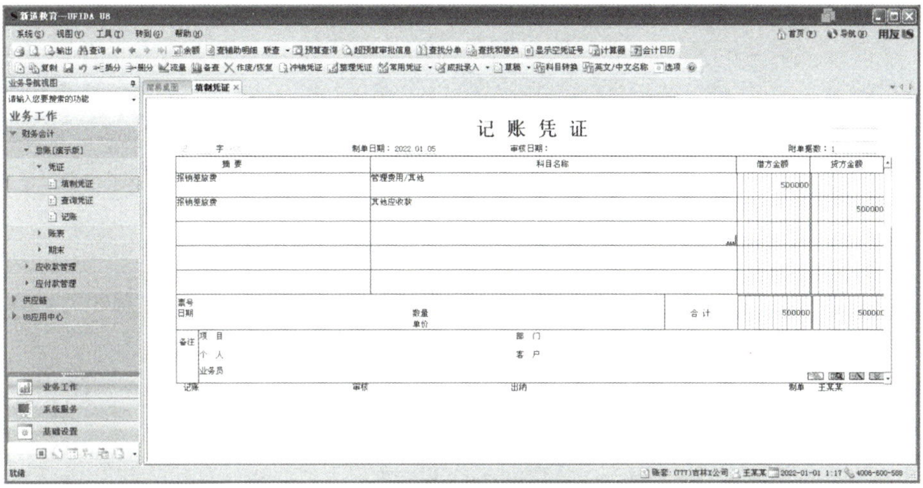

图 4-14　记账凭证 2

（3）业务 3 操作如图 4-15 所示。

图 4-15　记账凭证 3

填制凭证

（4）业务 4 操作如图 4-16 所示。

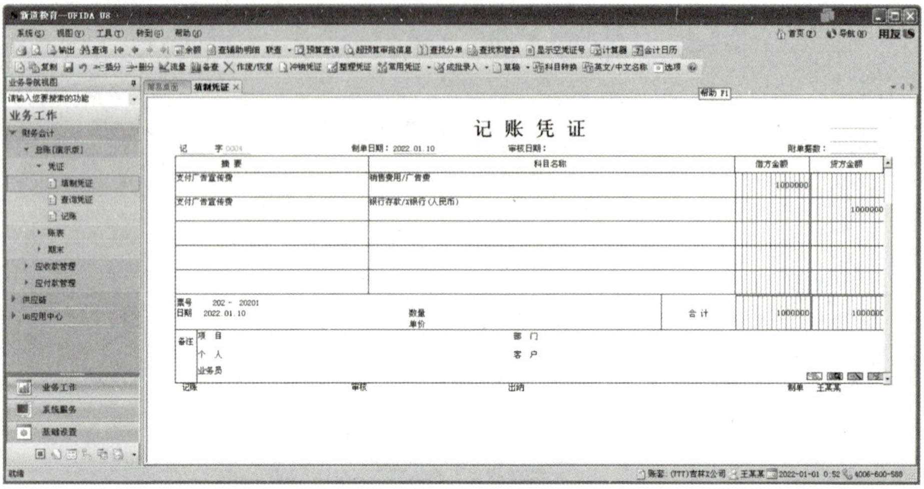

图 4-16　记账凭证 4

（5）业务 5 操作如图 4-17 所示。

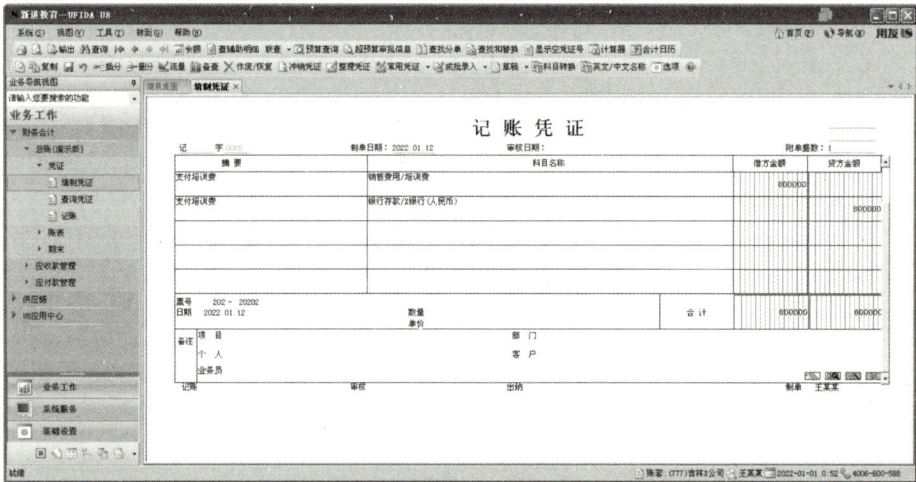

图 4-17　记账凭证 5

（6）业务 6 操作如图 4 - 18 所示。

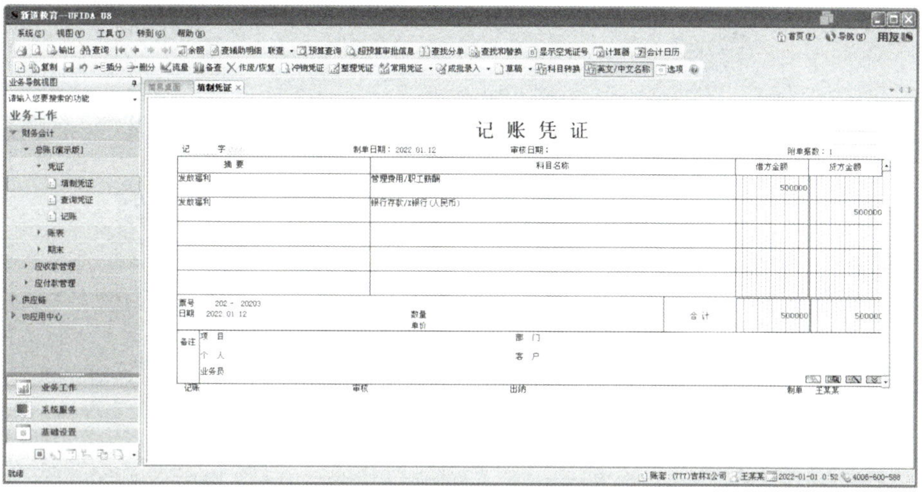

图 4 - 18　记账凭证 6

（7）业务 7 操作如图 4 - 19 所示。

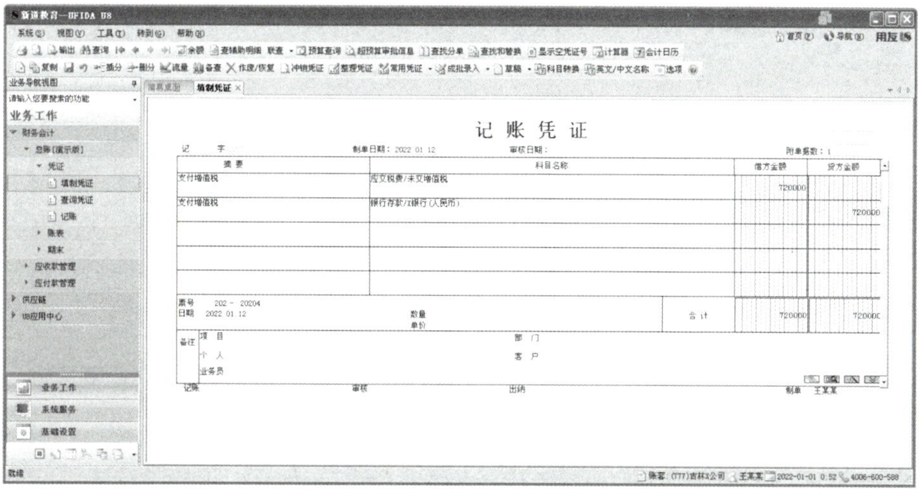

图 4 - 19　记账凭证 7

(8)业务 8 操作如图 4-20 所示。

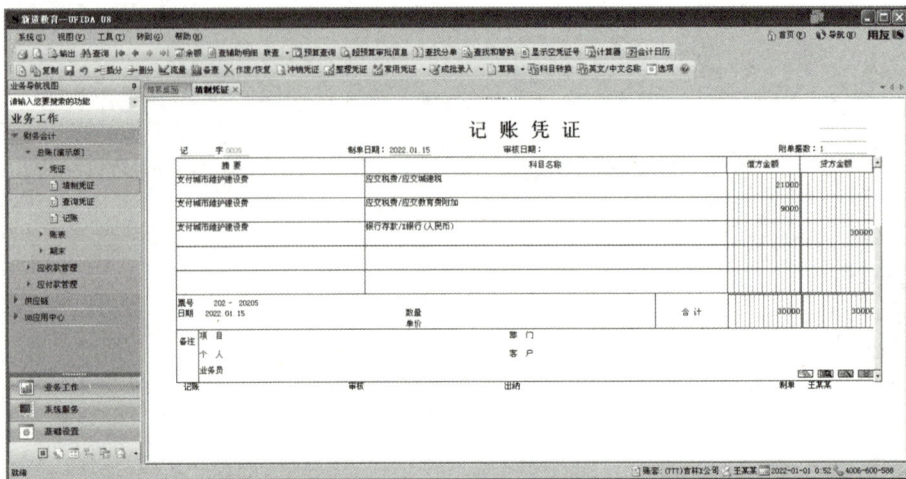

图 4-20　记账凭证 8

(9)业务 9 操作如图 4-21 所示。

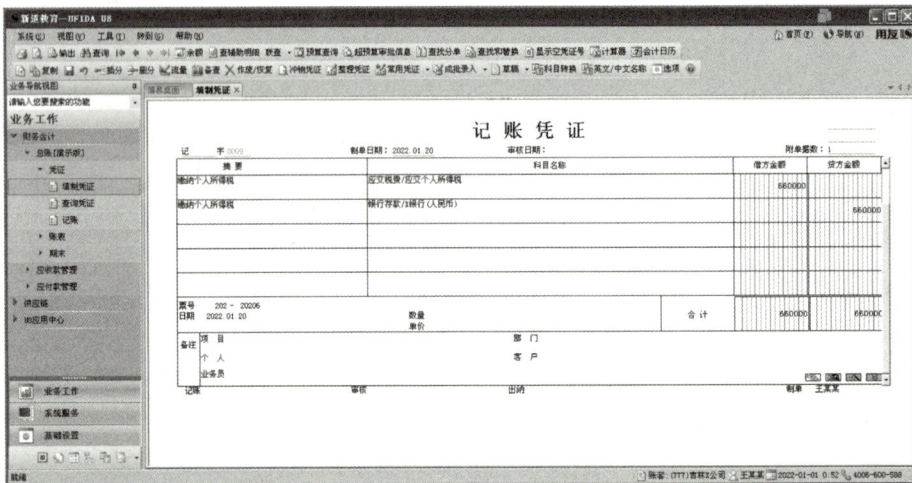

图 4-21　记账凭证 9

（10）业务 10 操作如图 4 - 22 所示。

图 4 - 22　记账凭证 10

（11）业务 11 操作如图 4 - 23 所示。

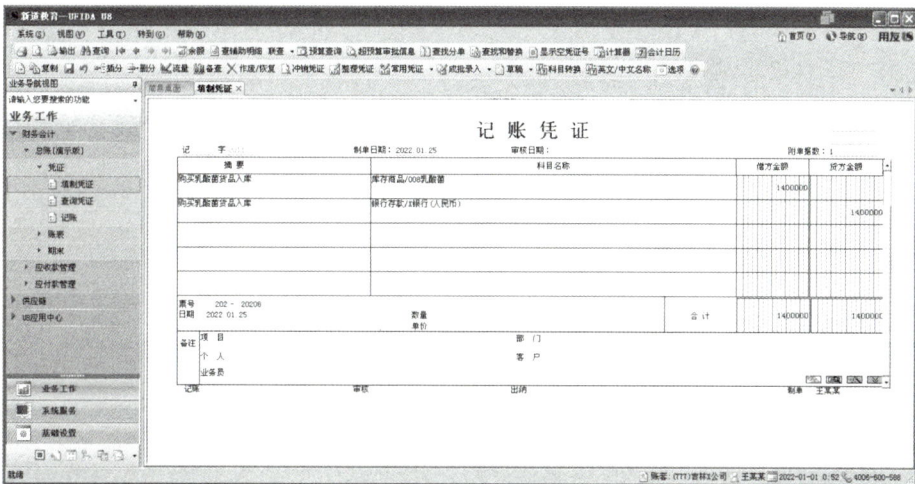

图 4 - 23　记账凭证 11

## 三、审核凭证

2022 年 1 月 31 日，更换操作员为财务主管 W01 李某某，登录企业应用平台，时间为 2022 - 01 - 31，对本月所有的记账凭证进行审核。

审核凭证有两种方式。

第一种，单张审核。点击页面左下方的【业务工作】按钮，选择【财务会计】，点击【总账［演示版］】，执行【凭证】下的【审核凭证】命令，系统自动弹出"凭证审核"对话框，双击记-0001 号凭证，点击左上角【审核】，凭证上方出现"已审核"。第二种，成批审核。在"审核凭证列表"窗口下，点击【批处理】【成批审核凭证】，如图 4-24 至图 4-28 所示。

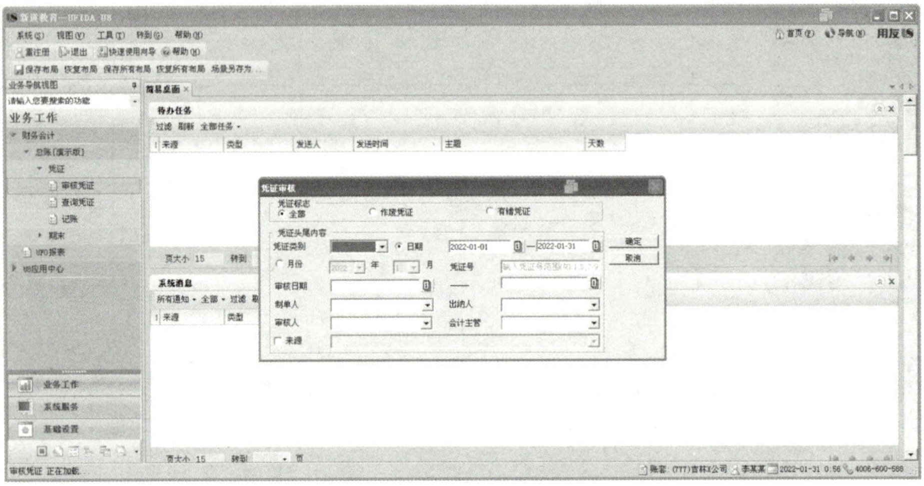

图 4-24　记账凭证审核 1

图 4-25　记账凭证审核 2

审核凭证

图 4-26　记账凭证审核 3

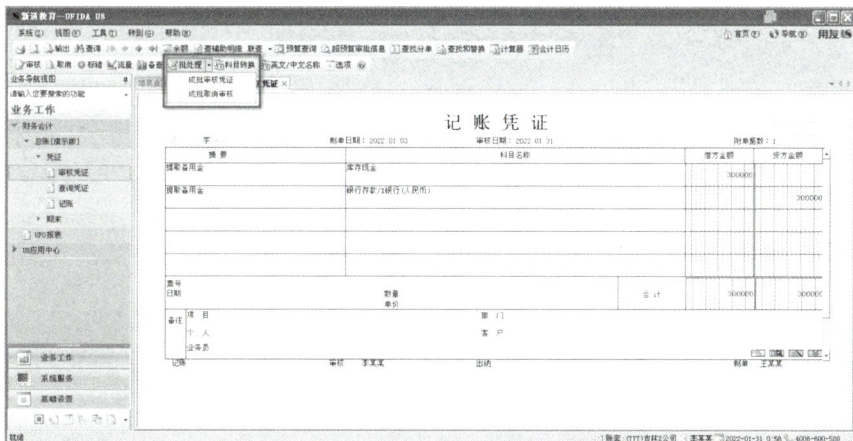

图 4-27　记账凭证审核 4

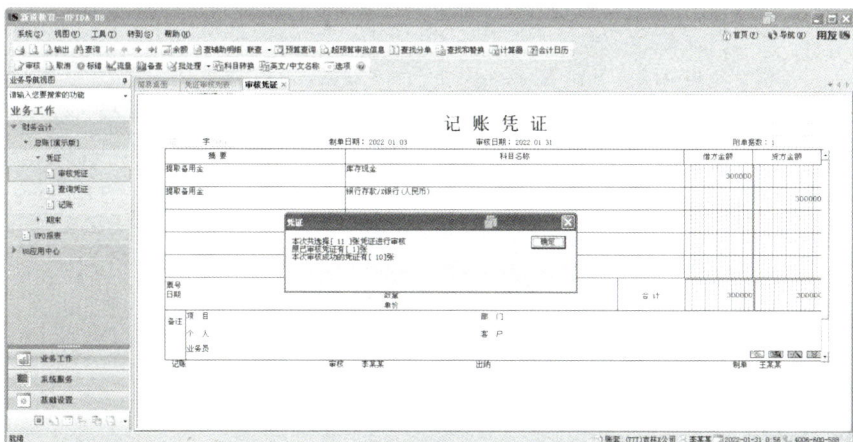

图 4-28　记账凭证审核 5

## 四、记账

用操作员 W01 李某某登录，时间 2022 年 1 月 31 日，对本月审核无误的凭证进行记账。

(1)点击页面左下方的【业务工作】按钮，选择【财务会计】，点击【总账［演示版］】，执行【凭证】下的【记账】命令，系统自动弹出"记账"对话框，在"记账范围"对话框下输入"1-11"，最后点击【记账】，系统自动对所有凭证进行记账。

(2)系统自动弹出"期初试算平衡表"对话框，当页面显示试算结果平衡，即可单击【确定】按钮。系统自动登记总账、明细账和辅助账，记账完毕后，系统提示"记账完毕!"，单击【确定】按钮，见图 4-29 至图 4-31。

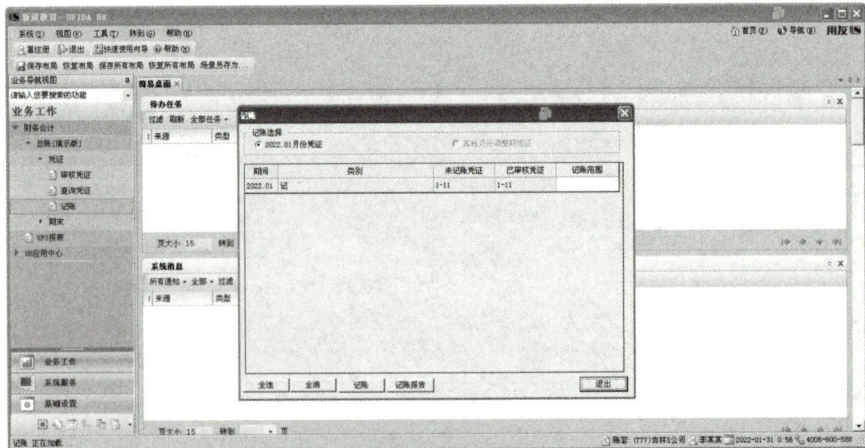

图 4-29　记账 1

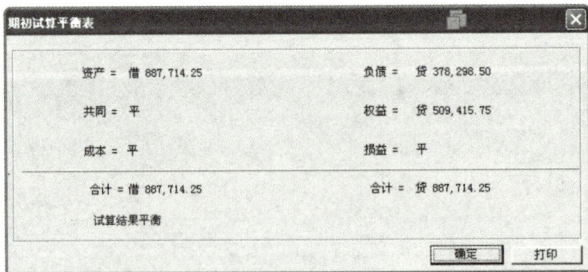

图 4-30　记账 2

记账

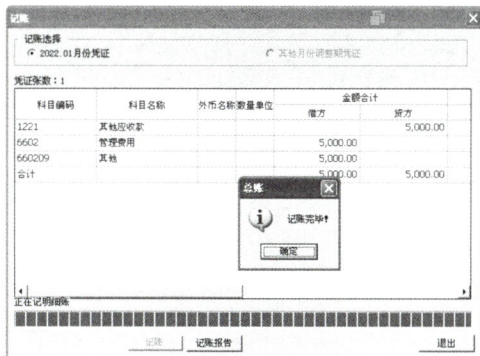

图 4-31　记账 3

## 五、修改凭证

在总账系统审核记账的过程中，如发生凭证有误或者记账试算不平衡，则需要对凭证进行修改。对会计凭证的修改有以下 3 种情况：修改未审核的记账凭证、修改已审核但未记账的凭证、修改已记账的凭证。

### 1. 修改未审核的记账凭证

例 1：2022 年 1 月 31 日，由总账会计 W02 王某某在总账系统中将 0011 号凭证（销售乳酸菌饮料 008 乳酸菌）修改为购买数量 800 箱，金额 40000 元。

操作步骤如下。

点击页面左下方的【业务工作】按钮，选择【财务会计】，点击【总账】，执行【凭证】下的【填制凭证】命令，系统自动弹出"填制凭证"对话框，通过【←←→→】按钮翻页查找；或单击【查询】按钮，输入日期，查找"记-0011 号凭证"。点击【数量】，弹出"辅助项"对话框，数量行修改为 800，点击【确定】，借贷方金额自动改为 40000 元，如图 4-32 和图 4-33 所示。

图 4-32　修改未审核的记账凭证 1

修改未审核
的记账凭证

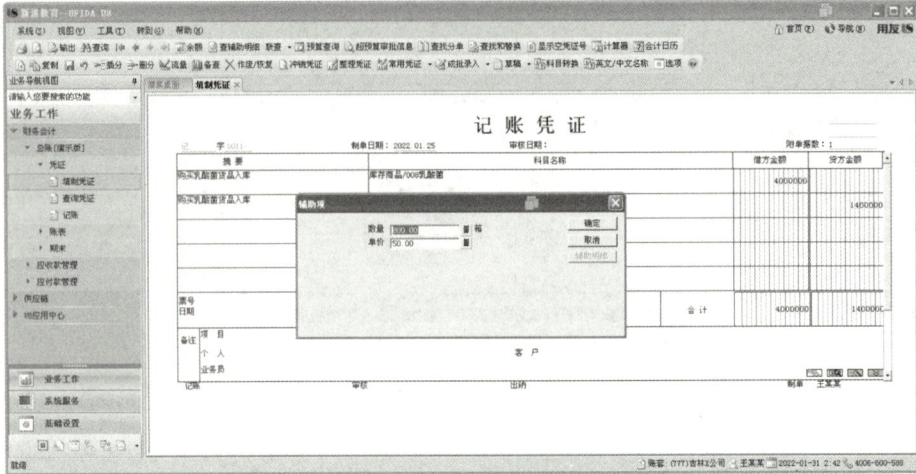

图 4-33　修改未审核的记账凭证 2

### 2. 修改已审核但未记账的凭证

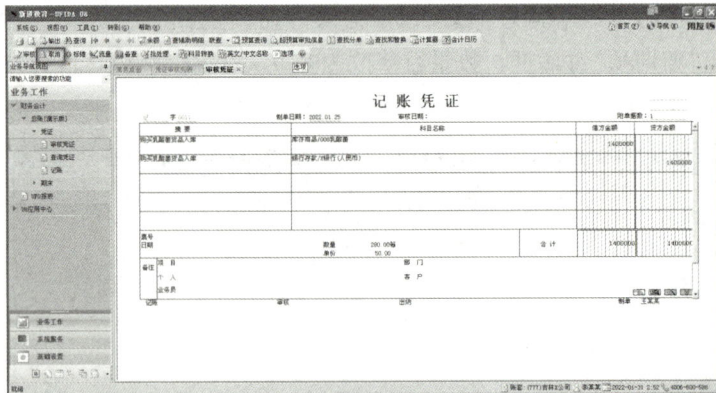

1 月 31 日，由财务主管 W01 李某某登录，先取消审核再修改凭证，操作步骤如下。

(1)点击页面左下方的【业务工作】按钮，选择【财务会计】，点击【总账】，执行【凭证】下的【审核凭证】命令，系统自动弹出"审核凭证"对话框，单击【记-0011 号凭证】，点击【取消】按钮，凭证上方"已审核"字样消失，关闭即可。

(2)换由总账会计 W02 王某某登录，操作同上面(1)的步骤，将数量行修改为 800，点击【确定】，借贷方金额自动改为 40000 元，如图 4-34 和图 4-35 所示。

修改已审核
但未记账的凭证

图 4-34　修改已审核但未记账的凭证 1

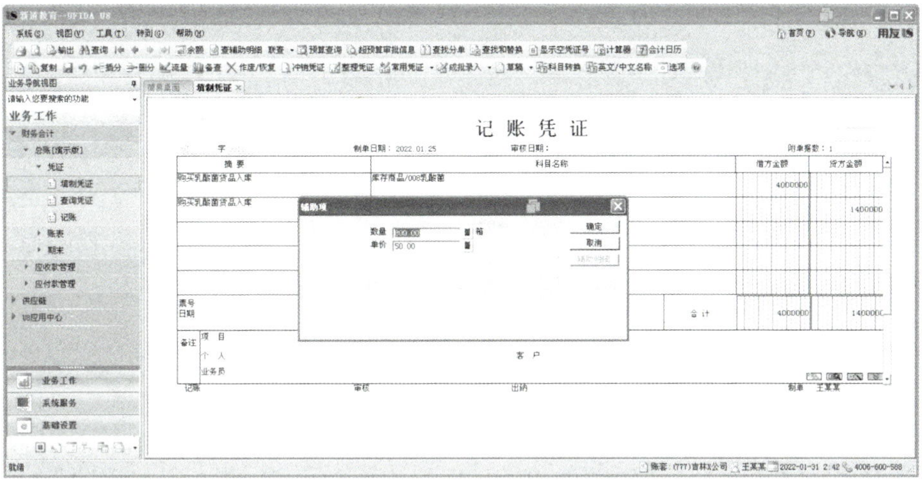

图 4 - 35 修改已审核但未记账的凭证 2

### 3. 修改已记账的凭证

操作步骤:(1)取消记账;(2)取消审核;(3)修改凭证。

步骤一:取消记账。由财务主管 W01 李某某登录,时间 2022 - 01 - 31,选择
【业务工作】选项卡,点击【总账[演示版]】,执行【期末】下的【对账】,打开"对账"对
话框。同时按住键盘"Ctrl＋H"键,系统提示"恢复记账前状态功能已被激活。",单
击【确定】按钮,然后退出。选择【总账[演示版]】中【凭证】,点击【恢复记账前状态】
按钮,系统会自动弹出"最近一次记账前状态"对话框,单击【确定】按钮,系统提示
输入口令,口令为空,点击【确定】即可。系统再次弹出"恢复记账完毕!"提示框,单
击【确定】后自动退出,如图 4 - 36 至图 4 - 38 所示。

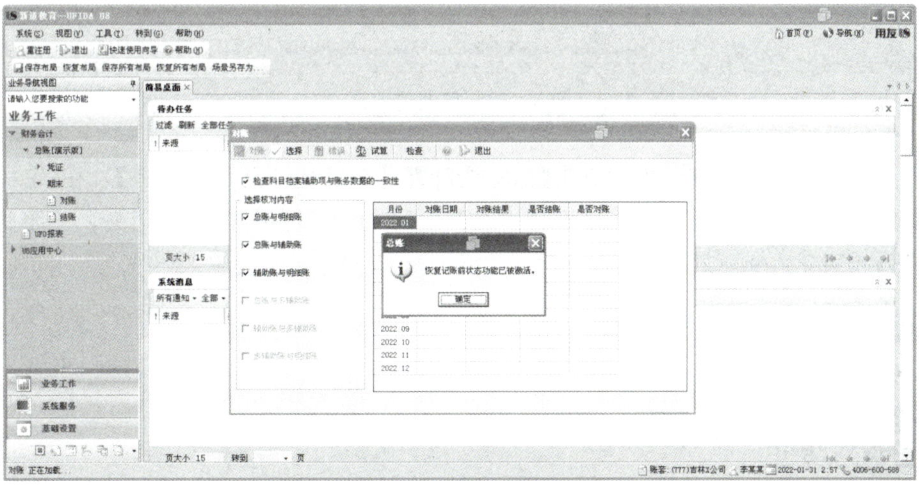

图 4 - 36 取消记账 1

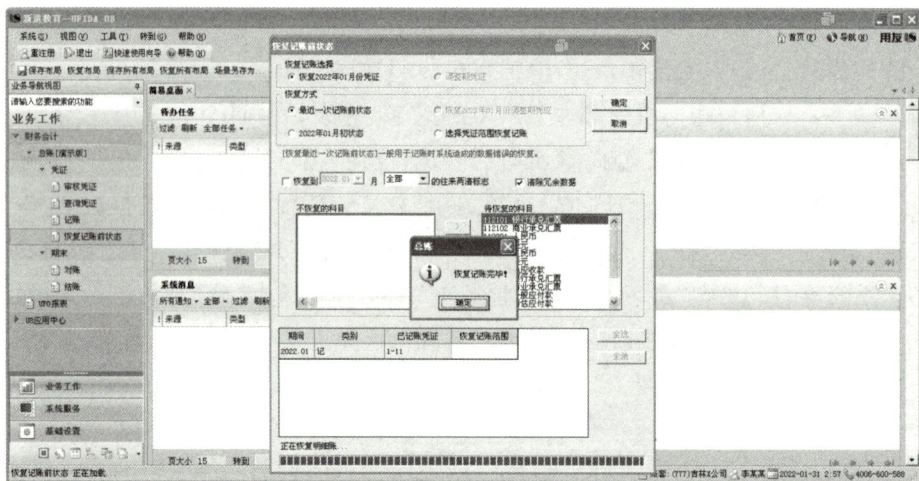

图 4-37　取消记账 2

图 4-38　取消记账 3

步骤二：取消审核。依次点击【财务会计】【总账】【凭证】【审核凭证】，在【审核凭证】菜单下，点击【批处理】【成批取消审核】，凭证上方"已审核"字样消失，关闭凭证页面，如图 4-39 所示。

修改已记账的凭证

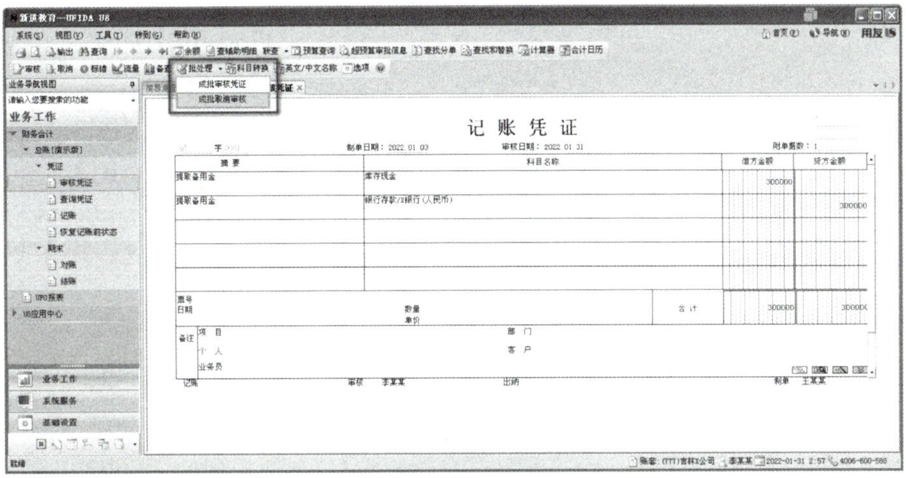

图 4-39 取消审核

步骤三：修改凭证。对凭证需要修改的数量、金额等进行修改。

## 六、作废并删除凭证

2022 年 1 月 31 日，由 W02 王某某在总账系统中将记 0011 号凭证（购买乳酸菌饮料 008 乳酸菌）作废并删除。操作步骤如下。

（1）依次点击【业务工作】【财务会计】【总账】【凭证】【查询凭证】命令，选中"月份"，点击【确定】。

（2）双击【记 0011 凭证】所在行，弹出记 0011 凭证窗口，单击工具栏上的【作废/恢复】按钮，如图 4-40 至图 4-42 所示。

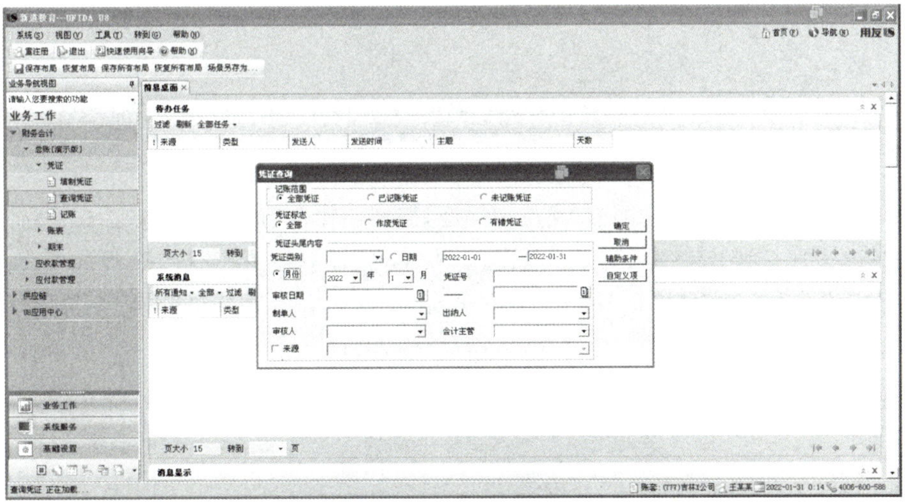

图 4-40 作废并删除凭证 1

图 4-41　作废并删除凭证 2

图 4-42　作废并删除凭证 3

（3）点击【填制凭证】，再单击【整理凭证】按钮，在自动弹出的新对话框中选择月份：2022-01，单击【确定】按钮。双击【记 0011 凭证】所在行的【删除?】选项，空白栏显示"Y"标志，单击【确定】按钮。系统提示"是否还需整理凭证断号"，选中"按凭证号重排"，单击【是】按钮，凭证自动进行整理，如图 4-43 至图 4-45 所示。

图 4-43　整理凭证 1

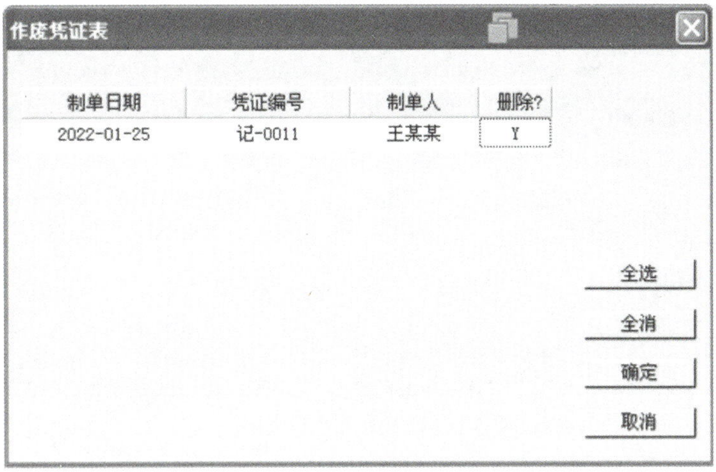

图 4-44 整理凭证 2

作废并删除凭证(1)

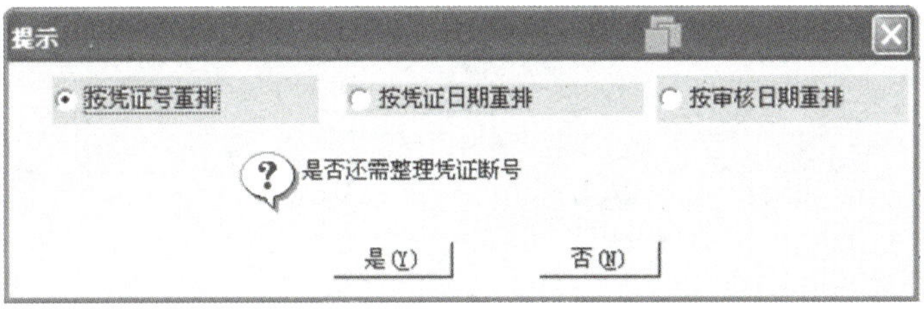

图 4-45 整理凭证 3

作废并删除凭证(2)

# 任务四 出纳处理

## 一、银行对账

以操作员 W03 赵某某出纳员的身份登录，时间 2022-01-31，进行如下操作。

### 1. 查询现金日记账

(1)点击页面左下方的【财务会计】按钮，选择【总账[演示版]】，点击【出纳】，执行【现金日记账】命令。

(2)对查询条件进行定义，将"是否按对方科目展开"和"包含未记账凭证"选项前的复选框选中，单击【确定】即可。

(3)在新打开的"现金日记账"窗口，双击【总账[演示版]】按钮即可查看"库存现金"总账；查看任意一张记账凭证，则单击【任意凭证记录】行，双击【凭证】按钮即可，见图 4-46 和图 4-47。

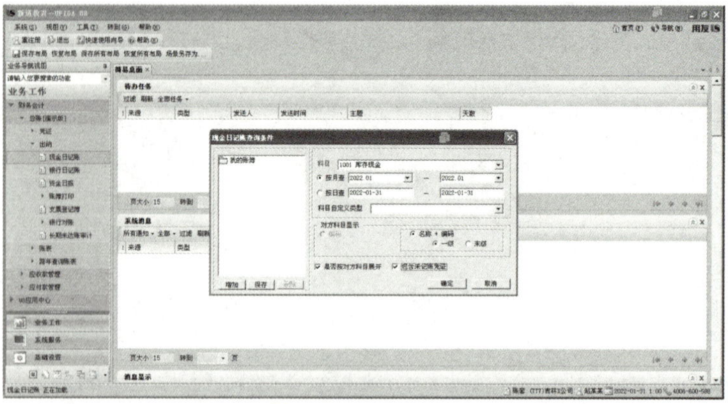

图 4-46 查询现金日记账 1

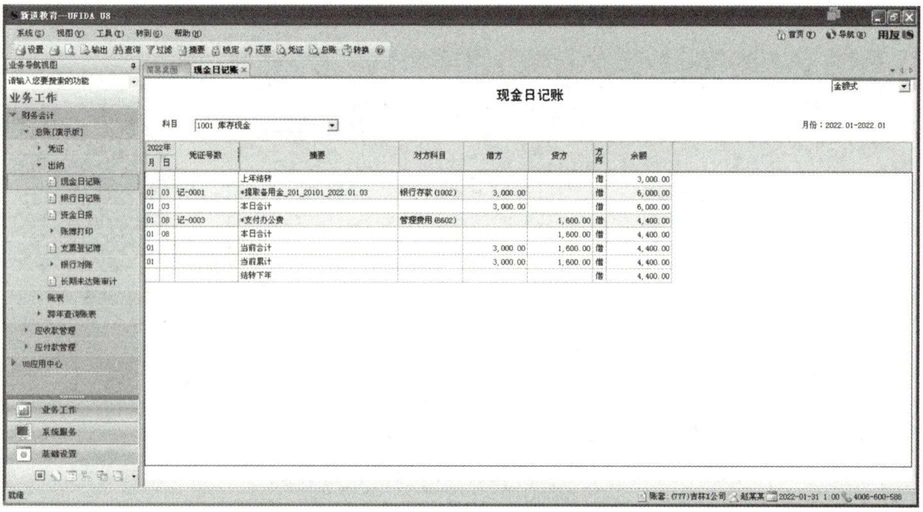

图 4-47 查询现金日记账 2

## 2. 进行银行对账

（1）录入银行对账期初数。

请根据以下资料输入吉林×公司 2022 年 01 月的银行对账单。

本单位开户行×银行人民币户企业银行存款日记账余额为 503847.00 元，银行对账单期初余额为 505847.00 元，未达账系银行已收、企业未收款 2000.00 元（2022 年 12 月 30 日，结算方式：其他；票号：201950），如表 4-12 所示。

录入银行对账期初数

120

表 4－12　2022 年 01 月的银行对账单（人民币户）

| 日期 | 结算方式 | 票号 | 借方金额 | 贷方金额 | 余额 |
|---|---|---|---|---|---|
| 2022.01.03 | 现金支票 | 20101 | | 3000.00 | 502847.00 |
| 2022.01.10 | 转账支票 | 20201 | | 10000.00 | 492847.00 |
| 2022.01.12 | 转账支票 | 20202 | | 8000.00 | 484847.00 |
| 2022.01.12 | 转账支票 | 20203 | | 5000.00 | 479847.00 |
| 2022.01.12 | 转账支票 | 20204 | | 7200.00 | 472647.00 |
| 2022.01.15 | 转账支票 | 20205 | | 300.00 | 472347.00 |
| 2022.01.20 | 转账支票 | 20206 | | 6600.00 | 465747.00 |
| 2022.01.23 | 转账支票 | 20207 | | 1200.00 | 464547.00 |

　　步骤一：点击页面左下方的【财务会计】按钮，选择【总账［演示版］】，点击【出纳】，执行【银行对账】下的【银行对账期初录入】命令，系统会弹出"银行科目选择"对话框，系统默认对账科目为"×银行（人民币）(100201)"，单击【确定】按钮。

　　步骤二：在单位日记账"调整前余额"栏中输入 503847.00，在银行对账单"调整前余额"栏中输入 505847.00。

　　步骤三：单击左侧【单位日记账账按钮】，执行【对账单期初未达项】命令，单击工具栏上的【增加】按钮，输入日期、结算方式、票号、借方金额项目，单击【退出】，则在"银行对账期初"窗口下显示调整后余额，如图 4－48 至图 4－51 所示。

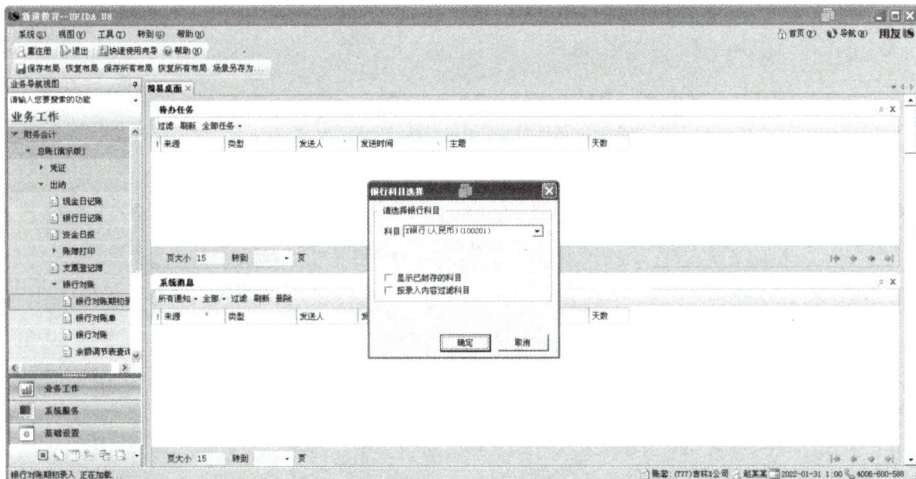

图 4－48　录入银行对账期初数 1

图 4-49　录入银行对账期初数 2

图 4-50　录入银行对账期初数 3

图 4-51　录入银行对账期初数 4

（2）录入银行对账单。

步骤一：点击页面左侧的【财务会计】按钮，选择【总账［演示版］】，点击【出纳】，执行【银行对账】下的【银行对账单】命令，打开"银行科目选择"对话框，单击【确定】。

步骤二：单击【增加】按钮，根据表4－12输入对账单记录内容，输入完毕后单击【退出】按钮，如图4－52、图4－53所示。

注意：第一条记录是期初未达账项，无须输入，系统自动生成；余额无须输入，由系统自动生成。

录入银行对账单

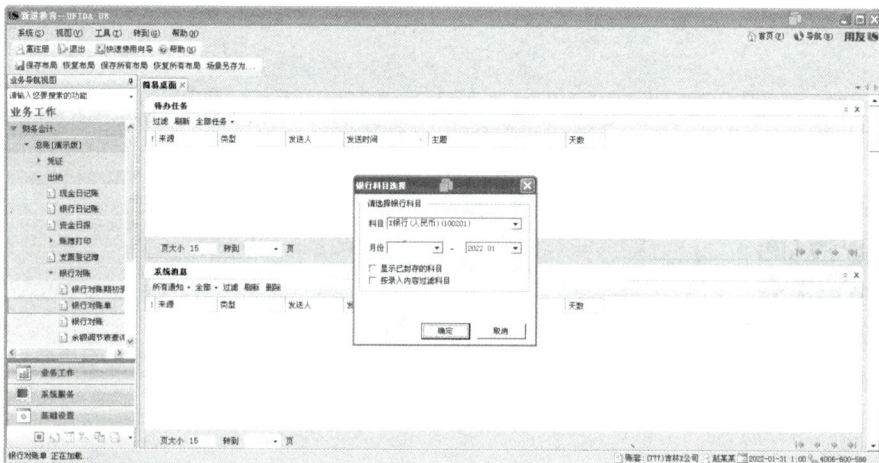

图4－52　录入银行对账单1

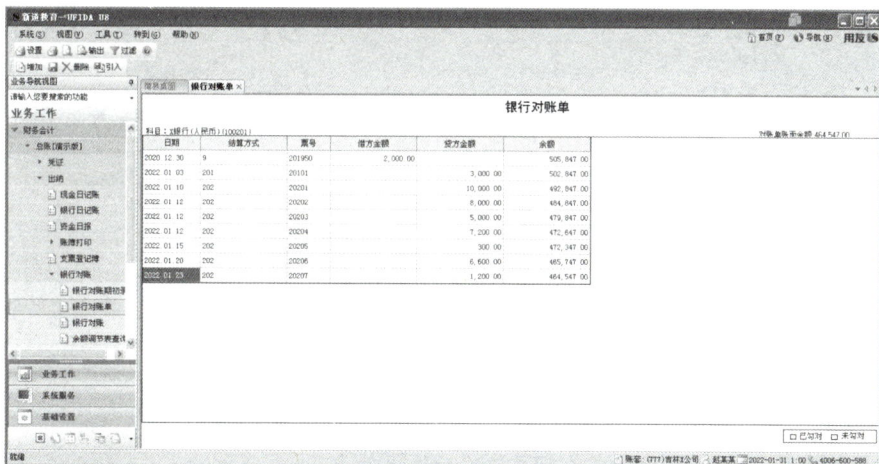

图4－53　录入银行对账单2

（3）进行银行对账。

步骤一：点击页面左下方的【财务会计】按钮，选择【总账［演示版］】，点击【出纳】，执行【银行对账】命令，单击【确定】按钮。

步骤二：单击【对账】按钮，输入截止日期，选择对账条件，系统进行自动对账并在"两清"栏显示红圈符号。

注意：凭证审核、记账以后才能够进行银行对账。如银行对账单与单位日记账有对应一致但未选中的记录，可进行手工对账，分别双击银行对账单和单位日记账"两清"栏，出现标志"Y"即可。

步骤三：当上述两个步骤全部完成后，单击工具栏上的【检查】按钮，检查试算结果。单击【退出】按钮返回，如图 4-54 至图 4-57 所示。

进行银行对账

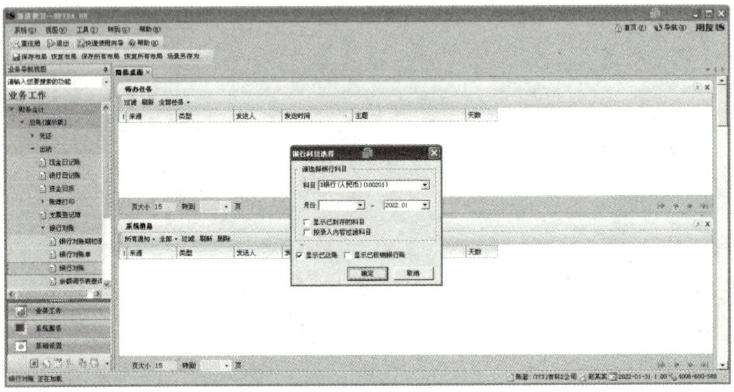

图 4-54　银行对账 1

图 4-55　银行对账 2

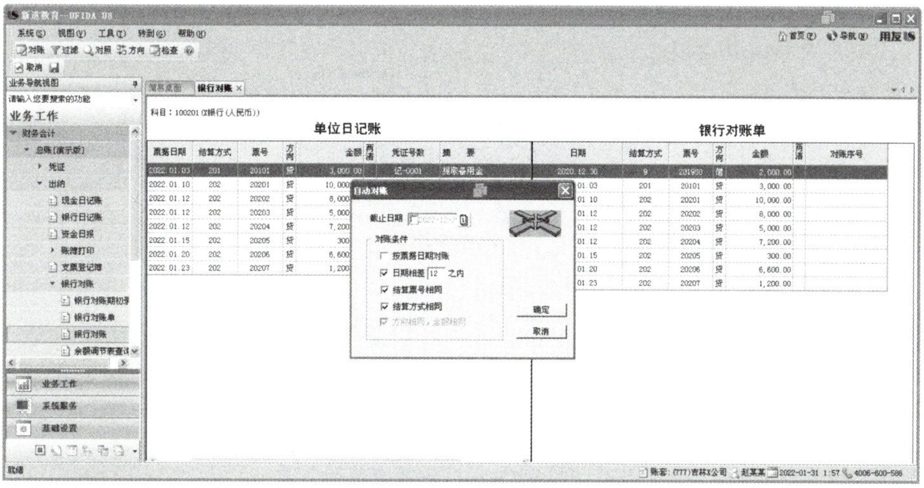

图 4－56 银行对账 3

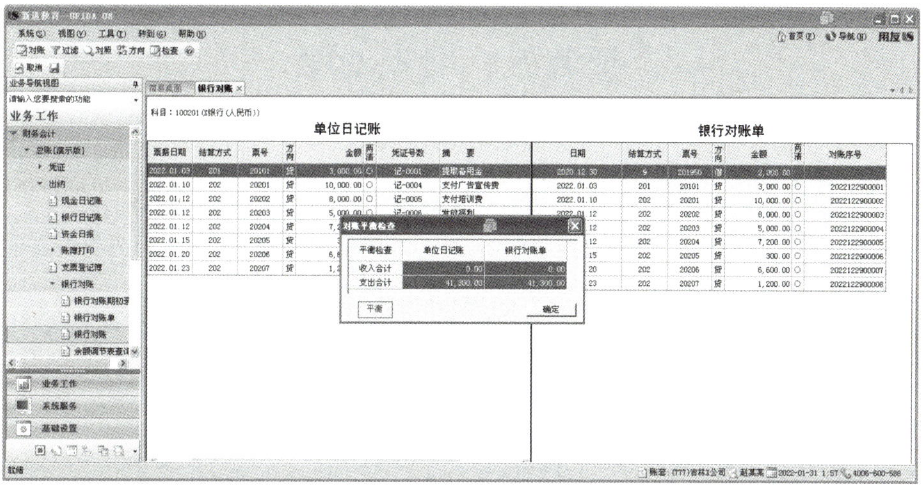

图 4－57 银行对账 4

（4）查询银行存款余额调节表。

点击页面左下方的【财务会计】按钮，选择【总账［演示版］】，点击【出纳】，执行【银行对账】下的【余额调节表查询】命令，单击【查看】按钮，系统会自动显示出"银行存款余额调节表"对话框，单击【退出】即可，如图 4－58 所示。

查询银行存款余额调节表

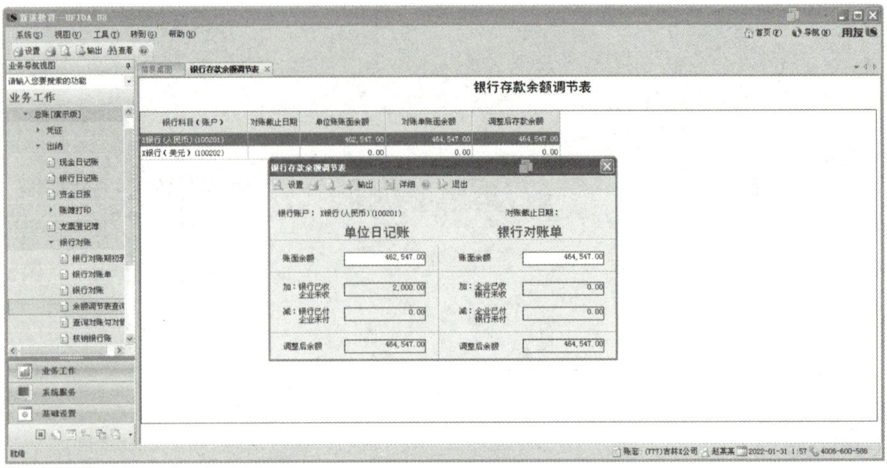

图 4-58　查询银行存款余额调节表

# 任务五　期末处理

## 一、定义转账凭证

2022 年 01 月 31 日，以会计 W02 的身份登录企业应用平台总账系统，进行如下操作。

### 1. 设置吉林×公司期末计提短期借款利息的自动转账，借款年利率为 6%

借：财务费用(6603)　　　　　　　JG(　)

贷：应付利息(2231)　　　　　　　QM(2001，月，贷)*0.06/12

(1)点击【总账】【期末】，执行【转账定义】下的【自定义转账】命令。

(2)单击工具栏上的【增加】按钮，打开"转账目录"对话框，如图 4-59 所示。

(3)单击【增行】按钮，在"科目编码"栏中输入"6603"，双击【方向】空白栏，选择"借"，向右拉动滚动条，双击【金额公式】栏，系统会自动弹出"公式向导"对话框。在左边列表框中选择公式名称"取对方科目计算结果"，右侧函数名"JG(　)"单击【下一步】，打开下一个"公式向导"对话框，不需要录入科目，点击【完成】即可，如图 4-60 至图 4-62 所示。

定义转账凭证

图 4-59　设置自定义转账 1

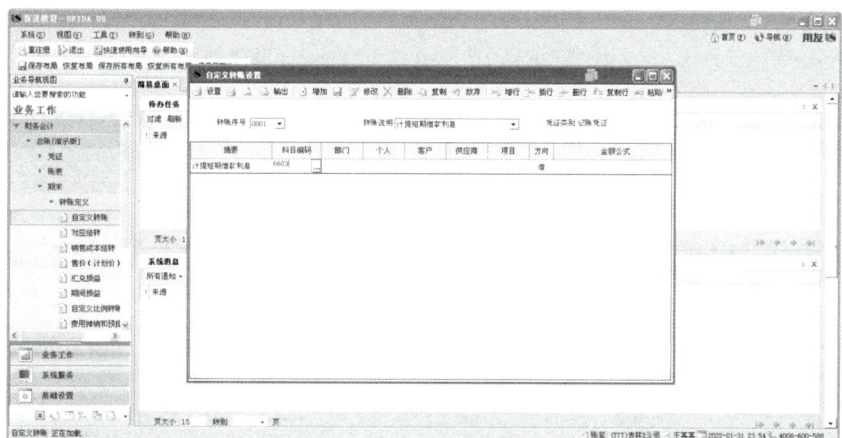

图 4-60　设置自定义转账 2

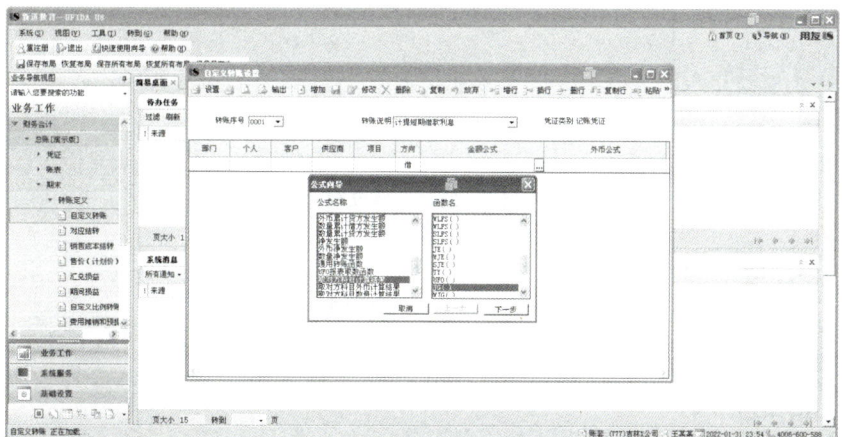

图 4-61　设置自定义转账 3

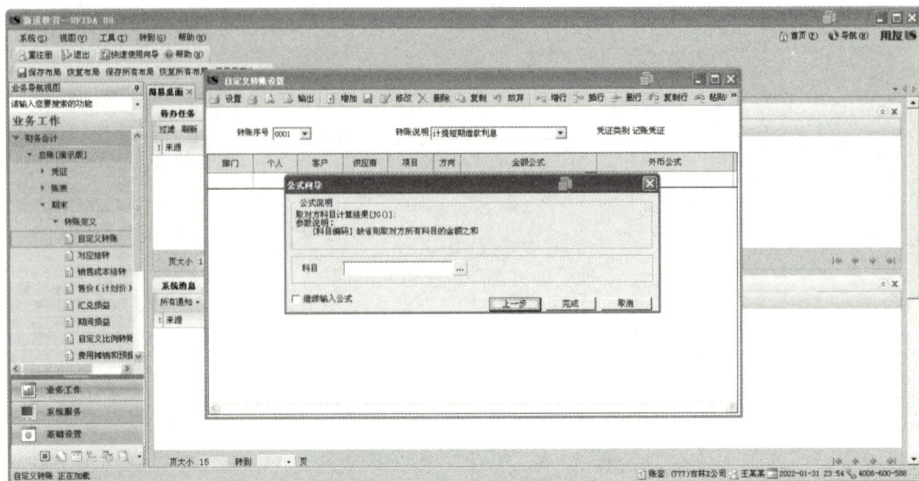

图 4-62　设置自定义转账 4

　　(4)在"自定义转账设置"对话框中，单击工具栏上的【增行】按钮，按照公式要求，分别录入贷方分录的摘要、科目编码"2231"和方向"贷"，双击【金额公式】栏，系统显示出"公式向导"对话框，在左边列表框中选择公式名称"期末余额"，右侧函数名"QM(　　)"单击【下一步】，如图 4-63 至图 4-64 所示。

图 4-63　设置自定义转账 5

生成自定义转账凭证、
对应结转凭证

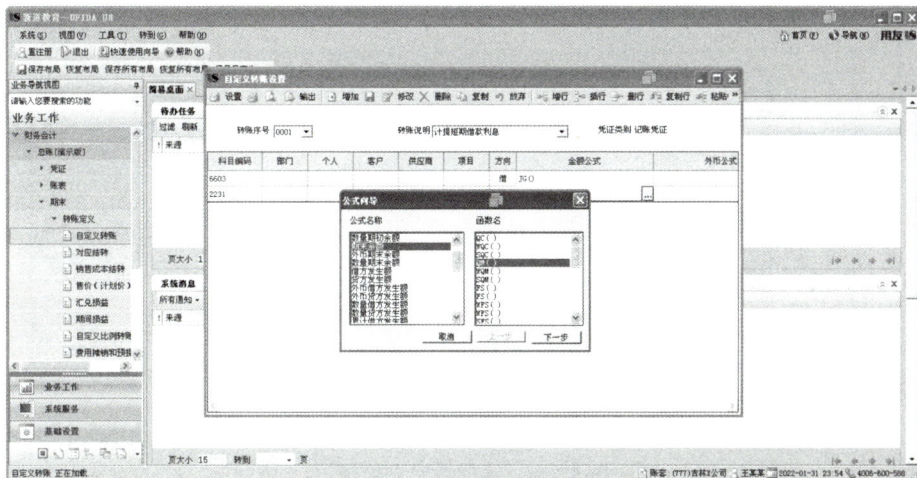

图 4-64　设置自定义转账 6

（5）打开下一个"公式向导"对话框，科目输入"2001"，点击【完成】，如图 4-65 所示。

图 4-65　设置自定义转账 7

（6）继续在贷方金额公式 QM(2001，月，贷)后手动输入 ＊0.06/12，点击【保存】，如图 4-66 所示。

图 4-66　设置自定义转账 8

## 2. 设置对应结转

为吉林×公司结转本月净利润。

编号：0001，摘要：结转本月净利润。

转出科目编码：4103；转出科目名称：本年利润。

转入科目编码：410415；转入科目名称：未分配利润；结转系数：1。

设置对应结转

（1）点击【期末】，执行【转账定义】下的【对应结转】命令，系统会自动弹出"对应结转设置"窗口。

（2）单击工具栏上的【增加】按钮，输入编号、摘要、转出科目。

（3）单击【增行】按钮，再输入转入科目和结转系数。设置完毕后单击【保存】，如图 4-67 所示。

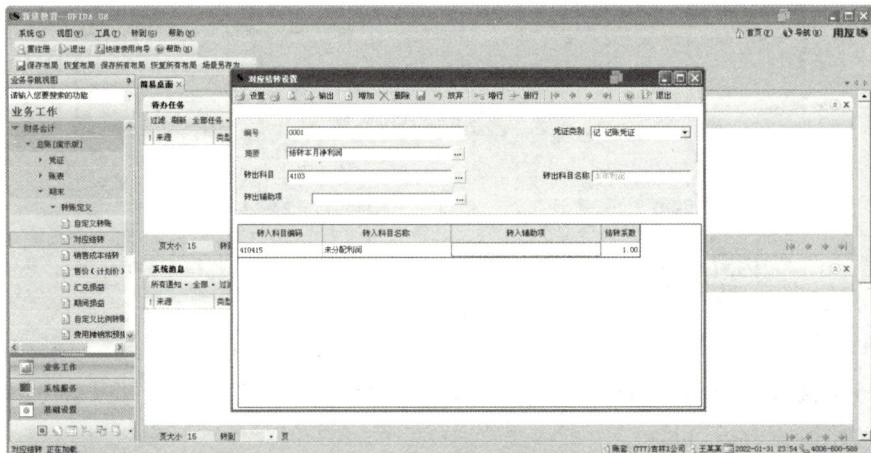

图 4-67　设置对应结转

### 3. 设置销售成本结转

设置吉林×公司商品销售成本结转。

(1)点击【期末】，执行【转账定义】下的【销售成本结转】命令，系统会自动弹出"销售成本结转设置"窗口。

(2)凭证类别无须更改，默认系统状态，手动输入库存商品科目"1405"，商品销售收入科目"6001"，商品销售成本科目"6401"，如图4-68所示。

图4-68 设置销售成本结转

设置销售成本结转

### 4. 设置期间损益结转

对吉林×公司期间损益进行结转设置。

(1)点击【期末】，执行【转账定义】下的【期间损益】命令。

(2)在"本年利润科目"空白栏中输入科目编码"4103"，单击下方列表框中的任意位置，系统自动出现本年利润科目编码，单击【确定】按钮，如图4-69所示。

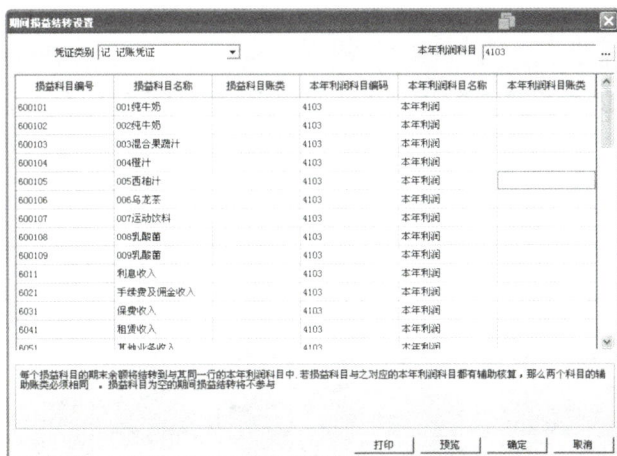

图4-69 设置期间损益结转

设置期间损益结转

## 二、生成转账凭证

为吉林×公司自动生成本月凭证。

### 1. 生成自定义转账凭证、对应结转凭证

生成本期计提短期借款利息的自定义转账凭证。

(1)点击页面左下方的【财务会计】按钮,选择【总账[演示版]】,点击【期末】,执行【转账生成】命令,系统会自动弹出"转账生成"窗口。

(2)选中"自定义转账"单选框,右边列表框自动显示已设置的自定义转账凭证。双击【是否结转】栏,单击【确定】即可,如图4-70所示。

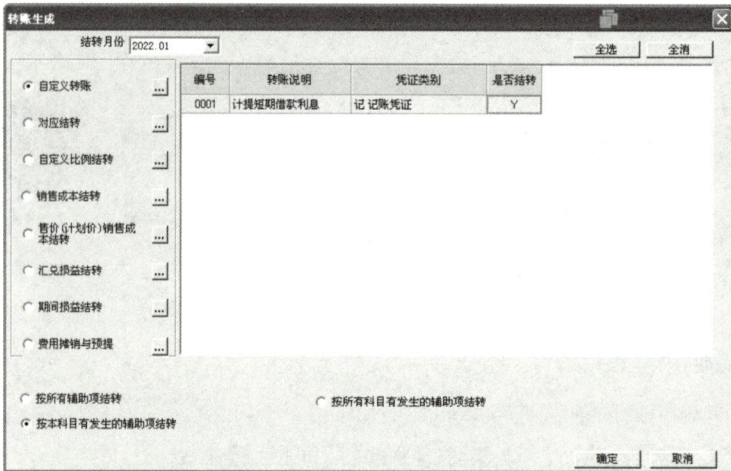

**图4-70 生成自定义转账凭证1**

(3)系统自动弹出"转账"窗口,显示已生成的转账凭证。单击【保存】按钮。且当前凭证可自动追加到总账系统未记账凭证中,如图4-71所示。

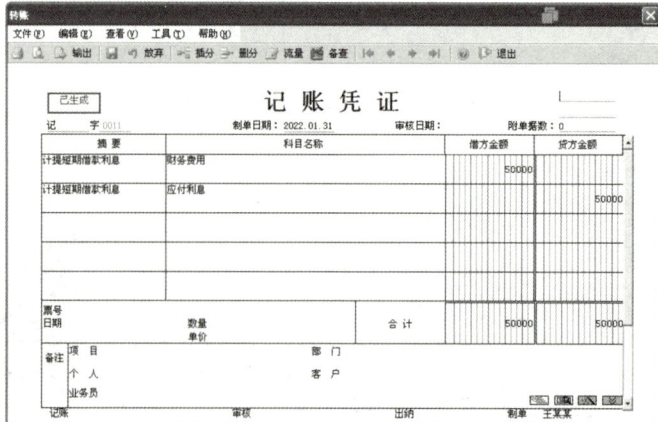

**图4-71 生成自定义转账凭证2**

## 2. 生成销售成本结转凭证

(1)点击页面左下方的【财务会计】按钮,选择【总账[演示版]】,点击【期末】,执行【转账生成】命令,系统会自动弹出"转账生成"窗口。

(2)选中"销售成本结转"单选框,对话框右边自动显示有已设置好的凭证内容,单击【确定】即可,如图4-72所示。可拖动横向滚动条向右,查看结转数据。

(3)系统自动弹出"转账生成"对话框,单击【保存】按钮。

图4-72　生成销售成本结转凭证

## 3. 生成期间损益结转凭证

(1)点击页面左下方的【财务会计】按钮,选择【总账[演示版]】,点击【期末】,执行【转账生成】命令,系统会自动弹出"转账生成"窗口。

(2)选中"期间损益结转"单选框,右边窗口中显示有所有的损益类会计科目,单击上方【类型】下拉按钮,选择"收入",再单击【全选】,单击【确定】,如图4-73所示。

图4-73　生成期间损益结转凭证1

(3)单击【保存】按钮。

(4)返回"转账生成"对话框中，将"类型"选为"支出"，单击【保存】按钮，如图 4 - 74 和图 4 - 75 所示。

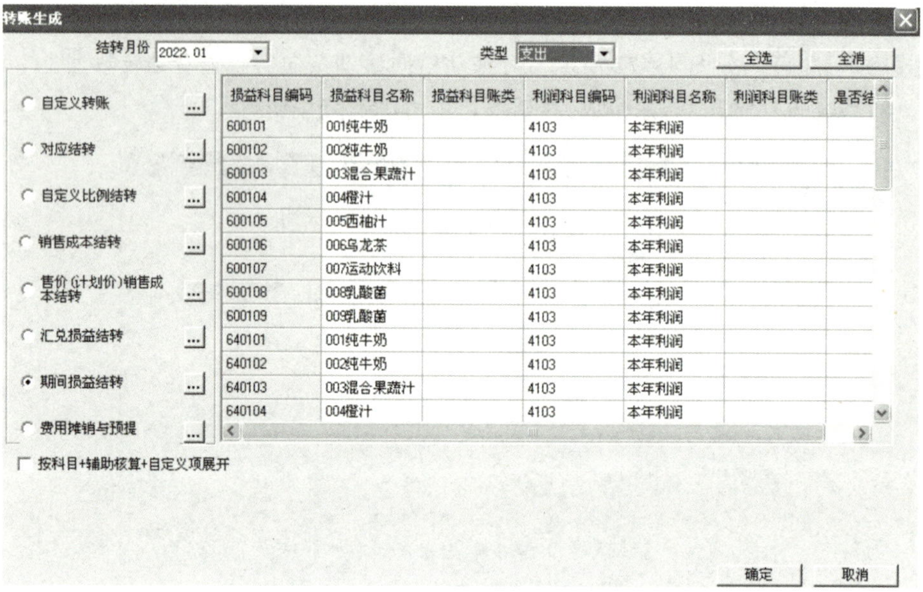

图 4 - 74　生成期间损益结转凭证 2

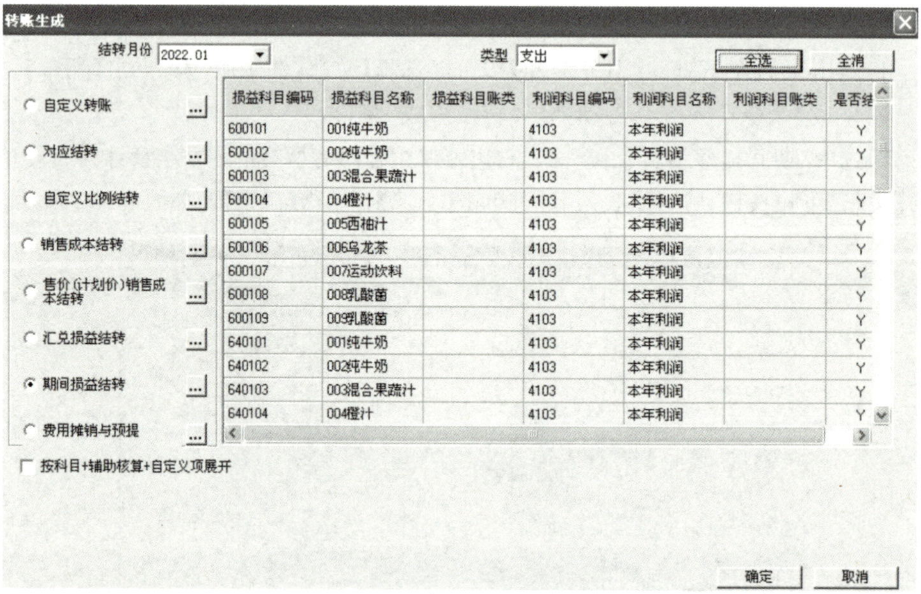

图 4 - 75　生成期间损益结转凭证 3

(5)转换操作员，以 W01 身份登录企业应用平台，对自定义转账生成的凭证进行审核、记账，如图 4-76 和图 4-77 所示。

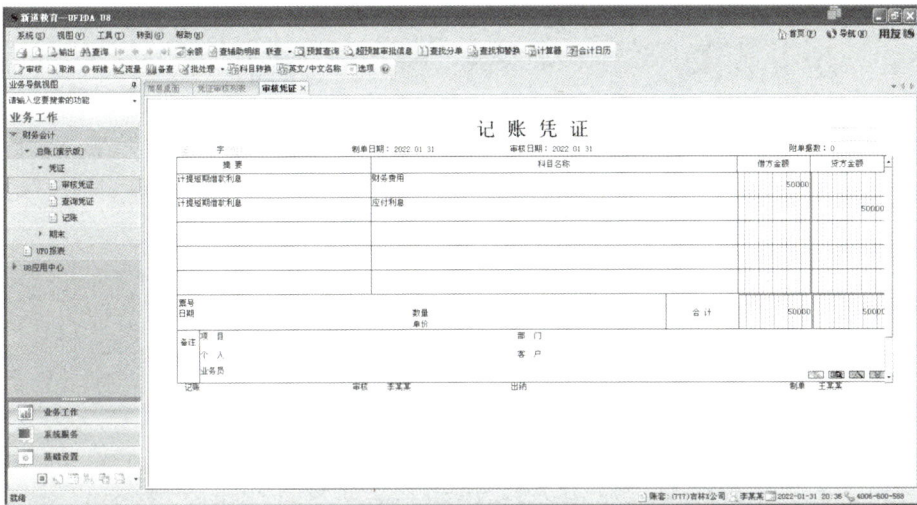

图 4-76 审核凭证

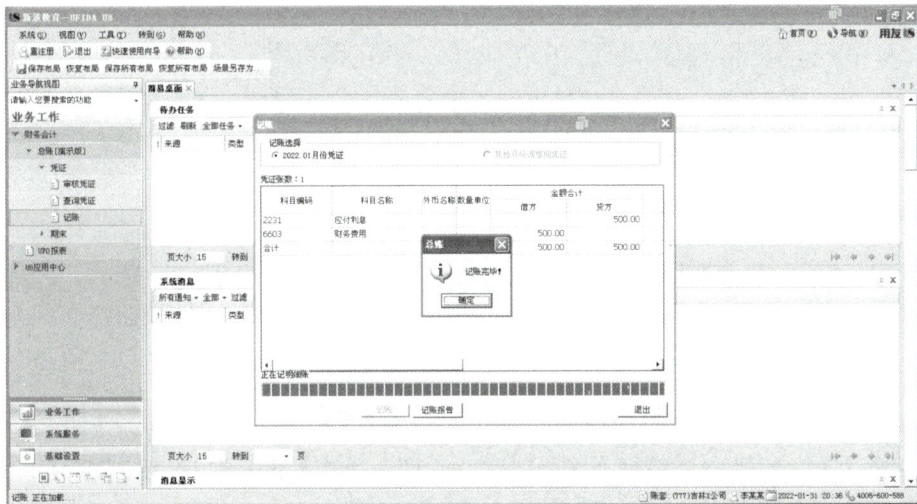

图 4-77 记账

## 三、结账

### 1. 对账

（1）点击页面左下方的【财务会计】按钮，选择【总账[演示版]】，点击【期末】，执行【对账】命令，系统会自动弹出"对账"窗口。双击对账月份 2022.01 是否对账栏，对话框中显示"Y"，单击【对账】按钮，系统开始自动对账，并在"对账结果"栏中显示结果"正确"，如图 4-78 所示。

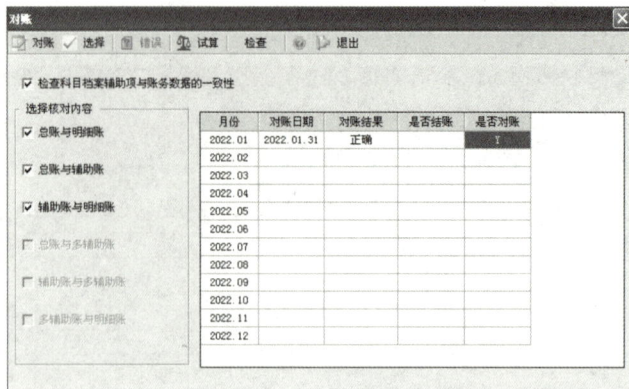

图 4-78　总账系统对账

(2)单击【试算】按钮，系统进行试算检查，如图 4-79 所示。

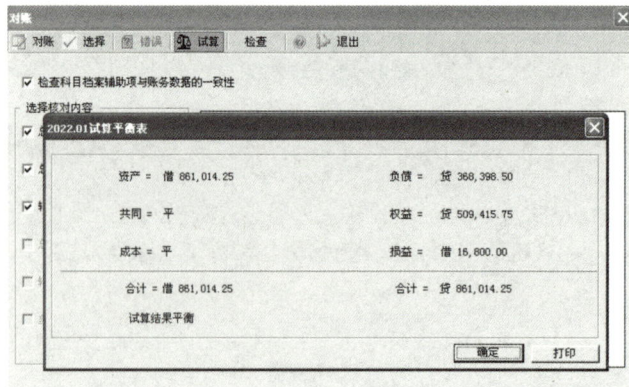

图 4-79　总账系统对账结果平衡

## 2. 结账

(1)点击页面左下方的【财务会计】按钮，选择【总账[演示版]】，点击【期末】，执行【结账】命令，选中要结账的月份"2022.01"，单击【下一步】按钮，如图 4-80 所示。

图 4-80　总账系统结账 1

（2）在弹出的"结账"对话框中，单击【对账】，如图 4-81 所示。

图 4-81　总账系统结账 2

（3）在"结账"对话框中显示有当前系统账务处理的状态和试算平衡结果，单击【下一步】即可，如图 4-82 和图 4-83 所示。

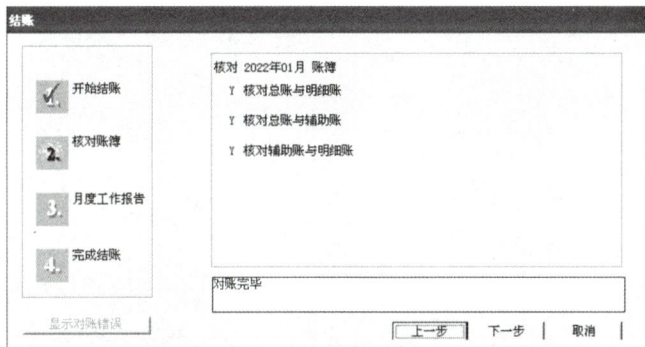

图 4-82　总账系统结账 3

图 4-83　总账系统结账 4

（4）点击【结账】【打印月度工作报告】按钮，可进行打印输出。

（5）单击【下一步】按钮，再单击【结账】按钮，系统自动进行结账。

## 任务一　应收款管理系统基础设置

在传统的会计核算中，应收、应付款是通过建立往来款项明细账的方式进行往来账款的核对与管理的。其最大的缺点就是往来账款的记录分散于多个明细账户中，难以对往来账项进行汇总和管理，如果经营中客户或供应商较多，款项往来比较频繁，就可能会造成往来账款核销关系混乱，账款催收不及时等问题，不仅资金利用效率低，还易导致坏账损失。

吉林×公司在账套中已经成功启用应收款管理系统。从 2022 年 1 月 1 日起，以账套主管刘某某的身份登录企业应用平台，将计算机系统时间调整为 2022 年 1 月 31 日，将"总账系统"的备份账套数据引入用友 ERP - U8 系统。

设置应收款管理
系统控制参数

1. 设置应收款管理系统控制参数，如表 5-1 所示

表 5-1　应收款管理系统控制参数

| 选项卡 | 参数设置 |
| --- | --- |
| 常规 | 单据审核日期依据：单据日期；<br>坏账处理方式：应收余额百分比法；<br>其他采用系统默认值 |
| 凭证 | 受控科目制单方式：明细到单据；<br>销售科目依据：按存货；<br>取消"核销生成凭证"；<br>取消"红票对冲生成凭证"；<br>其他采用系统默认值 |
| 权限与预警/核销设置 | 采用系统默认值 |

## 操作指导

以账套主管 A01 刘某某的身份登录企业应用平台，时间 2022 年 01 月 01 日。

（1）点击页面左下方的【财务会计】按钮，选择"应收款管理"，点击【设置】，执行"选项"命令，系统会自动弹出"账套参数设置"窗口。单击【编辑】按钮，系统提示"选项修改需要重新登录才能生效"，单击【确定】。

（2）分别单击【常规】和【凭证】按钮，按照表 5-1 资料进行相关设置，完毕后，单击【确定】，如图 5-1 所示。

图 5-1 设置选项

### 2. 设置应收款管理系统的会计科目，如表 5-2 所示

表 5-2 应收款管理系统会计科目设置

| 项目 | 内容 |
|------|------|
| 基本科目设置 | 应收科目：112201；预收科目：220301；代垫费用科目：1001；银行承兑科目：112l01；商业承兑科目：112102；票据利息科目：6603；票据费用科目：6603；现金折扣科目6603；税金科目：22210104；运费科目：660109 |
| 产品科目设置 | 001 纯牛奶、002 纯牛奶、003 混合果蔬汁、004 橙汁、005 西柚汁、006 乌龙茶、008 乳酸菌、009 乳酸菌 销售收入科目 600101-09；应交增值税科目 222101-04；销售退回科目 600101-09 |
| 结算方式科目设置 | 结算方式为"现金支票"，科目为 100201；结算方式为"转账支票"，科目为 100201；结算方式为"其他"，科目为 100201 |

设置应收款管理系统的会计科目

## 操作指导

（1）点击页面左下方的【财务会计】按钮，选择"应收款管理"，点击【设置】，执行"初始设置"命令，点击【基本科目设置】，单击【增加】，根据吉林×公司的背景资料，依次设置基本科目种类、录入基本科目代码，币种默认人民币，如图5-2所示。

（2）单击【产品科目设置】，根据表5-2录入或选择相关产品科目代码，如图5-3所示。

（3）单击【结算方式科目设置】，根据表5-2选择结算方式、币种及对应的结算科目代码，如图5-4所示。

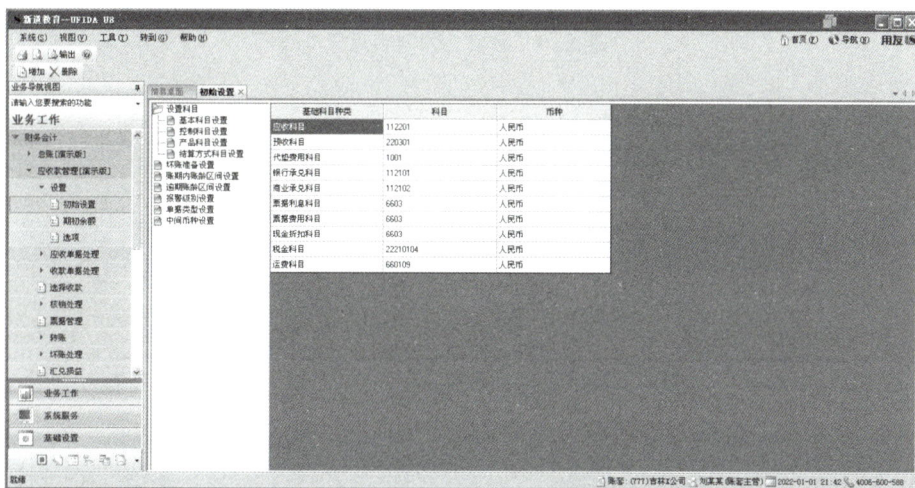

图5-2 基本科目设置

图5-3 产品科目设置

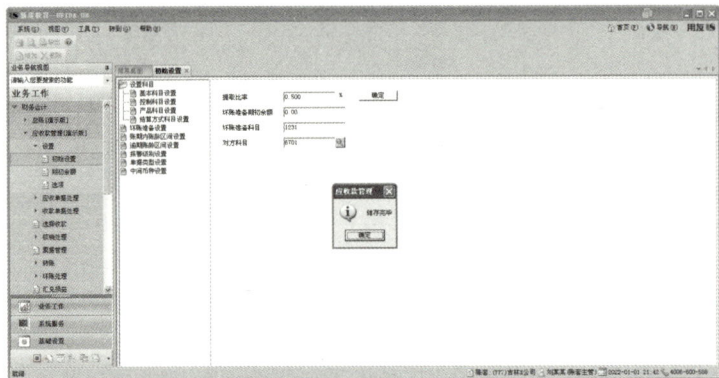

图 5 - 4　结算方式科目设置

### 3. 设置坏账准备，如表 5-3 所示

表 5 - 3　参数坏账准备设置

| 项目 | 参数 | 项目 | 参数 |
|---|---|---|---|
| 提供比例 | 0.5% | 坏账准备科目 | 1231 |
| 坏账准备期初余额 | 0 | 对方科目 | 6701 |

## 操作指导

（1）在应收款管理系统中，依次点击【设置】【初始设置】，点击【坏账准备设置】并根据表 5-3 录入相关数据，单击【确定】，系统提示"储存完毕"，如图 5-5 所示。

设置坏账准备

图 5-5　坏账准备设置

### 4. 录入应收款管理系统的期初余额

(1) 录入应收票据期初余额。

2020－07－21，凭证号：33，销售部于某某向 D 商贸公司销售 008 乳酸菌共 300 箱，含税单价 50 元/箱，收到对方开来的 6 个月的银行承兑汇票一张，票据面值 16950.00 元，票号 45780。票据签发日期和收到日期：2020－07－21，到期日：2022－02－21。

(2) 录入应收账款期初余额。

业务 1：2020－8－11，凭证号：46，向长春 A 集团股份有限公司销售 001 纯牛奶共 500 箱，不含税单价为 70 元/箱，合计 39550.00 元，增值税专用发票号：88103478，款项尚未收到。

业务 2：2020－09－27，凭证号：55，向 B 购物广场销售 003 混合果蔬汁共 400 箱，不含税单价为 65 元/箱，合计 29380.00 元，增值税专用发票号：82277890，款项尚未收到。

(3) 录入预收账款期初余额。

2020－11－21，销售部于某某收到 C 超市预收款，为销售 009 乳酸菌饮料款 11752.00 元，共 260 箱，含税单价为 40 元/箱，电汇方式转入。

# 操作指导

(1) 录入应收票据期初余额。

步骤一：录入银行承兑汇票期初余额。点击页面的【财务会计】按钮，选择"应收款管理"，点击【设置】，执行"期初余额"命令，点击【基本科目设置】，单击【增加】，根据吉林×公司的背景资料，选择"单据名称"为"应收票据"，"单据类型"为"银行承兑汇票"，如图 5－6 所示。

图 5－6 录入银行承兑汇票期初余额

录入应收票据期初余额

步骤二：单击【增加】录入票据具体内容，录完单击【保存】按钮。单击【退出】，返回"期初余额"窗口。单击【刷新】按钮，此时"期初余额"窗口将显示商业承兑汇票的记录，如图5-7所示。

图5-7　录入银行承兑汇票内容

(2)录入销售发票期初余额。

业务1。

步骤一：录入应收票据期初余额。在应收款管理系统中，依次点击【设置】【期初余额】，单击【增加】按钮，选择"单据名称"为"销售发票"，在"单据类型"选项中，选择类型为"销售专用发票"，如图5-8(a)所示。

步骤二：单击页面工具栏左上角的【增加】按钮，根据吉林×公司的背景资料，录入销售专用发票内容，如图5-8(b)所示。

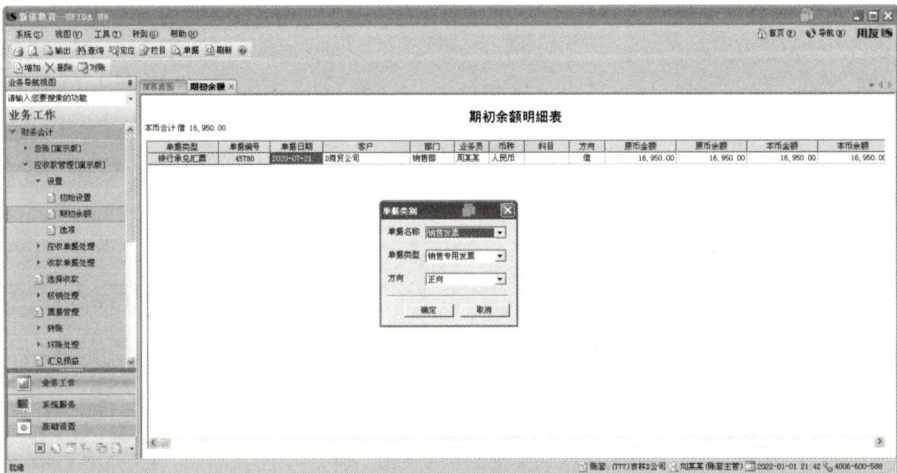

图5-8(a)　业务1录入销售发票期初余额

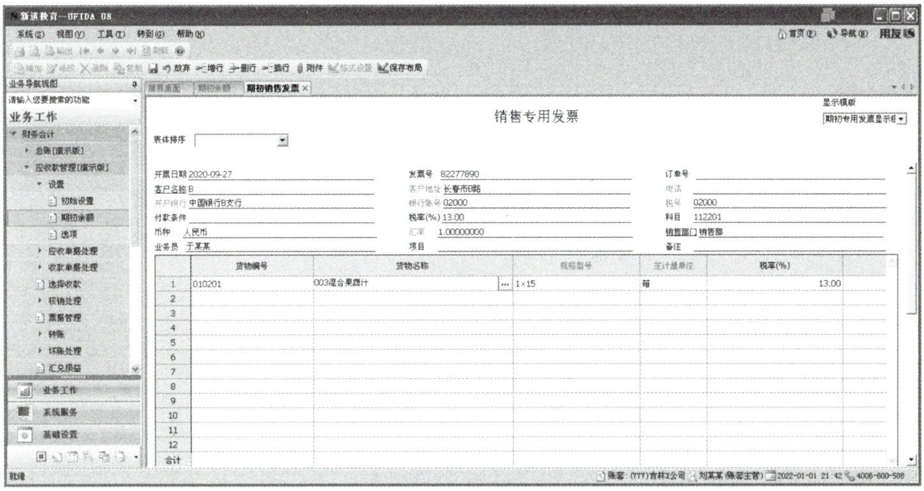

图 5-8(b)　业务 1 录入销售发票期初余额

业务 2。

重复业务 1 的步骤一，具体内容如图 5-9 所示。

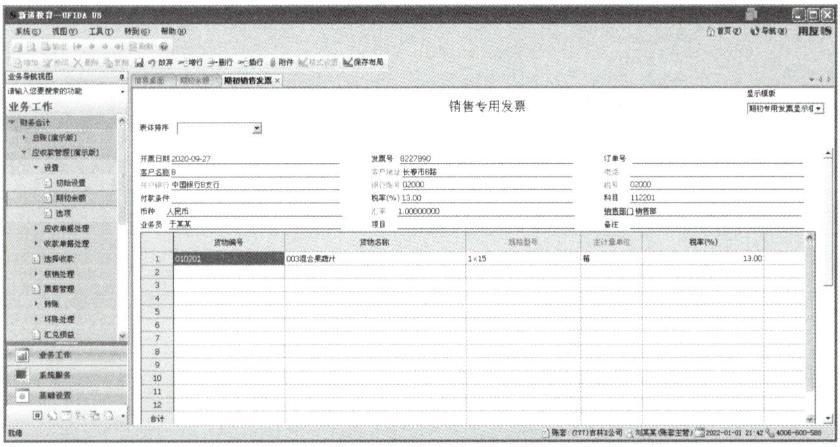

图 5-9　业务 2 录入销售发票期初余额

（3）录入预收账款期初余额。

步骤一：录入预收票据期初余额。

点击页面左下方的【财务会计】按钮，选择"应收款管理"，点击【设置】，执行"期初余额"命令，点击【确定】按钮，并单击工具栏上的【增加】按钮，根据吉林×公司的背景资料，选择"单据名称"为"预收款"，"单据类型"为"收款单"，如图 5-10所示。

步骤二：单击页面左上角工具栏上的【增加】按钮，录入销售专用发票内容，输入完毕后，单击【保存】按钮，如图 5-10 所示。

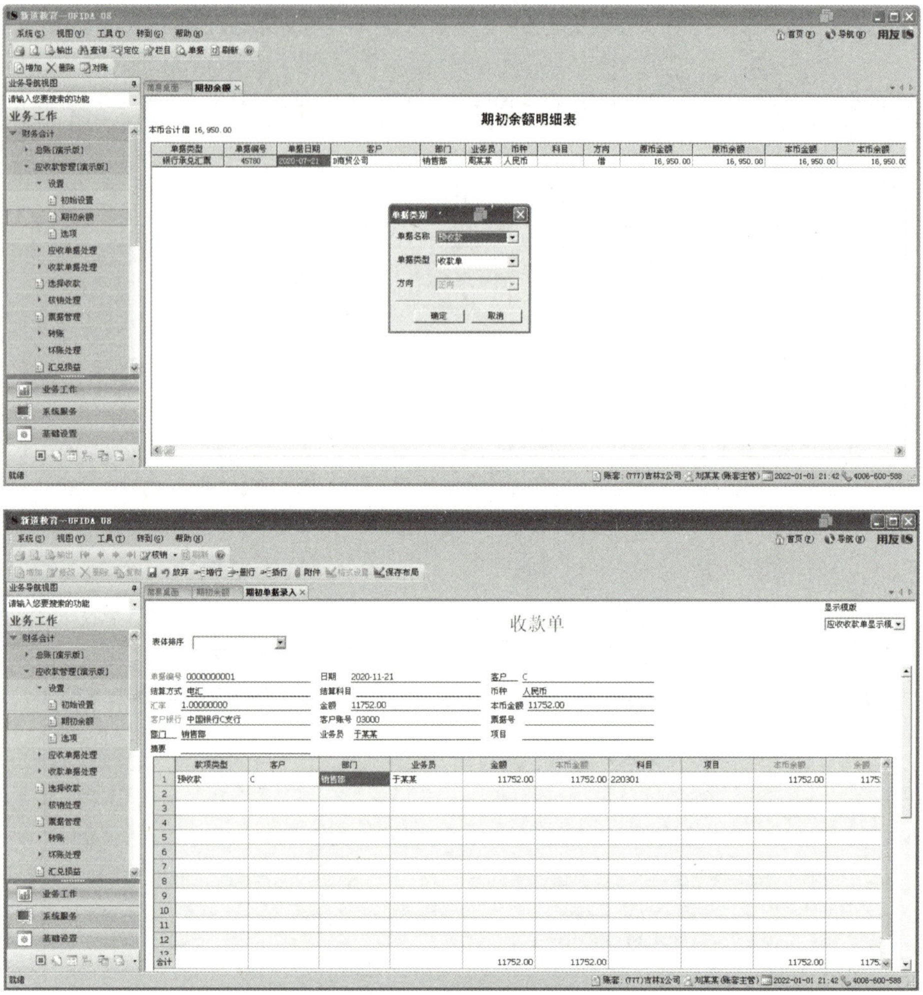

图 5-10　录入预收账款期初余额

# 任务二　应收款管理系统日常业务处理

2022 年 01 月，吉林×公司发生如下应收款和收款经济业务，请在应收款系统进行相应业务处理，要求以 A01 刘某某身份登录，时间 2022-01-31。

(1)应收单据录入、审核并制单。1 月 13 日，销售部开出增值税专用发票(票号：9517532244)，向 D 商贸公司销售 004 橙汁 80 箱，无税单价 125 元/箱，以现金方式代垫运费 500 元，货已发出，款项尚未收到，要求采用立即制单方式。

(2)收款单据录入、审核、制单、核销。1 月 20 日，收到 E 商贸公司交来的转账支票一张，金额 24000 元，支票号：NO3357，用于支付 2020 年 11 月 04 日的购货款 24000 元。款项结清，进行核销处理。要求采用立即制单方式。

(3)选择收款。1 月 23 日，收到 F 进出口公司交来转账支票 1 张，金额 54000元，支票号：NO.4466，采用选择收款方式进行收款业务处理，要求采用集中制单方式制单。

# 操作指导

### 1. 应收单据录入、审核并制单

步骤一：录入销售专用发票。点击页面左下方的【财务会计】按钮，选择"应收款管理"，点击【应收单据处理】，执行"应收单据录入"命令，系统会自动弹出"单据类别"对话框，并点击【确定】按钮。在弹出来的"应收单"窗口中，单击工具栏上的【增加】按钮，根据吉林×公司的背景资料，录入发票相关信息，单击【保存】按钮。

点击工具栏上方的【审核】按钮，此时系统会自动弹出对话框为"是否立即制单？"的窗口，点击【是】。

步骤二：录入其他应收单。再次执行"应收单据处理""应收单据录入"命令，选择单据名称为"应收单"，单据类型为"其他应收单"，单击【确定】。打开"应收单"窗口，单击【增加】，输入表头内容，单据日期"2022 - 01 - 13"，选择客户"D 商贸公司"，输入金额 500。单击表体第一行，输入贷方科目代码"1001"，单击【保存】。点击工具栏上方的【审核】按钮，此时系统会自动弹出对话框为"是否立即制单？"的窗口，点击【是】，此时就会自动生成一张代垫运费的记账凭证，单击【保存】按钮。

### 2. 收款单据录入、审核、制单、核销

步骤一：填写收款单。点击页面左下方的【财务会计】按钮，选择"应收款管理"，点击【收款单据处理】，执行"收款单据录入"命令，根据背景资料录入基本信息，单击表体第一行，输入金额 24000.00，单击【保存】。

步骤二：审核收款单并制单。点击工具栏上方的【审核】按钮，此时系统会自动弹出对话框为"是否立即制单？"的窗口，点击【是】，保存凭证。单击【关闭】，返回收款单录入窗口。

步骤三：进行款项核销。点击【核销】【自动核销】命令，系统弹出"是否进行自动核销？"提示框，单击【是】按钮。系统自动生成"自动核销报告"，确定无误后，单击【确定】按钮。

### 3. 选择收款

步骤一：在应收款管理系统中，执行"选择收款"，系统弹出"选择收款条件"窗口，输入收款日期"2022 - 01 - 23"，客户选"F 进出口公司"，单击【确定】，再次点

击【确定】按钮，打开"选择收款—条件"窗口，如图 5－11 所示。

步骤二：在选择收款列表中，单击 F 进出口公司的记录，在"收款金额"处输入54000，单击【OK 确认】按钮，系统弹出"选择收款—收款单"窗口，选择"结算方式"为"转账支票"，输入票据号"NO4466"，输入摘要"收回货款"，单击，【确定】按钮，返回"选择收款列表"窗口。

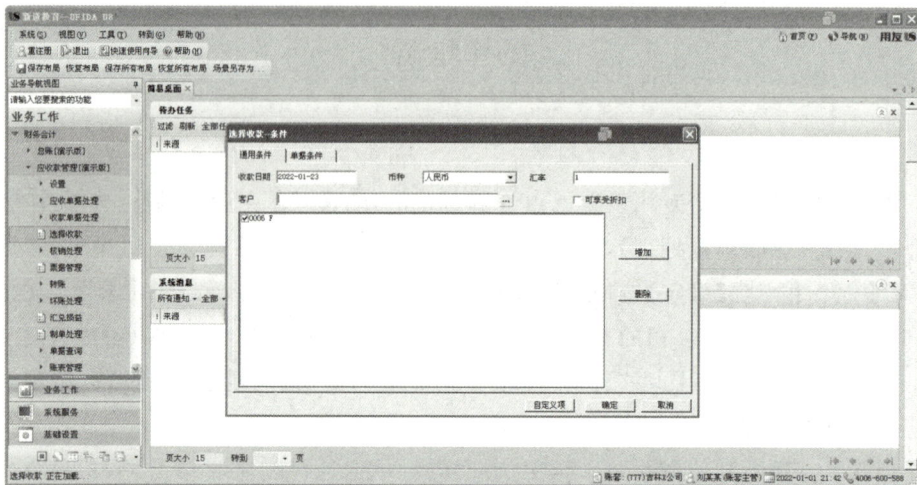

图 5－11　选择收款—条件

# 任务三　应收款管理系统期末业务处理

2022 年 1 月 31 日在应收款管理系统中，以 A01 刘某某的身份登录，进行查询本公司所有客户的欠款情况和办理月末结账操作。

## 操作指导

### 1. 查询本公司所有客户的欠款情况

(1)点击页面左下方的【财务会计】按钮，选择"应收款管理"，点击【账表管理】【统计分析】【欠款分析】命令，单击【确定】按钮。可查看客户欠款及比例分析情况，如图 5－12 所示。

查询本公司所有客户的欠款情况

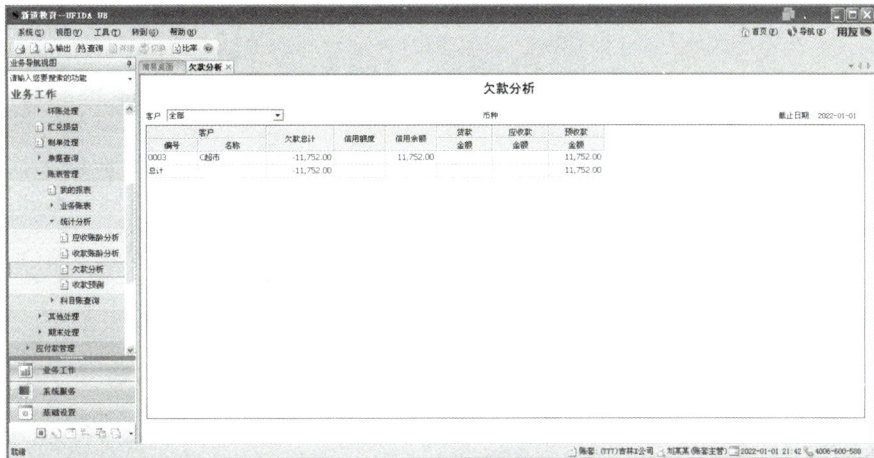

图 5-12 查询业务明细账

## 2. 办理月末结账

(1)在应收款管理系统中，依次点击【期末处理】【月末结账】命令，在"01月份"的"结账标志"栏双击鼠标，出现"Y"字样，单击【下一步】按钮。

(2)打开"月末处理"提示窗口，系统显示各种处理类型均已完成，单击【完成】，系统提示"1月份结账成功"，单击【确定】按钮，如图5-13所示。

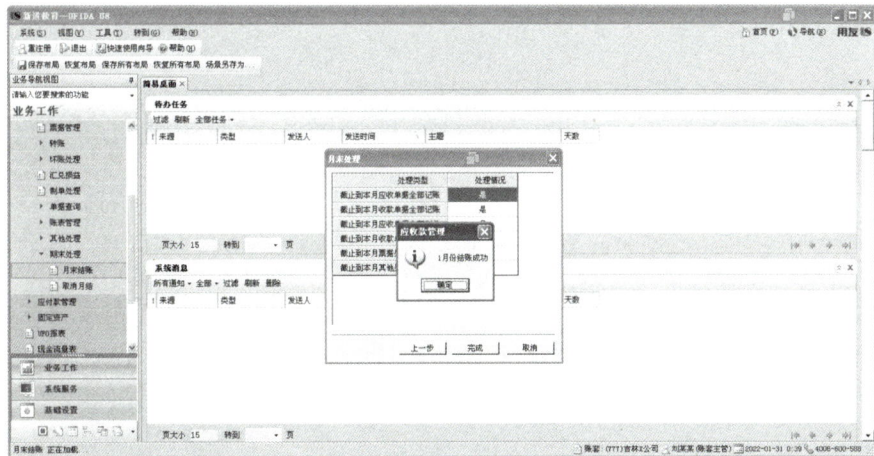

图 5-13 月末结账

办理月末结账

模块六 ♥
应付款管理系统核算与管理

## 任务一　应付款管理系统基础设置

吉林×公司在账套中已经成功启用应付款管理系统。从 2022 年 1 月 1 日起，以账套主管刘某某的身份登录企业应用平台，将计算机系统时间调整为 2022 年 1 月 31 日，将"总账系统"的备份账套数据引入用友 ERP－U8 系统。

1. 设置应付款管理系统控制参数，如表 6－1 所示

表 6－1　应付款管理系统控制参数

| 选项卡 | 参数设置 |
| --- | --- |
| 常规 | 单据审核日期依据：单据日期；<br>自动计算现金折扣；<br>其他采用系统默认值 |
| 凭证 | 受控科目制单方式：明细到单据；<br>采购科目依据：按存货；<br>其他采用系统默认值 |
| 权限与预警/核销设置/收付款控制 | 采用系统默认值 |

设置应付款管理
系统控制参数

**操作指导**

以账套主管 A01 刘某某的身份登录企业应用平台，时间 2022 年 01 月 01 日。

(1)在"业务工作"选项卡下，依次点击【财务会计】【应付款管理】【设置】【选项】命令，系统弹出"账套参数设置"窗口，单击【编辑】，系统提示"选项修改需要重新登录才能生效"，单击【确定】。

（2）根据表6-1的资料，分别单击【常规】【凭证】进行设置，完毕后，单击【确定】，如图6-1、图6-2所示。

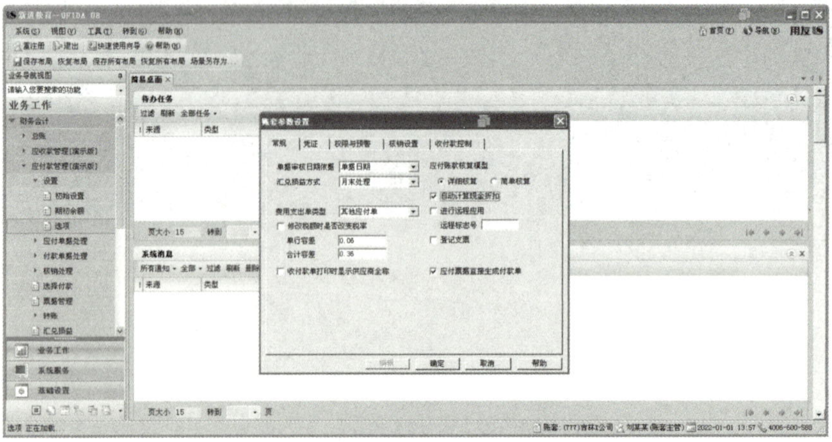

图6-1 "账套参数设置"对话框1

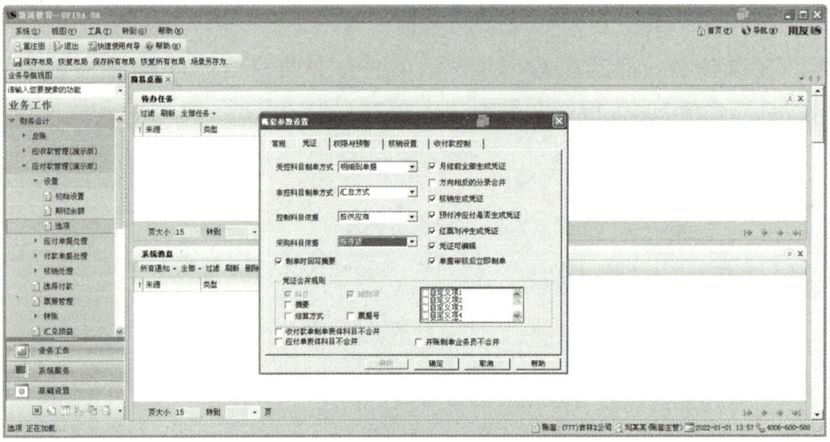

图6-2 "账套参数设置"对话框2

## 2. 设置应付款管理系统的会计科目，如表6-2所示

表6-2 应付款管理系统会计科目设置

| 项目 | 内容 |
| --- | --- |
| 基本科目设置 | 应付科目：220201；预付科目：112301；采购科目：1402；税金科目：22210104；银行承兑科目：220101；商业承兑科目：220102；票据利息科目：6603；票据费用科目：6603；现金折扣科目：6603 |
| 结算方式科目设置 | 现金支票：100201；转账支票：100201；其他：100201 |

设置应付款管理系统的会计科目

# 操作指导

(1)点击【应付款管理[演示版]】，选择"设置"，执行"初始设置"命令，点击【基本科目设置】，单击【增加】，选择基本科目种类，录入基本科目代码，币种默认人民币，如图6-3所示。

(2)点击左侧页面中的【结算方式科目设置】，根据吉林×公司的背景资料，依次设置结算方式、币种及对应的结算科目代码，如图6-4所示。

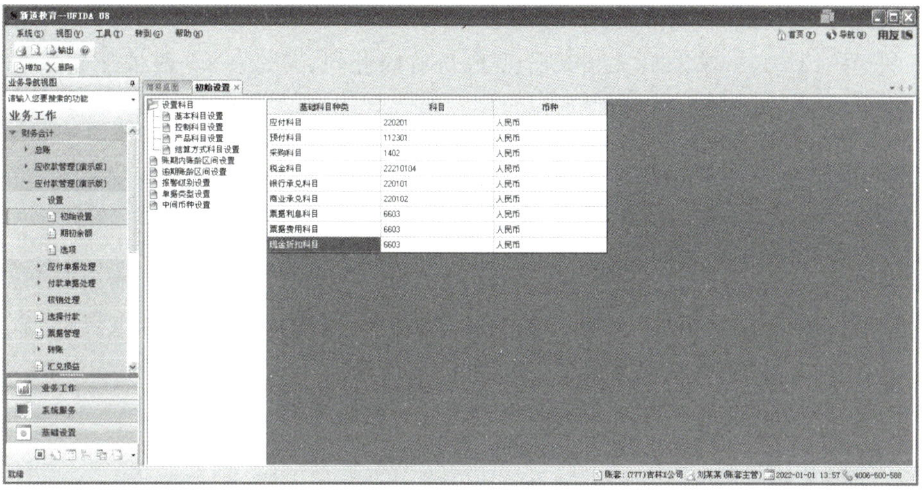

图6-3 基本科目设置

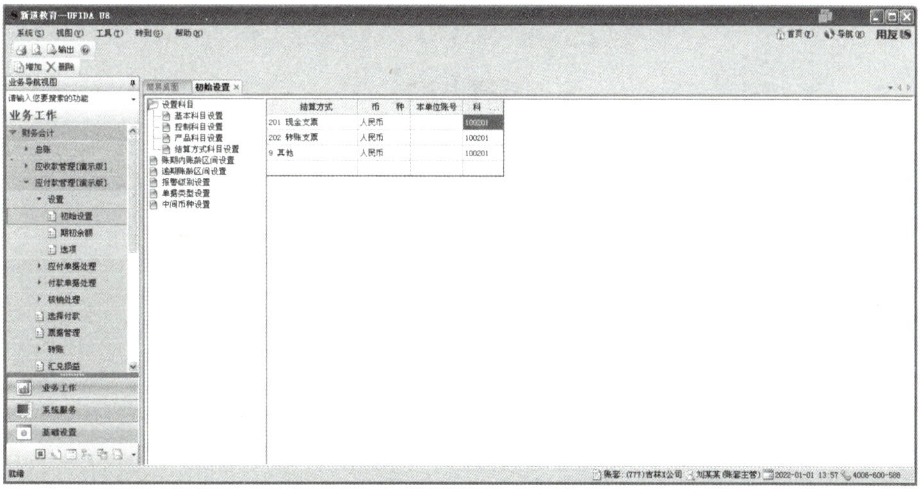

图6-4 结算方式科目设置

### 3. 录入应付款管理系统的期初余额

业务1：录入一般应付款的期初余额。

2020-10-11，凭证号：33，采购员关某某向Q乳业集团购入002纯牛奶500箱，不含税单价60.00元/箱，收到增值税专用发票，票号：49202918，货款未付。

业务2：录入一般应付款的期初余额。

2020-11-07，采购员关某某向杭州S集团购入006乌龙茶550箱，不含税单价55.00元/箱，收到增值税专用发票，票号：30295582，货款未付。

业务3：录入暂估应付款的期初余额。

2020-12-18，采购员关某某向T股份有限公司，采购005西柚汁共700箱，不含税单价为42元/箱，收到增值税专用发票，票号：32247601，货款未付。

## 操作指导

步骤一：点击页面左下方的【财务会计】按钮，选择"应付款管理［演示版］"，点击【设置】，执行"期初余额"命令，单击【确定】，点击【增加】按钮，单击【增加】，根据吉林×公司的背景资料录入信息，如图6-5所示。

步骤二：单击工具栏左上角的【增加】按钮，根据吉林×公司的背景资料，录入采购发票内容。

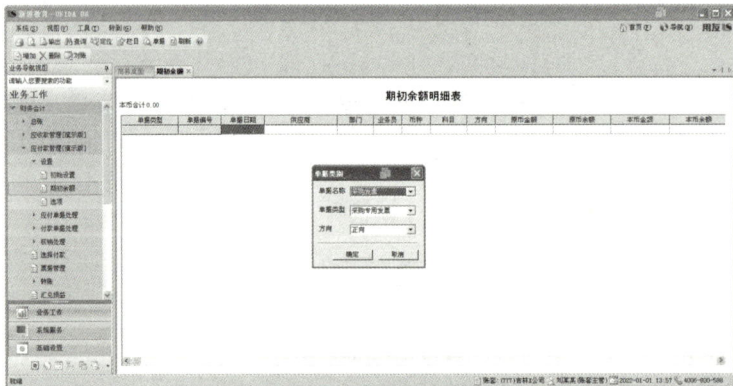

图6-5　录入应付账款期初余额

## 任务二　应付款管理系统日常业务处理

2022年01月，吉林×公司发生如下应付款和收款经济业务，请在应付款系统进行相应业务处理，要求以 A01 刘某某身份登录，时间：2022 - 01 - 31。

### 1. 应付单据录入、审核、制单

1 月 09 日，采购部张某某向内蒙古 P 公司购入 002 纯牛奶 500 箱，单价 38/箱，合计货物验收入库，收到供应商开具的增值税专用发票，交给财会部门，要求录入应付单据并制单、核销。

### 2. 付款单据录入、审核、制单、核销

1 月 18 日，预付 T 股份有限公司货款 18000.00 元，开出转账支票一张，金额 18000.00 元，支票号：NO4561。

## 操作指导

### 1. 应付单据录入、审核、制单

(1)录入采购专用发票。点击页面左下方的【财务会计】按钮，选择"应付款管理"，点击【应付单据处理】，执行"应付单据录入"命令，根据吉林×公司的背景资料，录入应付单据信息，单击【确定】后在新的窗口下，单击【增加】按钮，录入相关信息，如：发票号、选择供应商、商品信息，单击【保存】按钮。

(2)点击工具栏上方的【审核】按钮，此时系统会自动弹出对话框为"是否立即制单？"的窗口，点击【是】。单击【关闭】，返回收款单录入窗口。

### 2. 付款单据录入、审核、制单、核销

(1)录入付款单。点击【付款单据处理】，执行"付款单据录入"命令，根据吉林×公司的背景资料，录入付款单据信息，单击【增加】，按照背景资料，分别录入日期、供应商、结算方式、金额、票号、摘要。

(2)审核付款单并制单。点击工具栏上方的【审核】按钮，此时系统会自动弹出对话框为"是否立即制单？"的窗口，点击【是】，此时就会自动生成一张收回货款的记账凭证，单击【关闭】，返回收款单录入窗口。

(3)进行款项核销。返回付款单录入窗口，点击【核销】【自动核销】命令，系统弹出"是否进行自动核销？"提示框，单击【是】按钮。系统自动生成"自动核销报告"，显示金额为 18000.00，单击【确定】按钮。

## 任务三　应付款管理系统期末业务处理

2022 年 01 月 31 日在应付款管理系统中，以 A01 刘某某的身份登录，进行如下操作：

（1）查询本公司业务明细账；（2）办理月末结账。

### 1. 查询本公司业务明细账

在应付款管理系统中，执行【账表管理】【业务账表】【业务明细】命令，弹出"查询条件选择—应付明细账"单击【确定】按钮。显示业务明细账查询结果，如图 6-6 所示。

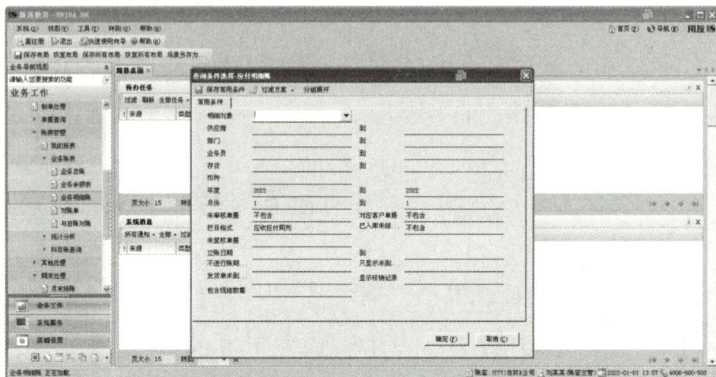

查询业务明细账、结账

图 6-6　查询业务明细账

### 2. 进行月末结账

（1）点击页面左下方的【财务会计】按钮，选择"应付款管理"，点击【期末处理】，执行"月末结账"命令，在"一月份"的"结账标志"栏双击，出现"Y"字样，单击【下一步】按钮。

（2）打开"月末处理"提示窗口，系统显示各种处理类型均已完成，单击【完成】，系统提示"1月份结账成功"，单击【确定】按钮，如图 6-7 所示。

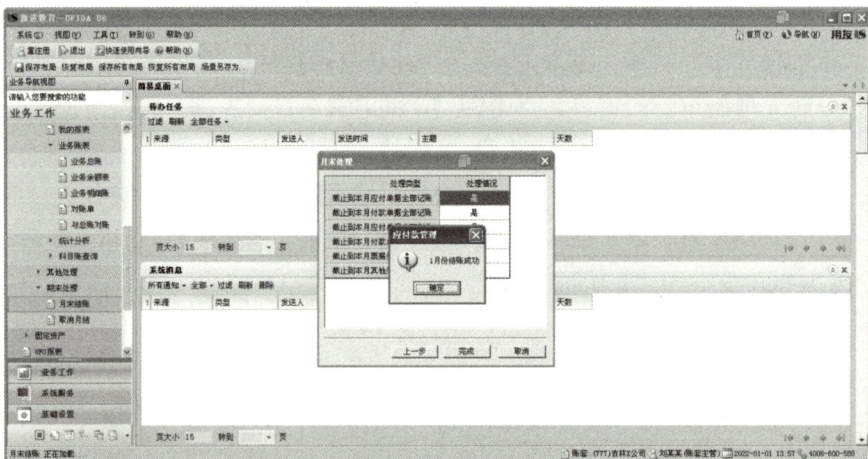

图 6-7　月末结账

# 模块七 ♥
## 固定资产管理系统

固定资产通常是指使用期限超过一年的房屋、建筑物、机器、机械、运输工具机器及其他与生产经营有关的设备、器具和工具等。固定资产是企业开展日常业务必备的物质基础，固定资产核算对企业财务状况和经营成果都有着重大影响，固定资产管理是企业财务管理的重要内容。

## 任务一　固定资产管理系统初始化设置

吉林×公司已经成功建立账套，从 2022 年 1 月 1 日起，以账套主管刘某某的身份登录企业应用平台，将计算机系统时间调整为 2022 年 1 月 31 日，将"总账系统"的备份账套数据引入用友 ERP‐U8 系统。

### 一、设置固定资产管理系统账套控制参数

吉林×公司固定资产管理系统账套控制参数见表 7‐1。

表 7‐1　吉林×公司固定资产管理系统账套控制参数

| 控制参数 | 参数设置 |
|---|---|
| 折旧信息 | 计提折旧 |
| | 折旧方法：平均年限法（一） |
| | 折旧汇总分配周期：1 个月 |
| | 当（月初已计提月份＝可使用月份－1）时，将剩余折旧全部提足 |
| 编码方式 | 资产类别编码方式：2112 |
| | 固定资产编码方式：按"类别编码＋部门编码＋序号"自动编码 |
| | 卡片序号长度为 5 |

| 控制参数 | 参数设置 |
|---|---|
| 财务接口 | 与账务系统进行对账 |
| | 固定资产对账科目：固定资产(1601) |
| | 累计折旧对账科目：累计折旧(1602) |
| | 在对账不平情况下允许固定资产月末结账 |
| 补充参数 | 业务发生后立即制单 |
| | 月末结账前一定要完成制单登账业务 |
| | 固定资产缺省入账科目：1601 |
| | 累计折旧缺省入账科目：1602 |
| | 减值准备缺省入账科目：1603 |
| | 增值税进项税额缺省入账科目：22210101 |
| | 固定资产清理缺省入账科目：1606 |

## 二、设置固定资产类别与折旧方法

吉林×公司固定资产类别与折旧方法见表7-2。

表7-2　吉林×公司固定资产类别与折旧方法

| 类别编码 | 类别名称 | 使用年限 | 净残值率 | 计提属性 | 折旧方法 | 卡片样式 |
|---|---|---|---|---|---|---|
| 01 | 房屋及建筑物 | 30 | 3% | 正常计提 | 平均年限法(一) | 通用样式 |
| 02 | 机器设备 | 10 | 2% | 正常计提 | 平均年限法(一) | 含税卡片样式 |
| 03 | 运输设备 | 6 | 2% | 正常计提 | 平均年限法(一) | 含税卡片样式 |
| 04 | 办公设备 | 5 | 1% | 正常计提 | 平均年限法(一) | 含税卡片样式 |

## 三、设置部门对应折旧科目

吉林×公司部门对应折旧科目见表7-3。

表7-3　吉林×公司部门对应折旧科目

| 部门名称 | 对应折旧科目 |
|---|---|
| 总经办 | 管理费用/折旧费(660203) |
| 财务部 | 管理费用/折旧费(660203) |
| 采购部 | 管理费用/折旧费(660203) |
| 销售部 | 销售费用/折旧费(660105) |
| 仓储部 | 管理费用/折旧费(660203) |

## 四、设置增减方式对应入账科目

吉林×公司固定资产增减方式对应入账科目见表7-4。

**表7-4 吉林×公司固定资产增减方式对应入账科目**

| 增加方式 | 对应入账科目 | 减少方式 | 对应入账科目 |
|---|---|---|---|
| 直接购入 | 银行存款：×银行(100201) | 出售 | 固定资产清理(1606) |
| 投资者投入 | 实收资本(4001) | 盘亏 | 待处理财产损益(1901) |
| 在建工程转入 | 在建工程(1604) | 报废 | 固定资产清理(1606) |

## 五、录入固定资产原始卡片

吉林×公司固定资产原始卡片见表7-5。

**表7-5 吉林×公司固定资产原始卡片**

| 项目 | 内容 | | | |
|---|---|---|---|---|
| 卡片编号 | 00001 | 00002 | 00003 | 0004 |
| 固定资产编号 | 01100001 | 04200001 | 04300001 | 04400001 |
| 固定资产名称 | 办公楼 | 电脑 | 电脑 | 电脑 |
| 类别编号 | 01 | 04 | 04 | 04 |
| 类别名称 | 房屋及建筑物 | 办公设备 | 办公设备 | 办公设备 |
| 部门名称 | 总经办 | 财务部 | 采购部 | 销售部 |
| 增加方式 | 在建工程转入 | 直接购入 | 直接购入 | 直接购入 |
| 使用状况 | 在用 | 在用 | 在用 | 在用 |
| 使用年限 | 30 年 | 5 年 | 5 年 | 5 年 |
| 折旧方法 | 平均年限法(一) | | | |
| 开始使用日期 | 2020-01-01 | 2020-03-01 | 2020-04-01 | 2020-05-01 |
| 币种 | 人民币 | 人民币 | 人民币 | 人民币 |
| 原值 | 500000 | 5000 | 4000 | 4000 |
| 累计折旧 | 2263 | 825 | 894 | 528 |
| 净残值率 | 3% | 1% | 1% | 1% |

# 操作指导

### 1. 设置固定资产管理系统账套控制参数

(1)点击页面左下方的【财务会计】按钮，选择"固定资产"，在弹出来的窗口中，直接点击【是】按钮，其操作过程如图7-1所示。

设置固定资产管理
系统账套控制参数

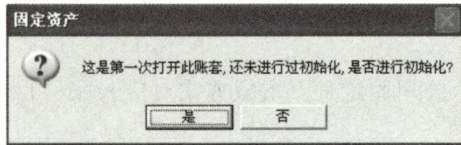

图7-1 "固定资产"对话框

（2）系统会自动弹出"初始化账套向导"窗口，点击页面下方的【我同意】，其他采用默认状态，点击页面下方的【下一步】按钮，如图7-2所示。

图7-2 "初始化账套向导"窗口

（3）打开"启用月份"对话框，单击【下一步】按钮，如图7-3所示。

图7-3 "启用月份"对话框

（4）将主要折旧方法设置为"平均年限法（一）"，其他采用系统默认设置，单击【下一步】按钮，如图7-4所示。

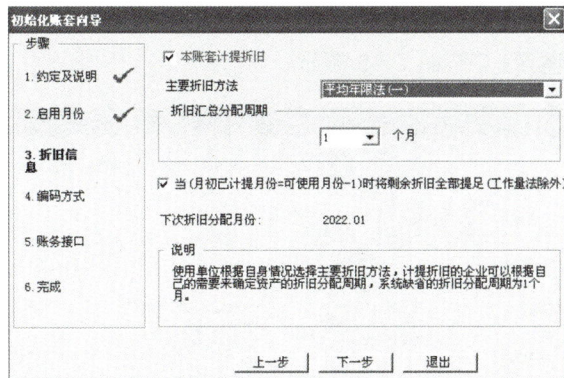

图 7-4 "折旧信息"对话框

(5)打开"编码方式"对话框，按照吉林×公司的背景资料完善编码方式，如图7-5所示。

图 7-5 "编码方式"对话框

(6)打开"财务接口"对话框，输入"固定资产对账科目"和"累计折旧对账科目"的代码，其他采用系统默认设置，单击【下一步】按钮，如图7-6所示。

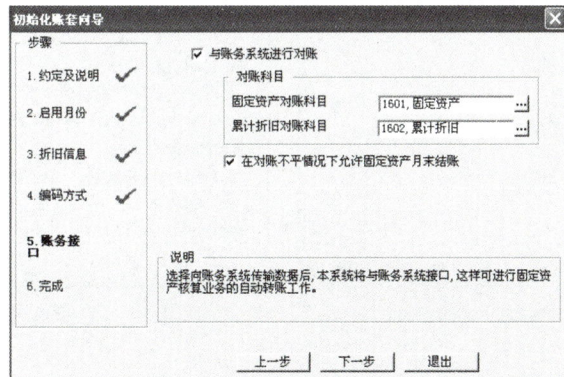

图 7-6 "财务接口"对话框

(7)打开"完成"对话框，确认账套信息建立正确后，单击页面下方的【完成】按钮，其操作流程如图7-7至图7-9所示。

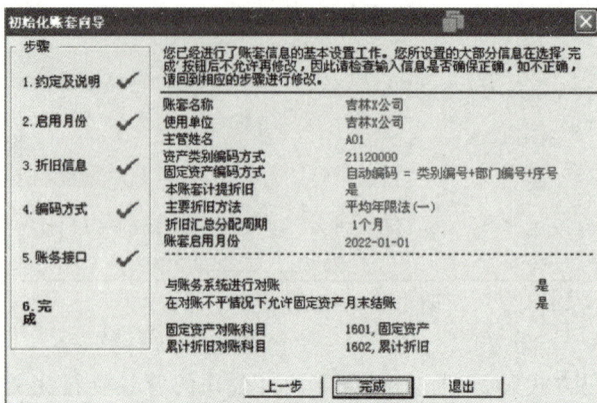

图7-7 "完成"对话框

图7-8 提示窗口1

图7-9 提示窗口2

(8)执行【财务会计】【固定资产】【设置】【选项】命令，单击【与财务系统接口】选项卡，单击【编辑】按钮，选择"业务发生后立即制单"，并输入缺省入账科目代码，单击【确定】按钮，如图7-10至图7-11所示。

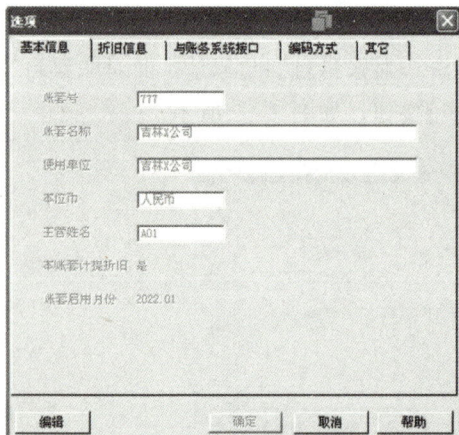

图7-10 "选项"对话框1

图7-11 "选项"对话框2

## 2. 设置固定资产类别与折旧方法

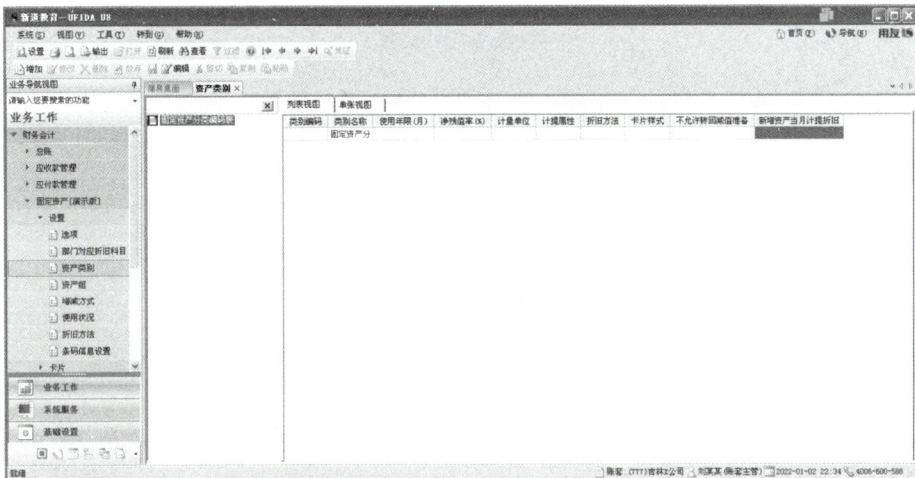

(1)点击页面中的【财务会计】按钮,选择"固定资产",点击【设置】按钮,执行"资产类别"命令,打开"资产类别"窗口,如图7-12所示。

设置固定资产类别
与折旧方法

图7-12 "资产类别"对话框1

(2)单击【增加】按钮,系统会自动弹出"列表视图|单张视图"对话框,在对话框中,按照吉林×公司的背景资料,输入信息,单击【保存】按钮,其操作流程如图7-13所示。

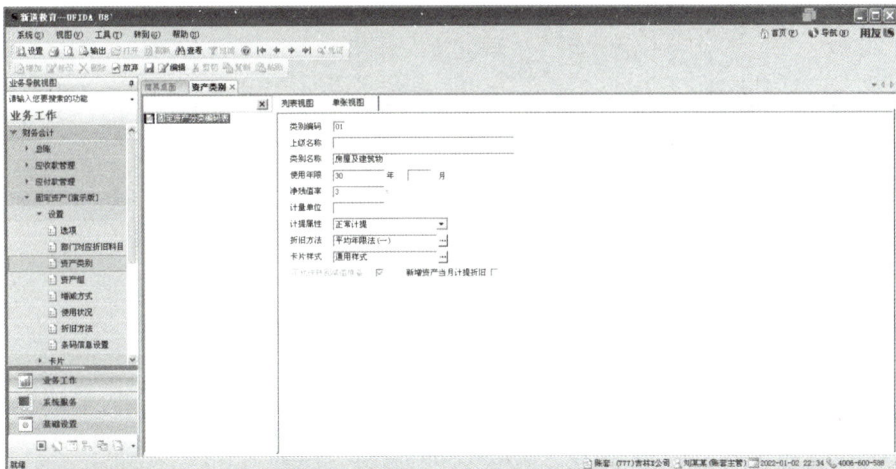

图7-13 "资产类别"对话框2

(3)完成对固定资产其他类别的设置。

(4)单击页面下方的【退出】按钮,此时系统会自动弹出"是否保存数据?"提示框,单击【否】按钮，其操作流程如图 7-14 所示。

图 7-14 "资产类别"对话框 3

设置部门对应
折旧科目

### 3. 设置部门对应折旧科目

（1）点击页面中的【财务会计】按钮，选择"固定资产"，点击【设置】按钮，执行"部门对应折旧科目"命令，此时系统会自动弹出对话框"部门对应折旧科目"设置窗口，其操作流程如图 7-15 所示。

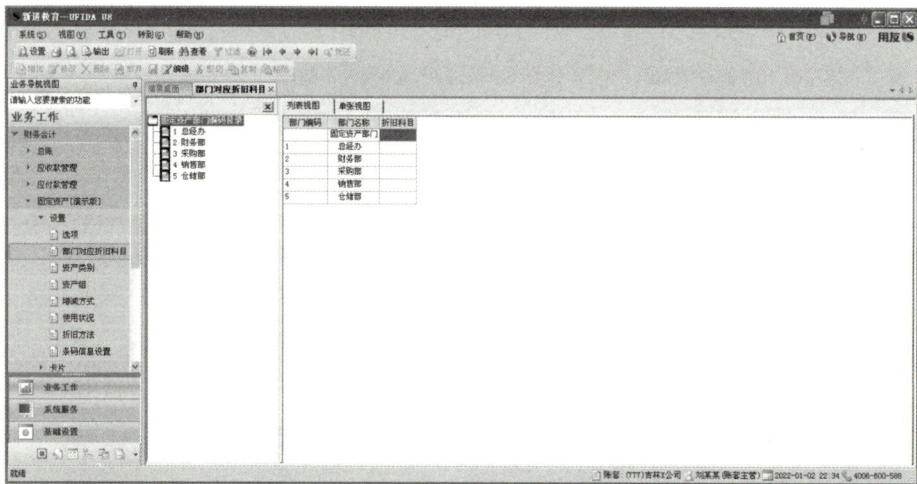

图 7-15 "部门对应折旧科目"对话框 1

（2）按照吉林×公司的背景资料，点击左侧的部门，选择"总经办"，单击工具栏上的【修改】按钮，输入或选择"折旧科目"代码为"660203"，单击页面下方的【保存】按钮，其操作流程如图 7-16 所示。

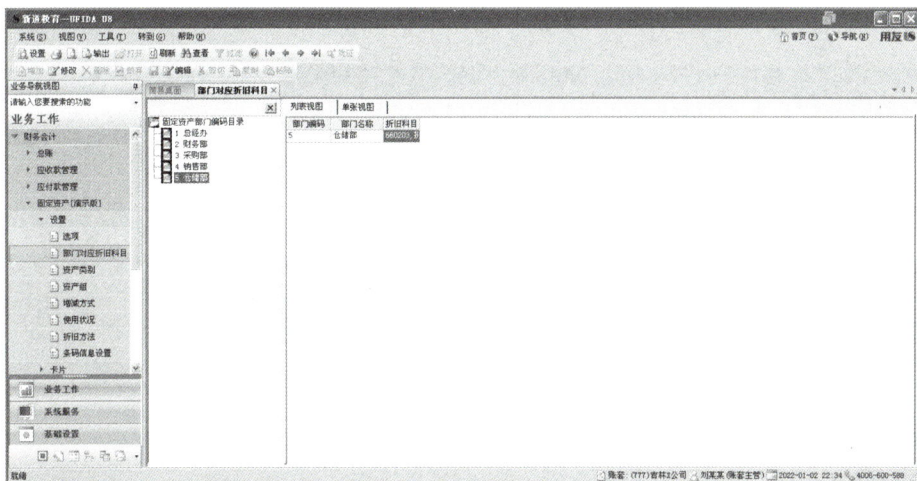

图 7-16 "部门对应折旧科目"对话框 2

（3）完成对其他部门对应折旧科目的设置，如图 7-17 所示。

图 7-17 "部门对应折旧科目"对话框 3

### 4. 设置增减方式对应入账科目

（1）点击页面中的【财务会计】按钮，选择"固定资产"，点击【设置】按钮，执行"增减方式"命令，此时系统会自动弹出对话框"增减方式"设置窗口，其操作流程如图 7-18 所示。

设置增减方式
对应入账科目

图 7 - 18 "增减方式"对话框

（2）在"直接购入"增加方式下，按照吉林×公司的背景资料，输入对应入账科目代码，其操作流程如图 7 - 19 所示。

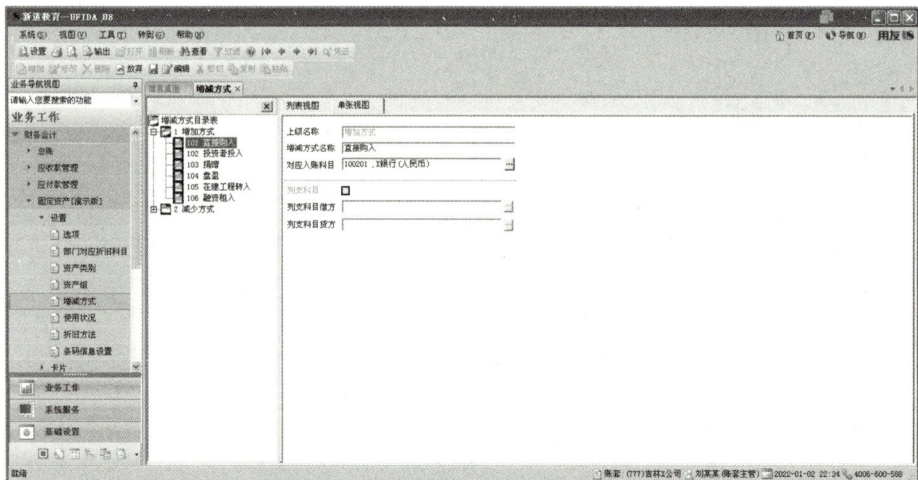

图 7 - 19 "直接购入对应入账科目"对话框

（3）完成对其他增减方式对应入账科目的设置，如图 7 - 20 所示。

图 7-20 "其他增减方式对应入账科目的设置"对话框

### 5. 录入固定资产原始卡片

(1)点击【财务会计】按钮，选择"固定资产"，点击【卡片】按钮，执行"录入原始卡片"命令，此时系统会自动弹出对话框"固定资产类别档案"设置窗口。操作页面中显示的固定资产类别为默认的状态，即为 01 房屋及建筑物，单击工具栏上的【确定】按钮，如图 7-21 所示。

图 7-21 "固定资产类别档案"对话框

录入固定资产原始卡片

(2)系统会自动弹出对话框"固定资产卡片"录入窗口，按照吉林×公司的背景资料，依次录入固定资产名称、使用部门、使用方式。在录入"使用方式"时，单击页面下方的【确定】按钮，系统会自动弹出"使用部门"对话框，点击工具栏上的【增加】

按钮，分别选择使用部门，输入使用比例，单击页面下方的【确定】按钮。

（3）选择"增加方式"，系统会自动弹出对话框"固定资产增加方式"，在该页面下点击【在建工程转入】。

（4）选择"使用状况"为"在用"，单击页面下方的【确定】按钮。

（5）输入开始使用日期、原值和累计折旧。系统将自动添加下一张卡片，如图7-22所示。

图7-22 "固定资产卡片"录入窗口1

（6）完成对其他固定资产卡片的输入，如图7-23至图7-25所示。

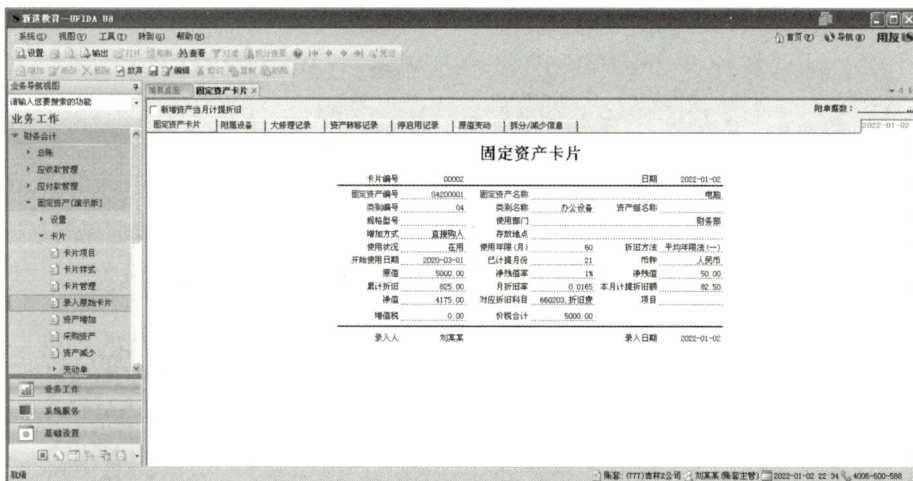

图7-23 "固定资产卡片"录入窗口2

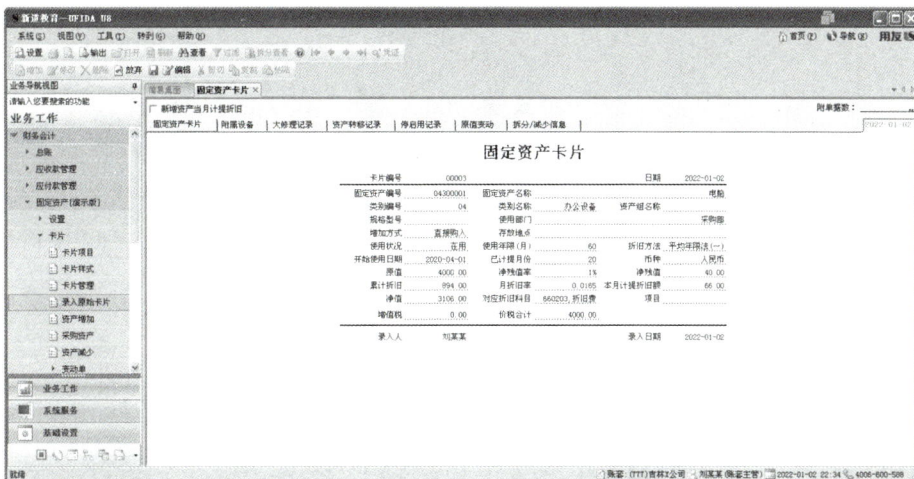

图 7-24 "固定资产卡片"录入窗口 3

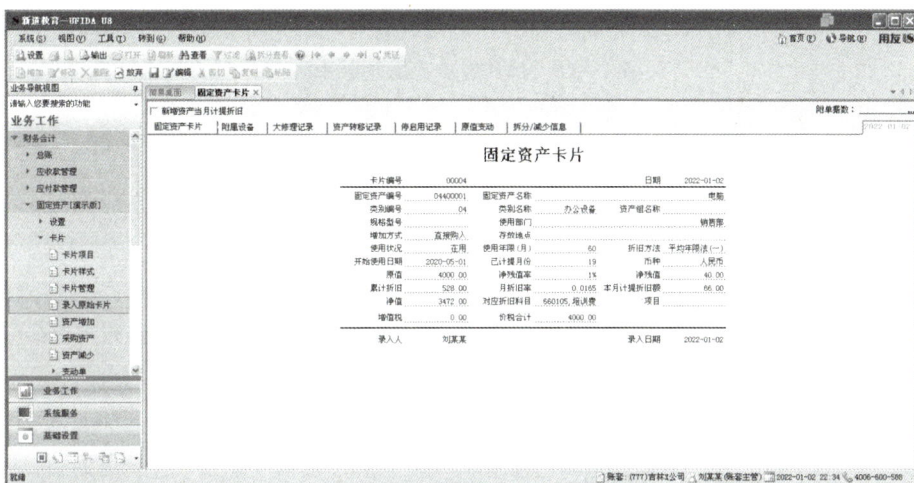

图 7-25 "固定资产卡片"录入窗口 4

# 任务二　固定资产管理系统日常业务处理

固定资产日常业务的主要内容包括固定资产的增加、减少、调拨、计提折旧和计提固定资产减值准备等。

## 一、仓储部购买固定资产电脑

购入固定资产电脑发票如图 7-26 所示。

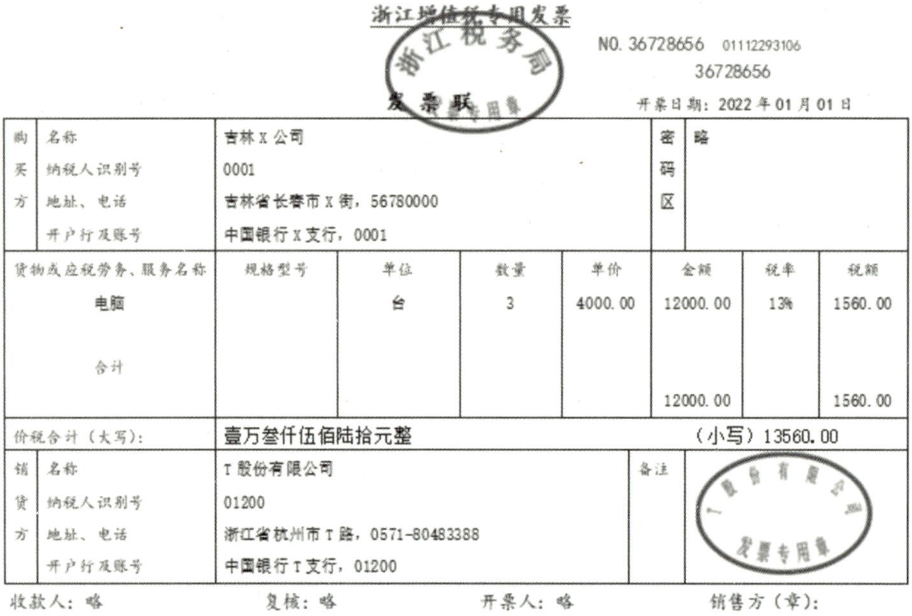

图 7-26　购入固定资产电脑发票

## 二、计提本月折旧

### 1. 购买固定资产

(1)点击【财务会计】按钮，选择"固定资产"，点击【卡片】按钮，执行"资产增加"命令，此时系统会自动弹出对话框"固定资产类别档案"设置窗口。选择固定资产类别 04 办公设备，如图 7-27 所示。

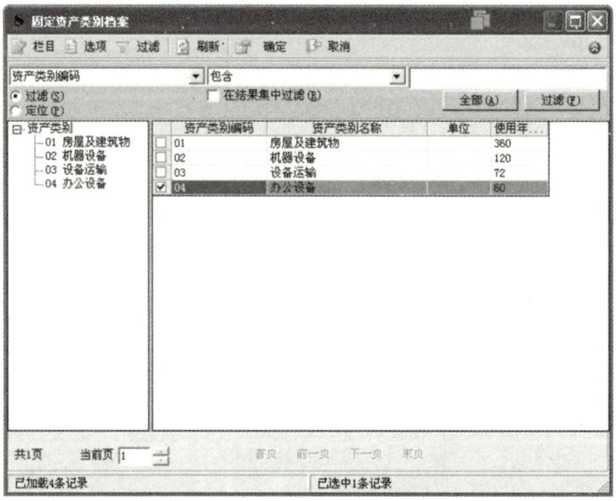

购买固定资产

图 7-27　"固定资产类别档案"窗口

（2）在系统自动打开的"固定资产卡片"录入窗口，按照吉林×公司的背景资料，录入第一张固定资产卡片信息，并点击工具栏上的【保存】按钮，此时系统会自动生成一张购入固定资产的记账凭证，并弹出"数据成功保存！"提示框，单击页面下方的【退出】按钮，此时系统会弹出对话框，提示"还有一张凭证没保存"，单击页面下方的【确定】按钮。系统会再次进行提示，并弹出对话框"还有没保存的凭证，是否退出？"，单击【是】按钮，其操作流程如图7-28和图7-29所示。

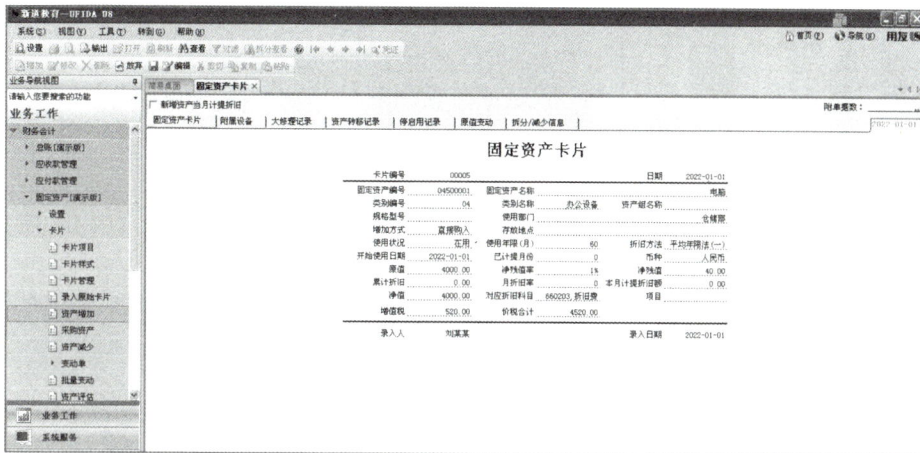

图7-28 "固定资产卡片"录入窗口

图7-29 凭证

（3）单击【复制】按钮，打开"固定资产"对话框，输入起始资产编号"04500002"、终止资产编号"04500003"，以及卡片复制数量"2"，其操作流程如图7-30和图7-31所示。

图 7-30　"固定资产"对话框 1

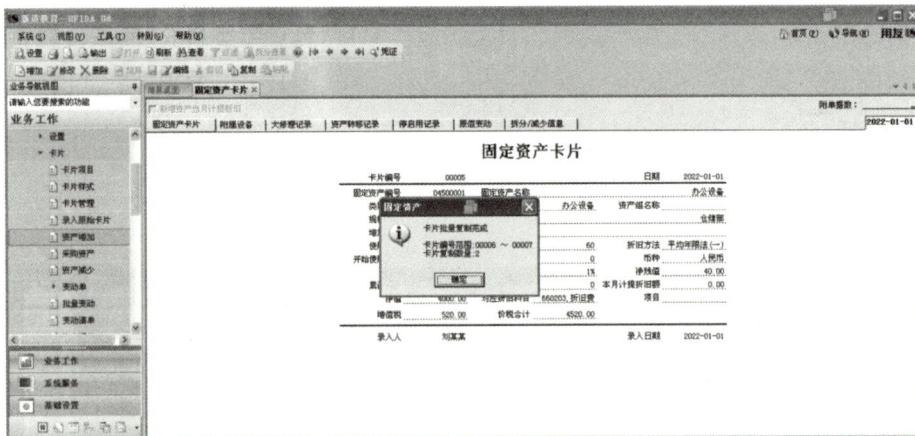

图 7-31　"固定资产"对话框 2

（4）点击【财务会计】按钮，选择"固定资产"，点击【处理】按钮，执行"批量制单"命令，此时系统会自动弹出对话框"查询条件选择—批量制单"设置窗口。系统会自动弹出"查询条件选择—批量制单"对话框，点击业务类型为"新增资产"，单击【全选】按钮，单击【合并】按钮，其操作流程如图 7-32 至图 7-34 所示。

图 7-32 "查询条件选择—批量制单"对话框 1 图 7-33 "查询条件选择—批量制单"对话框 2

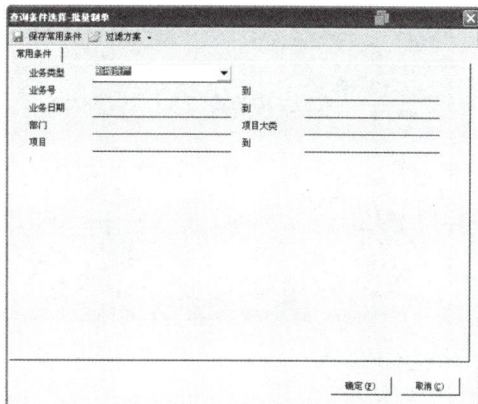

图 7-34 "查询条件选择—批量制单"对话框 3

(5)选中"制单设置"选项卡，单击工具栏上的【凭证】按钮，出现购买电脑的凭证，选中"银行存款—人民币"会计科目，添加票号、日期等辅助项，单击工具栏上的【退出】按钮，其操作流程如图 7-35 至图 7-39 所示。

图 7-35 "制单设置"选项卡

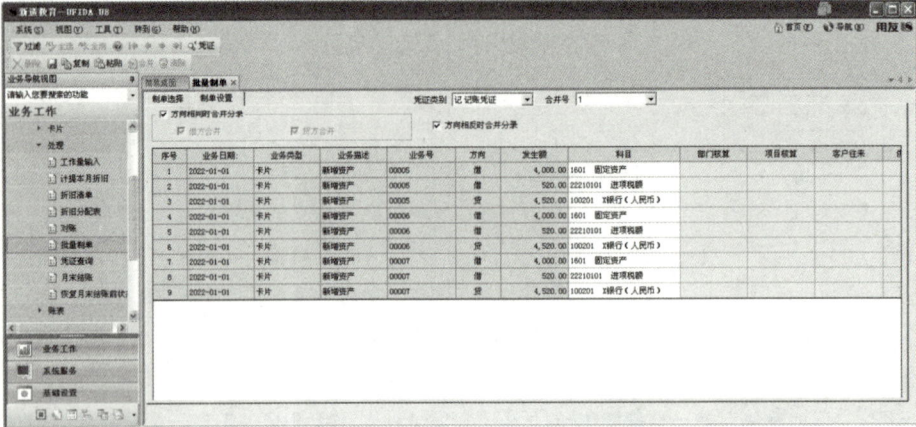

图 7-36 "批量制单"对话框

图 7-37 凭证 1

图 7-38 "辅助项"对话框

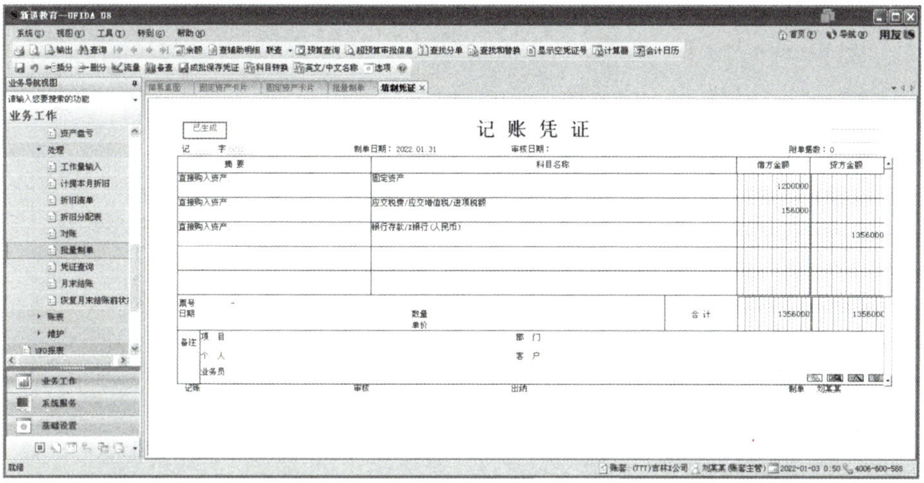

图 7-39 凭证 2

## 2. 计提本月折旧

(1)点击页面中的【财务会计】按钮，选择"固定资产"，点击【处理】按钮，执行"计提本月折旧"命令，其操作流程如图 7-40 和图 7-41 所示。

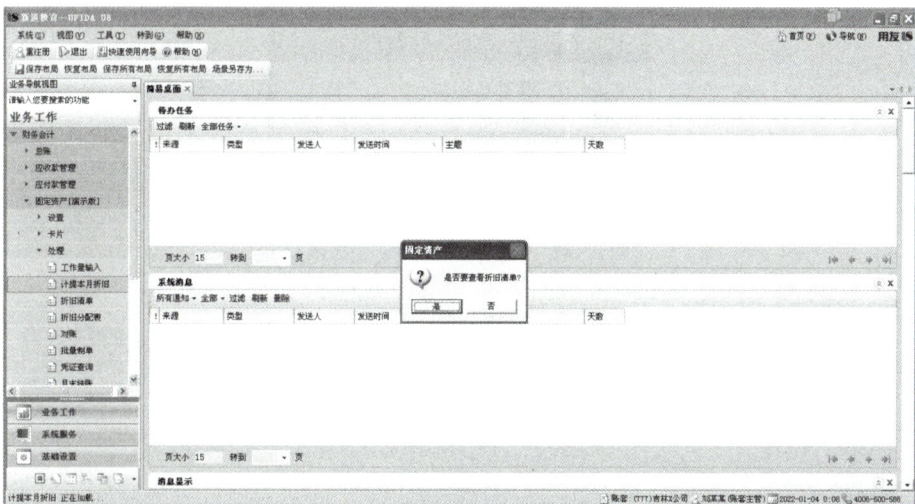

图 7-40 "计提本月折旧"命令 1

计提本月折扣

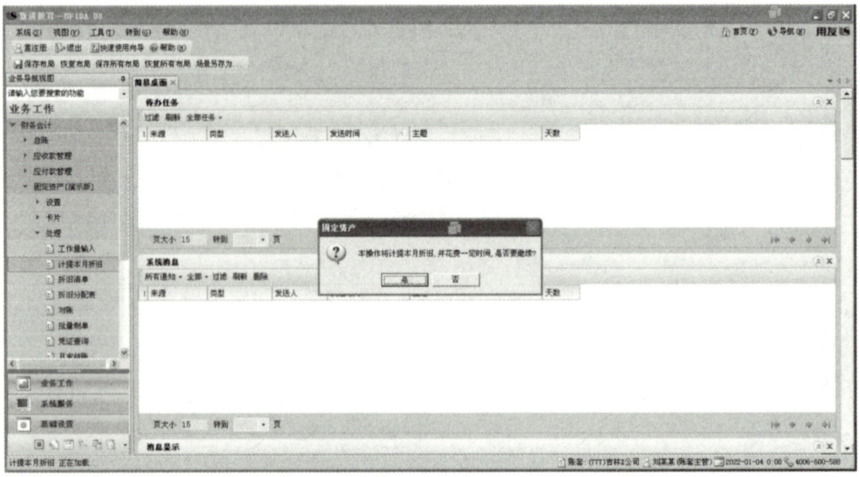

图 7-41 "计提本月折旧"命令 2

（2）系统弹出"计提折旧完成！"提示框，单击【确定】按钮。打开"折旧分配表"窗口，单击【凭证】按钮，系统生成计提折旧的凭证，注意此时应该将该笔凭证类别设置为"转"，单击工具栏上的【保存】按钮，单击工具栏上的【退出】按钮，其操作流程如图 7-42 至图 7-44 所示。

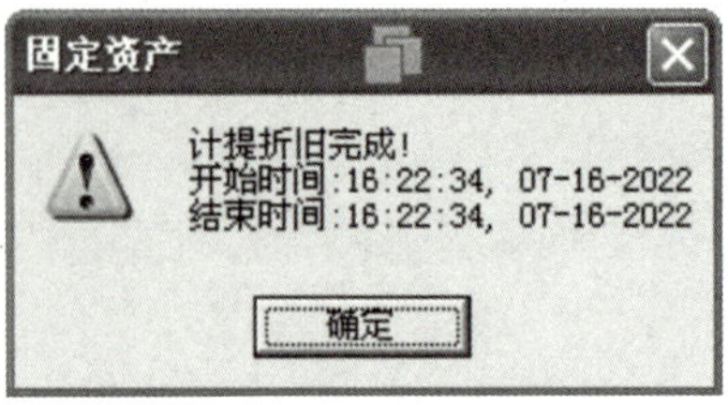

图 7-42 "计提折旧完成！"提示框

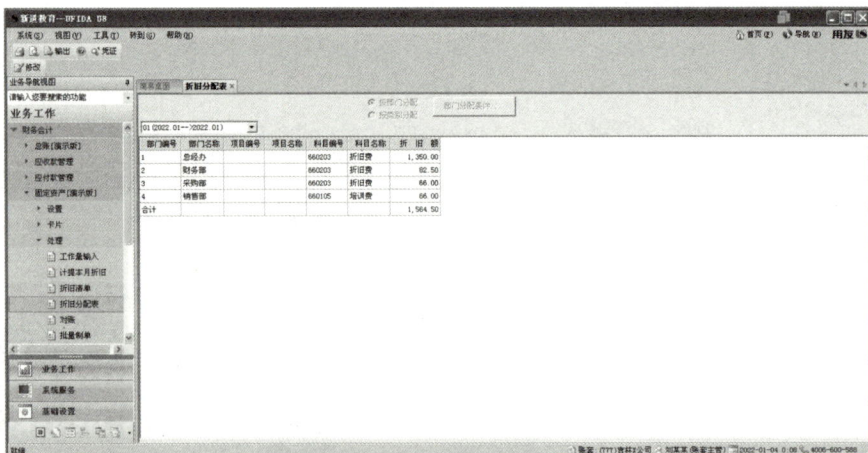

图 7-43 "折旧分配表"窗口

图 7-44 "转账凭证"窗口

# 任务三 固定资产管理系统期末业务处理

固定资产业务的期末处理比较简单，主要进行结账工作。结项是在完成当期业务核算的基础上进行的，所以结账前系统会自动检查当月是否进行了折旧计提核算，并且所有核算业务是否已制单生成凭证，经检查符合结账的基本条件后，才能进行月末结账。如果用户要求对账不平衡不允许固定资产月末结账，则还需进行对账检查。

## 操作指导

(1)点击【财务会计】按钮，选择"固定资产"，点击【处理】按钮，执行"月末结账"命令，此时系统会自动弹出对话框"月末结账"设置窗口。单击【开始结账】按钮，系统开始进行结账处理，如图 7-45 所示。

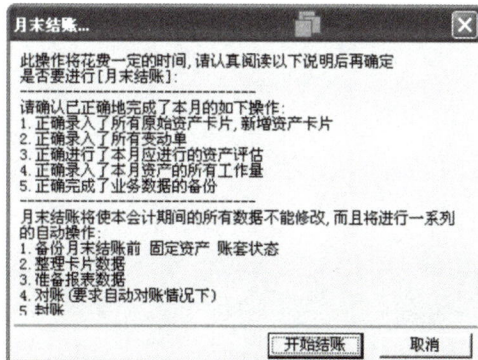

图 7-45 "月末结账"对话框 1

（2）系统会自动弹出"与账务对账结果"提示框，单击页面上的【确定】按钮，如图
7－46所示。

办理月末结账

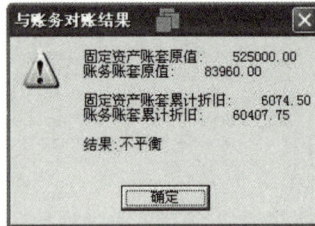

图 7－46 "月末结账"对话框

薪资管理就是企业管理者对企业员工报酬的支付标准、发放水平、要素结构进行确定、分配和调整的过程。职工薪资管理是企业绩效管理的核心，是企业人力资源管理的重要内容。

# 任务一　薪资管理系统初始化设置

吉林×公司已经成功建立账套，从 2022 年 1 月 1 日起，以账套主管刘某某的身份登录企业应用平台，将计算机系统时间调整为 2022 年 1 月 31 日，将"总账系统"的备份账套数据引入用友 ERP–U8 系统。

## 一、建立薪资管理系统账套

吉林×公司薪资管理系统控制参数如表 8–1 所示。

表 8–1　吉林×公司薪资管理系统控制参数

| 控制参数 | 内容 |
|---|---|
| 参数设置 | 单个工资类别个数 |
| 扣税设置 | 从工资中代扣个人所得税 |
| 扣零设置 | 不扣零 |
| 人员编码 | 与公共平台的人员编码长度一致 |

## 二、设置工资项目

吉林×公司工资项目设置如表 8–2 所示。

表 8 - 2　吉林×公司工资项目设置

| 工资项目名称 | 类型 | 长度 | 小数位数 | 增减项 |
|---|---|---|---|---|
| 基本工资 | 数字 | 8 | 2 | 增项 |
| 岗位工资 | 数字 | 8 | 2 | 增项 |
| 交补 | 数字 | 8 | 2 | 增项 |
| 医疗保险 | 数字 | 8 | 2 | 减项 |
| 工伤保险 | 数字 | 8 | 2 | 减项 |
| 生育保险 | 数字 | 8 | 2 | 减项 |
| 养老保险 | 数字 | 8 | 2 | 减项 |
| 失业保险 | 数字 | 8 | 2 | 减项 |
| 住房公积金 | 数字 | 8 | 2 | 减项 |
| 缺勤扣款 | 数字 | 8 | 2 | 减项 |
| 缺勤天数 | 数字 | 8 | 2 | 其他 |
| 计提工资费用基数 | 数字 | 8 | 2 | 其他 |
| 五险一金计提基数 | 数字 | 8 | 2 | 其他 |
| 个人所得税计提基数 | 数字 | 8 | 2 | 其他 |

## 三、批量增加各部门人员档案并输入个人银行账号

吉林×公司各部门人员档案如表 8-3 所示。

表 8 - 3　吉林×公司各部门人员档案

| 人员编码 | 人员名称 | 所属部门 | 人员类别 | 性别 | 是否业务员 | 银行账号 |
|---|---|---|---|---|---|---|
| 101 | 刘某某 | 总经办 | 管理人员 | 女 | 是 | 625965060026001 |
| 201 | 李某某 | 财务部 | 管理人员 | 女 | 是 | 625965060026002 |
| 202 | 王某某 | 财务部 | 管理人员 | 女 | 是 | 625965060026003 |
| 203 | 赵某某 | 财务部 | 管理人员 | 女 | 是 | 625965060026004 |
| 301 | 张某某 | 采购部 | 采购人员 | 男 | 是 | 625965060026005 |
| 302 | 关某某 | 采购部 | 采购人员 | 男 | 是 | 625965060026006 |
| 401 | 于某某 | 销售部 | 销售人员 | 女 | 是 | 625965060026007 |
| 402 | 周某某 | 销售部 | 销售人员 | 女 | 是 | 625965060026008 |
| 501 | 丁某某 | 仓储部 | 管理人员 | 男 | 是 | 625965060026009 |

## 四、设置工资项目的计算公式

吉林×公司工资项目计算公式如表 8-4 所示。

表8-4 吉林×公司工资项目计算公式

| 工资项目 | 定义公式 | 公司规定 |
|---|---|---|
| 交补 | iff(人员类别="采购人员"or人员类别="销售人员",300,100) | 采购人员和销售人员的交通补贴为300元,其他人员的交通补贴为100元 |
| 医疗保险 | 五险一金计提基数×0.02 | 按"五险一金计提基数"的2%计算 |
| 养老保险 | 五险一金计提基数×0.08 | 按"五险一金计提基数"的8%计算 |
| 失业保险 | 五险一金计提基数×0.002 | 按"五险一金计提基数"的0.2%计算 |
| 住房公积金 | 五险一金计提基数×0.12 | 按"五险一金计提基数"的12%计算 |
| 缺勤扣款 | (基本工资/30)×缺勤天数×0.6 | 按(基本工资/30)×缺勤天数×60%计算 |
| 个人所得税计提基数 | 基本工资+岗位工资+交补-养老保险-医疗保险-失业保险-住房公积金 | 按基本工资、岗位工资、交补三项之和扣除养老保险、医疗保险、失业保险和住房公积金计算 |
| 计提工资费用基数 | 基本工资+岗位工资+交补-缺勤扣款 | 按基本工资、岗位工资、交补三项之和扣除缺勤扣款计算 |

## 五、设置扣缴个人所得税计税基数

个人所得税申报表中"收入额合计"项对应的项目为"个人所得税计提基数"。

## 操作指导

### 1. 建立薪资管理系统账套

(1)点击【业务工作】按钮,依次选择"人力资源""薪资管理",打开"建立工资套"引导窗口。

(2)第一步是进行"参数设置",单击选中工资类别个数"单个"前的单选框,单击【下一步】按钮,如图8-1所示。

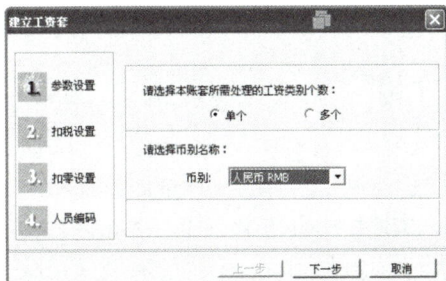

图8-1 "建立工资套—参数设置"窗口

建立薪资管理系统账套

（3）第二步是系统自动默认打开"扣税设置"窗口，将"是否从工资中代扣个人所得税"前面的复选框选中，并点击页面下方的【下一步】按钮，如图8－2所示。

图8－2　"建立工资套—扣税设置"窗口

（4）第三步是系统自动默认打开"扣零设置"窗口，系统默认为不扣零，单击【下一步】按钮，其操作流程如图8－3所示。

图8－3　"建立工资套—扣零设置"窗口

（5）第四步是系统自动默认打开"人员编码"窗口，系统会弹出提示框："本系统要求您对员工进行统一编号，人员编码同公共平台的人员编码保持一致。"单击页面下方的【完成】按钮，如图8－4所示。

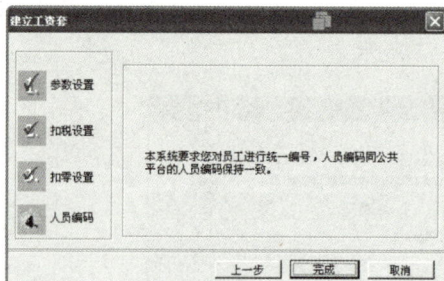

图8－4　"建立工资套—人员编码"窗口

## 2. 设置工资项目

（1）点击【人力资源】按钮，选择"薪资管理"，点击【设置】按钮，执行"工资项目

设置"的命令，系统会自动默认打开"工资项目设置"窗口，工资项目列表中显示系统
提供的固定工资项目，如图8-5所示。

图8-5 "工资项目设置"窗口

（2）单击页面下方工具栏的【增加】按钮，从"名称参照"中选择工资项目名称，并
按照吉林×公司的背景资料要求，依次设置工资项目的类型、长度、小数位数和工
资增减项。单击页面下方的【确定】按钮，此时系统会自动弹出"工资项目已经改变，
请确认各工资类别的公式是否正确，否则计算结果可能不准确。"的提示框，单击页
面下方的【确定】按钮，其操作流程如图8-6至图8-10所示。

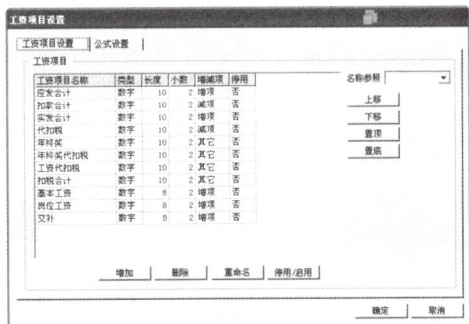

图8-6 "工资项目设置"窗口1

图8-7 "工资项目设置"窗口2

图8-8 "工资项目设置"窗口3

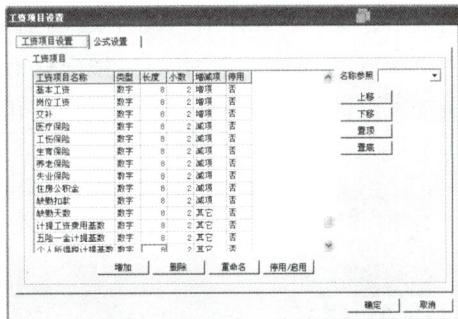

图8-9 "工资项目设置"窗口4

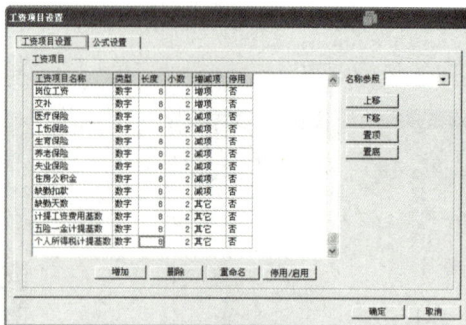

图 8-10 "工资项目设置"窗口 5

### 3. 批量增加各部门人员档案并输入个人银行账号

（1）点击页面左下方的【业务工作】按钮，选择"人力资源""薪资管理"，点击【设置】按钮，执行"人员档案"的命令，系统会自动默认打开"人员档案"窗口，单击工具栏上的【批增】按钮，系统会自动打开"人员批量增加"窗口，单击页面中间的【查询】按钮，系统显示该类别下员工档案，单击【确定】按钮，其操作流程如图 8-11 和图 8-12 所示。

图 8-11 "人员批量增加"窗口 1

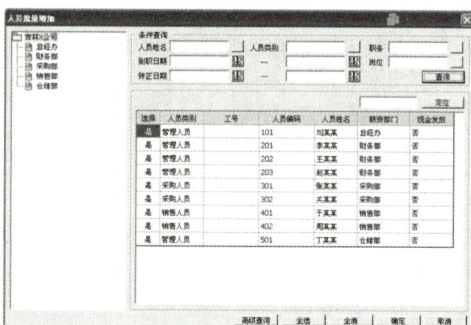

图 8-12 "人员批量增加"窗口 2

（2）关闭页面，此时系统会自动返回"人员档案"窗口，双击此时页面上的每一条部门人员档案，在弹出的"人员档案明细"窗口，输入银行账号"6259650600260001"，单击页面下方的【确定】按钮，系统会自动弹出"写入该人员档案信息吗？"提示框，单击页面下方的【确定】按钮，系统自动列出下一位职员档案，其操作流程如图 8-13 至图 8-15 所示。

批量增加各部门人员档
案并输入个人银行账号

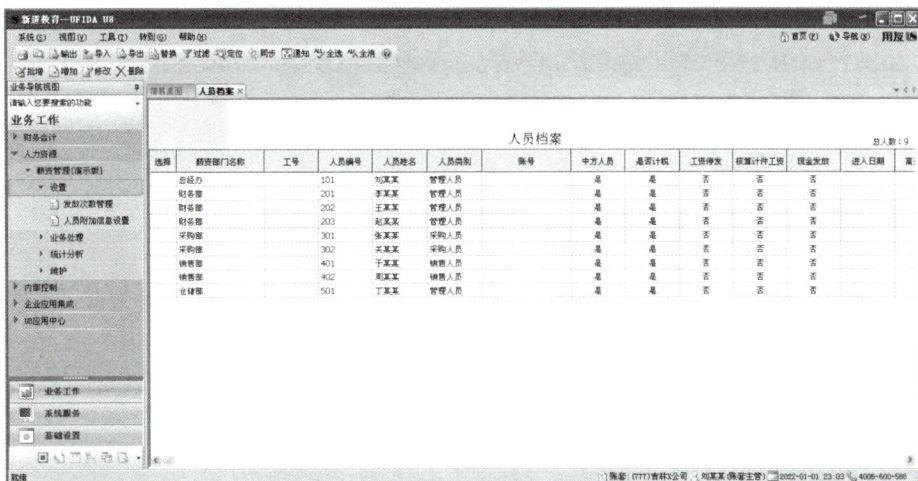

图 8-13 "人员档案"窗口

图 8-14 "人员档案明细"窗口 1

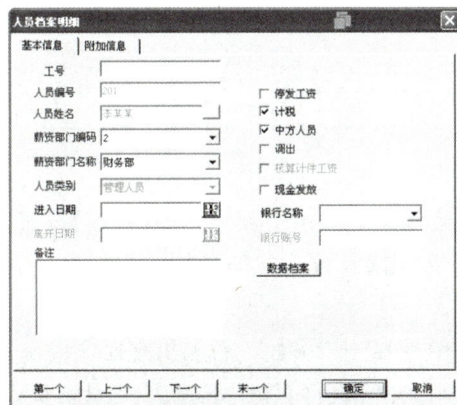

图 8-15 "人员档案明细"窗口 2

（3）完成其他人员档案中银行账号信息的设置，如图 8-16 所示。

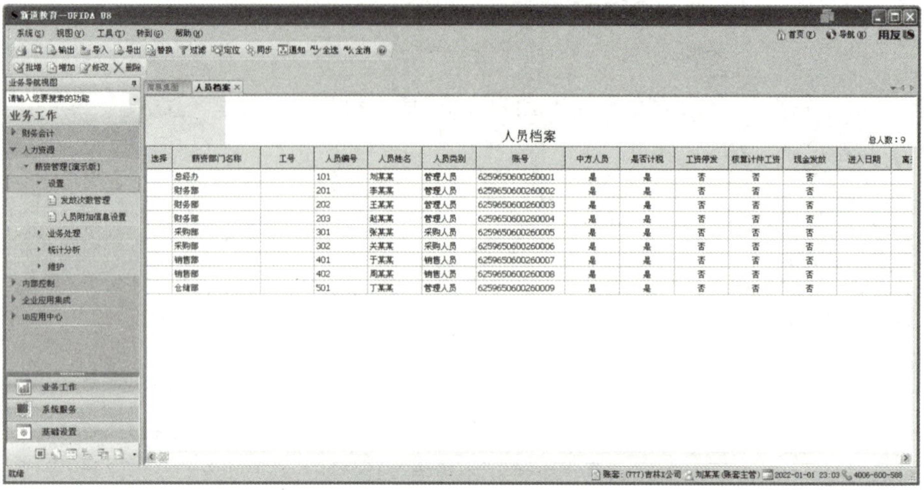

图 8-16  其他人员档案信息设置

### 4. 设置工资项目的计算公式

（1）点击页面左下方的【业务工作】按钮，选择"人力资源""薪资管理"，点击【设置】按钮，执行"工资项目设置"的命令，系统会自动默认打开"工资项目设置"窗口，如图 8-17 所示。

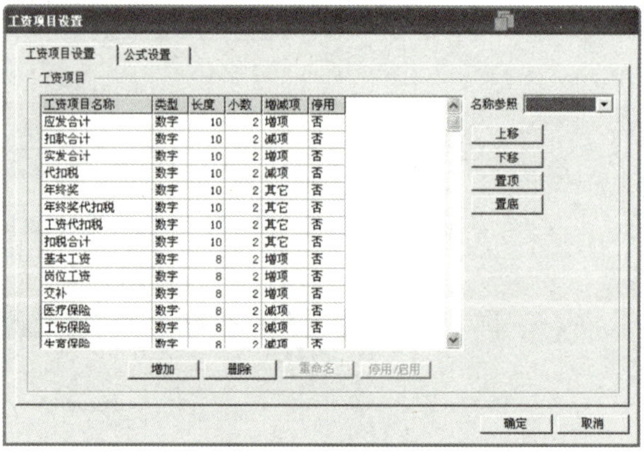

设置工资项目的计算公式

图 8-17  "工资项目设置"窗口

（2）单击"公式设置"选项卡，单击页面下方的【增加】按钮，从左上角的工资项目下拉列表中选择"交补"，单击【函数公式向导输入】按钮，打开"函数向导—步骤之1"对话框。

（3）在"函数名"列表中选择"iff"函数，右侧出现对应的函数说明及范例，单击页面下方的【下一步】按钮，打开"函数向导—步骤之 2"对话框，单击"逻辑表达式"右侧的参照按钮，打开"参照"对话框。从下拉列表中选择"人员类别"，从人员类别列表中选择"销售人员"，单击页面右方的【确定】按钮，返回"函数向导—步骤之 2"后，输入"or"，"or"前后都需要有空格，重复上述步骤选择"采购人员"，在"算术表达式1"文本框中输入"300"，在"算术表达式 2"文本框中输入"100"，单击页面下方的【完成】按钮，返回"公式设置"界面，单击页面下方的【公式确认】按钮，其操作流程如图8-18 至图 8-29 所示。

图 8-18 "公式设置"窗口 1

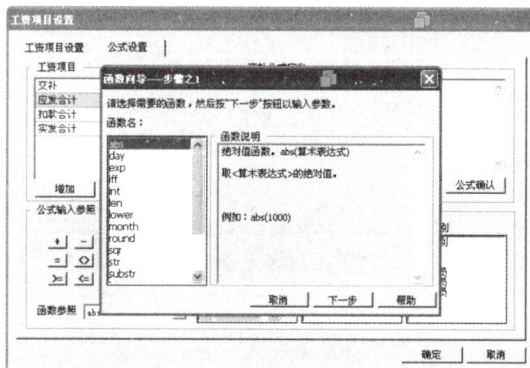

图 8-19 "函数向导—步骤之 1"窗口 1

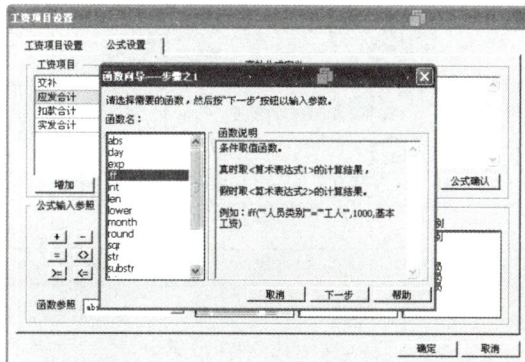

图 8-20 "函数向导—步骤之 1"窗口 2

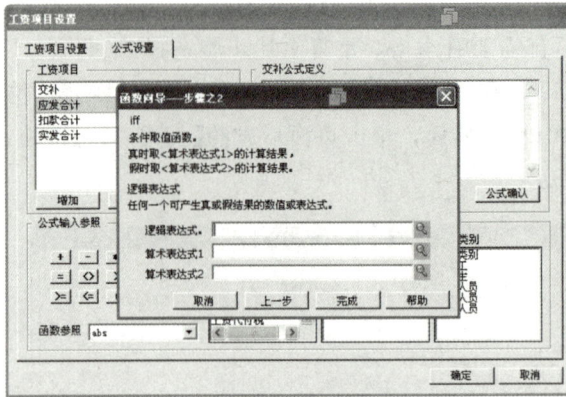

图 8－21 "函数向导—步骤之 2"窗口 1

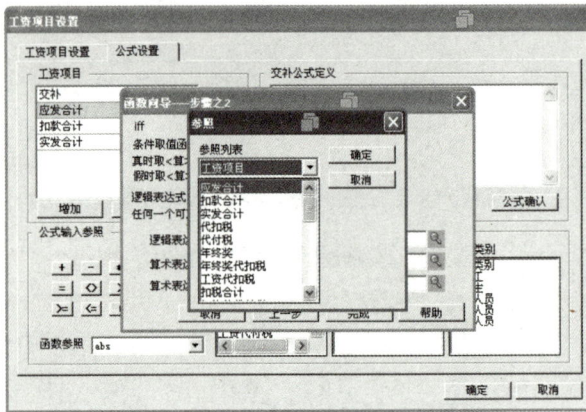

图 8－22 "函数向导—步骤之 2"窗口 2

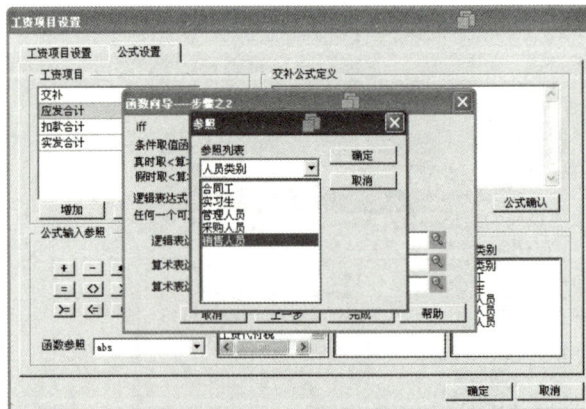

图 8－23 "函数向导—步骤之 2"窗口 3

图 8-24 "函数向导—步骤之 2"窗口 4

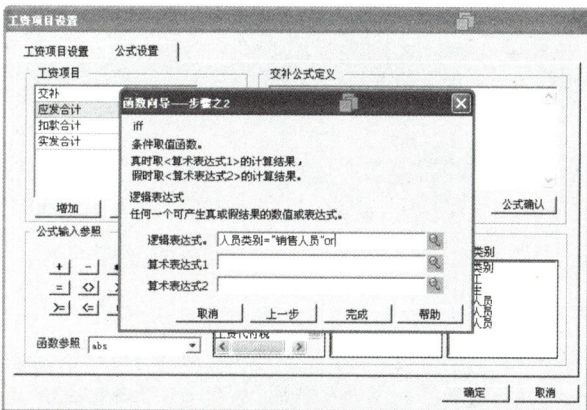

图 8-25 "函数向导—步骤之 2"窗口 5

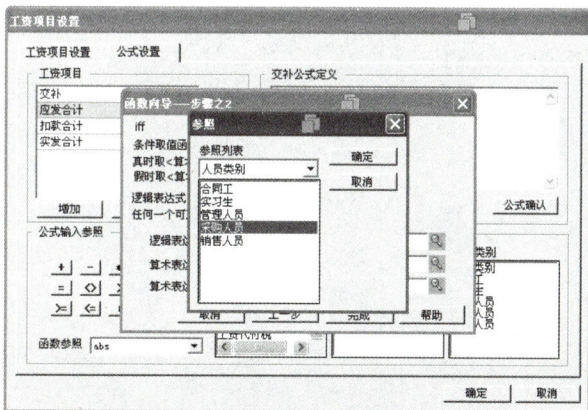

图 8-26 "函数向导—步骤之 2"窗口 6

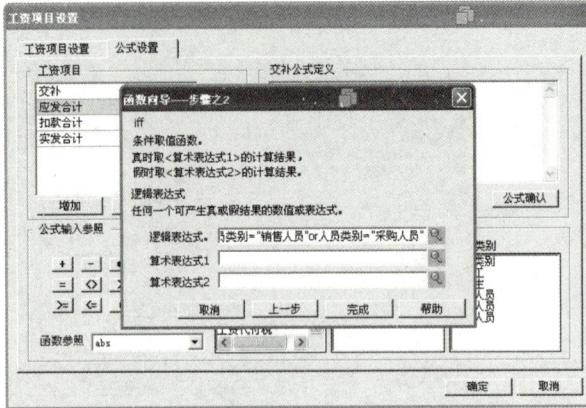

图 8－27　"函数向导一步骤之 2"窗口 7

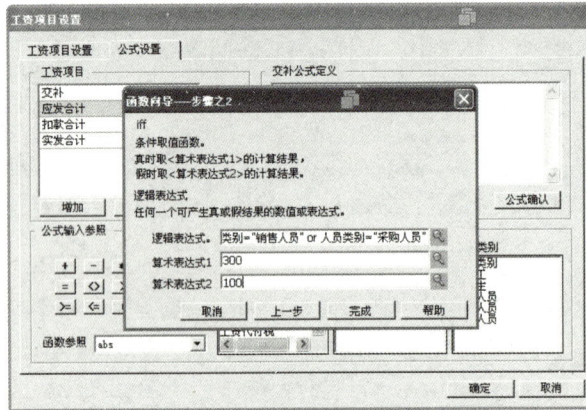

图 8－28　"函数向导一步骤之 2"窗口 8

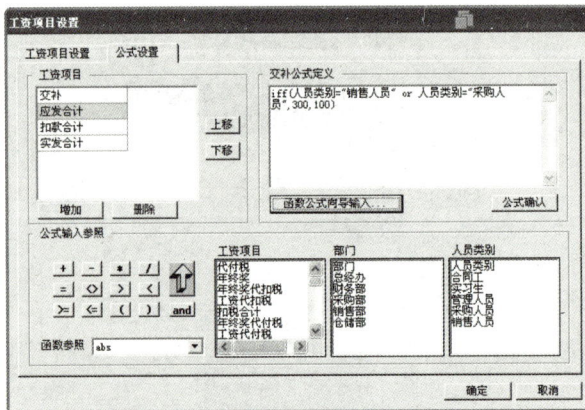

图 8－29　"公式设置"窗口 2

(4)按照吉林×公司的背景资料要求，继续完成其他工资项目公式的定义，全部公式定义完毕后，单击页面下方的【确定】按钮，其操作流程如图8-30至图8-36所示。

图8-30 "公式设置"窗口3

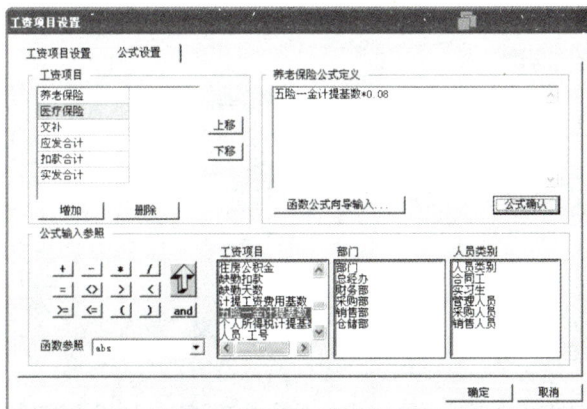

图8-31 "公式设置"窗口4

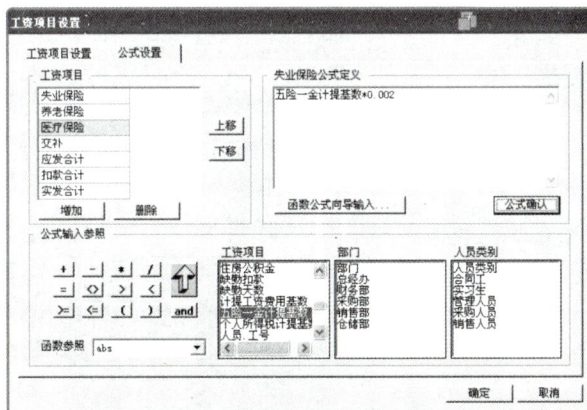

图8-32 "公式设置"窗口5

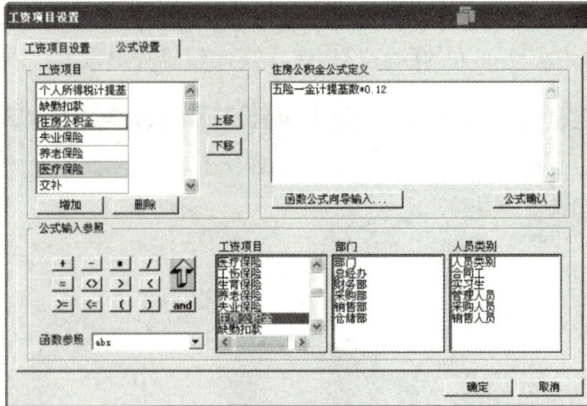

图 8-33 "公式设置"窗口 6

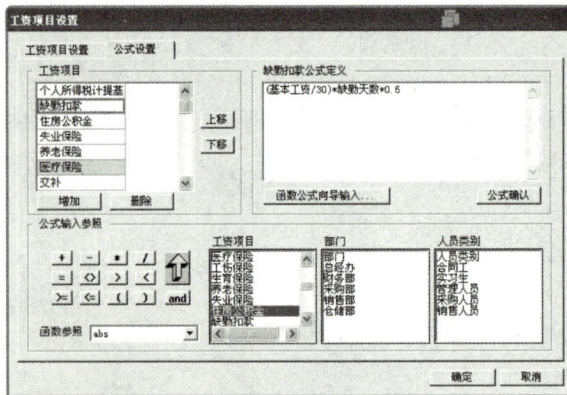

图 8-34 "公式设置"窗口 7

图 8-35 "公式设置"窗口 8

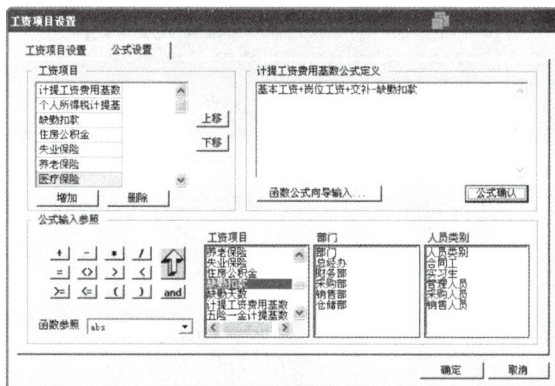

图 8-36 "公式设置"窗口 9

### 5. 设置扣缴个人所得税计税基数

(1)点击页面左下方的【业务工作】按钮，选择"人力资源""薪资管理"，点击【设置】按钮，执行"选项"的命令，系统会自动默认打开"选项"窗口，如图 8-37 所示。

图 8-37 "选项"窗口

设置扣缴个人所得税计税基数

(2)单击【扣税设置】选项卡，单击【编辑】按钮，选择收入额合计为"个人所得税计提基数"，单击【确定】按钮返回，其操作流程如图 8-38 和图 8-39 所示。

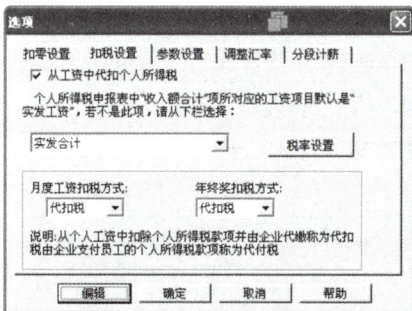

图 8-38 "扣税设置"窗口 1

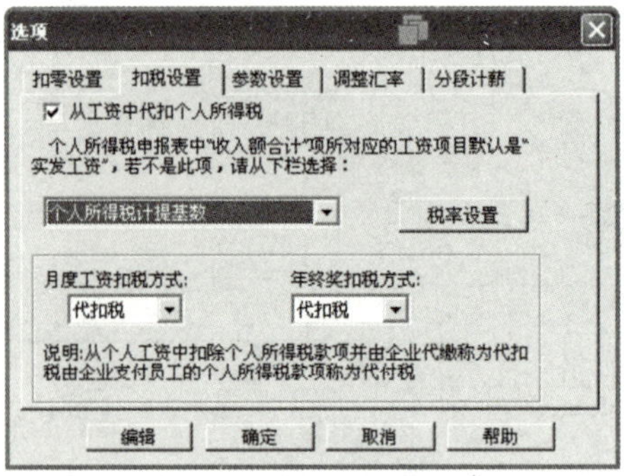

图 8-39  "扣税设置"窗口 2

# 任务二  薪资管理系统日常业务处理

薪资的日常业务主要是对职工薪资数据进行计算和调整，按照计算数据发放工资及进行凭证填制等账务处理。

## 一、录入所有人员工资的固定数据、变动数据并执行计算与汇总

吉林×公司正式人员工资数据统计如表 8-5 所示。

表 8-5  吉林×公司正式人员工资数据统计

| 人员编码 | 人员名称 | 所属部门 | 人员类别 | 基本工资/元 | 岗位工资/元 | 缺勤天数/天 |
|---|---|---|---|---|---|---|
| 101 | 刘某某 | 总经办 | 管理人员 | 5000 | 2000 | |
| 201 | 李某某 | 财务部 | 管理人员 | 4500 | 1500 | |
| 202 | 王某某 | 财务部 | 管理人员 | 4800 | 1800 | |
| 203 | 赵某某 | 财务部 | 管理人员 | 4600 | 1500 | 1 |
| 301 | 张某某 | 采购部 | 采购人员 | 4700 | 1700 | |
| 302 | 关某某 | 采购部 | 采购人员 | 4500 | 1400 | |
| 401 | 于某某 | 销售部 | 销售人员 | 4800 | 1800 | |
| 402 | 周某某 | 销售部 | 销售人员 | 4600 | 1800 | 2 |
| 501 | 丁某某 | 仓储部 | 管理人员 | 4500 | 1600 | |
| 合计 | | | | 42000 | 15100 | |

## 二、数据替换

因去年销售业绩好，2022 年 1 月，销售部门的岗位工资在原有 1800 元的基础

上，每人调增 300 元。

### 三、定义分配工资费用并生成凭证

吉林×公司定义分配工资费用凭证如表 8－6 所示。

表 8－6  吉林×公司定义分配工资费用凭证

| 部门名称 | 人员类别 | 工资项目 | 借方科目 | 贷方科目 |
| --- | --- | --- | --- | --- |
| 总经办、财务部、仓储部 | 管理人员 | 计提工资费用基数 | 660202 | 221101 |
| 采购部 | 采购人员 | 计提工资费用基数 | 660102 | 221101 |
| 销售部 | 销售人员 | 计提工资费用基数 | 660202 | 221101 |

注：分摊构成设置（计提比例 100％）。

### 四、定义由公司承担的住房公积金的凭证

吉林×公司定义由公司承担的住房公积金凭证如表 8－7 所示。

表 8－7  吉林×公司定义由公司承担的住房公积金凭证

| 部门名称 | 人员类别 | 工资项目 | 借方科目 | 贷方科目 |
| --- | --- | --- | --- | --- |
| 总经办、财务部、仓储部 | 管理人员 | 五险一金计提基数 | 660202 | 221103 |
| 采购部 | 采购人员 | 五险一金计提基数 | 660102 | 221103 |
| 销售部 | 销售人员 | 五险一金计提基数 | 660202 | 221103 |

注：分摊构成设置（计提比例 12％）。

### 五、定义由个人承担的住房公积金的凭证

吉林×公司定义由个人承担的住房公积金凭证如表 8－8 所示。

表 8－8  吉林×公司定义由个人承担的住房公积金凭证

| 部门名称 | 人员类别 | 工资项目 | 借方科目 | 贷方科目 |
| --- | --- | --- | --- | --- |
| 总经办、财务部、仓储部 | 管理人员 | 五险一金计提基数 | 221101 | 2241 |
| 采购部 | 采购人员 | 五险一金计提基数 | 221101 | 2241 |
| 销售部 | 销售人员 | 五险一金计提基数 | 221101 | 2241 |

### 六、定义计提工会经费的凭证

吉林×公司定义计提工会经费的凭证如表 8－9 所示。

表8-9　吉林×公司定义计提工会经费的凭证

| 部门名称 | 人员类别 | 工资项目 | 借方科目 | 贷方科目 |
|---|---|---|---|---|
| 总经办、财务部、仓储部 | 管理人员 | 应发合计 | 660202 | 221104 |
| 采购部 | 采购人员 | 应发合计 | 660102 | 221104 |
| 销售部 | 销售人员 | 应发合计 | 660202 | 221104 |

注：分摊构成设置(计提比例2%)。

## 七、定义计提代扣个人所得税的凭证

吉林×公司计提代扣个人所得税的凭证如表8-10所示。

表8-10　吉林×公司计提代扣个人所得税的凭证

| 部门名称 | 人员类别 | 工资项目 | 借方科目 | 贷方科目 |
|---|---|---|---|---|
| 总经办、财务部、仓储部 | 管理人员 | 代扣税 | 221101 | 222106 |
| 采购部 | 采购人员 | 代扣税 | 221101 | 222106 |
| 销售部 | 销售人员 | 代扣税 | 221101 | 222106 |

## 八、批量生成凭证

批量生成1月份由公司承担的住房公积金的凭证、由个人承担的住房公积金的凭证、计提工会经费的凭证及计提代扣个人所得税的凭证。

## 操作指导

### 1. 录入所有人员工资的固定数据、变动数据并执行计算与汇总

(1)执行"业务处理""工资变动"命令，打开"工资变动"窗口，如图8-40和图8-41所示。

录入所有人员工资的固定数据、
变动数据并执行计算与汇总

图 8-40　"工资变动"窗口 1

图 8-41　"工资变动"窗口 2

（2）执行"计算"命令，执行"汇总"命令，进行工资的重新计算与汇总，如图 8-42 所示。

图 8-42　"工资变动"窗口 3

## 2. 数据替换

（1）在"001 正式员工工资类别"下，在"工资变动"窗口，单击工具栏上的【全选】按钮，单击工具栏上的【替换】按钮，打开"工资项数据替换"对话框。

（2）选择要替换的工资项目为"岗位工资"，输入替换目标数据"岗位工资＋300"，确定替换条件"部门＝销售部"，单击页面下方的【确定】按钮，系统会自动弹出"数据替换后将不可恢复，是否继续？"提示框，单击页面下方的【是】按钮，系统弹出"2 条数据被替换，是否重新计算？"提示框，单击页面下方的【是】按钮，其操作流程如图8－43 至图 8－45 所示。

数据替换

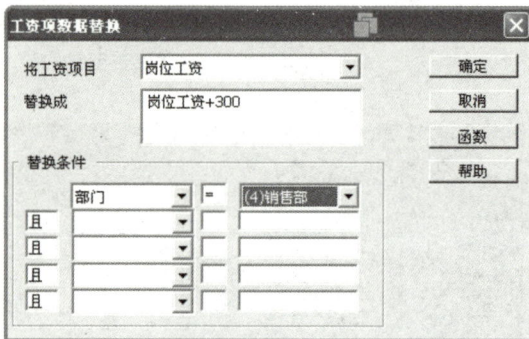

图 8－43　"工资项数据替换"窗口

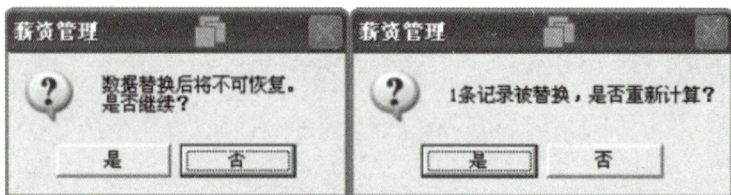

图 8－44　提示对话框

图 8－45　"工资变动"窗口 4

**3. 定义分配工资费用并生成凭证**

(1)点击页面左方的【人力资源】按钮，选择"薪资管理"，点击【业务处理】按钮，执行"工资分摊"的命令，系统会自动默认打开"工资分摊"窗口，如图8-46所示。

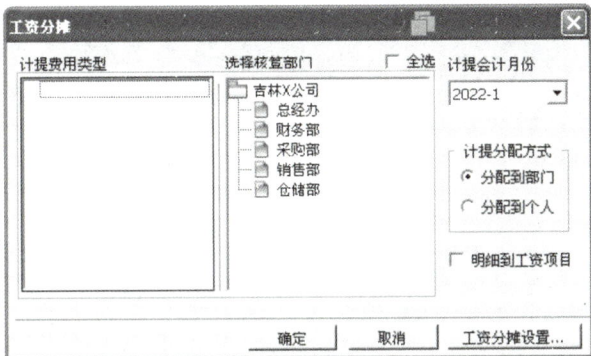

图8-46 "工资分摊"窗口

定义分配工资费用
并生成凭证

(2)在系统自动打开的"工资分摊"界面，单击页面上的【工资分摊设置】按钮，系统会自动打开"分摊类型设置"对话框，单击页面右侧的【增加】按钮，系统会自动打开"分摊计提比例设置"对话框，在其输入计提类型名称"分配工资"，系统默认分摊计提比例为"100％"，单击页面下方的【下一步】按钮，其操作流程如图8-47至图8-49所示。

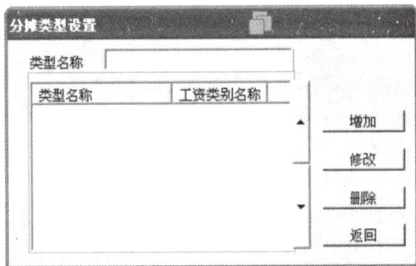

图8-47 "分摊类型设置"窗口

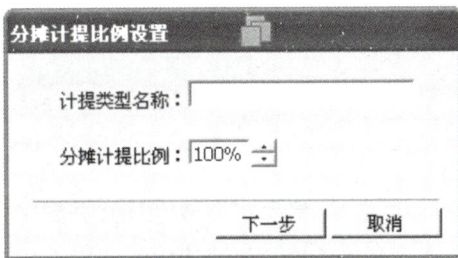

图8-48 "分摊计提比例设置"窗口1

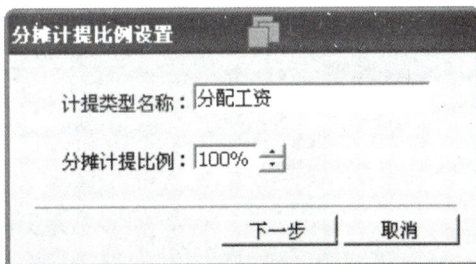

图8-49 "分摊计提比例设置"窗口2

（3）打开"分摊构成设置"对话框，按照吉林×公司的背景资料，分别选择"人员类别"、所属"部门名称"，选择不同人员类别工资项目、借方科目代码、贷方科目代码等。设置完毕后，单击页面下方的【完成】按钮，返回"分摊类型设置"窗口，单击【返回】按钮，返回"工资分摊"窗口，其操作流程如图8-50和图8-51所示。

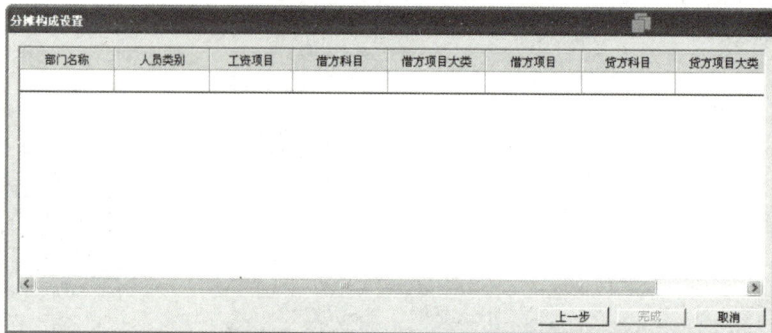

图8-50　"分摊构成设置"对话框1

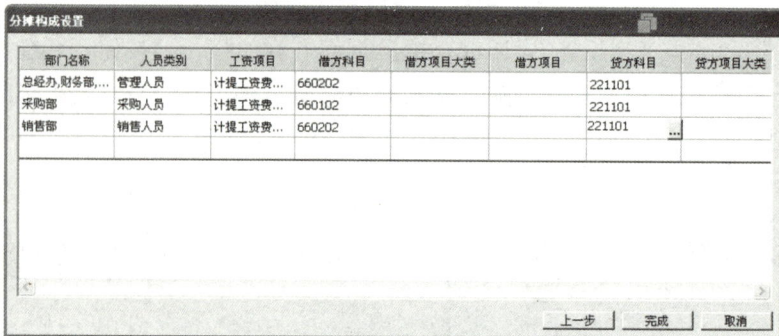

图8-51　"分摊构成设置"对话框2

（4）单击"计提费用类型"下的"分配工资"前的复选框，按照吉林×公司的背景资料，将所有的核算部门都选中，同时选中"明细到工资项目"，再次将"按项目核算"前的复选框选中，单击页面下方的【确定】按钮，如图8-52所示。

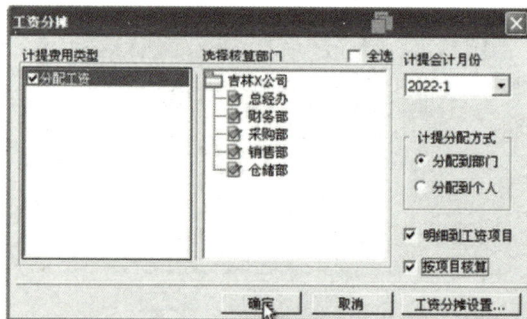

图8-52　"工资分摊"对话框

（5）打开"工资分摊明细"窗口，选择要生成凭证的类型为"分配工资"，单击选中"合并科目相同、辅助项相同的分录"前的复选框，单击工具栏上的【制单】按钮，此时系统会自动生成一张分配工资的凭证，将该凭证类别更改为转账凭证，并点击工具栏上的【保存】按钮，此时该凭证的左上角会自动显示"已生成"标志，单击【退出】按钮，系统自动将当前凭证传递到总账系统等待审核记账。其操作流程如图 8-53 和图 8-54 所示。

图 8-53 "分配工资一览表"对话框 1

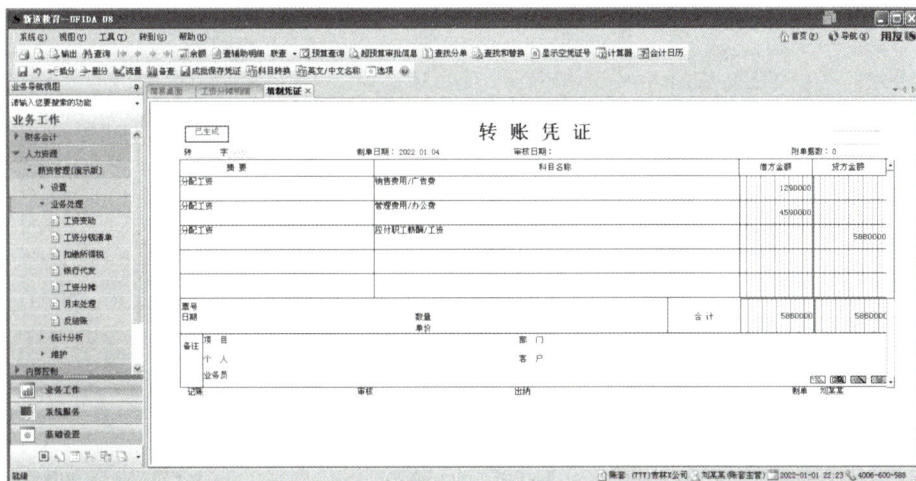

图 8-54 凭证

### 4. 定义由公司承担的住房公积金的凭证

（1）点击页面左方的【人力资源】按钮，选择"薪资管理"，点击【业务处理】按钮，执行"工资分摊"的命令，单击【工资分摊设置】按钮，系统会自动默认打开"分摊类型设置"窗口，单击页面上的【增加】按钮，系统会自动打开"分摊计提比例设置"对话框，按照吉林×公司的背景资料，输入计提类型名称"公司—住房公积金"，输入分摊计提比例"12%"，单击【下一步】按钮，其操作流程如图8-55和图8-56所示。

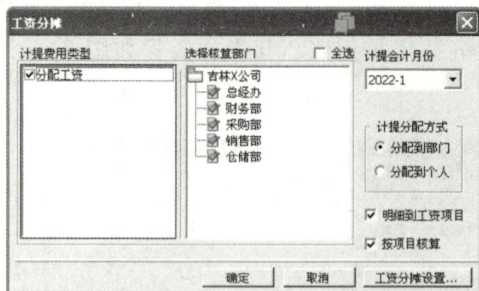

图8-55 "工资分摊"对话框

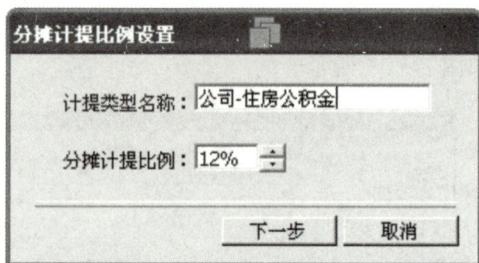

图8-56 "分摊计提比例设置"对话框

（2）在系统默认打开的"分摊构成设置"对话框中，按照吉林×公司的背景资料，分别选择"人员类别"、所属"部门名称"，选择不同人员类别工资项目、借方科目代码、贷方科目代码等。设置完毕后，单击页面下方的【完成】按钮，关闭该页面，系统会自动返回至"分摊类型设置"窗口，单击页面上的【返回】按钮，系统会自动返回至"工资分摊"窗口，如图8-57所示。

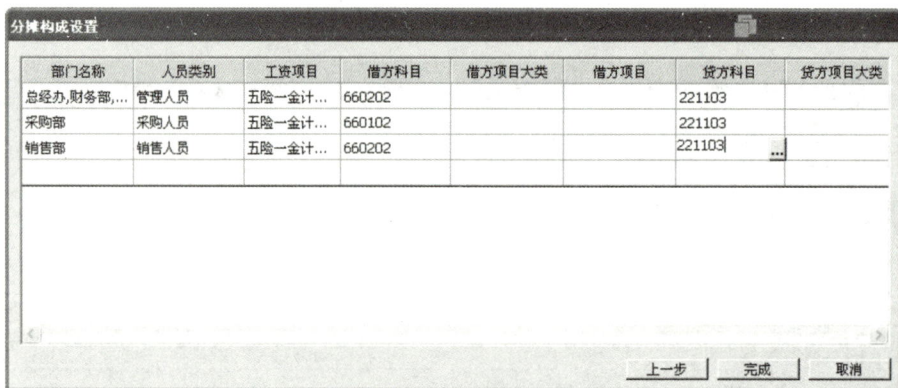

| 部门名称 | 人员类别 | 工资项目 | 借方科目 | 借方项目大类 | 借方项目 | 贷方科目 | 贷方项目大类 |
|---|---|---|---|---|---|---|---|
| 总经办,财务部,... | 管理人员 | 五险一金计... | 660202 | | | 221103 | |
| 采购部 | 采购人员 | 五险一金计... | 660102 | | | 221103 | |
| 销售部 | 销售人员 | 五险一金计... | 660202 | | | 221103 | |

图8-57 "分摊构成设置"对话框

### 5. 定义由个人承担的住房公积金的凭证

（1）点击页面左方的【人力资源】按钮，选择"薪资管理"，点击【业务处理】按钮，执行"工资分摊"的命令，在"工资分摊"界面单击【工资分摊设置】按钮，系统会默认打开"分摊类型设置"对话框，单击页面上的【增加】按钮，系统会默认打开"分摊计提比例设置"对话框，按照吉林×公司的背景资料，输入计提类型名称"个人—住房公积金"，输入分摊计提比例"12%"，单击【下一步】按钮，如图8-58所示。

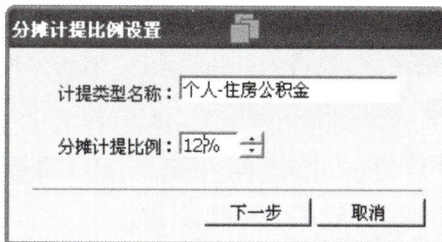

图 8-58 "工资计提比例设置"对话框

(2)打开"分摊构成设置"对话框，按照吉林×公司的背景资料，分别选择"人员类别"、所属"部门名称"，选择不同人员类别工资项目、借方科目代码、贷方科目代码等。设置完毕后，单击页面上的【完成】按钮，返回"分摊类型设置"窗口，再单击页面上的【返回】按钮，系统会自动默认返回至"工资分摊"窗口，其操作过程如图 8-59 和图 8-60 所示。

图 8-59 "分摊构成设置"对话框

图 8-60 "分摊类型设置"窗口

### 6. 定义计提工会经费的凭证

(1)点击页面左方的【人力资源】按钮，选择"薪资管理"，点击【业务处理】按钮，执行"工资分摊"的命令，在"工资分摊"界面单击【工资分摊设置】按钮，系统会自动默认打开"分摊类型设置"对话框，单击页面上的【增加】按钮，打开"分摊计提比例设置"对话框，输入计提类型名称"公司—工会经费"，输入分摊计提比例"2％"，单击页面下方的【下一步】按钮，如图8-61所示。

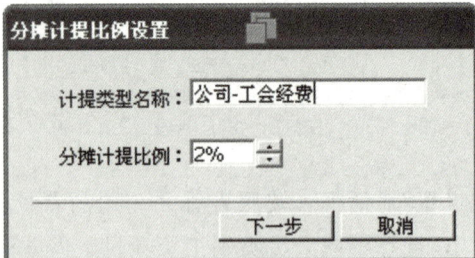

图8-61 "分摊计提比例设置"对话框

（2）打开"分摊构成设置"对话框，分别选择"人员类别"、所属"部门名称"，选择不同人员类别工资项目、借方科目代码、贷方科目代码等。设置完毕后，单击【完成】按钮，返回"分摊类型设置"窗口，单击页面上的【返回】按钮，返回"工资分摊"窗口，如图8-62所示。

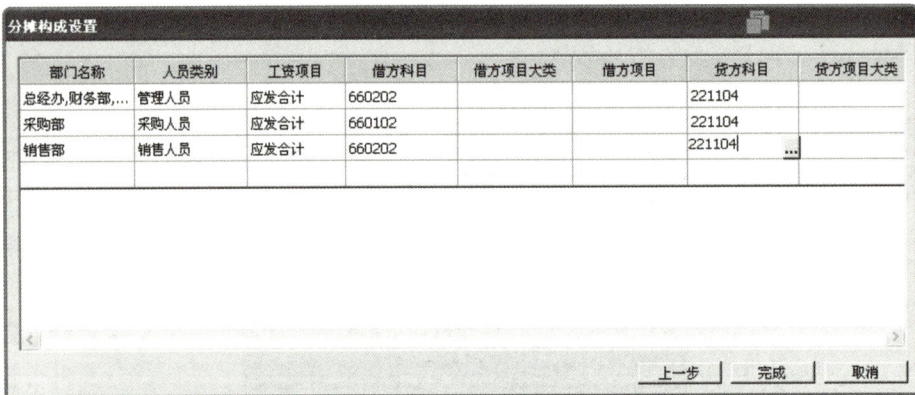

| 部门名称 | 人员类别 | 工资项目 | 借方科目 | 借方项目大类 | 借方项目 | 贷方科目 | 贷方项目大类 |
|---|---|---|---|---|---|---|---|
| 总经办,财务部,... | 管理人员 | 应发合计 | 660202 | | | 221104 | |
| 采购部 | 采购人员 | 应发合计 | 660102 | | | 221104 | |
| 销售部 | 销售人员 | 应发合计 | 660202 | | | 221104 | |

图8-62 "分摊构成设置"对话框

### 7. 定义计提代扣个人所得税的凭证

（1）点击页面左方的【人力资源】按钮，选择"薪资管理"，点击【业务处理】按钮，执行"工资分摊"的命令，在"工资分摊"界面单击【工资分摊设置】按钮，打开"分摊类型设置"对话框，单击页面上【增加】按钮，打开"分摊计提比例设置"对话框，输入计提类型名称"计提代扣个人所得税"，输入分摊计提比例"100％"，单击页面上的【下一步】按钮，如图8-63所示。

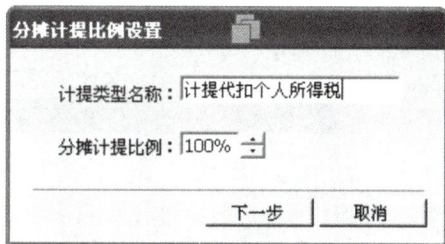

图 8-63 "分摊计提比例设置"对话框

(2)打开"分摊构成设置"对话框,分别选择"人员类别"、所属"部门名称",选择不同人员类别工资项目、借方科目代码、贷方科目代码等。设置完毕后,单击页面上的【完成】按钮,返回"分摊类型设置"窗口,单击页面上的【返回】按钮,返回"工资分摊"窗口,其操作流程如图 8-64 和图 8-65 所示。

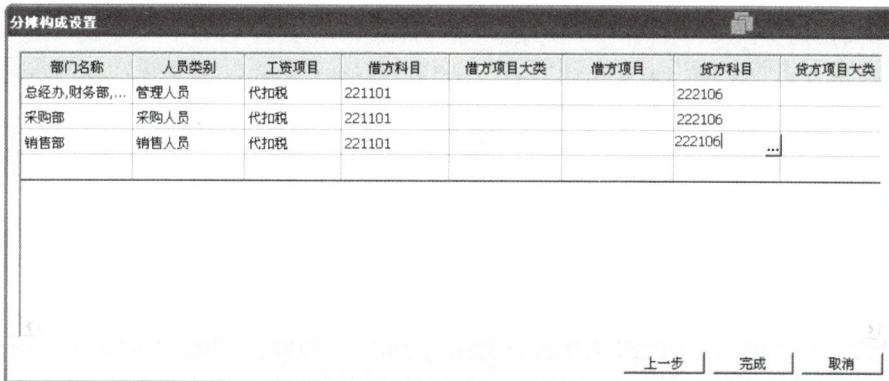

图 8-64 "分摊构成设置"对话框

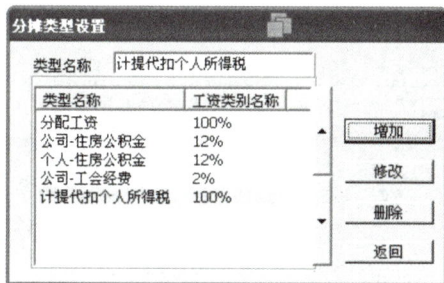

图 8-65 "分摊类型设置"对话框

### 8. 批量生成凭证

(1)在"001 正式员工工资类别"下,执行"业务处理""工资分摊"命令,打开"工资分摊"对话框,单击选中"计提费用类型"下的"分配工资""公司—住房公积金""个人—住房公积金""公司—工会经费""计提代扣个人所得税"前的复选框,选择所有核算部门，单击选中"明细到工资项目"明的复选框，单击选中"按项目核算"前的复选框，单击【确定】按钮，如图8-66所示。

图8-66 "工资分摊"对话框

(2)打开"工资分摊明细"窗口，选择要生成凭证的类型"公司—住房公积金"，单击选中"合并科目相同、辅助项相同的分录"前的复选框；选择要生成凭证的类型"个人—住房公积金"，单击选中"合并科目相同、辅助项相同的分录"前的复选框；选择要生成凭证的类型"公司—工会经费"，单击选中"合并科目相同、辅助项相同的分录"前的复选框；选择要生成凭证的类型"计提代扣个人所得税"，单击选中"合并科目相同、辅助项相同的分录"前的复选框；单击【批制】按钮，依次生成"公司—住房公积金""个人—住房公积金""公司—工会经费""计提代扣个人所得税"的凭证，依次选择凭证类别"转"字，单击【成批保存凭证】按钮，系统弹出"本次生成成功的凭证有[4]张"提示框，单击【确定】按钮，凭证上出现"已生成"标志，单击【退出】按钮，系统自动将当前凭证传递到总账系统，如图8-67至图8-71所示。

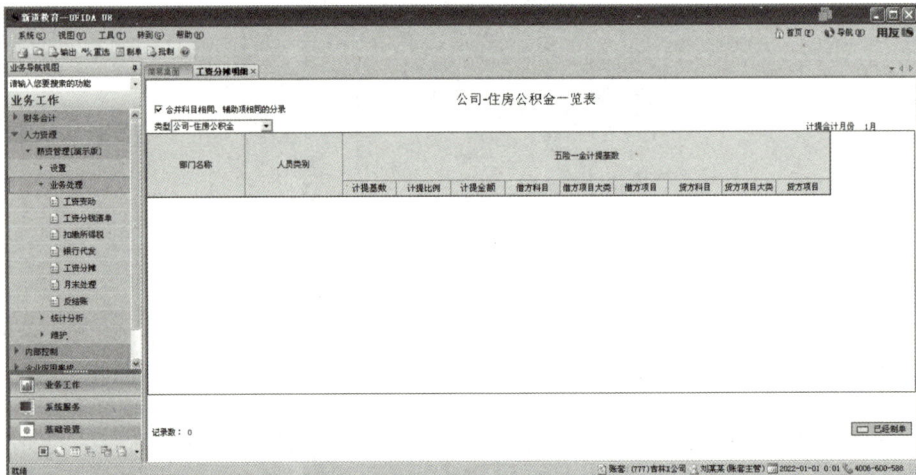

图8-67 公司—住房公积金一览表

图 8-68　个人—住房公积金一览表

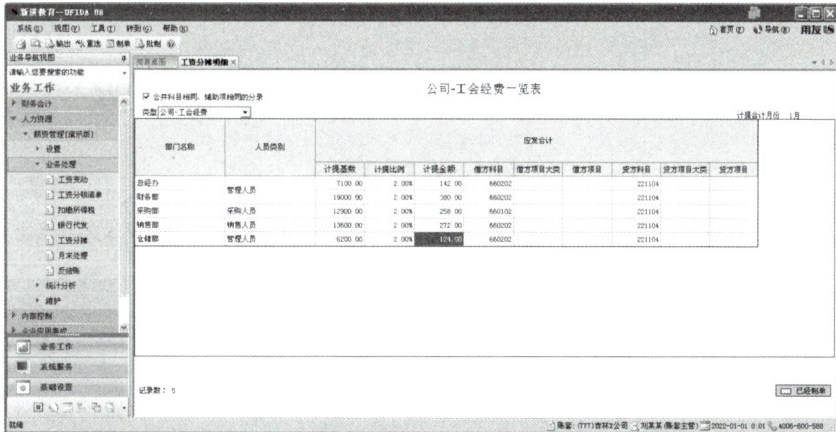

图 8-69　公司—工会经费一览表

图 8-70　计提代扣个人所得税一览表

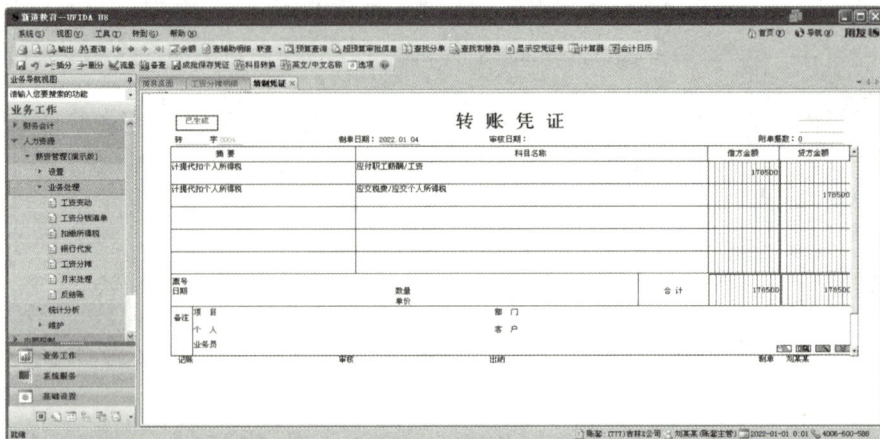

图 8-71　凭证

# 任务三　薪资管理系统期末业务处理

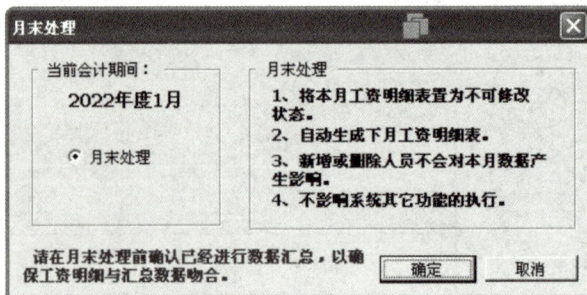

期末薪资管理系统在完成各项工资薪酬的核算业务后的最后一项工作就是结账。通过结账，可以将当月的工资数据经过处理结转到下一个月，并自动生成下月的新的工资明细表。

## 操作指导

(1)点击页面左方的【人力资源】按钮，选择"薪资管理"，点击【业务处理】按钮，执行"月末处理"的命令，系统会自动默认弹出"月末处理"对话框，如图 8-72 所示。

薪资管理系统期末业务处理

图 8-72　"月末处理"对话框

(2)单击页面上的【确定】按钮，系统会自动弹出"月末处理之后，本月工资将不许变动！继续月末处理吗?"提示框，单击页面上的【是】按钮，系统继续弹出"是否选择清零项?"提示框,单击页面上【是】按钮,系统会自动打开"选择清零项目"对话框,其操作流程如图8-73和图8-74所示。

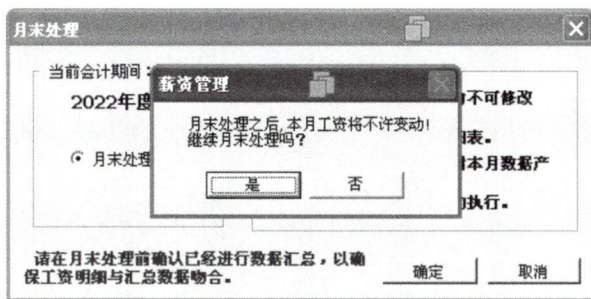

图8-73 "薪资管理"对话框1

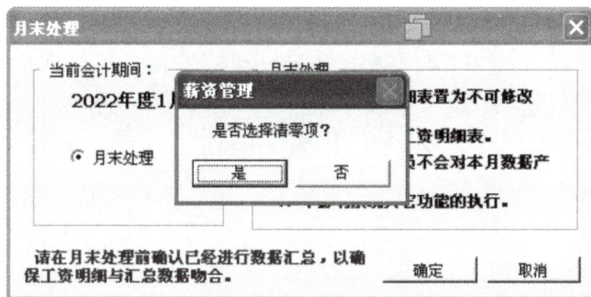

图8-74 "薪资管理"对话框2

(3)按照吉林×公司的背景资料,选择需要清零的项目"缺勤天数""缺勤扣款"及"代扣税"后,单击页面上的【确定】按钮,系统会自动弹出"月末处理完毕!"提示框,其操作流程如图8-75至图8-76所示。

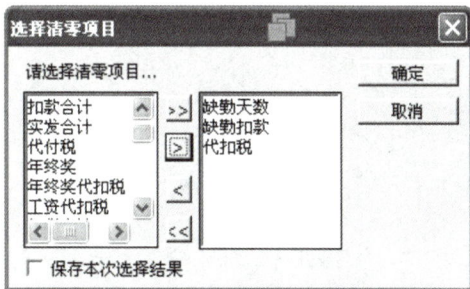

图8-75 "选择清零项目"对话框

图8-76 "月末处理完毕!"提示框

传统企业在经营管理过程中着眼于企业成本控制与收益管理，这种模式已经不适应日益激烈的市场竞争。因此企业应不断调整经营管理模式，转变思想，将管理视野由企业内部逐步向企业外部进行扩展及延伸，实施供应链管理，将采购、生产、库存和销售等环节作为一个整体价值链。ERP－U8供应链管理系统就是将这些模块融合在一个平台中，这些模块在业务上相互关联，企业可以根据自身的业务特点和管理需要，选择单一模块或同时启用多个模块对业务进行专门管理和关联管理。

# 任务一　供应链管理系统初始化

## 一、任务描述与分析

吉林×公司已经成功建立账套，从2022年1月1日起，以账套主管刘某某的身份登录企业应用平台，将计算机系统时间调整为2022年1月31日，将"总账系统"的备份账套数据引入用友ERP－U8系统。

### （一）采购管理与应付款管理

#### 1. 采购管理初始设置

（1）参数设置。

吉林×公司的采购系统需修改的选项参数如表9－1所示，其他选项采用系统默认设置。

表 9-1 吉林×公司采购系统参数设置表

| 系统模块 | 选项标签 | 设置内容 |
|---|---|---|
| 采购管理 | 业务及权限控制 | 普通业务必有订单 |
| | 公共及参照控制 | 单据默认税率13% |

（2）期初采购入库单录入。

2021年12月18日，采购部关某某从 T 股份有限公司采购 005 西柚汁共 700 箱，单价为 42 元/箱，已入果蔬汁库，正常采购，入库类别为采购入库，采购发票未到，款未付。

（3）采购期初记账。

## 2. 应付款管理初始设置

（1）参数设置。

吉林×公司的应付款系统需修改的选项参数如表 9-2 所示，其他选项采用系统默认设置。

表 9-2 吉林×公司应付款系统参数设置表

| 系统模块 | 选项标签 | 设置内容 |
|---|---|---|
| 应付款管理 | 常规 | 单据审核日期依据为"单据日期"，自动计算现金折扣 |
| | 凭证 | 受控科目制单方式为"明细到单据"，采购科目依据为"按存货" |

（2）科目设置。

①吉林×公司基础科目设置，如表 9-3 所示。

表 9-3 吉林×公司基础科目设置

| 设置科目 | 基础科目种类 | 科目 |
|---|---|---|
| 基础科目设置 | 应付科目 | 220211 |
| | 预付科目 | 112301 |
| | 税金科目 | 22210101 |
| | 采购科目 | 1402 |
| | 现金折扣科目 | 6603 |
| | 银行承兑科目 | 220101 |
| | 商业承兑科目 | 220102 |

②吉林×公司控制科目设置，如表 9-4 所示。

212

表9-4 吉林×公司控制科目设置

| 设置科目 | 基础科目种类 | 科目 |
|---|---|---|
| 控制科目设置 | 应付科目 | 220211 |
| | 预付科目 | 112301 |

③吉林×公司产品科目设置，如表9-5所示。

表9-5 吉林×公司产品科目设置

| 存货编码 | 存货名称 | 规格 | 采购科目 | 产品采购税金科目 |
|---|---|---|---|---|
| 010101 | 001 纯牛奶 | 1×10 | 1402 | 22210101 |
| 010102 | 002 纯牛奶 | 1×10 | 1402 | 22210101 |
| 010201 | 003 混合果蔬汁 | 1×15 | 1402 | 22210101 |
| 010202 | 004 橙汁 | 1×24 | 1402 | 22210101 |
| 010203 | 005 西柚汁 | 1×15 | 1402 | 22210101 |
| 010204 | 006 乌龙茶 | 1×15 | 1402 | 22210101 |
| 010205 | 007 乌龙茶 | 1×15 | 1402 | 22210101 |
| 010301 | 008 乳酸菌 | 1×15 | 1402 | 22210101 |
| 010302 | 009 乳酸菌 | 1×32 | 1402 | 22210101 |
| 0902 | 代销手续费 | | 660103 | 22210101 |

④吉林×公司结算方式科目设置，如表9-6所示。

表9-6 吉林×公司结算方式科目设置

| 结算方式 | 币种 | 本单位账号 | 科目 |
|---|---|---|---|
| 现金 | 人民币 | 0001 | 1001 |
| 现金支票 | 人民币 | 0001 | 100201 |
| 转账支票 | 人民币 | 0001 | 100201 |
| 电汇 | 人民币 | 0001 | 100201 |
| 托收承付 | 人民币 | 0001 | 100201 |
| 委托收款 | 人民币 | 0001 | 100201 |
| 其他 | 人民币 | 0001 | 100201 |

（3）期初余额录入。

①应付账款——一般应付款科目的期初余额，如表9-7所示。

表9-7 应付账款——一般应付款(220211)科目的期初余额

| 日期 | 供应商名称 | 摘要 | 方向 | 余额/元 |
|---|---|---|---|---|
| 2021-10-11 | Q乳业集团股份有限公司 | 采购员关某某，购入002纯牛奶500箱，不含税单价60.00元/箱，票号：49202918 | 贷 | 33900.00 |
| 2021-11-07 | 杭州S集团有限公司 | 采购员关某某，购入006乌龙茶550箱，不含税单价55.00元/箱，票号：30295582 | 贷 | 34182.50 |

②预付账款科目的期初余额，如表9-8所示。

表9-8 预付账款(112301)科目的期初余额

| 日期 | 供应商名称 | 摘要 | 方向 | 余额/元 | 结算方式 |
|---|---|---|---|---|---|
| 2021-07-21 | T股份有限公司 | 采购员关某某，购入004橙汁250箱，不含税单价55.00元/箱，票号：2904817 | 贷 | 15537.50 | 电汇 |

### (二)销售管理与应收款管理

#### 1. 销售管理初始设置

吉林×公司的销售系统需修改的选项参数如表9-9所示，其他选项采用系统默认设置。

表9-9 吉林×公司销售系统参数设置表

| 系统模块 | 选项标签 | 设置内容 |
|---|---|---|
| 销售管理 | 业务控制 | 有零售日报业务、委托代销业务、分期收款业务、直运销售业务，普通销售必有订单、分期收款必有订单、委托代销必有订单；取消销售生成出库单 |
| | 其他控制 | 新增退货单默认参照发货，新增发票默认参照订单 |

#### 2. 应收款管理初始设置

（1）参数设置。

吉林×公司的应收款系统需修改的选项参数如表9-10所示，其他选项采用系统默认设置。

表 9 - 10　吉林×公司应收款系统参数设置表

| 系统模块 | 选项标签 | 设置内容 |
|---|---|---|
| 应收款管理 | 常规 | 单据审核日期依据为"单据日期"，自动计算现金折扣，坏账处理方式为应收账款余额百分比法 |
| | 凭证 | 受控科目制单方式为"明细到单据"，销售科目依据为"按存货" |

（2）科目设置。

①吉林×公司基础科目设置，如表 9 - 11 所示。

表 9 - 11　吉林×公司基础科目设置

| 设置科目 | 基础科目种类 | 科目 |
|---|---|---|
| 基础科目设置 | 应收科目 | 112201 |
| | 预收科目 | 220301 |
| | 税金科目 | 22210106 |
| | 销售收入科目 | 6001 |
| | 销售退回科目 | 6001 |
| | 现金折扣科目 | 6603 |
| | 坏账入账科目 | 1231 |
| | 银行承兑科目 | 112101 |
| | 商业承兑科目 | 112102 |
| | 销售定金科目 | 220303 |

②吉林×公司控制科目设置，如表 9 - 12 所示。

表 9 - 12　吉林×公司控制科目设置

| 设置科目 | 基础科目种类 | 科目 |
|---|---|---|
| 控制科目设置 | 应收科目 | 112201 |
| | 预收科目 | 220301 |

③吉林×公司产品科目设置，如表 9 - 13 所示。

表 9 - 13　吉林×公司产品科目设置

| 存货编码 | 存货名称 | 规格 | 销售收入科目 | 应交增值税科目 | 销售退回科目 |
|---|---|---|---|---|---|
| 010101 | 001 纯牛奶 | 1×10 | 600101 | 22210106 | 600101 |
| 010102 | 002 纯牛奶 | 1×10 | 600102 | 22210106 | 600102 |
| 010201 | 003 混合果蔬汁 | 1×15 | 600103 | 22210106 | 600103 |

续表

| 存货编码 | 存货名称 | 规格 | 销售收入科目 | 应交增值税科目 | 销售退回科目 |
|---|---|---|---|---|---|
| 010202 | 004 橙汁 | 1×24 | 600104 | 22210106 | 600104 |
| 010203 | 005 西柚汁 | 1×15 | 600105 | 22210106 | 600105 |
| 010204 | 006 乌龙茶 | 1×15 | 600106 | 22210106 | 600106 |
| 010205 | 007 乌龙茶 | 1×15 | 600107 | 22210106 | 600107 |
| 010301 | 008 乳酸菌 | 1×15 | 600108 | 22210106 | 600108 |
| 010302 | 009 乳酸菌 | 1×32 | 600109 | 22210106 | 600109 |
| 0901 | 运输费 |  | 6051 | 22210106 | 6051 |
| 0902 | 代销手续费 |  | 6051 | 22210106 | 6051 |

④吉林×公司结算方式科目设置，如表 9-14 所示。

表 9-14　吉林×公司结算方式科目设置

| 结算方式 | 币种 | 本单位账号 | 科目 |
|---|---|---|---|
| 现金 | 人民币 | 0001 | 1001 |
| 现金支票 | 人民币 | 0001 | 100201 |
| 转账支票 | 人民币 | 0001 | 100201 |
| 电汇 | 人民币 | 0001 | 100201 |
| 托收承付 | 人民币 | 0001 | 100201 |
| 委托收款 | 人民币 | 0001 | 100201 |
| 其他 | 人民币 | 0001 | 100201 |

⑤坏账准备设置：提取比例为 0.5%，坏账准备期初余额为 2000 元，坏账准备科目为 1231，对方科目为 6701。

(3)期初余额录入。

①应收账款科目的期初余额，如表 9-15 所示。

表 9-15　应收账款(112201)科目的期初余额

| 日期 | 客户名称 | 摘要 | 方向 | 余额/元 |
|---|---|---|---|---|
| 2021-08-11 | 长春 A 集团股份有限公司 | 销售部于某某，销售 001 纯牛奶共 500 箱，不含税单价为 70 元/箱，票号：88103478 | 借 | 39550.00 |
| 2021-09-27 | B 购物广场 | 销售部于某某，销售 003 混合果蔬汁共 400 箱，不含税单价为 65 元/箱，票号：82277890 | 借 | 29380.00 |

②预收账款科目的期初余额，如表9-16所示。

表9-16 预收账款(220301)科目的期初余额

| 日期 | 客户名称 | 摘要 | 方向 | 余额/元 | 结算方式 |
|---|---|---|---|---|---|
| 2021-11-21 | C超市 | 销售部于某某，009乳酸菌共260箱，含税单价为40元/箱，票号：22299018 | 借 | 11752.00 | 电汇 |

③应收票据(112101)期初余额，如表9-17所示。

表9-17 应收票据(112101)期初余额

| 日期 | 客户名称 | 摘要 | 方向 | 余额/元 | 结算方式 |
|---|---|---|---|---|---|
| 2021-07-21 | D商贸公司 | 销售部周某某，销售008乳酸菌共300箱，含税单价50元/箱，票号：32044175 | 借 | 16950.00 | 电汇 |

### (三)库存管理与存货核算

#### 1. 库存管理初始设置

(1)库存选项设置。

吉林×公司的库存系统需修改的选项参数如表9-18所示，其他选项采用系统默认设置。

表9-18 吉林×公司的库存系统选项参数

| 系统模块 | 选项标签 | 设置内容 |
|---|---|---|
| 库存管理 | 通用设置 | 有受托代销业务、委托代销业务，采购入库审核时改现存量，销售出库审核时改现存量，其他出入库审核时改现存量 |

(2)库存期初数据设置，如表9-19所示。

表9-19 库存期初数据设置

| 分类编码 | 所属类别 | 存货编码 | 存货名称 | 税率 | 规格 | 数量/箱 | 单价/元 | 金额/元 |
|---|---|---|---|---|---|---|---|---|
| 0101 | 乳制品 | 010101 | 001 纯牛奶 | 13% | 1×10 | 500 | 65 | 32500 |
| 0102 | 果蔬汁 | 010201 | 003 混合果蔬汁 | 13% | 1×15 | 650 | 50 | 32500 |
| | | 010202 | 004 橙汁 | 13% | 1×24 | 300 | 65 | 19500 |
| | | 010203 | 005 西柚汁 | 13% | 1×15 | 400 | 48.75 | 19500 |
| | | 010205 | 006 乌龙茶 | 13% | 1×15 | 400 | 51 | 20400 |
| 0103 | 乳酸菌 | 010302 | 009 乳酸菌 | 13% | 1×32 | 300 | 70 | 21000 |
| 合计 | | | | | | | | 145400 |

### 2. 存货核算初始设置

(1)存货核算参数设置如表9-20所示。

表9-20　存货核算参数设置

| 系统模块 | 选项标签 | 设置内容 |
|---|---|---|
| 存货核算 | 核算方式 | 核算方式按仓库核算，暂估方式为单到回冲，销售成本核算方式为销售发票，委托代销按发出商品核算 |

(2)期初数据录入。

从库存管理系统取数。

(3)科目设置。

①设置存货科目(见表9-21)。

表9-21　吉林×公司存货科目

| 仓库名称 | 存货编码 | 存货名称 | 存货科目 | 委托代销发出商品科目 | 直运科目 |
|---|---|---|---|---|---|
| 乳制品库 | 010101 | 001 纯牛奶 | 140501 | 1406 | 1402 |
| | 010102 | 002 纯牛奶 | 140502 | 1406 | 1402 |
| 果蔬汁库 | 010201 | 003 混合果蔬汁 | 140503 | 1406 | 1402 |
| | 010202 | 004 橙汁 | 140504 | 1406 | 1402 |
| | 010203 | 005 西柚汁 | 140505 | 1406 | 1402 |
| | 010204 | 006 乌龙茶 | 140506 | 1406 | 1402 |
| | 010205 | 007 运动饮料 | 140507 | 1406 | 1402 |
| 乳酸菌库 | 010301 | 008 乳酸菌 | 140508 | 1406 | 1402 |
| | 010302 | 009 乳酸菌 | 140509 | 1406 | 1402 |
| 受托代销库 | | | 1321 | | |

②设置存货对方科目。

采购入库的对方科目为"1402 在途物资"，暂估科目为"220212 应付账款—暂估应付款"；

采购退货的对方科目为"1402 在途物资"；

盘盈入库的对方科目为"1901 待处理财产损溢"；

受托代销入库的对方科目、暂估科目均为"2314 受托代销商品款"；

销售出库、销售退货、委托代销出库的对方科目均为"6401 主营业务成本"；

盘亏出库的对方科目为"1901 待处理财产损溢"。

赠品出库的对方科目为"660104 赠品费用"。

(4)存货期初记账。

## 二、任务实施

### (一)采购管理与应付款管理

#### 1. 设置采购参数

(1)点击【业务工作】按钮，选择"供应链"，点击【采购管理】按钮，将"设置"打开，执行"采购选项"的命令，系统会自动默认弹出"采购系统选项设置—请按照贵单位的业务认真设置"对话框，如图9-1所示。

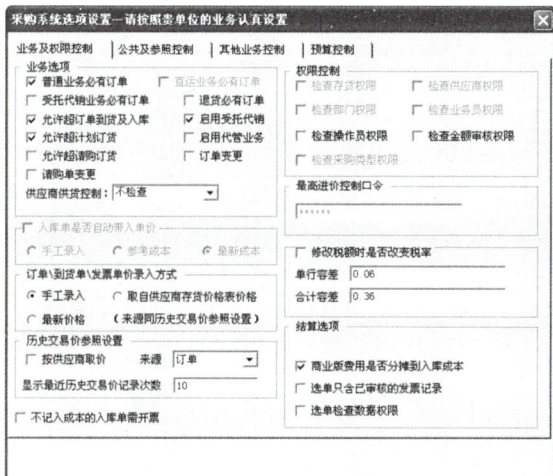

图9-1 "采购系统选项设置—请按照贵单位的业务认真设置"对话框1　　设置采购参数

(2)在系统自动默认打开的"业务及权限控制"选项卡中，按照吉林×公司的背景资料，对本单位需要的参数进行选择后，选择"公共及参照控制"选项卡，在"单据默认税率"中输入13，单击页面上的【确定】按钮，保存系统参数的设置，如图9-2所示。

图9-2 "采购系统选项设置—请按照贵单位的业务认真设置"对话框2

### 2. 录入期初采购入库单

(1)点击页面左下方的【业务工作】按钮，选择"供应链"，点击【采购管理】按钮，将"采购入库"打开，执行"采购入库单"的命令，系统会默认打开"期初采购入库单"窗口。

(2)单击【增加】按钮，"入库日期"为"2021-12-18"，"仓库"选择"果蔬汁库"，"供货单位"为"T"，"业务员"选择"关某某"，"存货编码"选择"010203"，"存货名称"为"005 西柚汁"，"数量"为"700"，"本币单价"为"42"，单击【保存】按钮，保存期初采购入库单信息，如图9-3所示。

录入期初采购入库单

图 9-3 "期初采购入库单"对话框

### 3. 采购期初记账

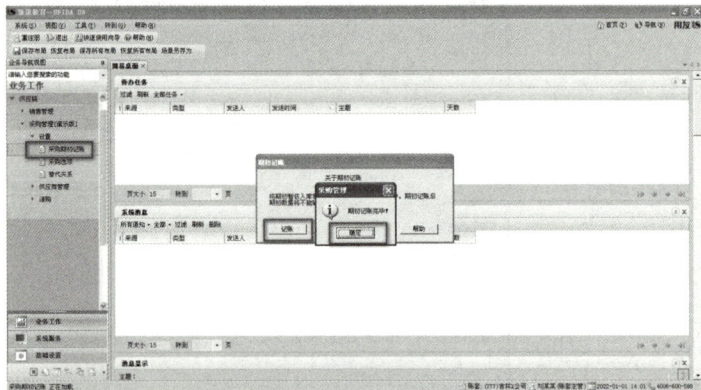

点击页面左下方的【业务工作】按钮，选择"供应链"，点击【采购管理】按钮，将"设置"打开，执行"采购期初记账"的命令，系统会默认打开"期初记账"窗口。单击页面上的【记账】按钮，此时系统会自动弹出"期初记账完毕！"信息提示框。单击页面上【确定】按钮，完成采购管理系统期初记账，如图9-4所示。

采购期初记账

图 9-4 "期初记账"对话框

### 4. 设置应付款参数

（1）点击页面左下方的【业务工作】按钮，选择"财务会计"，点击【应付款管理】按钮，将"设置"打开，执行"选项"的命令，系统会默认打开"账套参数设置"窗口。

（2）在系统默认打开的"常规"选项卡中，单击页面下方的"编辑"按钮，使所有参数处于可修改状态，如图9-5所示。

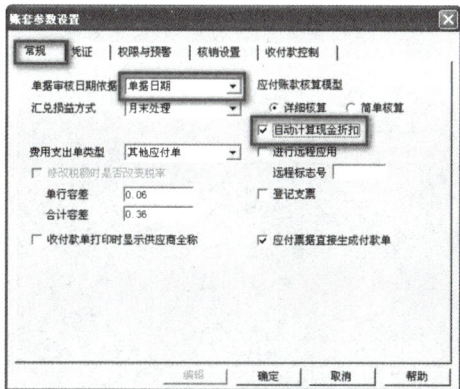

图9-5 "账套参数设置"对话框

（3）打开"常规"选项卡，"单据审核日期依据"选择"单据日期"，选中"自动计算现金折扣"，如图9-6所示。

图9-6 "常规"选项卡

设置应付款参数

（4）打开"凭证"选项卡，"受控科目制单方式"选择"明细到单据"，"采购科目依据"选择"按存货"，如图9-7所示。

图9-7 "凭证"选项卡

（5）单击"确定"按钮，保存应付款管理系统参数的设置。

### 5. 设置应付款科目

设置应付款科目

（1）点击页面左下方的【业务工作】按钮，选择"财务会计"，点击【应付款管理】按钮，执行"初始设置"的命令，系统会默认打开"初始设置"窗口。按照吉林×公司的背景资料，选中"设置科目"中的"基本科目设置"，点击页面左上角的【增加】按钮，根据要求对应付款管理系统的基本科目进行设置，其系统操作流程如图9-8所示。

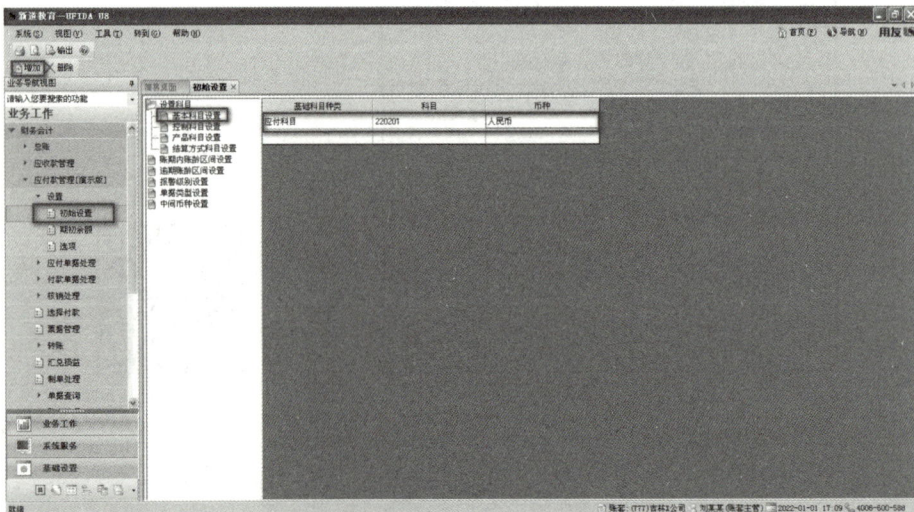

图9-8 "基本科目设置"对话框

（2）点击页面左下方的【业务工作】按钮，选择"财务会计"，点击【应付款管理［演示版］】按钮，点击"设置"，执行"初始设置"的命令，系统会默认打开"初始设置"窗口。按照吉林×公司的背景资料，选中"设置科目"中的"控制科目设置"，根据要求对应付款管理系统的控制科目进行设置，如图 9-9 所示。

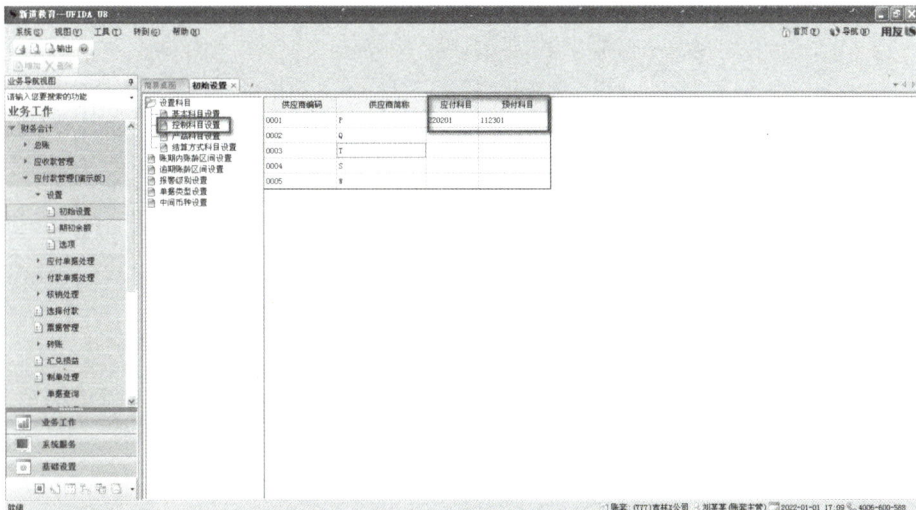

图 9-9　"控制科目设置"对话框

（3）点击页面左下方的【业务工作】按钮，选择"财务会计"，点击【应付款管理】按钮，点击【设置】，执行"初始设置"的命令，系统会默认打开"初始设置"窗口。按照吉林×公司的背景资料，选中"设置科目"中的"产品科目设置"，根据要求对应付款管理系统的产品科目进行设置，如图 9-10 所示。

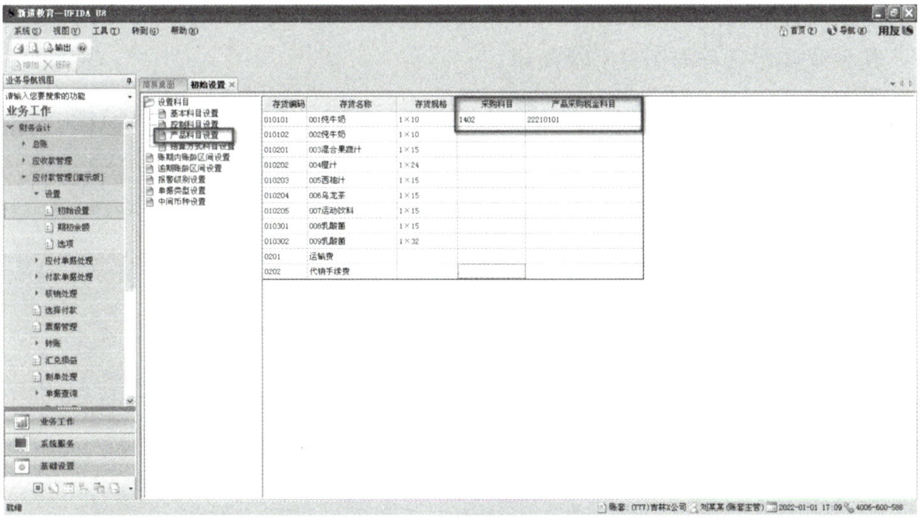

图 9-10　"产品科目设置"对话框

(4)点击页面左下方的【业务工作】按钮，选择"财务会计"，点击【应付款管理】按钮，点击【设置】，执行"初始设置"的命令，系统会默认打开"初始设置"窗口。按照吉林×公司的背景资料，选中"设置科目"中的"结算方式科目设置"，根据要求对应付款管理系统的结算进行设置，如图9-11所示。

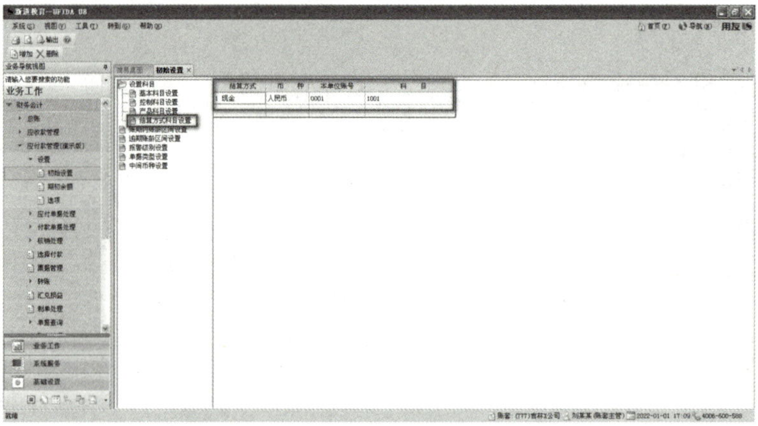

**图9-11 "结算方式科目设置"对话框**

### 6. 设置应付款期初余额

设置应付款期初余额

(1)点击页面左下方的【业务工作】按钮，选择"财务会计"，点击【应付款管理［演示版］】按钮，点击【设置】，执行"期初余额"的命令，系统会默认打开"期初余额—查询"窗口，单击页面上的【确定】按钮，系统会自动默认打开"期初余额"窗口，单击页面上的【增加】按钮，打开"单据类别"对话框，按照吉林×公司的背景资料，"单据名称"选择"采购发票"，"单据类型"选择"采购专用发票"，"方向"选择"正向"，其系统操作流程如图9-12所示。

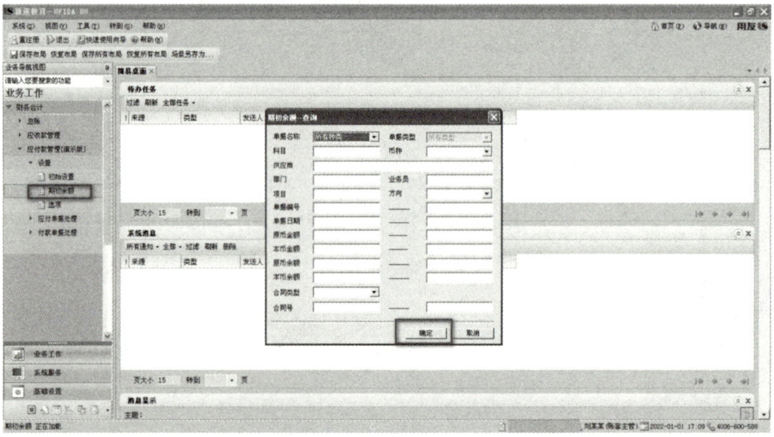

**图9-12(a) 期初余额对话框**

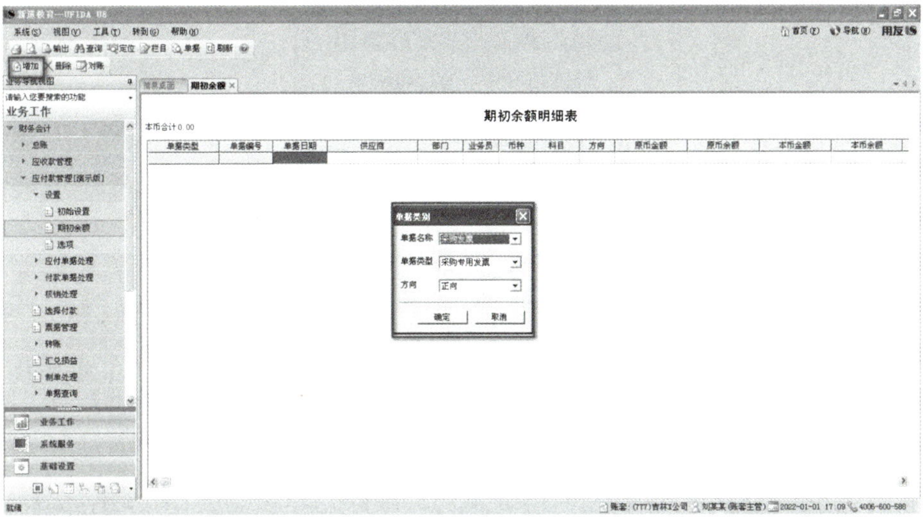

图 9-12(b) 期初余额对话框

(2)单击【确定】按钮，打开"采购专用发票"窗口，录入期初"应付账款——一般应付款"的信息，单击【保存】按钮，如图 9-13 所示，依次录入第二张采购专用发票，单击【保存】按钮。

图 9-13 "采购专用发票"对话框

(3)单击【增加】按钮，打开"单据类别"窗口，"单据名称"选择"预付款"，"单据类型"选择"付款单"，"方向"选择"正向"，如图 9-14 所示。

图 9-14 "单据类别"对话框

（4）单击【确定】按钮，打开"付款单"窗口，录入期初"预付账款"的信息，单击【保存】按钮，如图 9-15 所示。

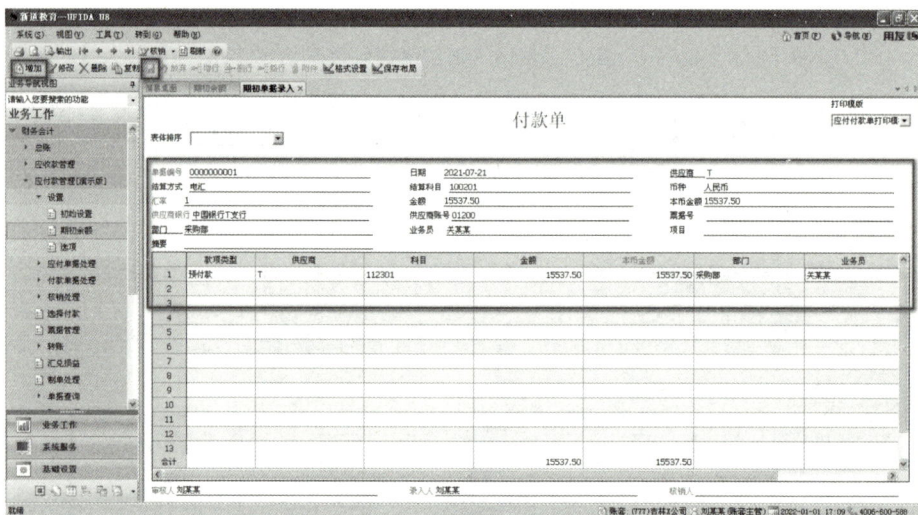

图 9-15 "付款单"对话框

### (二)销售管理与应收款管理

#### 1. 销售管理初始设置

（1）点击页面左下方的【业务工作】按钮，选择"供应链"，点击【销售管理】按钮，点击【设置】，执行"销售选项"的命令，系统会默认打开"销售选项"对话框。

（2）打开"业务控制"选项卡，按资料要求修改，如图 9-16 所示。

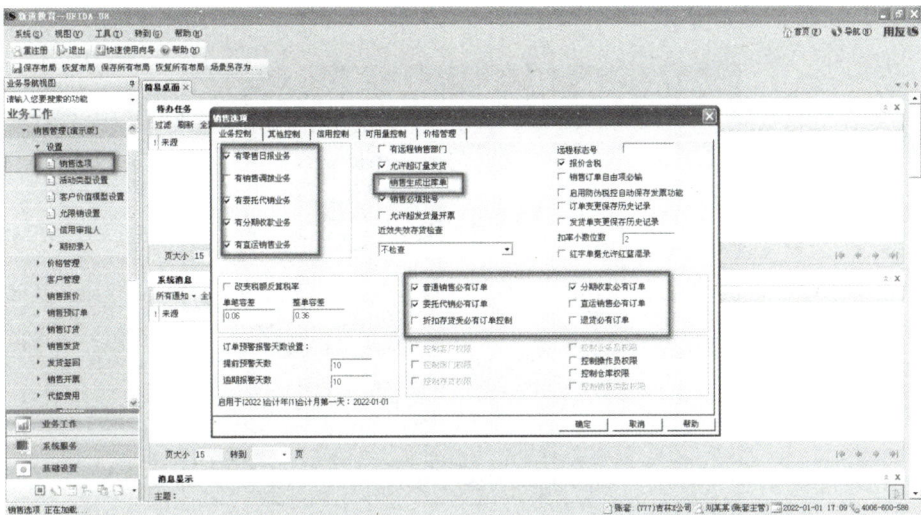

图 9-16 "业务控制"对话框

（3）打开"其他控制"选项卡，"新增发票默认"选择"参照订单"，其他的选项按照默认设置，如图 9-17 所示。

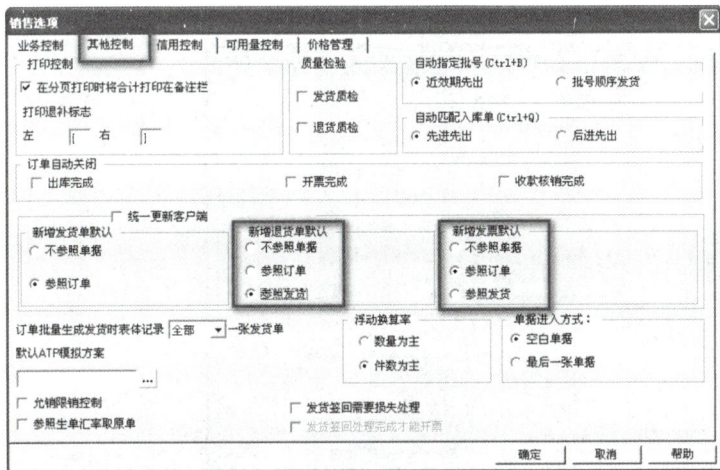

图 9-17 "其他控制"对话框

销售管理初始设置

（4）单击【确定】按钮。

### 2. 设置应收款选项

（1）点击页面左下方的【业务工作】按钮，选择"财务会计"，点击【应收款管理】按钮，点击【设置】，执行"选项"的命令，系统会默认打开"账套参数设置"对话框。

（2）打开"常规"选项卡，单击页面下方的【编辑】按钮，使所有参数处于可修改状态。根据要求对应付款管理系统的产品科目进

设置应收款选项

行设置，如图 9-18 所示。

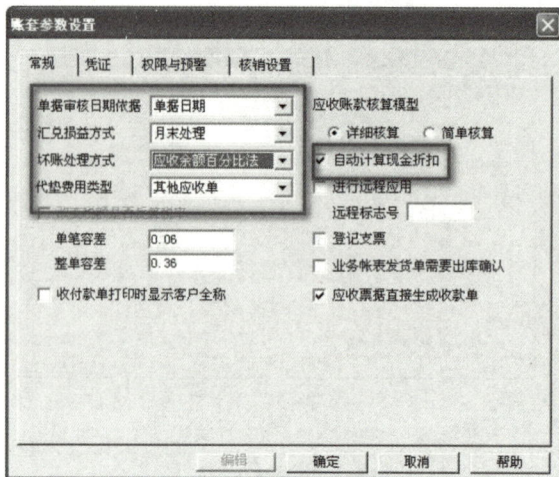

图 9-18 "常规"选项卡

（3）打开"凭证"选项卡，"受控科目制单方式"选择"明细到单据"，"销售科目依据"选择"按存货"，如图 9-19 所示。

图 9-19 "凭证"选项卡

（4）单击【确定】按钮。

### 3. 设置应收款科目

（1）点击页面左下方的【业务工作】按钮，选择"财务会计"，点击【应收款管理［演示框］】按钮，点击【设置】，执行"初始设置"的命令，系统会默认打开"初始设置"对话框。按照吉林×公司的背景资料，选中"设置科目"中的"基本科目设置"，点击页面左上角

设置应收款科目

的【增加】按钮，应收款管理系统的基本科目进行设置，如图 9-20 所示。

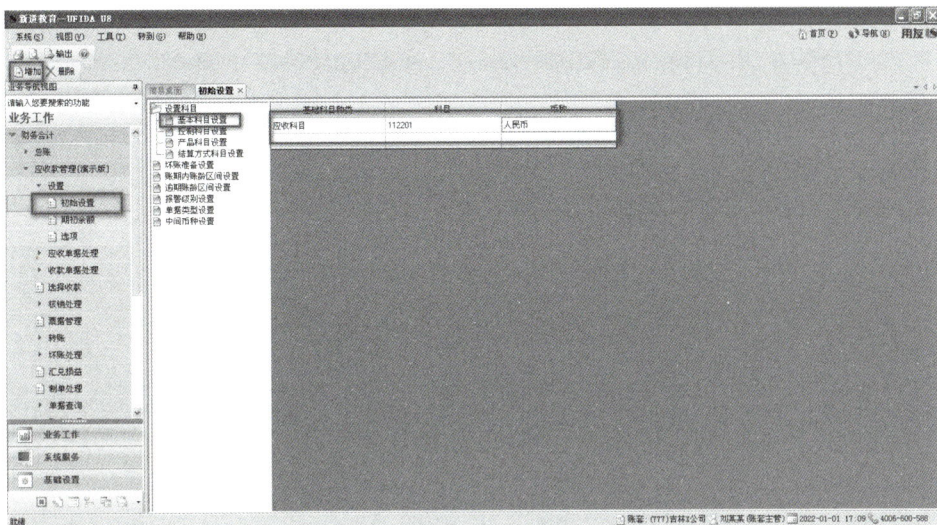

图 9-20 "基本科目设置"对话框

(2)点击页面左下方的【业务工作】按钮，选择"财务会计"，点击【应收款管理[演示框]】按钮，点击【设置】，执行"初始设置"的命令，系统会默认打开"初始设置"对话框。按照吉林×公司的背景资料，选中"设置科目"中的"控制科目设置"，根据要求对应收款管理系统的控制科目进行设置，如图 9-21 所示。

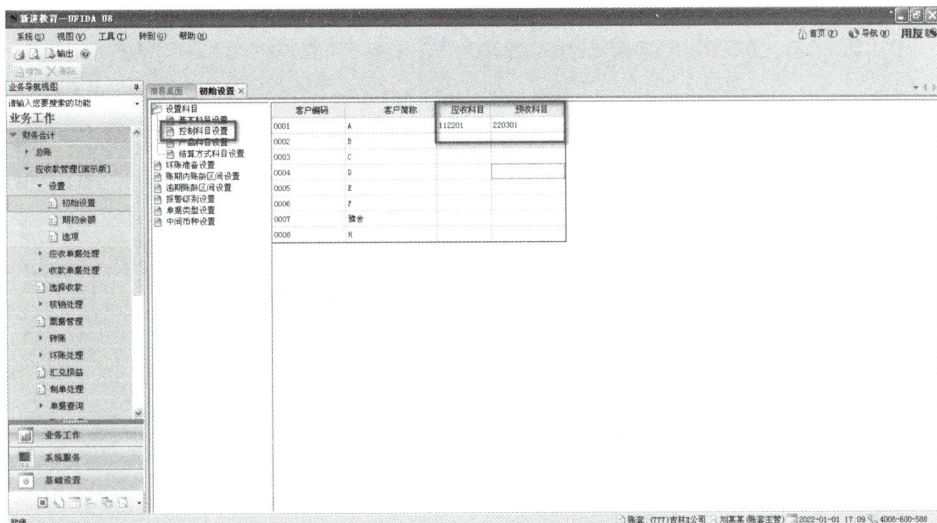

图 9-21 "控制科目设置"对话框

(3)点击页面左下方的【业务工作】按钮，选择"财务会计"，点击【应收款管理[演示框]】按钮，点击【设置】，执行"初始设置"的命令，系统会默认打开"初始设置"对话框。按照吉林×公司的背景资料，选中"设置科目"中的"产品科目设置"，根据要求对应收款管理系统的产品科目进行设置，如图9-22所示。

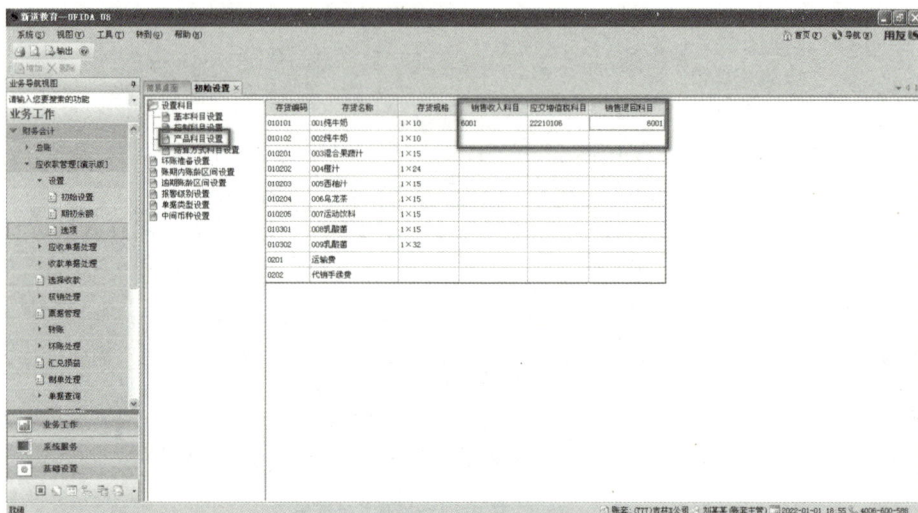

图9-22 "产品科目设置"对话框

（4）点击页面左下方的【业务工作】按钮，选择"财务会计"，点击【应收款管理［演示框］】按钮，点击【设置】，执行"初始设置"的命令，系统会默认打开"初始设置"对话框。按照吉林×公司的背景资料，选中"设置科目"中的"结算方式科目设置"，根据要求对应收款管理系统的结算方式科目进行设置，如图9-23所示。

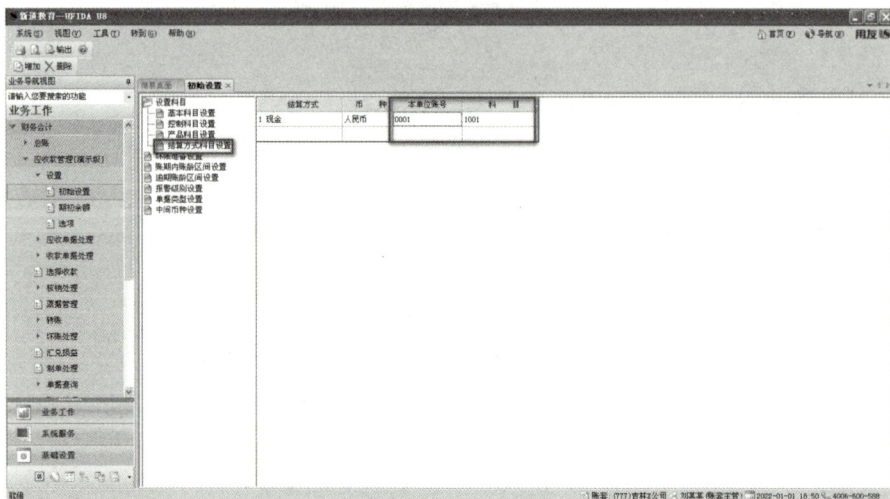

图9-23 "结算方式科目设置"对话框

（5）点击页面左下方的【业务工作】按钮，选择"财务会计"，点击【应收款管理［演示框］】按钮，点击【设置】，执行"初始设置"的命令，系统会默认打开"初始设置"对话框。按照吉林×公司的背景资料，单击【坏账准备设置】，分别录入"提取比率""坏账准备期初余额""坏账准备科目""对方科目"的信息，单击页面下方的【确定】按钮，如图9-24所示。

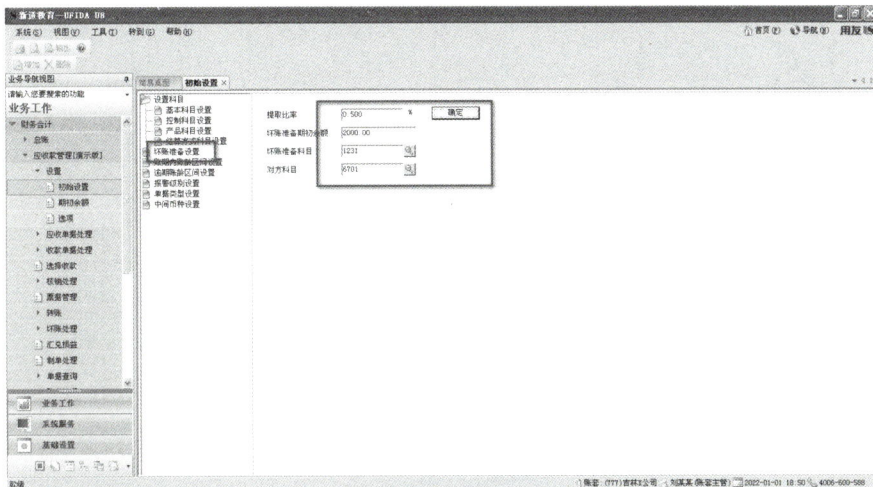

图9-24 "坏账准备设置"对话框

### 4. 录入应收款期初余额

（1）点击页面左下方的【业务工作】按钮，选择"财务会计"，点击【应收款管理[演示框]】按钮，点击【设置】，执行"期初余额"的命令，系统会默认打开"期初余额—查询"对话框。按照吉林×公司的背景资料，单击工具栏上的【增加】按钮，系统会自动打开"单据类别"对话框，"单据名称"选择"销售发票"，"单据类型"选择"销售专用发票"，"方向"选择"正向"。单击【确定】按钮，打开"销售专用发票"窗口，录入期初"应收账款—人民币"的信息，单击【保存】按钮，如图9-25所示。依次录入第二张销售专用发票，单击【保存】按钮。

图9-25 "销售专用发票"对话框

录入应收款期初余额

(2)单击【增加】按钮，打开"单据类别"对话框，"单据名称"选择"预收款"，"单据类型"选择"收款单"，"方向"选择"正向"，单击【确定】按钮，打开"收款单"窗口，录入期初"预收账款—人民币"的信息，单击【保存】按钮，如图9－26所示。

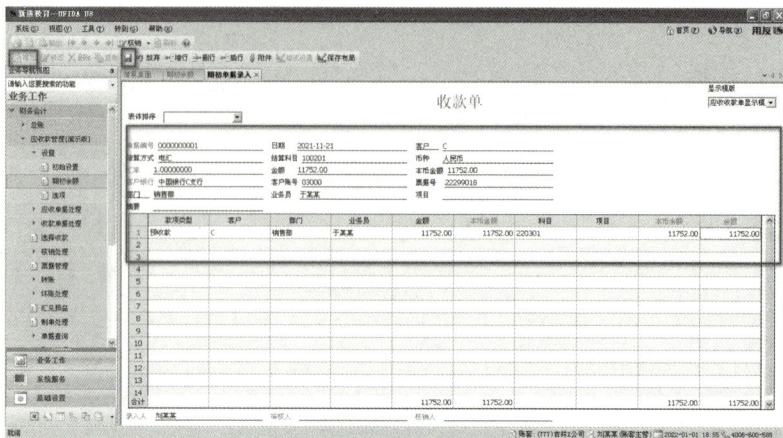

图9－26 "收款单"对话框

(3)单击页面左上角的【增加】按钮，系统会打开"单据类别"对话框，"单据名称"选择"应收票据"，"单据类型"选择"银行承兑汇票"，"方向"选择"正向"，单击【确定】按钮，打开"期初票据"窗口，录入期初"应收票据—银行承兑汇票"的信息，单击【保存】按钮，如图9－27所示。

图9－27 "期初票据"对话框

## (三)库存管理与存货核算

### 1. 设置库存选项

(1)点击页面左下方的【业务工作】按钮，选择"供应链"，点击【库存管理[演示版]】按钮，点击【初始设置】，执行"选项"的命令，系统会默认打开"库存选项设置"对话框。

（2）在"通用设置"选项卡中，按照吉林×公司的背景资料，对应收款管理系统的产品科目进行设置，如图9-28所示。

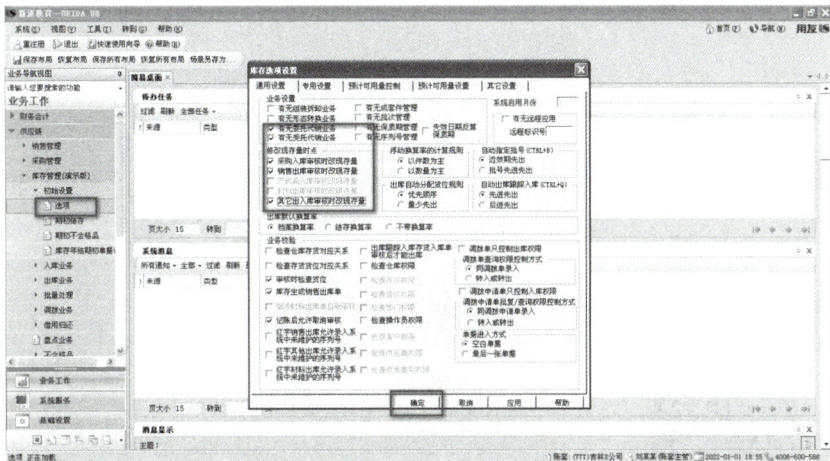

图9-28 "通用设置"选项卡

（3）单击"确定"按钮。

### 2. 设置库存期初数据

（1）点击页面左下方的【业务工作】按钮，选择"供应链"，点击【库存管理〔演示版〕】按钮，点击【初始设置】，执行"期初结存"的命令，系统会默认打开"库存期初数据录入"对话框。

（2）在"库存期初"窗口中将仓库选择为"乳制品库"，点击【修改】按钮，根据要求录入乳制品库期初余额，并保存，单击【批审】按钮，如图9-29所示。

图9-29 "库存期初"对话框

设置库存期初数据

（3）依次输入"果蔬汁库""乳酸菌库"，并保存，单击【批审】按钮。

### 3. 设置存货核算参数

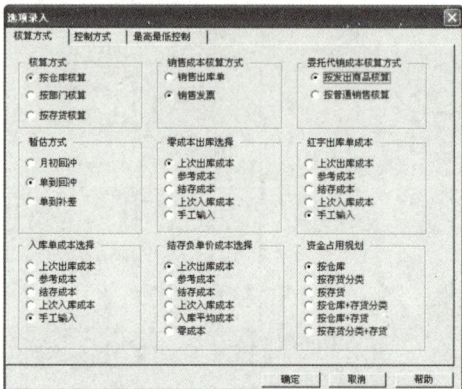

(1)点击页面左下方的【业务工作】按钮，选择"供应链"，点击【存货核算】按钮，点击【选项】，执行"选项录入"的命令，系统会默认打开"选项录入"对话框，如图9-30所示。

设置存货核算参数

图9-30 "选项录入"对话框

(2)单击"确定"按钮。

### 4. 录入存货期初数据

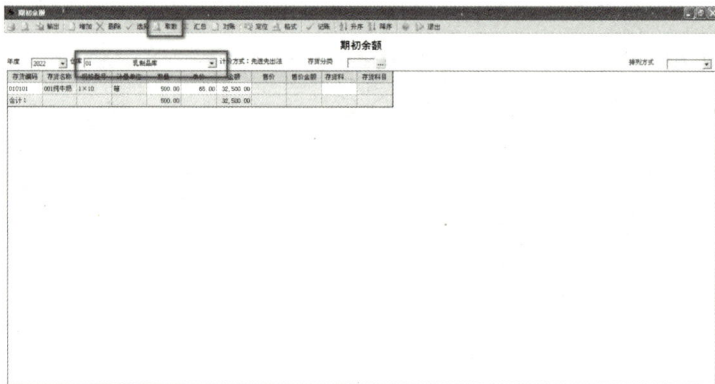

(1)点击页面左下方的【业务工作】按钮，选择"供应链"，点击【存货核算】按钮，点击【初始设置】，执行"期初数据"的命令，系统会默认打开"期初余额"对话框。仓库选择"乳制品库"，单击页面工具栏上的【取数】按钮，系统自动从库存管理系统取出该仓库的存货信息，如图9-31所示。

录入存货期初数据

图9-31 存货核算—乳制品库"期初余额"对话框

(2)根据上一步，分别选择"果蔬汁库""乳酸菌库"，单击页面工具栏上的【取数】按钮，系统自动从库存管理系统取出该仓库的存货信息。

（3）单击页面工具栏上的【对账】按钮，将所有的仓库都选中，系统自动对存货核算与库存管理系统的存货数据进行核对，此时系统会自动弹出对话框"对账成功！"，如图9-32所示。

（4）单击【确定】按钮。

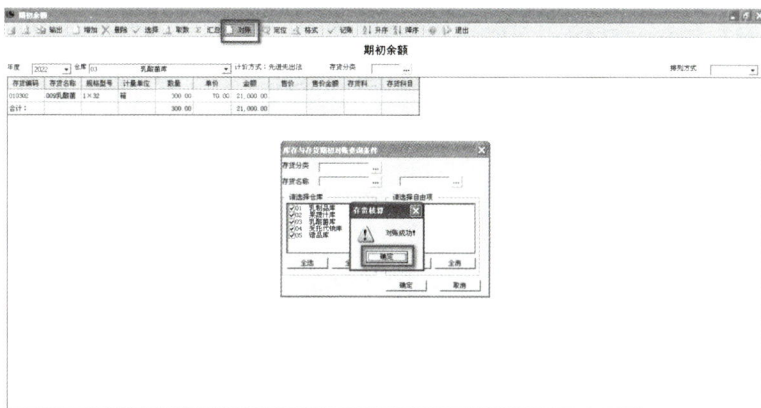

图9-32 "库存与存货对账查询条件"对话框

### 5. 设置存货科目

（1）点击页面左下方的【业务工作】按钮，选择"供应链"，点击【存货核算】按钮，点击【科目设置】，执行"存货科目"的命令，系统会默认打开"存货科目"对话框。单击【增加】按钮，选择"01"仓库，选择"存货编码"，根据不同的存货编码，设置对应的存货科目，"委托代销发出商品科目"选择为"1406发出商品""直运科目"选择为"1402在途物资"，依次设置其他仓库存货科目，单击【保存】按钮，其系统操作流程如图9-33所示。

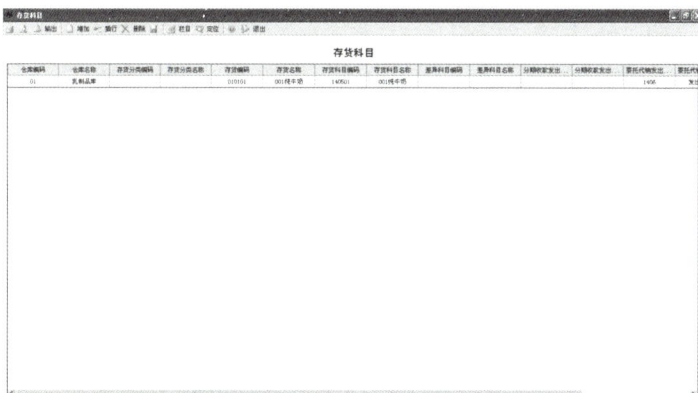

图9-33 "存货科目"对话框

设置存货科目

（2）点击页面左下方的【业务工作】按钮，选择"供应链"，点击【存货核算】按钮，点击【科目设置】，执行"对方科目"的命令，系统会默认打开"对方科目"对话框。打开"对方科目"窗口，单击【增加】按钮，"收发类别编码选择""101"，"对方科目编码"选择"1402"，"暂估科目"选择为"220202 应付账款—暂估应付款"，依次设置其他收发类别的对方科目，单击【保存】按钮，如图 9-34 所示。

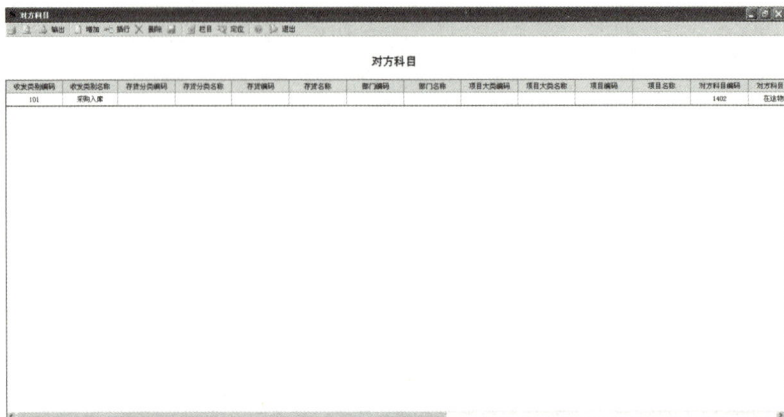

图 9-34 "对方科目"对话框

### 6. 存货期初记账

点击页面左下方的【业务工作】按钮，选择"供应链"，点击【存货核算】按钮，点击【期初数据】，执行"期初余额"的命令，系统会默认打开"期初余额"对话框。单击页面上的【记账】按钮，系统会自动弹出"期初记账成功！"信息提示框，单击【确定】按钮，完成期初记账工作，如图 9-35 所示。

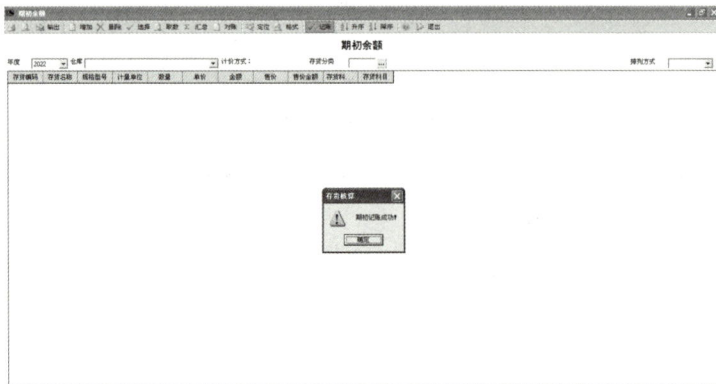

存货期初记账

图 9-35 "期初记账成功！"信息提示框

# 任务二 采购管理系统业务处理

## 一、任务描述与分析

吉林×公司已经完成"供应链初始设置"的操作。将计算机系统时间调整为 2022 年 1 月 31 日，将"供应链初始设置"的备份账套数据引入用友 ERP - U8 系统。

## 二、相关知识

采购管理系统日常业务包括普通采购、现付采购、预付部分货款、采购退货、暂估入库、提供赠品等。

采购管理系统既可以单独使用，也可以与用友 ERP - U8 管理系统的库存管理、存货核算、销售管理、应付款管理等系统集成使用，采购管理系统与其他管理系统的主要关系，如图 9 - 36 所示。

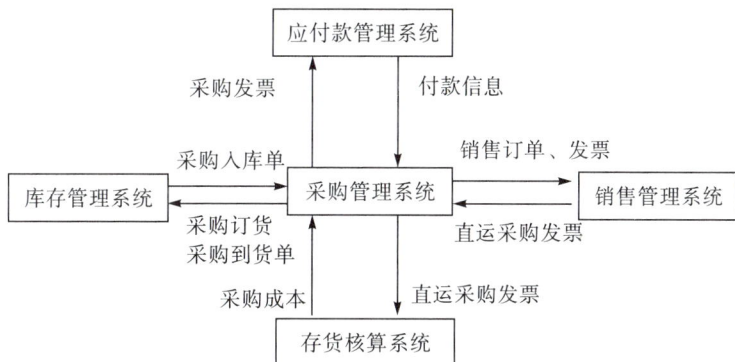

图 9 - 36 采购管理系统与其他管理系统的主要关系

## 三、任务实施

根据本月发生的经济业务进行相关单据的处理，并进行会计核算。

### 一)普通采购管理系统业务处理

普通采购业务是企业经营中普遍发生的采购业务类型。以下根据业务处理流程的不同，着重介绍普通采购业务中赊账采购、现付采购和预付部分货款的处理方法。

### (一)赊账采购

赊账采购是指采购的货物已到，但货款未付，业务处理流程如图 9 - 37 所示。

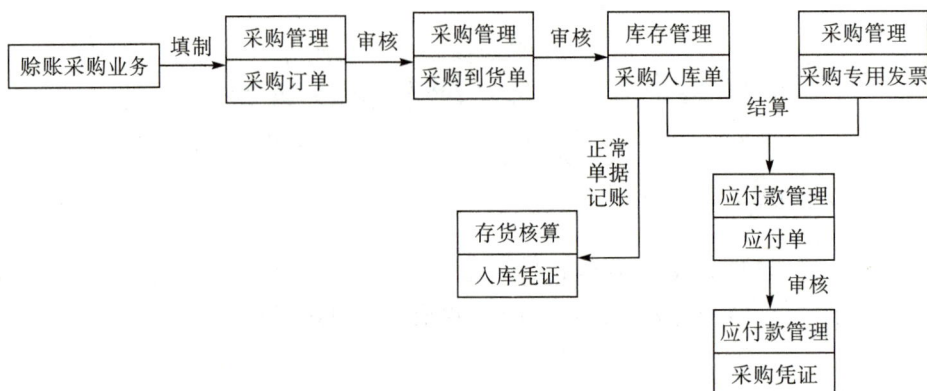

图 9 - 37　赊账采购业务处理流程

采购在途凭证如下。

借：在途物资；

应交税费—应交增值税费（进项税额）。

贷：应付账款。

采购入库凭证如下。

借：原材料；

贷：在途物资。

【业务描述】2022 年 1 月 1 日，吉林×公司与内蒙古 P 实业集团股份有限公司签订采购合同，采购 001 纯牛奶共 300 箱，含税单价为 50.85 元/箱，交货时间为当天，无付款条件。内蒙古 P 实业集团股份有限公司开具了全额发票，货物当天送达，货款未付。取得与该业务相关的凭证如图 9-38、图 9-39、图 9-40 所示。

# 购销合同

供货方：<u>内蒙古 P 实业集团股份有限公司</u>　　合同号：　<u>cg001</u>

购买方：<u>吉林 X 公司</u>　　　　　　签订日期：<u>2022 年 01 月 01 日</u>

经双方协议，订立本合同如下：

| 商品型号 | 名称 | 数量 | 单价 | 总额 | 其他要求 |
|---|---|---|---|---|---|
| 010101 | 001 纯牛奶 | 300.00 | 50.85 | 15255.00 | |
| | | | | | |
| | | | | | |
| 合计 | | 300.00 | | 15255.00 | |
| 货款合计（大写）： | | 人民币壹万伍仟贰佰伍拾伍元整 | | | |

质量验收标准：　　　<u>验收合格</u>

交货日期：　　　　<u>2022 年 01 月 01 日</u>

交货地点：　　<u>吉林省长春市 X 街</u>

结算方式：<u>银行承兑汇票</u>

发运方式：<u>公路运输，运费由销售方承担。</u>

付款条件：　　　　　　<u>无</u>

**违约条款：**<u>违约方需赔偿对方一切经济损失，但遇天灾人祸或其他不可抗力因素而导致延误交货，购买方不能要求供货方赔偿任何损失。</u>

**解决合同纠纷的方式：**<u>经双方协商解决；如协商不成，可向当地仲裁委员会提出申诉解决办法。</u>

本合同一式两份，供需双方各执一份，自签订之日起生效。

供货方（盖章）　　　　　　　购买方（盖章）

地址：内蒙古 P 路　　　　　　地址：吉林省长春市 X 街

法定代表：张某　　　　　　　法定代表：刘某某

联系电话：0471-80483388　　　联系电话：0431-56789000

图 9－38　"购销合同"对话框

内蒙古增值税专用发票

NO.52634955　0111012426
52634955

发票联　发票专用章

开票日期：2022 年 01 月 01 日

| 购买方 | 名称 | 吉林 X 公司 | | | | | 密码区 | 略 | | |
|---|---|---|---|---|---|---|---|---|---|---|
| | 纳税人识别号 | 0001 | | | | | | | | |
| | 地址、电话 | 吉林省长春市 X 街, 56780000 | | | | | | | | |
| | 开户行及账号 | 中国银行 X 支行, 0001 | | | | | | | | |
| 货物或应税劳务、服务名称 | | 规格型号 | 单位 | 数量 | 单价 | 金额 | | 税率 | 税额 | |
| 001 纯牛奶 | | 010101 | 箱 | 300.00 | 45.00 | 13500.00 | | 13% | 1755.00 | |
| 合计 | | | | 300.00 | | 13500.00 | | | 1755.00 | |
| 价税合计（大写）： | | 壹万伍仟贰佰伍拾伍元整 | | | | | | | | |
| 销货方 | 名称 | 内蒙古 P 实业集团股份有限公司 | | | | | 备注 | | | |
| | 纳税人识别号 | 09000 | | | | | | | | |
| | 地址、电话 | 内蒙古自治区内蒙古 P 路, 0471-80483388 | | | | | | | | |
| | 开户行及账号 | 中国银行 P 支行, 09000 | | | | | | | | |

收款人：略　　　　复核：略　　　　开票人：略　　　　销售方（章）：

图 9－39 "增值税发票"对话框

入库单

2022 年　01 月　01 日　　　　单号：000000001

| 交货部门 | 采购部 | 发票单号 | 52634955 | 验收仓库 | 乳制品库 | | 入库日期 | 2022/01/01 |
|---|---|---|---|---|---|---|---|---|
| 编号 | 名称及规格 | 单位 | 数量 | | 实际价格 | | 备注 | |
| | | | 应收 | 实收 | 单价 | 金额 | | |
| 010101 | 001 纯牛奶 | 箱 | 300.00 | 300.00 | | | | |
| | | | | | | | | |
| | | | | | | | | |
| | | | | | | | | |
| 合计 | | | 300.00 | 300.00 | | | | |

部门经理：略　　　　会计：略　　　　仓库：略　　　　经办人：略

图 9－40 "入库单"对话框

## 操作指导

### 1. 填制采购订单

2022 年 1 月 1 日，以采购员张某某身份登录企业应用平台。

点击页面左下方的【业务工作】按钮，选择"供应链"，点击【采购管理】按钮，点击【采购订货】，执行"采购订单"的命令，系统会默认打开"采购订单"对话框。单击工具栏左上角的【增加】按钮，按照购销合同的内容，在页面的"订单编号"中输入"cg001"，"采

赊账采购

购类型"中选择"正常采购","供应商"选择"P","部门"选择"采购部","业务员"选择"张某某"。在表体中,"存货编码"选择"010101","数量"输入为"300.00","原币含税单价"为"50.85",修改"计划到货期"为"2022-01-01",当上述信息都填写完毕后,其他信息由系统自动带出,单击工具栏上的【保存】按钮。保存后,再次单击工具栏上的【审核】按钮。"采购订单"对话框如图9-41所示。

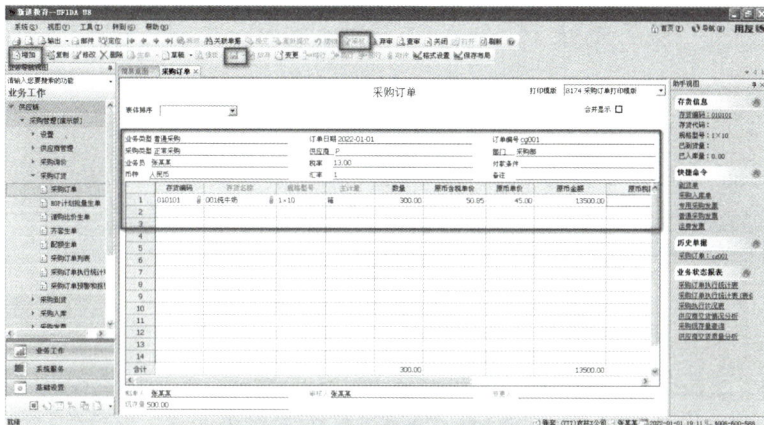

图9-41 "采购订单"对话框

### 2. 生成采购到货单

2022年1月1日,以采购员张某某身份登录企业应用平台。

(1)点击页面左下方的【业务工作】按钮,选择"供应链",点击【采购管理】按钮,点击【采购到货】,执行"到货单"的命令,系统会默认打开"到货单"对话框。单击工具栏左上角的【增加】按钮,再单击工具栏上的【生单】下拉按钮,选择采购订单,系统会自动打开"查询条件选择—采购订单列表过滤"对话框,单击【确定】按钮,如图9-42所示。

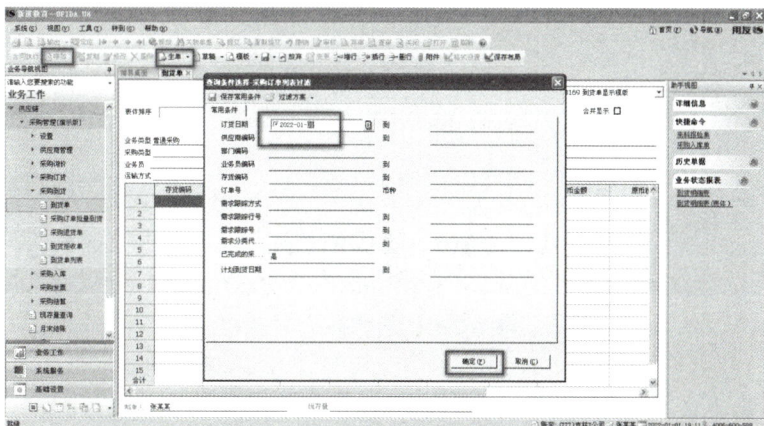

图9-42 "查询条件选择—采购订单列表过滤"对话框

（2）打开"拷贝并执行"窗口。在"到货单拷贝订单表头列表"列表框中，双击需要参照的采购订单的"选择"栏，标上"Y"标记，单击确定【确定】按钮，将该采购订单的相关信息导入采购到货单，如图9-43所示。

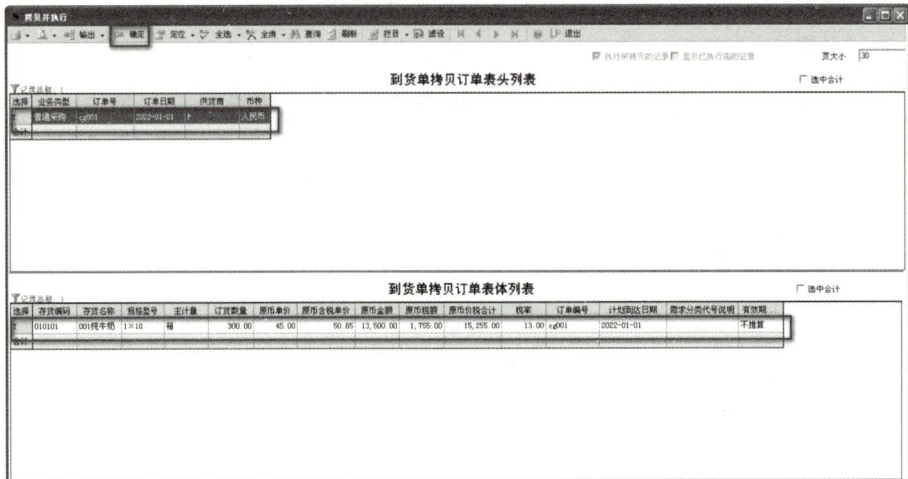

图9-43 "拷贝并执行"对话框

（3）根据业务情况修改到货单，可在此修改到货日期、到货数量等，单击工具栏上的【保存】按钮。保存后，再单击工具栏上的【审核】按钮。"到货单"对话框如图9-44所示。

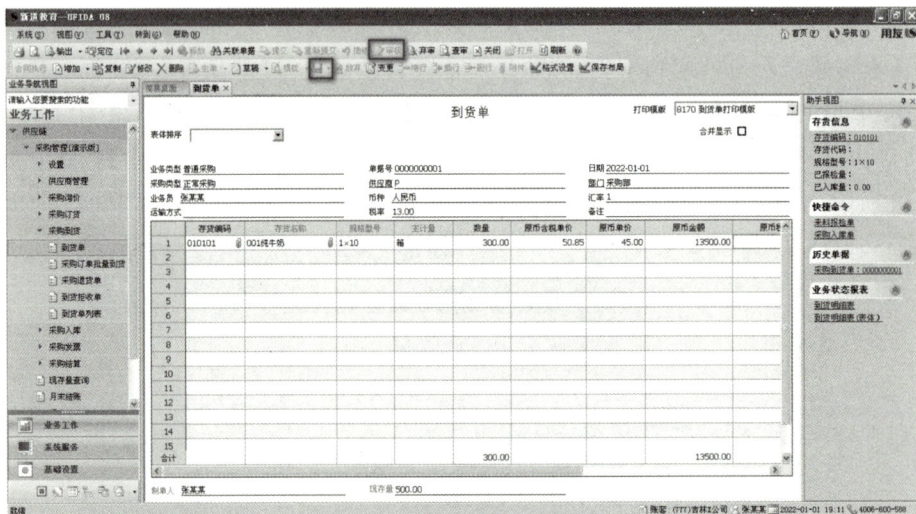

图9-44 "到货单"对话框

### 3. 仓管生成采购入库单

2022年1月1日，以仓管员丁某某身份登录企业应用平台。

（1）点击页面左下方的【业务工作】按钮，选择"供应链"，点击【库存管理】按钮，点击【入库业务】，执行"采购入库单"的命令，系统会默认打开"采购入库单"对话框。单击工具栏上的【生单】下拉按钮，选择"采购到货单（蓝字）"，系统会自动打开"查询条件选择—采购到货单列表"对话框，单击【确定】按钮，如图 9 - 45 所示。

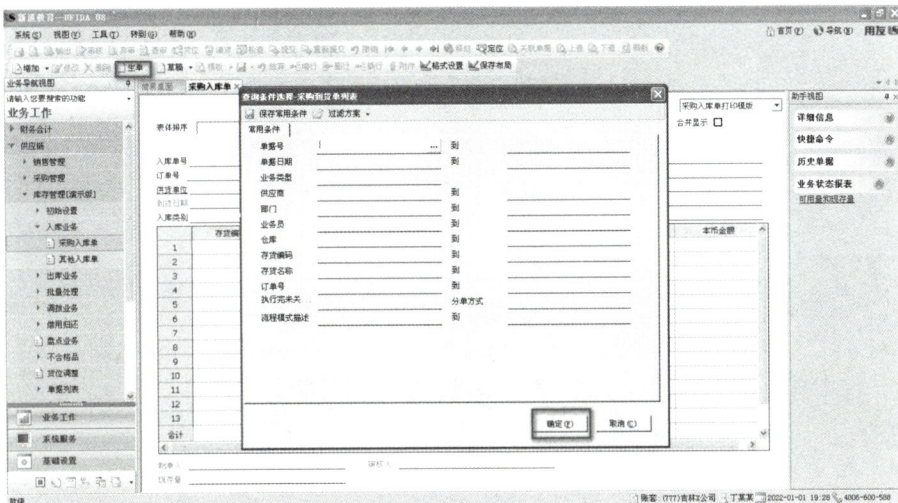

图 9 - 45 "查询条件选择—采购到货单列表"对话框

（2）打开"到货单生单列表"，如图 9 - 46 所示。

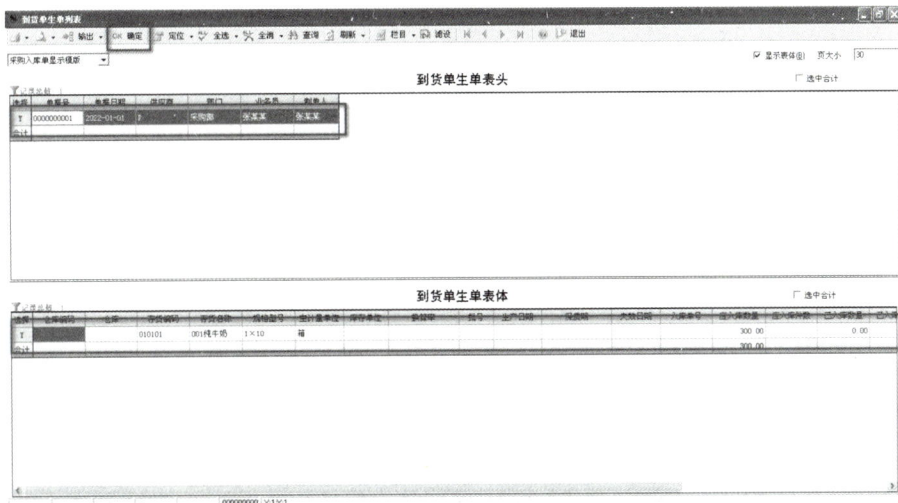

图 9 - 46 "到货单生单列表"对话框

（3）选择相应的"到货单生单表头"，双击到货单所在行，系统会标上"Y"字样，单击页面上的【确定】按钮，系统自动生成采购入库单，选择仓库为"乳制品库"，单击工具栏上的【保存】按钮，再单击工具栏上的【审核】按钮。"采购入库单"对话框如

图 9 - 47 所示。

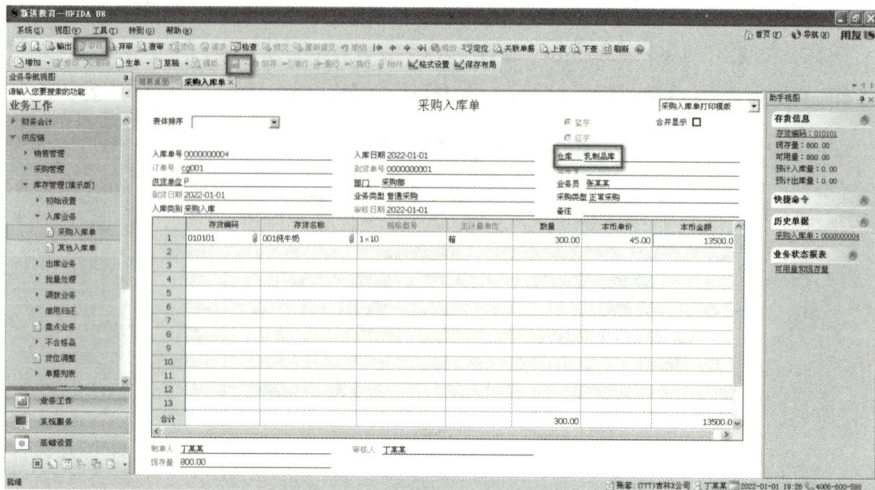

图 9 - 47 "采购入库单"对话框

### 4. 生成采购发票

2022 年 1 月 1 日，以采购员张某某身份登录企业应用平台。

(1)点击页面左下方的【业务工作】按钮，选择"供应链"，点击【采购管理】按钮，点击【采购发票】，执行"采购专用发票"的命令，系统会默认打开"采购专用发票"对话框。单击工具栏上的【增加】按钮，再单击工具栏上的【生单】按钮，执行"入库单"命令，系统会自动打开"查询条件选择—采购入库单列表过滤"对话框，单击【确定】按钮，如图 9 - 48 所示。

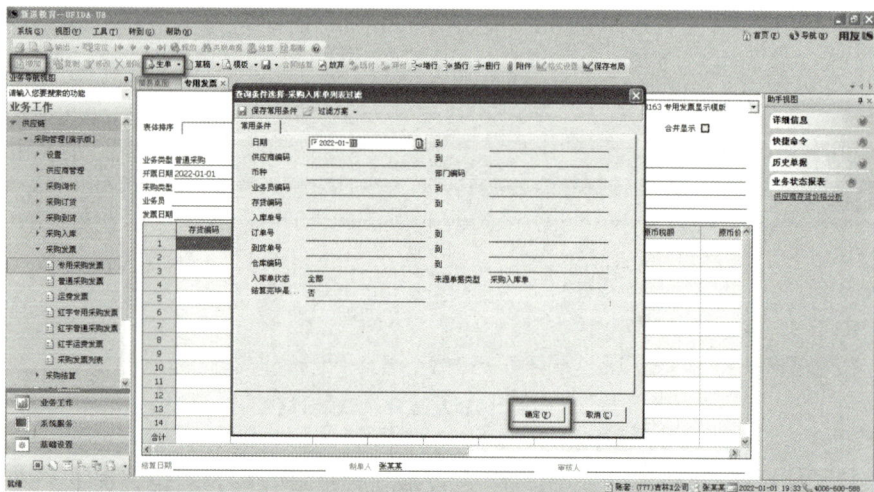

图 9 - 48 "查询条件选择—采购入库单列表过滤"对话框

（2）在系统自动弹出的"拷贝并执行"窗口，选中所要拷贝的采购入库单，标上"Y"标记，单击页面上【确定】按钮，系统自动生成采购专用发票，录入发票号"52634955"，单击页面的【保存】按钮。"专用发票"对话框如图 9-49 所示。

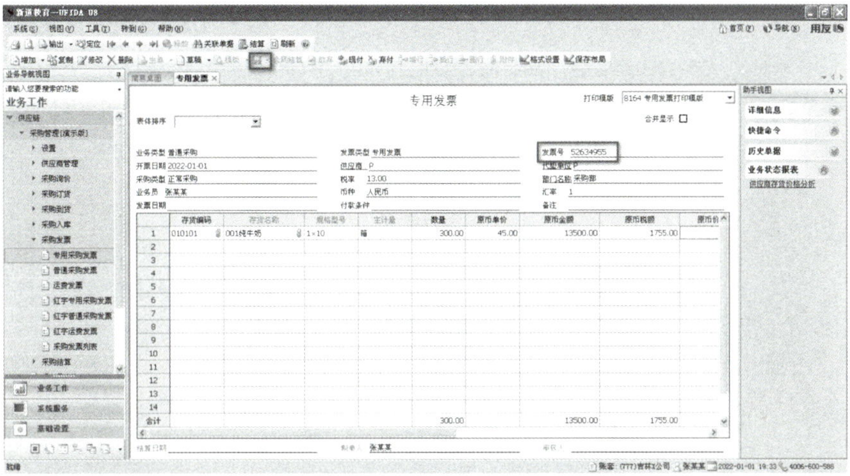

图 9-49 "专用发票"对话框

### 5. 进行采购结算

2022 年 1 月 1 日，以采购员张某某身份登录企业应用平台。

（1）点击页面左下方的【业务工作】按钮，选择"供应链"，点击【采购管理】按钮，点击【采购结算】，执行"手工结算"的命令，系统会默认打开"手工结算"对话框。单击工具栏上的【选单】按钮，系统会自动打开"结算选单"对话框，再单击【确定】按钮，单击【查询】按钮，系统会自动打开"查询条件选择—采购手工结算"对话框，单击【确定】按钮，选择相应的采购发票和入库单。"结算选单对话框"如图 9-50 所示。

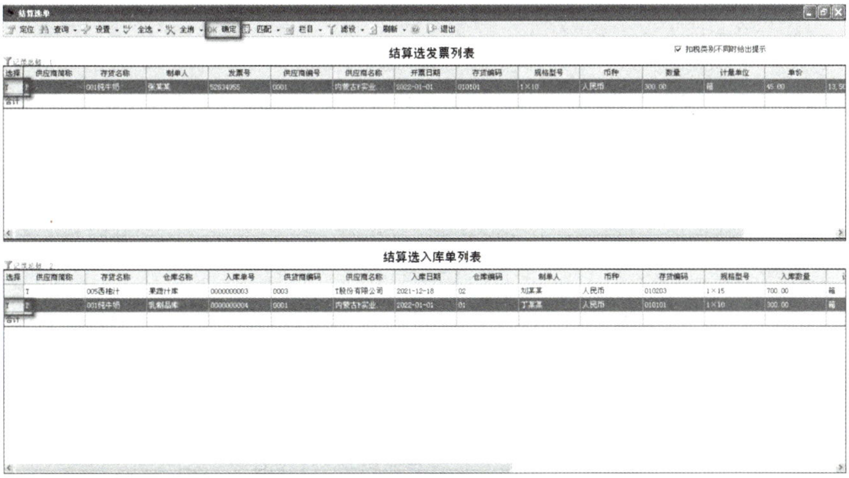

图 9-50 "结算选单"对话框

(2)单击页面上的【确定】按钮。系统会自动返还至"手工结算"窗口。单击页面上的【结算】按钮，系统会自动弹出"完成结算"的对话框，如图9-51所示。

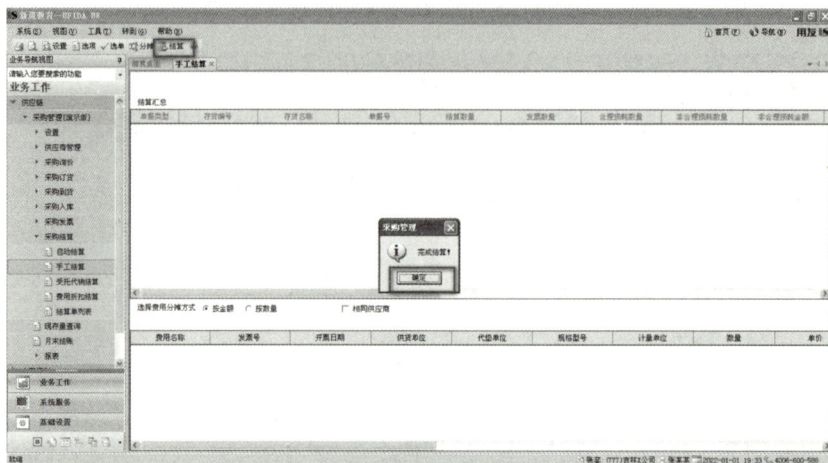

图9-51　"手工结算"对话框

### 6. 应付单据审核与制单

2022年1月1日，以会计王某某身份登录企业应用平台。

(1)点击页面左下方的【业务工作】按钮，选择"财务会计"，点击【应付款管理[演示版]】按钮，点击【应付单据处理】，执行"应付单据审核"的命令，系统会默认打开"应付单据查询条件"对话框。单击页面上的【确定】按钮，系统会自动弹出"应付单据列表"对话框，如图9-52所示。

(2)双击"选择"栏，或单击【全选】按钮，单击工具栏上的【审核】按钮，系统会自动完成审核并给出审核报告。

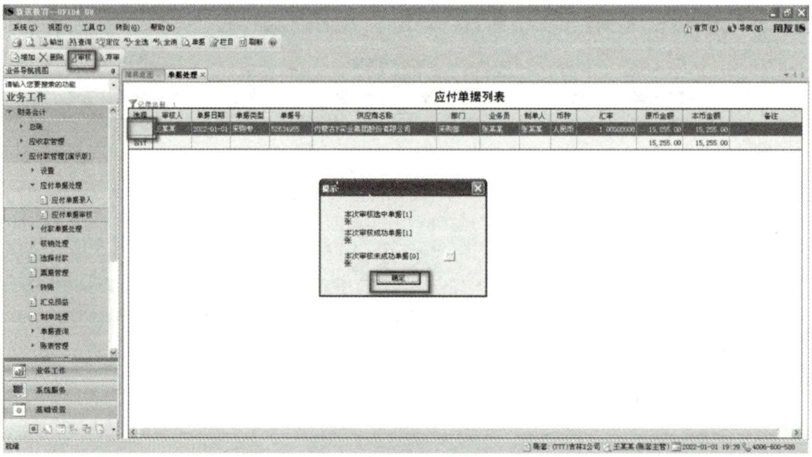

图9-52　"应付单据列表"对话框

（3）单击页面上的【确定】按钮后退出。执行"制单处理"命令，系统会自动打开"制单查询"对话框，选择"发票制单"，如图9-53所示。

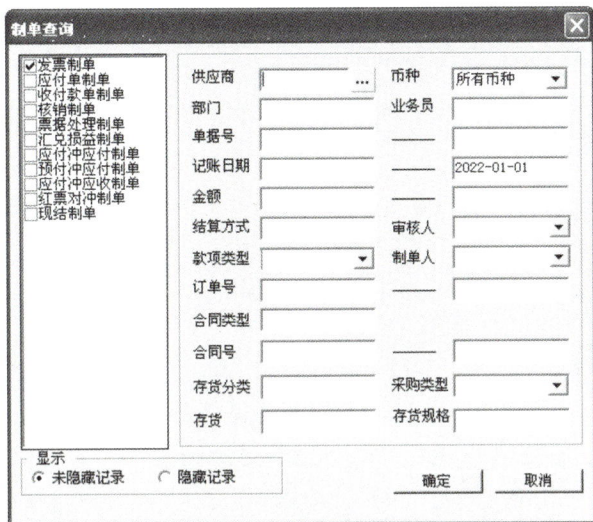

图9-53 "制单查询"对话框

（4）单击页面上的【确定】按钮，系统会自动打开"采购发票制单"对话框（图9-54）。选择"记账凭证"，再单击【全选】按钮，选中要制单的"采购专用发票"。单击【制单】按钮。

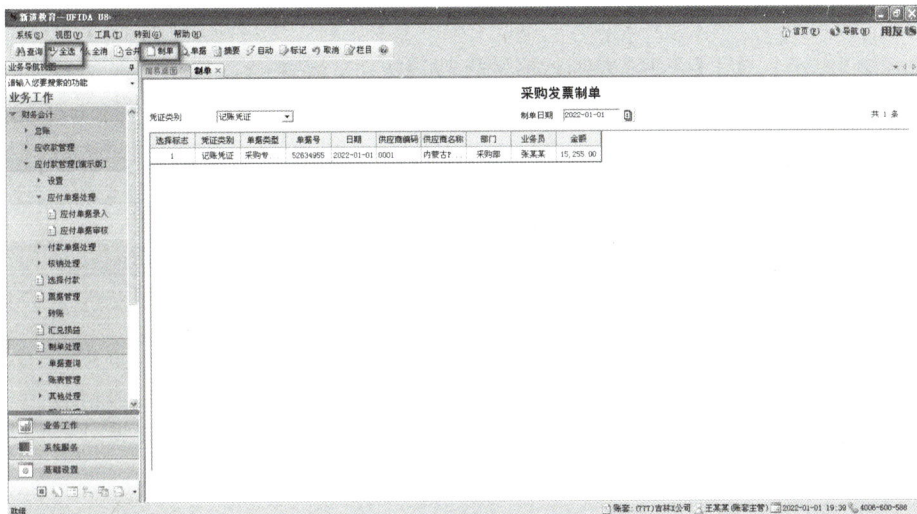

图9-54 "采购发票制单"对话框

（5）此时系统会自动生成一张记账凭证，单击工具栏上的【保存】按钮，此时记账凭证的左上角会提示"已生成"字样，如图9-55所示。

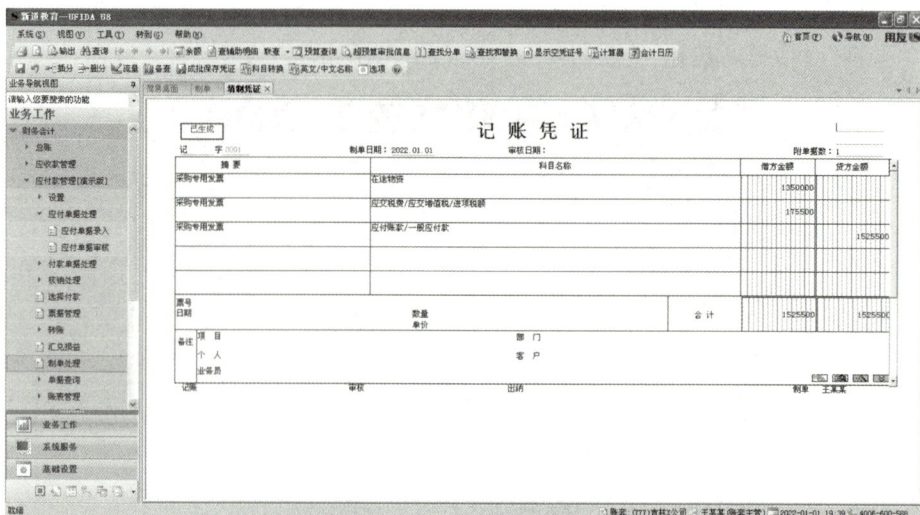

图 9-55 "记账凭证"对话框

## 7. 核算采购成本

2022 年 1 月 1 日，以会计王某某身份登录企业应用平台。

(1)点击页面左下方的【业务工作】按钮，选择"供应链"，点击【存货核算】按钮，点击【业务核算】，执行"正常单据记账"的命令，系统会默认打开"查询条件选择"对话框。单击页面上的【确定】按钮，系统会自动弹出"正常单据记账列表"窗口。

(2)单击工具栏上【选择】按钮，或单击【全选】按钮，单击工具栏上的【正常单据记账列表】按钮，单击【全选】按钮。单击【记账】按钮，将采购入库单记账，系统提示"记账成功"对话框。"正常单据记账"对话框如图 9-56 所示。

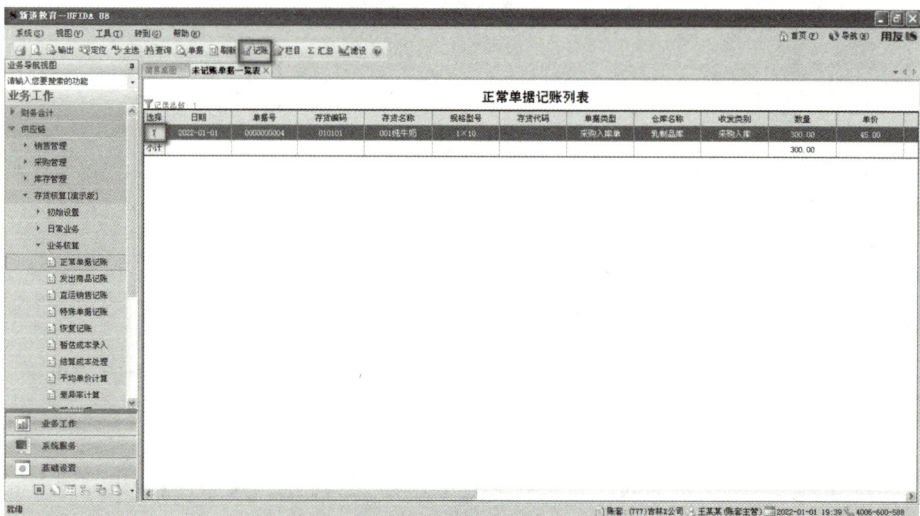

图 9-56 "正常单据记账"对话框

（3）点击页面左下方的【业务工作】按钮，选择"供应链"，点击【存货核算〖演示版〗】按钮，点击【财务核算】，执行"生成凭证"的命令，系统会默认打开"查询条件"对话框。单击页面上的【确定】按钮，系统会自动弹出"未生成凭证单据一览表"窗口。单击工具栏上的【选择】按钮，或单击工具栏上【全选】按钮，选中待生成凭证的单据，单击页面上【确定】按钮。凭证类别选择"记账凭证"。单击【生成】按钮，此时系统会自动生成一张记账凭证，单击工具栏上【保存】按钮，此时记账凭证的左上角会提示"已生成"字样，如图 9 - 57 所示。

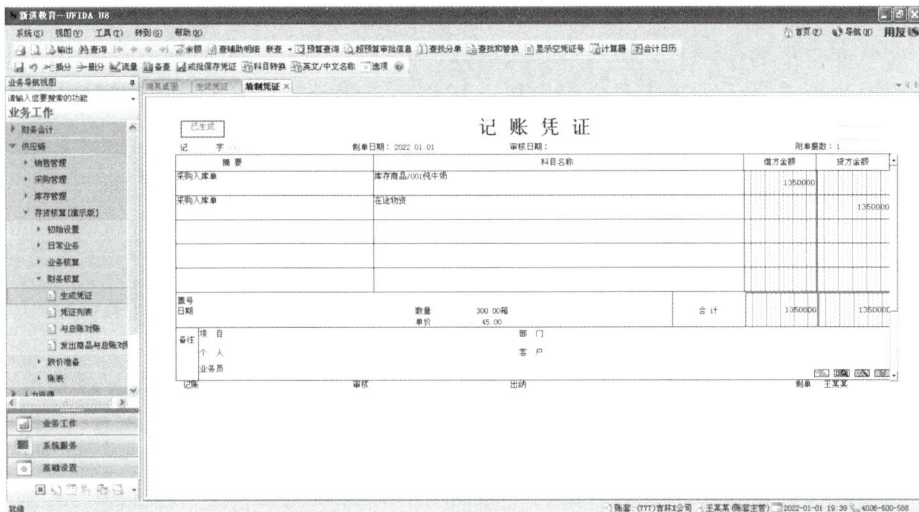

图 9 - 57　"记账凭证"对话框

### （二）现付采购

现付采购是指收到采购货物，同时支付货款，业务处理流程如图 9 - 58 所示。

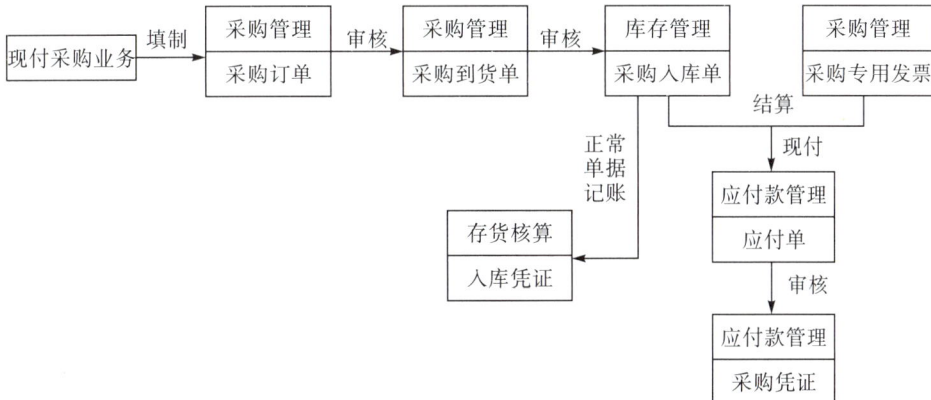

图 9 - 58　现付采购业务流程

采购在途凭证如下。

借：在途物资；

应交税费—应交增值税（进项税额）。

贷：银行存款。

采购入库凭证如下。

借：原材料；

贷：在途物资。

【业务描述】2022 年 1 月 5 日，吉林×公司与 T 股份有限公司签订采购合同，采购 003 混合果蔬汁共 500 箱，含税单价为 45.20 元/箱，交货时间为当天，无付款条件。T 股份有限公司开具了全额发票，货物当天送达，贷款以电汇支付。取得与该业务相关的凭证如图 9－59、图 9－60、图 9－61、图 9－62 所示。

## 购销合同

供货方：T 股份有限公司          合同号：cg002

购买方：吉林 X 公司            签订日期：2022 年 01 月 05 日

经双方协议，订立本合同如下：

| 商品型号 | 名称 | 数量 | 单价 | 总额 | 其他要求 |
|---|---|---|---|---|---|
| 010201 | 003 混合果蔬汁 | 500.00 | 45.20 | 22600.00 | |
| | | | | | |
| | | | | | |
| 合计 | | 500.00 | | 22600.00 | |
| 货款合计（大写）： | 人民币贰万贰仟陆佰元整 | | | | |

质量验收标准：          验收合格

交货日期：             2022 年 01 月 05 日

交货地点：             吉林省长春市 X 街

结算方式：             电汇单

发运方式：             公路运输，运费由销售方承担。

付款条件：                       无

**违约条款**：违约方需赔偿对方一切经济损失，但遇天灾人祸或其他不可抗力因素而导致延误交货，购买方不能要求供货方赔偿任何损失。

**解决合同纠纷的方式**：经双方协商解决；如协商不成，可向当地仲裁委员会提出申诉解决办法。

本合同一式两份，供需双方各执一份，自签订之日起生效。

供货方（盖章）          购买方（盖章）

地址：浙江省杭州市 T 路     地址：长春市 X 街

法定代表：张某某          法定代表：刘某某

联系电话：0571-80483388    联系电话：0431-56780000

图 9－59 "购销合同"对话框

浙江增值税专用发票

NO.3553546  01112293106

3553546

发票联

开票日期：2022 年 01 月 05 日

| 购买方 | 名称 | 吉林 X 公司 | | | | | 密码区 | 略 |
|---|---|---|---|---|---|---|---|---|
| | 纳税人识别号 | 0001 | | | | | | |
| | 地址、电话 | 吉林省长春市 X 街，56780000 | | | | | | |
| | 开户行及账号 | 中国银行 X 支行，0001 | | | | | | |

| 货物或应税劳务、服务名称 | 规格型号 | 单位 | 数量 | 单价 | 金额 | 税率 | 税额 |
|---|---|---|---|---|---|---|---|
| 003 混合果蔬汁 | 010201 | 箱 | 500.00 | 40.00 | 20000.00 | 13% | 2600.00 |
| 合计 | | | 500.00 | | 20000.00 | | 2600.00 |

| 价税合计（大写）： | 贰万贰仟陆佰元整 | | | |
|---|---|---|---|---|

| 销货方 | 名称 | T 股份有限公司 | 备注 | |
|---|---|---|---|---|
| | 纳税人识别号 | 01200 | | |
| | 地址、电话 | 浙江省杭州市 T 路，0571-80483388 | | |
| | 开户行及账号 | 中国银行 T 支行，01200 | | |

收款人：略　　　　复核：略　　　　开票人：略　　　　销售方（章）：

图 9-60　"增值税发票"对话框

## 中国银行银行电汇凭证（存根）

委托日期　　2022 年　01 月　05 日　　　　NO.24267842

| 汇款人 | 出票人全称 | 吉林 X 公司 | 收款人 | 全称 | T 股份有限公司 | | | | | | | | | | | |
|---|---|---|---|---|---|---|---|---|---|---|---|---|---|---|---|---|
| | 出票人账号 | 0001 | | 账号 | 01200 | | | | | | | | | | | |
| | 开户银行 | 中国银行 | | 开户银行 | 中国银行 | | | | | | | | | | | |

| 汇出行名称 | 中国银行 X 支行 | 汇入行名称 | 中国银行 T 支行 | |
|---|---|---|---|---|

| 出票金额 人民币（大写） | 贰万贰仟陆佰元整 | 亿 | 千 | 百 | 十 | 万 | 千 | 百 | 十 | 元 | 角 | 分 |
|---|---|---|---|---|---|---|---|---|---|---|---|---|
| | | | | | ¥2 | 2 | 6 | 0 | 0 | 0 | 0 | 0 |

| 备注： | 中国银行 转讫 | 支付密码 | |
|---|---|---|---|
| | | 附加信息及用途：支付采购商品货款 | |

复核　　　记账

图 9-61　"银行电汇凭证"对话框

入库单

2022 年　01 月　05　日　　　　　　单号：000000002

| 交货部门 | 采购部 | 发票单号 | 35873286 | 验收仓库 | 果蔬汁库 | 入库日期 | 2022/01/05 | |
|---|---|---|---|---|---|---|---|---|
| 编号 | 名称及规格 | 单位 | 数量 | | 实际价格 | | 备注 | 会计联 |
| | | | 应收 | 实收 | 单价 | 金额 | | |
| 010201 | 003 混合果蔬汁 | 箱 | 500.00 | 500.00 | | | | |
| | | | | | | | | |
| | | | | | | | | |
| | | | | | | | | |
| | 合计 | | 500.00 | 500.00 | | | | |

部门经理：略　　　　　会计：略　　　　　仓库：略　　　　　经办人：略

图 9-62　"入库单"对话框

## 操作指导

### 1. 填制采购订单

2022 年 1 月 5 日，以采购员张某某身份登录企业应用平台。

现付采购

点击页面左下方的【业务工作】按钮，选择"供应链"，点击【采购管理】按钮，点击【采购订货】，执行"采购订单"的命令，系统会默认打开"采购订单"对话框。单击工具栏左上角的【增加】按钮，按照购销合同的内容，在页面的"订单编号"中录入"cg002"，"采购类型"中选择"正常采购"，"供应商"选择"T"，"部门"选择"采购部"，"业务员"选择"张某某"。在表体中，"存货编码"选择"010201"，"数量"输入为"500"，"原币含税单价"为"45.20"，修改"计划到货期"为"2022-01-05"，当上述信息都填写完毕后，其他信息由系统自动带出，单击工具栏上的【保存】按钮。保存后，再次单击工具栏上的【审核】按钮。"采购订单"对话框如图 9-63 所示。

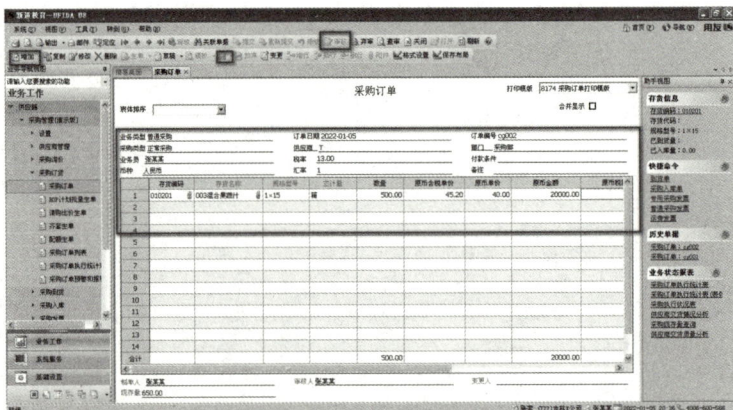

图 9-63　"采购订单"对话框

### 2. 生成采购到货单

2022年1月5日，以采购员张某某身份登录企业应用平台。

点击页面左下方的【业务工作】按钮，选择"供应链"，点击【采购管理】按钮，点击【采购到货】，执行"到货单"的命令，系统会默认打开"到货单"对话框，如图9-64所示。单击工具栏左上角的【增加】按钮，再单击工具栏上的【生单】下拉按钮，选择采购订单，系统会自动打开"查询条件选择—采购订单列表过滤"对话框，单击【确定】按钮，打开"拷贝并执行"窗口。在"到货单拷贝订单表头列表"列表框中，双击需要参照的采购订单的【选择】栏，标上"Y"标记，单击确定【确定】按钮，将该采购订单的相关信息导入采购到货单。根据业务情况修改到货单，可在此修改到货日期、到货数量等，单击工具栏上的【保存】按钮。保存后，再单击工具栏上的【审核】按钮。

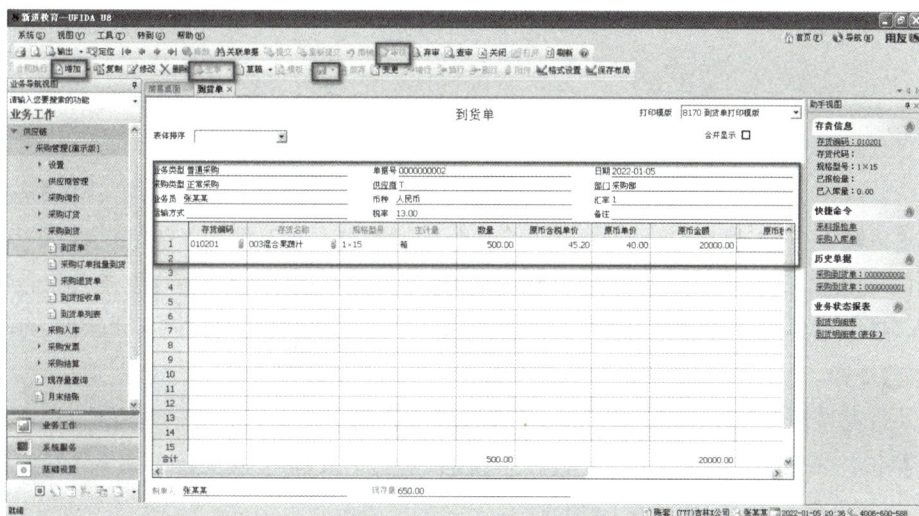

图9-64 "到货单"对话框

### 3. 生成采购入库单

2022年1月5日，以仓管员丁某某身份登录企业应用平台。

点击页面左下方的【业务工作】按钮，选择"供应链"，点击【库存管理】按钮，点击【入库业务】，执行"采购入库单"的命令，系统会默认打开"采购入库单"对话框（图9-65）。单击工具栏上的【生单】下拉按钮，选择"采购到货单（蓝字）"，系统会自动打开"查询条件选择—采购到货单列表"对话框，单击【确定】按钮。打开"到货单生单列表"。选择相应的"到货单生单表头"，双击到货单所在行，系统会标上"Y"字样，单击页面上的【确定】按钮，系统自动生成采购入库单，选择仓库为"果蔬汁库"，单击工具栏上的【保存】按钮，再单击工具栏上的【审核】按钮。

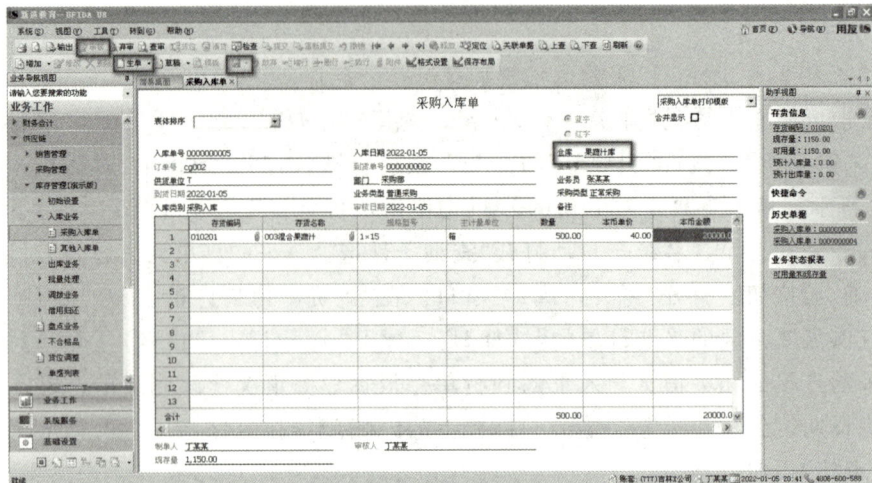

图9-65 "采购入库单"对话框

### 4. 填制采购专用发票

2022年1月5日，以采购员张某某身份登录企业应用平台。

（1）点击页面左下方的【业务工作】按钮，选择"供应链"，点击【采购管理】按钮，点击【采购发票】，执行"采购专用发票"的命令，系统会默认打开"专用发票"对话框（图9-66）。单击工具栏上的【增加】按钮，再单击工具栏上的【生单】按钮，执行"入库单"命令，系统会自动打开"查询条件选择—采购入库单列表过滤"对话框，单击【确定】按钮。

（2）在系统自动弹出的"拷贝并执行"窗口中，选中所要拷贝的采购入库单，标上"Y"标记，单击页面上【确定】按钮，系统自动生成采购专用发票，输入"发票号：3553546"，单击页面的【保存】按钮。

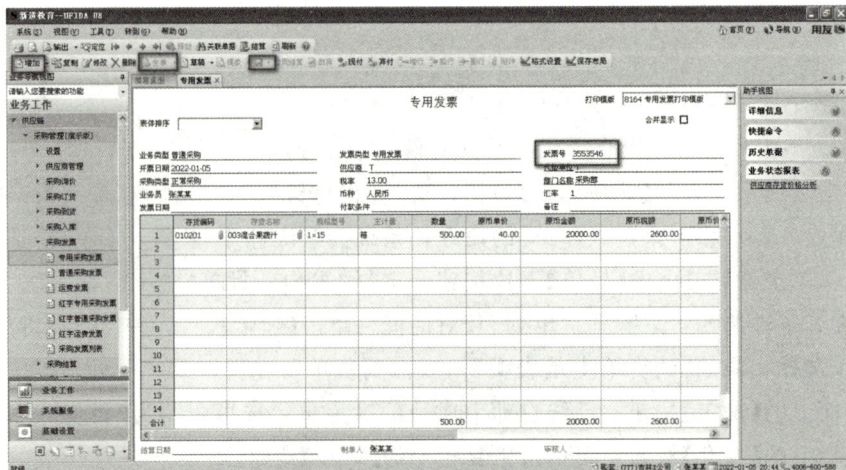

图9-66 "专用发票"对话框

(3)单击工具栏上的【现付】按钮，此时系统会自动打开"采购现付"对话框，如图9-67所示。按照银行回单的信息，输入结算方式为"电汇"，结算金额"22600.00"。票据号为"24267842"等信息。单击页面上的【确定】按钮，此时采购专用发票左上角会提示"已现付"的字样。

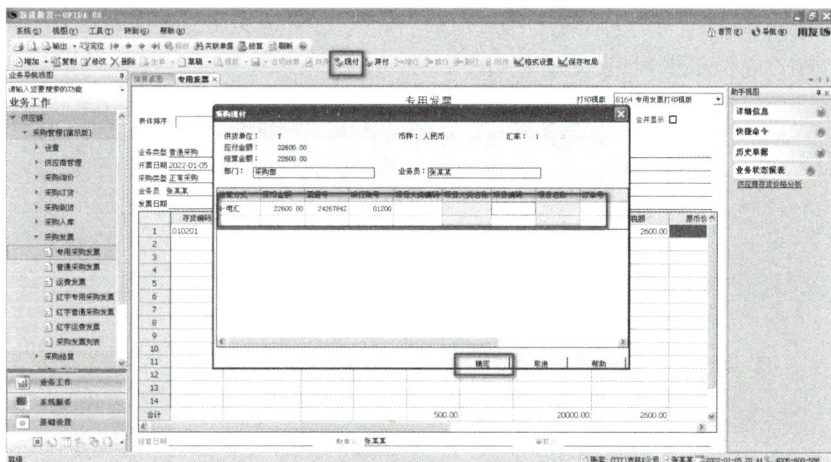

图 9-67　"采购现付"对话框

### 5. 采购结算(自动结算)

2022 年 1 月 5 日，以采购员张某某身份登录企业应用平台。

点击页面左下方的【业务工作】按钮，选择"供应链"，点击【采购管理】按钮，点击【采购结算】，执行"自动结算"的命令，系统会默认打开"查询条件选择—采购自动结算"对话框。"结算模式"选择"入库单和发票"。单击页面上的【确定】按钮，系统自动进行结算。如果存在完全匹配的记录，则系统弹出信息提示窗口，"采购管理"对话框如图 9-68 所示。

图 9-68　"采购管理"对话框

### 6. 现付单据审核与制单

2022年1月5日，以会计王某某身份登录企业应用平台。

(1)点击页面左下方的【业务工作】按钮，选择"财务会计"，点击【应付款管理】按钮，点击【应付单据处理】，执行"应付单据审核"的命令，系统会默认打开"应付单查询条件"对话框(图9-69)。勾选"包含现结发票"，单击页面上的【确定】按钮，系统会自动弹出"应付单据列表"对话框(图9-70)。

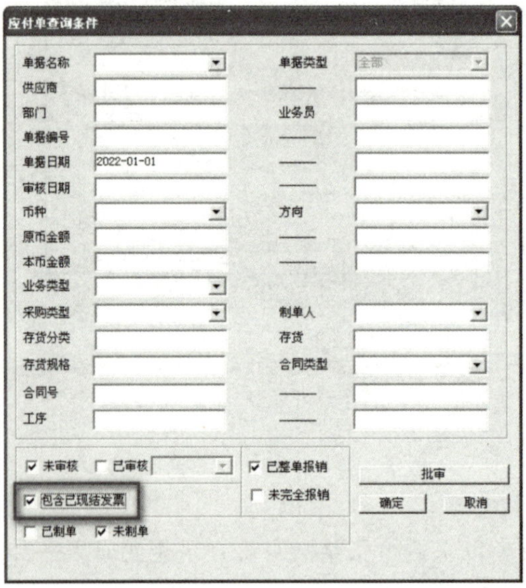

图9-69 "应付单查询条件"对话框

(2)双击【选择】栏，或单击【全选】按钮，单击工具栏上的【审核】按钮，系统会自动完成审核并给出审核报告。

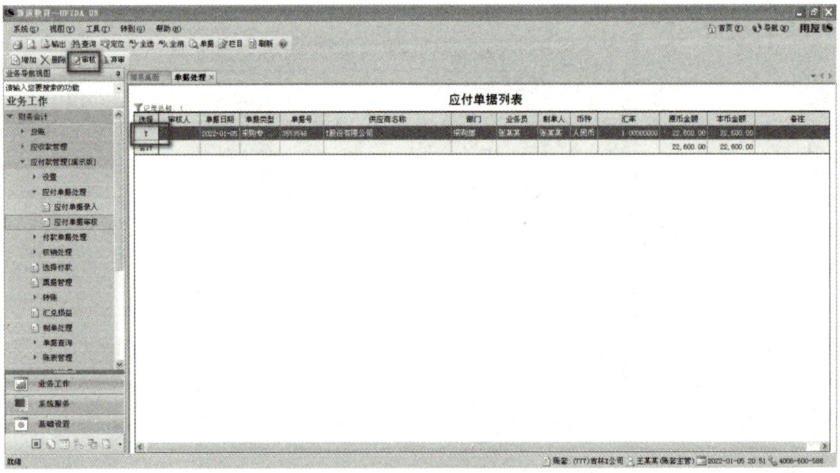

图9-70 "应付单据列表"对话框

（3）单击页面上的【确定】按钮后退出。执行"制单处理"命令，系统会自动打开"制单查询"对话框，选择"现结制单"，单击页面上的【确定】按钮，系统会自动打开"采购发票制单"窗口，如图9-71所示。

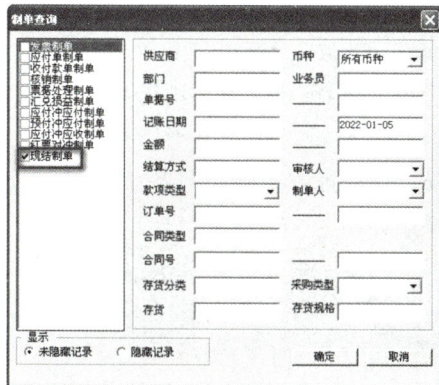

图9-71 "制单查询"对话框

（4）选择"记账凭证"，再单击【全选】按钮，选中要制单的"采购专用发票"。单击【制单】按钮，此时系统会自动生成一张记账凭证，单击工具栏上【保存】按钮，此时记账凭证的左上角会提示"已生成"字样，如图9-72所示。

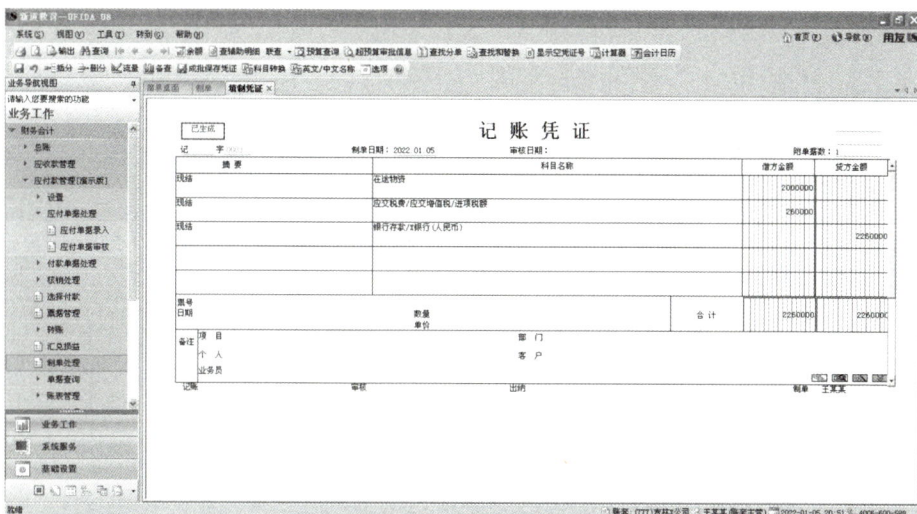

图9-72 "记账凭证"对话框

**7. 核算采购成本**

2022年1月5日，以会计王某某身份登录企业应用平台。

（1）点击页面左下方的【业务工作】按钮，选择"供应链"，点击【存货核算】按钮，点击【业务核算】，执行"正常单据记账"的命令，系统会默认打开"查询条件选择"对话框。单击页面上的【确定】按钮，系统会自动弹出"正常单据记账列表"窗口。

（2）单击工具栏上【选择】按钮（或单击【全选】按钮），单击工具栏上的【正常单据记账列表】按钮，单击【全选】按钮。单击【记账】按钮，将采购入库单记账，系统提示"记账成功"对话框。点击【财务核算】，执行"生成凭证"的命令，系统会默认打开"查询条件"对话框。单击页面上的【确定】按钮，系统会自动弹出"未生成凭证单据一览表"窗口。单击工具栏上的【选择】按钮，或单击工具栏上【全选】按钮，选中待生成凭证的单据，单击页面上【确定】按钮。凭证类别选择"记账凭证"。单击【生成】按钮，此时系统会自动生成一张记账凭证，单击工具栏上【保存】按钮，此时记账凭证的左上角会提示"已生成"字样，如图9-73所示。

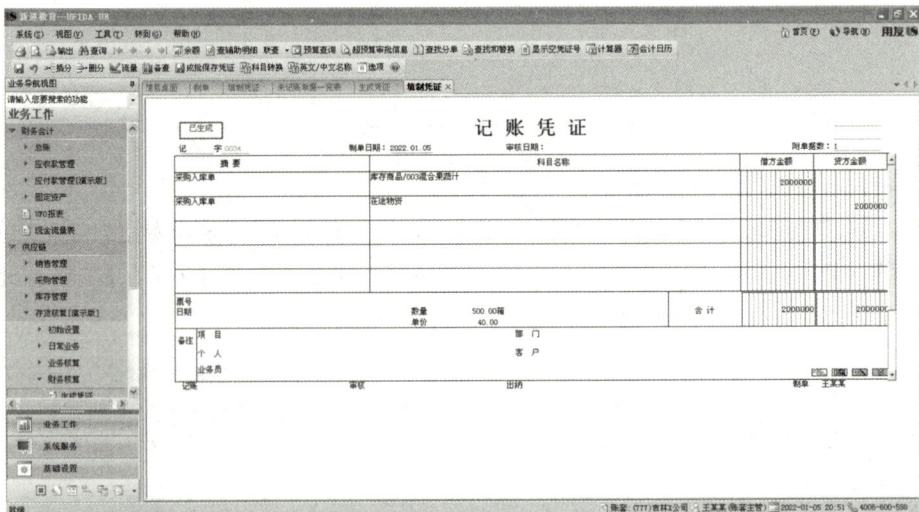

图9-73 "记账凭证"对话框

### （三）预付部分货款

采购过程中会经常发生在签订采购合同时，提前支付部分货款。所支付的货款同样应及时录入系统，其业务处理流程如图9-74所示。

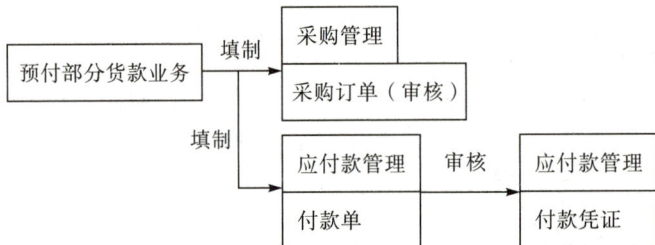

图9-74 预付部分货款业务处理流程

【业务描述】2022年1月8日，吉林×公司与杭州S集团有限公司签订采购合同，采购 009 乳酸菌共 100 箱，含税单价为 33.90 元/箱，交货时间为 2022 年 1 月 20 日，合同签订日以电汇方式向对方预付货款 1000 元。取得与该业务相关的凭证如图 9-75、图 9-76 所示。

# 购销合同

供货方：杭州 S 集团有限公司　　　　　　合同号：cg003

购买方：吉林 X 公司　　　　　　　　　　签订日期：2022 年 01 月 08 日

经双方协议，订立本合同如下：

| 商品型号 | 名称 | 数量 | 单价 | 总额 | 其他要求 |
|---|---|---|---|---|---|
| 010302 | 009 乳酸菌 | 100.00 | 33.90 | 3390.00 | |
| | | | | | |
| | | | | | |
| 合计 | | 100.00 | | 3390.00 | |
| 货款合计（大写）： | 人民币叁仟叁佰玖拾元整 | | | | |

质量验收标准：　　　验收合格

交货日期：　　　　2022 年 01 月 20 日

交货地点：　　　吉林省长春市 X 街

结算方式：银行承兑汇票

发运方式：公路运输，运费由销售方承担。

付款条件：　　　　　　　　　无

**违约条款：**违约方需赔偿对方一切经济损失，但遇天灾人祸或其他不可抗力因素而导致延误交货，购买方不能要求供货方赔偿任何损失。

**解决合同纠纷的方式：**经双方协商解决；如协商不成，可向当地仲裁委员会提出申诉解决办法。

本合同一式两份，供需双方各执一份，自签订之日起生效。

供货方（盖章）　　　　　　　　　　购买方（盖章）

地址：浙江省杭州市 S 路　　　　　　地址：吉林省长春市 X 街

法定代表：张某某　　　　　　　　　法定代表：刘某某

联系电话：0571-80483388　　　　　联系电话：0431-56780000

图 9-75　"购销合同"对话框

**中国银行银行电汇凭证（存根）**

委托日期　2022 年 01 月 08 日　　　NO.22424553

| 汇款人 | 出票人全称 | 吉林 X 公司 | 收款人 | 全称 | 杭州 S 集团有限公司 |
|---|---|---|---|---|---|
| | 出票人账号 | 0001 | | 账号 | 01300 |
| | 开户银行 | 中国银行 | | 开户银行 | 中国银行 |
| 汇出行名称 | | 中国银行 X 支行 | 汇入行名称 | | 中国银行 S 支行 |

出票金额 人民币（大写）　叄仟叄佰玖拾元整

| 亿 | 千 | 百 | 十 | 万 | 千 | 百 | 十 | 元 | 角 | 分 |
|---|---|---|---|---|---|---|---|---|---|---|
| | | | | | ¥ | 3 | 3 | 9 | 0 | 0 |

备注：

支付密码　541016

附加信息及用途：
支付采购商品货款

复核　　　记账

此联由出票人存查

图 9-76　"银行电汇凭证"对话框

# 操作指导

### 1. 填制采购订单

2022 年 1 月 8 日，以采购员张某某身份登录企业应用平台。

预付部分货款

点击页面左下方的【业务工作】按钮，选择"供应链"，点击【采购管理】按钮，点击【采购订货】，执行"采购订单"的命令，系统会默认打开"采购订单"对话框。单击工具栏左上角的【增加】按钮，按照购销合同的内容，在页面的"订单编号"中填入"cg003"，"采购类型"中选择"正常采购"，"供应商"选择"S"，"部门"选择"采购部"，"业务员"选择"张某某"。在表体中，"存货编码"选择"010302"，"数量"输入为"100.00"，"原币含税单价"为"33.90"，修改"计划到货期"为"2022-01-20"，当上述信息都填写完毕后，其他信息由系统自动带出，单击工具栏上的【保存】按钮。保存后，再次单击工具栏上的【审核】按钮。"采购订单"对话框如图 9-77 所示。

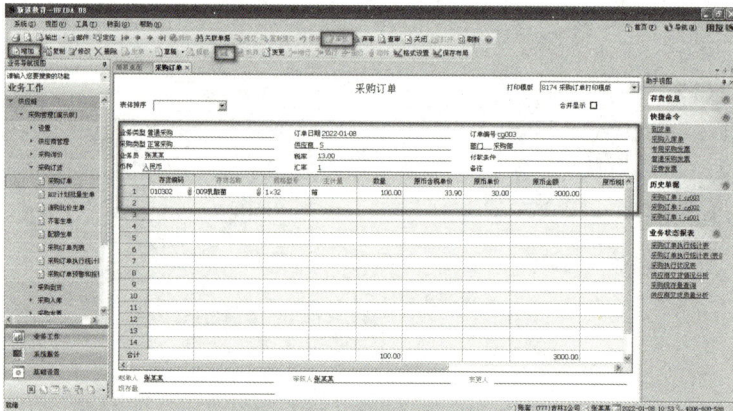

图 9-77　"采购订单"对话框

### 2. 填制付款

2022年1月8日，以出纳赵某某身份登录企业应用平台。

点击页面左下方的【业务工作】按钮，选择"财务会计"，点击【应付款管理】按钮，点击【付款单据处理】，执行"付款单据录入"的命令，系统会默认打开"付款单"对话框(图9-78)。单击页面上的【增加】按钮，"供应商"选择"S"，"结算方式"选择"电汇"，录入金额为"1000.00"，"票据号"中录入"22424553"。在表体中，选择"款项类型"为"预付款"，"业务员"更改为"张某某"，单击页面上的【保存】按钮。

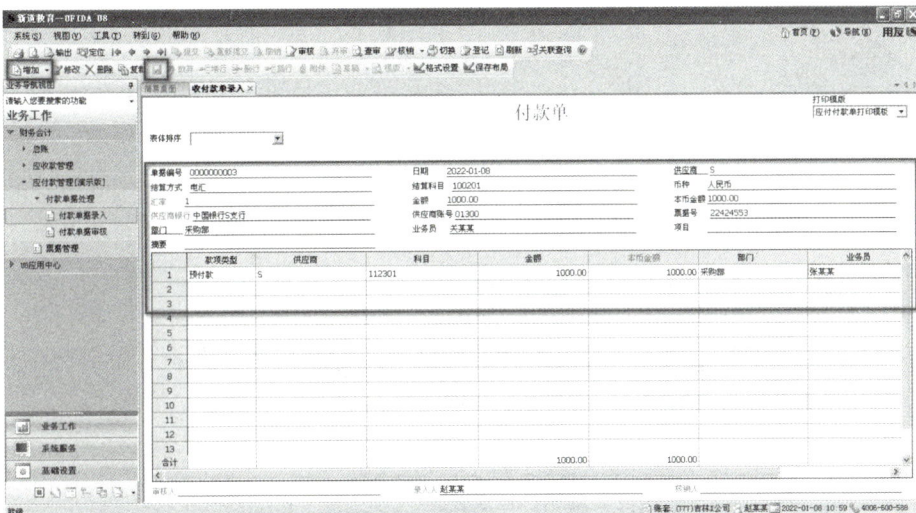

图9-78 "付款单"对话框

### 3. 付款单审核与制单

2022年1月8日，以会计王某某身份登录企业应用平台。

(1)点击页面左下方的【业务工作】按钮，选择"财务会计"，点击【应付款管理】按钮，点击【付款单据处理】，系统会默认打开"付款单查询条件"对话框。单击页面上的【确定】按钮，系统会自动弹出"收付款单列表"窗口。

(2)双击【选择】栏，或单击【全选】按钮，单击工具栏上的【审核】按钮，系统会自动完成审核并给出审核报告。单击页面上的【确定】按钮后退出。

(3)执行"制单处理"命令，系统会自动打开"制单查询"对话框，选择"收付款单制单"，单击页面上的【确定】按钮，系统会自动打开"收付款单制单"窗口。选择"记账凭证"，再单击【全选】按钮，选中要制单的"采购专用发票"。单击【制单】按钮，此时系统会自动生成一张记账凭证，单击工具栏上的【保存】按钮，此时记账凭证的左上角会提示"已生成"字样，如图9-79所示。

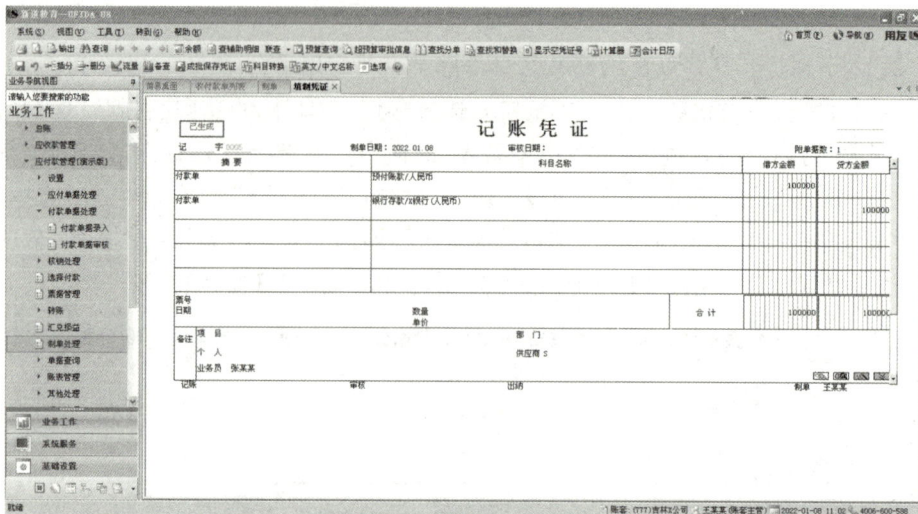

图 9-79 "记账凭证"对话框

## 二)采购退回业务

采购的货物如需退货，需要由供货方开具红字专用发票，在系统中需同步录入红字采购发票并进行业务核算，其业务处理流程如图 9-80 所示。

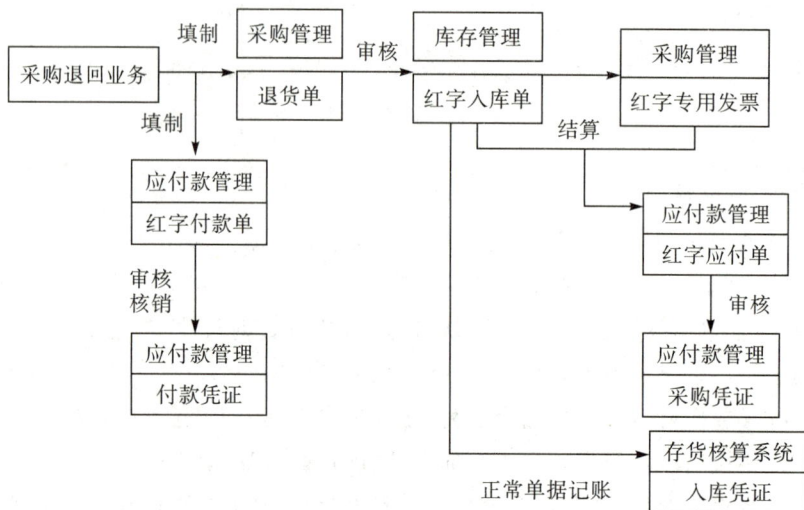

图 9-80 采购退回业务处理流程

采购退回业务，业务处理方法与普通采购业务类似，只是所生成单回据数量和金额为负数，并且应进行红蓝入库单的结算。

【业务描述】2022 年 1 月 15 日，吉林×公司于 2022 年 1 月 5 日采购的 003 混合果蔬汁有 10 箱有质量问题，已协商退货。取得与该业务相关的凭证如图 9-81、图

9-82、图 9-83 所示。

浙江增值税专用发票

NO. 35214206  0111441232
35214206

发 票 联

开票日期：**2022 年 01 月 15 日**

| 购买方 | 名称 | 吉林 X 公司 | | | | | | | | |
|---|---|---|---|---|---|---|---|---|---|---|
| | 纳税人识别号 | 0001 | | | | | | | | |
| | 地址、电话 | 吉林省长春市 X 街，0431-56780000 | | | | | | | | |
| | 开户行及账号 | 中国银行 X 支行，0001 | | | | | | | | |

| 货物或应税劳务、服务名称 | 规格型号 | 单位 | 数量 | 单价 | 金额 | 税率 | 税额 |
|---|---|---|---|---|---|---|---|
| 003 混合果蔬汁 | 010201 | 箱 | -10.00 | 40.00 | -400.00 | 13% | -52.00 |
| 合计 | | | -10.00 | | -400.00 | | -52.00 |

| 价税合计（大写）： | （负数）肆佰伍拾贰元整 |
|---|---|

| 销货方 | 名称 | T 股份有限公司 | 备注 |
|---|---|---|---|
| | 纳税人识别号 | 01200 | |
| | 地址、电话 | 浙江省杭州市 T 路，0571-80483388 | |
| | 开户行及账号 | 中国银行 T 支行，01200 | |

收款人：略　　　　　复核：略　　　　　开票人：略　　　　　销售方（章）：

**图 9-81　"增值税发票"对话框**

## 入库单

2022 年　01 月　15 日　　　　　单号：0003

| 交货部门 | 采购部 | | 发票单号 | 35214206 | 验收仓库 | 果蔬汁库 | 入库日期 | 2022/01/05 |
|---|---|---|---|---|---|---|---|---|
| 编号 | 名称及规格 | 单位 | 数量 | | 实际价格 | | 备注 | |
| | | | 应收 | 实收 | 单价 | 金额 | | |
| 010201 | 003 混合果蔬汁 | 箱 | -10.00 | -10.00 | | | | |
| | | | | | | | | |
| | | | | | | | | |
| | | | | | | | | |
| 合计 | | | -10.00 | -10.00 | | | | |

部门经理：略　　　　　会计：略　　　　　仓库：略　　　　　经办人：略

**图 9-82　"入库单"对话框**

**中国银行**

业务回单（收款）

回单编号：20220115

入账时间：2022-01-15

付款人户名：吉林 X 公司

付款人账号：0001

付款人开户行（发报行）：中国银行 X 支行

收款人户名：T 股份有限公司

收款人账号：01200

收款人开户行（发报行）：中国银行 T 支行

币种：人民币（本位币）　　金额（小写）：￥452.00

金额（大写）：肆佰伍拾贰元整

凭证种类：0　　凭证号码：33519　　业务（产品）种类：电汇　　　摘要：退货款　　　渠道：柜台交易

交易机构号：12025000　　　记账柜员号：15930　　　交易代码：055207　　附言：货款

支付交易序号：342234　　　报文种类：CWT100　　　委托日期：2022-01-15

业务种类：

打印次数：1 次　　机打回单注意重复打印日期：2022-01-15　　打印柜员：01593　　验证码：23649

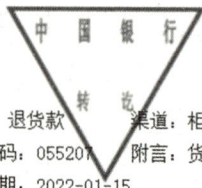

**图 9 - 83　"银行回单"对话框**

## 操作指导

### 1. 生成采购退货单

2022 年 1 月 15 日，以采购部张某某身份登录企业应用平台。

（1）点击页面左下方的【业务工作】按钮，选择"供应链"，点击【采购管理】按钮，点击【采购到货】，执行"采购退货单"的命令，系统会默认打开"采购退货单"对话框。单击工具栏上的【增加】按钮，单击工具栏上的【生单】下拉按钮，选择"采购订单"，系统会自动打开"查询条件选择—采购订单列表过滤"对话框，单击【确定】按钮。

（2）此时系统会自动弹出"拷贝并执行"对话框，选择采购订单，采购订单所在行，系统会标上"Y"字样，单击页面上的【确定】按钮，系统自动生成退货单。根据增值税发票上的信息，修改退货数量为"－10"，单击页面上的【保存】按钮。单击工具栏上的【审核】按钮。根据采购订单生成的采购退货单，如图 9 - 84 所示。

采购退回业务

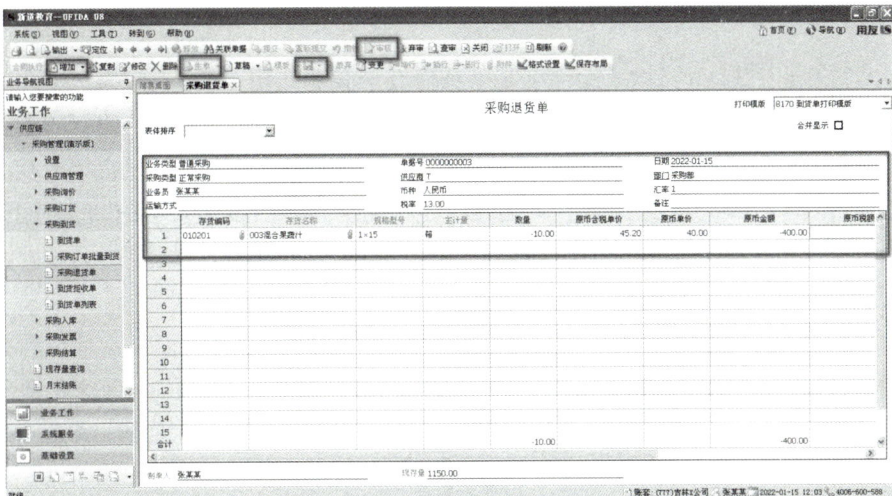

图 9-84 "采购退货单"对话框

## 2. 生成红字采购入库单

2022 年 1 月 15 日，以仓储部丁某某身份登录企业应用平台。

点击页面左下方的【业务工作】按钮，选择"供应链"，点击【库存管理】按钮，点击【入库业务】，执行"采购入库单"的命令，系统会默认打开"采购入库单"对话框（图 9-85）。选择"生单"，执行"采购到货单（红字）"命令，系统会自动打开"查询条件选择—采购到货单列表"对话框。单击页面上的【确定】按钮，系统会自动打开"到货单生单列表"对话框，双击到货单所在行，系统会标上"Y"字样，单击页面上的【确定】按钮，系统自动生成 1 张红字采购入库单，选择仓库为"果蔬汁库"，单击工具栏上的【保存】按钮，再单击工具栏上的【审核】按钮。

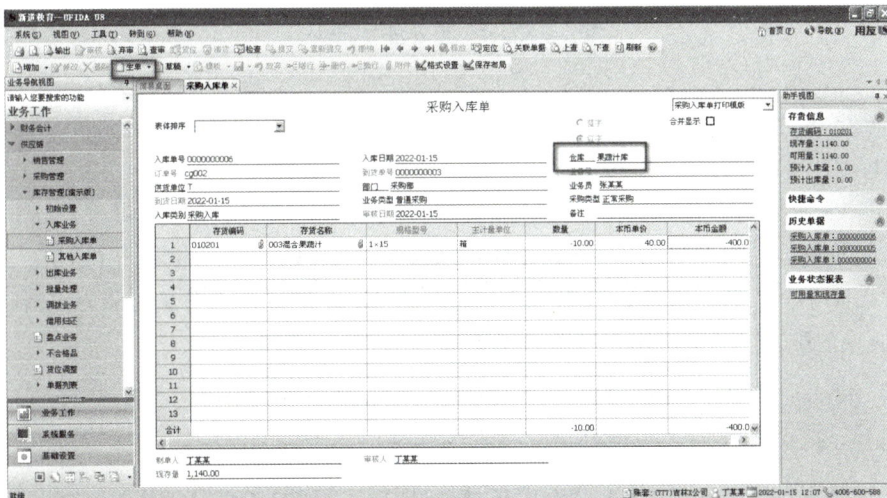

图 9-85 "采购入库单"对话框

### 3. 生成红字专用采购发票

2022年1月15日，以采购部张某某身份登录企业应用平台。

（1）点击页面左下方的【业务工作】按钮，选择"供应链"，点击【采购管理】按钮，点击【采购发票】，执行"红字专用采购发票"的命令，系统会默认打开红字专用采购发票对话框。单击工具栏上的【增加】按钮，再单击工具栏上的【生单】按钮，执行"入库单"命令，系统会自动打开"查询条件选择—采购入库单列表过滤"对话框，单击【确定】按钮。

（2）在系统自动弹出的"拷贝并执行—发票拷贝入库单列表"窗口，选中所要拷贝的采购入库单，标上"Y"标记，单击页面上的【确定】按钮，系统自动生成红字采购专用发票，输入"发票号：35214206"，单击页面的【保存】按钮，如图9-86所示。

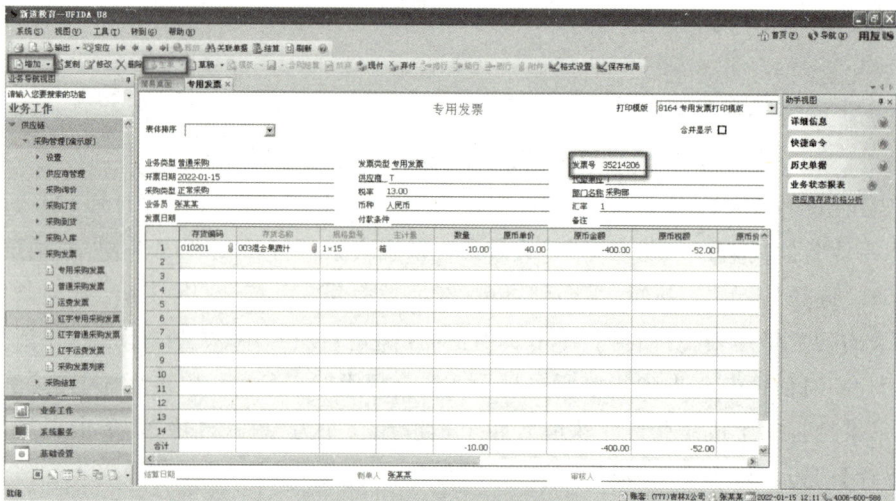

图9-86 "专用发票"对话框

### 4. 采购结算（自动结算）

2022年1月15日，以采购部张某某身份登录企业应用平台。

点击页面左下方的【业务工作】按钮，选择"供应链"，点击【采购管理】按钮，点击【采购结算】，执行"自动结算"的命令，系统会默认打开"自动结算"对话框。同时选中"入库单和发票""红蓝入库单"和"红蓝发票"，即将这两部分的复选框选中，单击页面上的【确定】按钮，此时系统会自动提示"成功结算"对话框。

### 5. 应付单审核并制单

2022年1月15日，以会计王某某身份登录企业应用平台。

（1）点击页面左下方的【业务工作】按钮，选择"财务会计"，点击【应付款管理】按钮，点击【应付单据处理】，执行"应付单据审核"的命令，系统会默认打开"应付单据查询条件"对话框。单击页面上的【确定】按钮，系统会自动弹出"应付单据列表"窗口。

（2）双击【选择】栏，或单击【全选】按钮，单击工具栏上的【审核】按钮，系统会自动完成审核并给出审核报告。

（3）单击页面上的【确定】按钮后退出。执行"制单处理"命令，系统会自动打开"制单查询"对话框，选择"发票制单"，单击页面上的【确定】按钮，系统会自动打开"采购发票制单"窗口。选择"记账凭证"，再单击【全选】按钮，选中要制单的"采购专用发票"。单击【制单】按钮，此时系统会自动生成一张记账凭证，单击工具栏上的【保存】按钮，此时记账凭证的左上角会提示"已生成"字样，如图9-87所示。

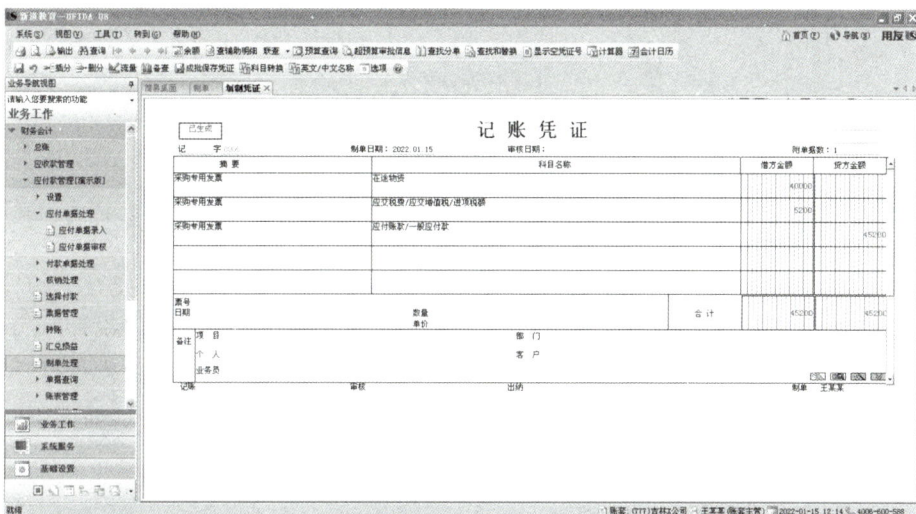

图9-87 "记账凭证"对话框

### 6. 填制红字收款单

2022年1月15日，以出纳赵某某身份登录企业应用平台。

点击页面左下方的【业务工作】按钮，选择"财务会计"，点击【应付款管理】按钮，点击【付款单据处理】，执行"付款单据录入"的命令，系统会默认打开"付款单"对话框。单击页面上的【切换】按钮，按照本道业务题中进账单的信息填写红字收款单，单击页面上的【保存】按钮，如图9-88所示。

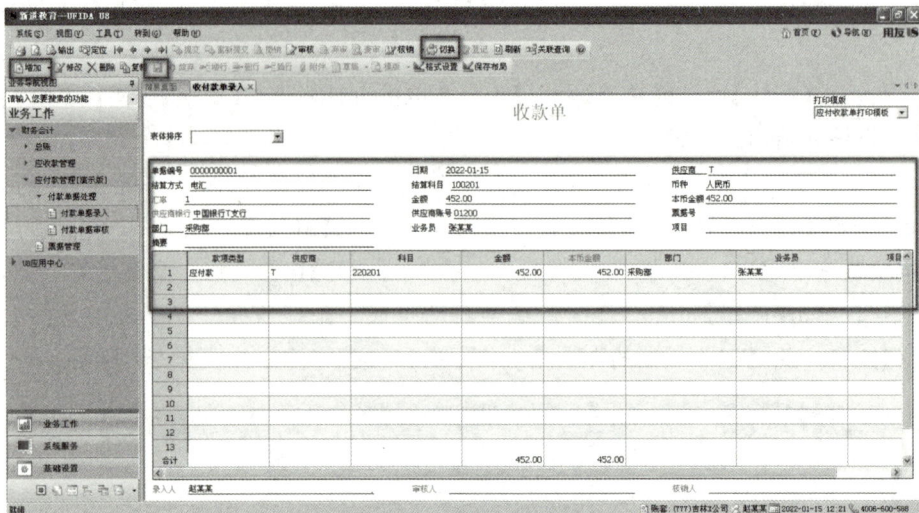

图 9-88　"收款单"对话框

### 7. 收款单审核

2022年1月15日，以会计王某某身份登录企业应用平台。

点击页面左下方的【业务工作】按钮，选择"财务会计"，点击【应付款管理［演示版］】按钮，点击【付款单据处理】，执行"付款单据审核"的命令，系统会默认打开"收付款单列表"对话框。单击页面上的【全选】按钮，单击【审核】按钮，如图 9-89 所示。

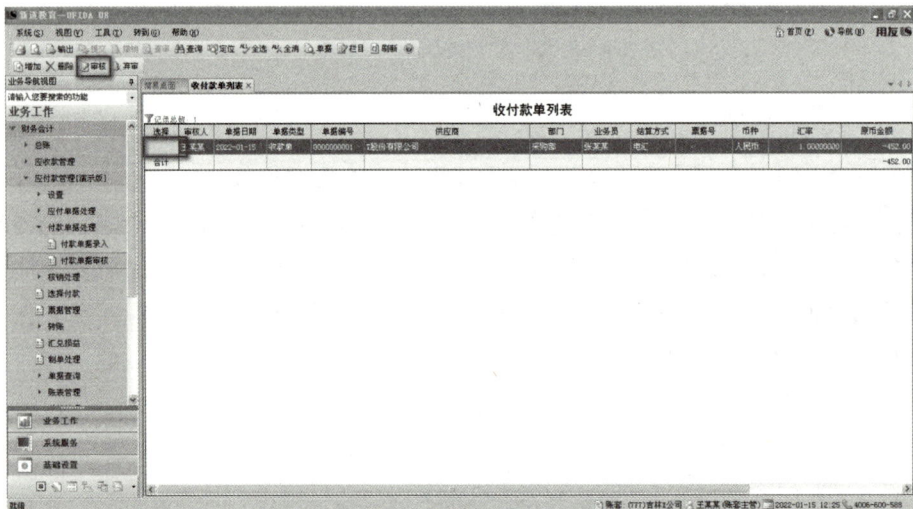

图 9-89　"收付款单列表"对话框

## 8. 手工核销

2022 年 1 月 15 日，以会计王某某身份登录企业应用平台。

点击页面左下方的【业务工作】按钮，选择"财务会计"，点击【应付款管理】按钮，点击【核销】，执行"手工核销"的命令，系统会默认打开"核销条件"对话框。单击页面上的【供应商】按钮，将其更改为"0003"。单击【收付款单】按钮，选择单据类型为"收款单"。单击页面上的【确定】按钮，此时系统会自动打开"单据核销"对话框，输入结算金额为"452.00"，单击页面上的【保存】按钮，如图 9 - 90 所示。

| 单据日期 | 单据类型 | 单据编号 | 供应商 | 款项 | 结算方式 | 币种 | 汇率 | 原币金额 | 原币余额 | 本次结算 | 订单号 |
|---|---|---|---|---|---|---|---|---|---|---|---|
| 2022-01-15 | 收款单 | 0000000001 | T | 应付款 | 电汇 | 人民币 | 1.00000000 | 452.00 | 452.00 | 452.00 | |
| 合计 | | | | | | | | 452.00 | 452.00 | 452.00 | |

| 单据日期 | 单据类型 | 单据编号 | 到期日 | 供应商 | 币种 | 原币金额 | 原币余额 | 可享受折扣 | 本次折扣 | 本次结算 | 订单号 | 凭证号 |
|---|---|---|---|---|---|---|---|---|---|---|---|---|
| 2022-01-15 | 采购专 | 35214206 | 2022-01-15 | T | 人民币 | 452.00 | 452.00 | 0.00 | 0.00 | 452.00 | cg002 | 记-0008 |
| 2021-07-21 | 付款专 | 0000000001 | 2021-07-21 | T | 人民币 | 15,537.50 | 15,537.50 | 0.00 | | | | |
| 合计 | | | | | | 15,989.50 | 15,989.50 | 0.00 | | 452.00 | | |

**图 9 - 90 "单据核销"对话框**

## 9. 收款单、核销合并制单

2022 年 1 月 15 日，以会计王某某身份登录企业应用平台。

点击页面左下方的【业务工作】按钮，选择"财务会计"，点击【应付款管理[演示版]】按钮，点击【应付单据处理】，执行"制单处理"命令，系统会自动打开"制单查询"对话框，选择"收付款单制单"和"核销制单"。单击页面上的【确定】按钮，系统会自动打开"应付制单"窗口。选择"T 股份有限公司"的"收款单"与"核销单"，合并制单。此时系统会自动生成一张记账凭证，单击工具栏上的【保存】按钮，此时记账凭证的左上角会提示"已生成"字样，如图 9 - 91 所示。

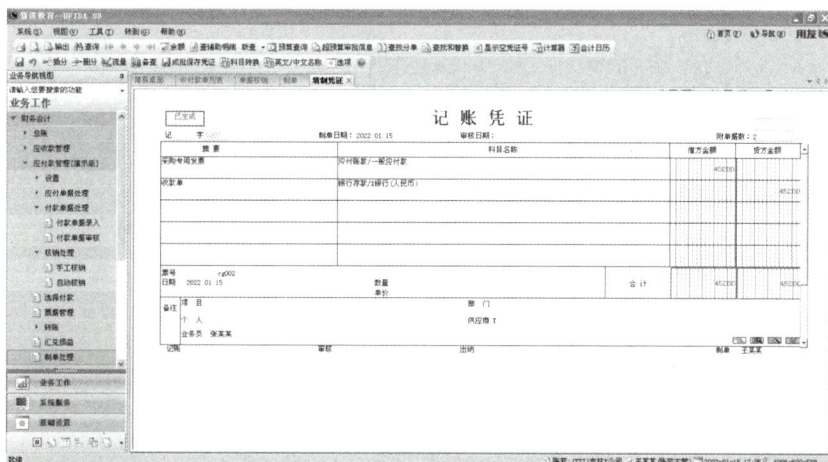

**图 9 - 91 "记账凭证"对话框**

### 10. 核算采购成本

2022年1月15日，以会计王某某身份登录企业应用平台。

(1)点击页面左下方的【业务工作】按钮，选择"供应链"，点击【存货核算［演示版］】按钮，点击【业务核算】，执行"正常单据记账"的命令，系统会默认打开"查询条件选择"对话框。单击页面上的【确定】按钮，系统会自动弹出"正常单据记账列表"窗口。

(2)单击工具栏上的【选择】按钮，或单击【全选】按钮，单击工具栏上的【正常单据记账列表】按钮，单击【全选】按钮。单击【记账】按钮，将采购入库单记账，系统提示"记账成功"对话框。

(3)点击页面左下方的【业务工作】按钮，选择"供应链"，点击【存货核算】按钮，点击【财务核算】，执行"生成凭证"的命令，系统会默认打开"查询条件"对话框。单击页面上的【确定】按钮，系统会自动弹出"未生成凭证单据一览表"窗口。单击工具栏上的【选择】按钮，或单击工具栏上的【全选】按钮，选中待生成凭证的单据，单击页面上的【确定】按钮。凭证类别选择"记账凭证"。单击【生成】按钮，此时系统会自动生成一张记账凭证，单击工具栏上的【保存】按钮，此时记账凭证的左上角会提示"已生成"字样，如图9-92所示。

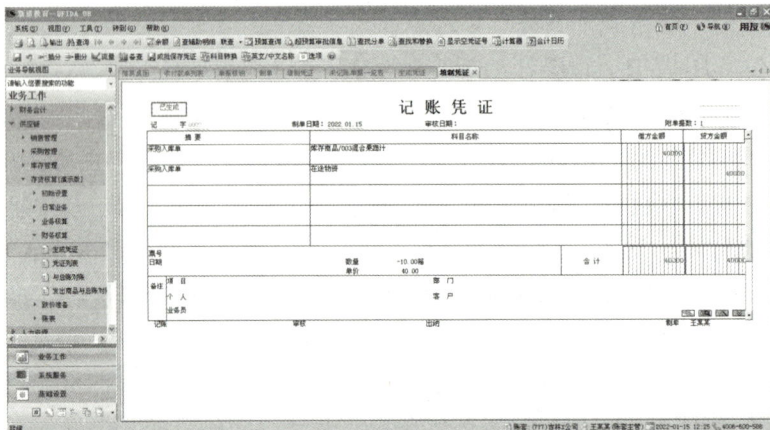

图9-92 "记账凭证"对话框

### 三)暂估入库业务

上月暂估入库的采购业务在本月收到采购发票后，其业务处理流程如图9-93所示。

暂估入库业务

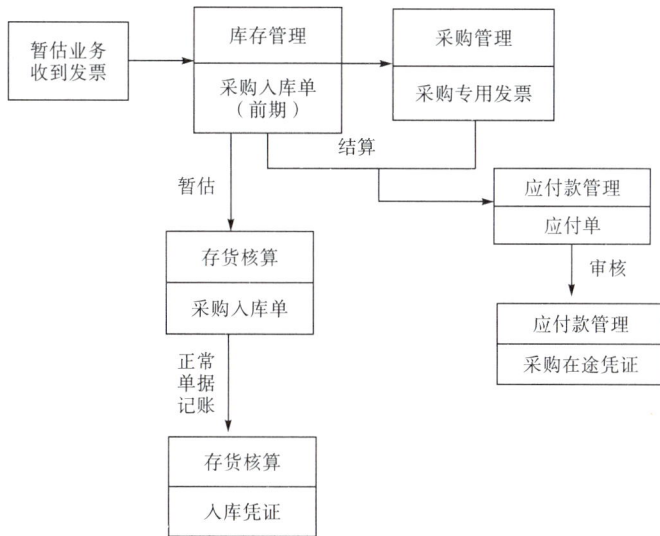

图 9-93　暂估业务收到发票后的业务处理流程

以下是暂估业务收到发票后采购入库凭证的会计分录。

借：原材料；

贷：在途物资。

【业务描述】2022 年 1 月 20 日，从 T 股份有限公司采购的 005 西柚汁，上月月底已到货未取得增值税发票，进行了暂估入库，现取得增值税发票，发票注明采购 005 西柚汁共 700 箱，单价为 42 元/箱，货款尚未支付。"增值税发票"对话框如图 9-94 所示。

图 9-94　"增值税发票"对话框

## 操作指导

### 1. 生成采购专用发票

2022 年 1 月 20 日，以采购部张某某身份登录企业应用平台。

(1)点击页面左下方的【业务工作】按钮，选择"供应链"，点击【采购管理[演示版]】按钮，点击【采购发票】，执行"专用采购发票"的命令，系统会默认打开"专用发票"对话框。单击工具栏上的【增加】按钮，再单击工具栏上的【生单】按钮，执行"入库单"命令，系统会自动打开"查询条件选择—采购入库单列表过滤"对话框，单击【确定】按钮。

(2)在系统自动弹出的"拷贝并执行"窗口中，选中所要拷贝的采购入库单，标上"Y"标记，单击页面上的【确定】按钮，系统自动生成采购专用发票，输入"发票号：42650086"，单击页面的【保存】按钮，如图 9-95 所示。

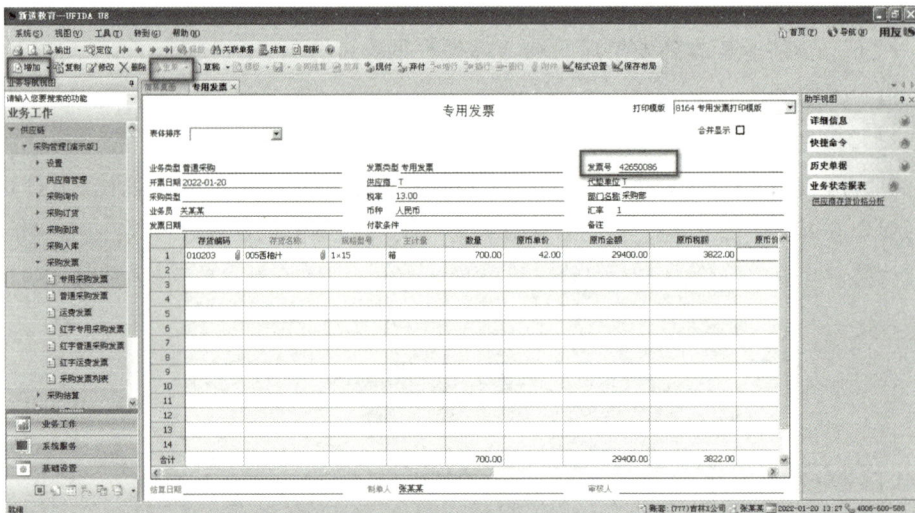

图 9-95 "专用发票"对话框

### 2. 采购结算(手工结算)

2022 年 1 月 20 日，以采购部张某某身份登录企业应用平台。

(1)点击页面左下方的【业务工作】按钮，选择"供应链"，点击【采购管理】按钮，点击【采购结算】，执行"手工结算"的命令，系统会默认打开"手工结算"对话框。单击工具栏上的【选单】按钮，系统会自动打开"结算选单"对话框，再单击【确定】按钮，单击【查询】按钮，系统会自动打开"查询条件选择—采购手工结算"对话框，单击【确定】按钮，选择相应的"采购发票"和"入库单"。

(2)单击页面上的【确定】按钮。系统会自动返还至"手工结算"窗口。单击页面上的【结算】按钮，系统会自动弹出"完成结算"的对话框。

### 3. 应付单据审核与制单

2022年1月20日，以会计王某某身份登录企业应用平台。

（1）点击页面左下方的【业务工作】按钮，选择"财务会计"，点击【应付款管理［演示版］】按钮，点击【应付单据处理】，执行"应付单据审核"的命令，系统会默认打开"应付单据查询条件"对话框。单击页面上的【确定】按钮，系统会自动弹出"应付单据列表"窗口。

（2）双击【选择】栏，或单击【全选】按钮，单击工具栏上的【审核】按钮，系统会自动完成审核并给出审核报告。

（3）单击页面上的【确定】按钮后退出。执行"制单处理"命令，系统会自动打开"制单查询"对话框，选择"发票制单"。

（4）单击页面上的【确定】按钮，系统会自动打开"采购发票制单"窗口。选择"记账凭证"，再单击【全选】按钮，选中要制单的"采购专用发票"。单击【制单】按钮，此时系统会自动生成一张记账凭证，单击工具栏上的【保存】按钮，此时记账凭证的左上角会提示"已生成"字样，如图9-96所示。

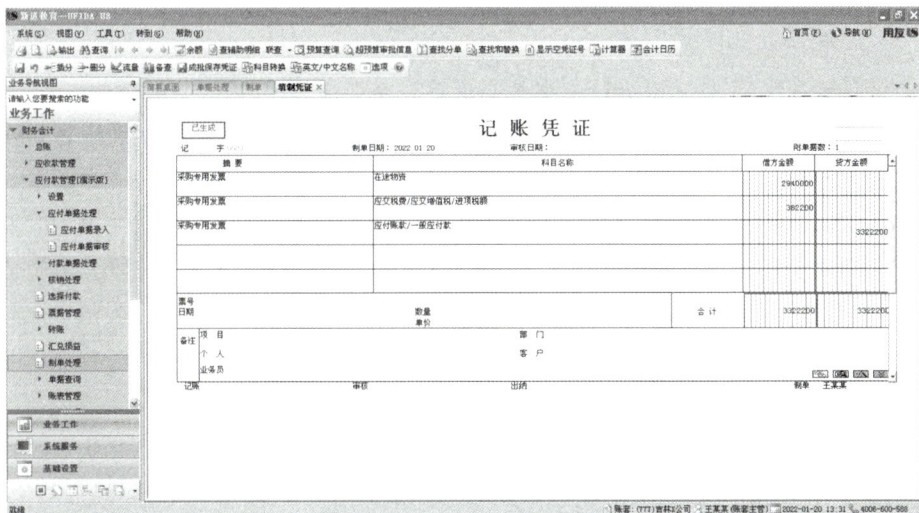

图9-96 "记账凭证"对话框

### 4. 结算成本处理

2022年1月20日，以会计王某某身份登录企业应用平台。

点击页面左下方的【业务工作】按钮，选择"供应链"，点击【存货核算［演示版］】按钮，点击【业务核算】，执行"结算成本处理"的命令，系统会默认打开"查询条件"对话框。单击页面上的【确定】按钮，系统会自动弹出"暂估处理查询"窗口。仓库选择"果蔬汁库"，再选中未全部结算完的单据是否显示。单击页面上的【确定】按钮，此时系统会自动打开"暂估成本处理"窗口。单击工具栏上的【选择】栏，或单击【全选】按钮，选中要暂估结算的结算单。再单击【暂估】按钮，如图9-97所示。

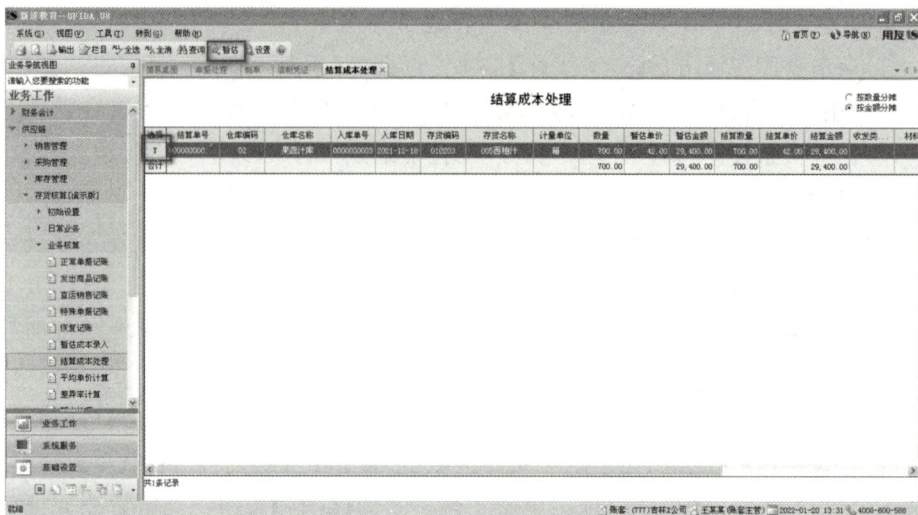

图9-97 "结算成本处理"对话框

### 5. 生成红蓝回冲单凭证

2022年1月20日，以会计王某某身份登录企业应用平台。

(1)点击页面左下方的【业务工作】按钮，选择"供应链"，点击【存货核算】按钮，点击【财务核算】，执行"生成凭证"的命令，系统会默认打开"生成凭证"对话框。单击页面上的【选择】按钮，系统会自动弹出"查询条件"窗口。将"红字回冲单"和"蓝字回冲单"两项全部选中，单击页面上的【确定】按钮，此时系统会自动打开"未生成凭证单据一览表"窗口。单击工具栏上的【选择】栏。单击页面上的【确定】按钮，此时系统就会自动打开"生成凭证"对话框，如图9-98所示。

图9-98 "生成凭证"对话框

(2)单击工具栏上的【生成】按钮，此时系统会自动生成两张记账凭证，单击工具栏上的【保存】按钮，此时记账凭证的左上角会提示"已生成"字样，其系统操作流程如图9-99、图9-100所示。

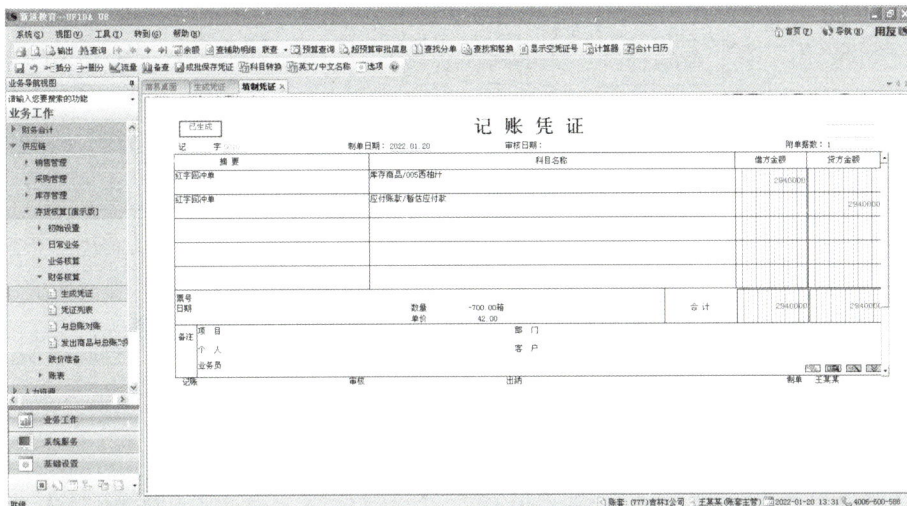

图 9-99 "记账凭证"对话框 1

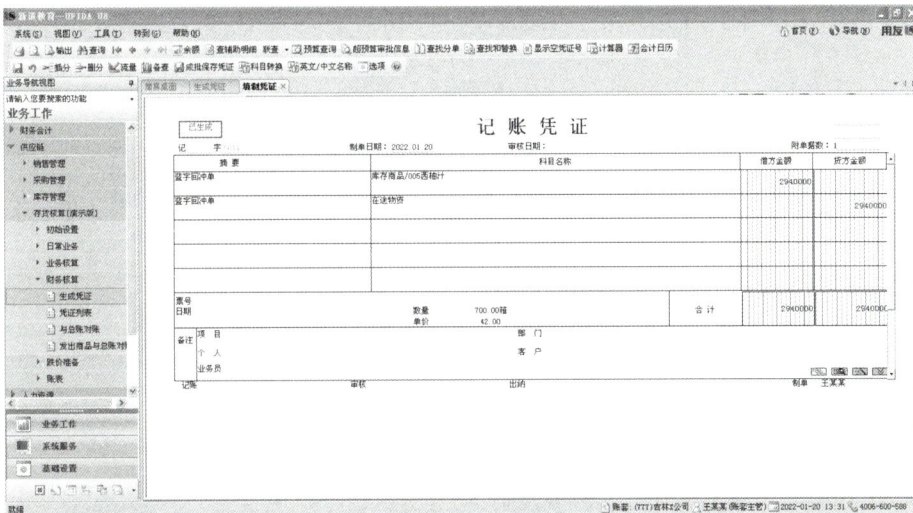

图 9-100 "记账凭证"对话框 2

### 四)接受赠品业务

接受赠品业务的特点是不需要支付货款，所以不需要在系统中录入发票，只需要进行商品入库核算。其业务流程如图 9-101 所示。

接受赠品业务

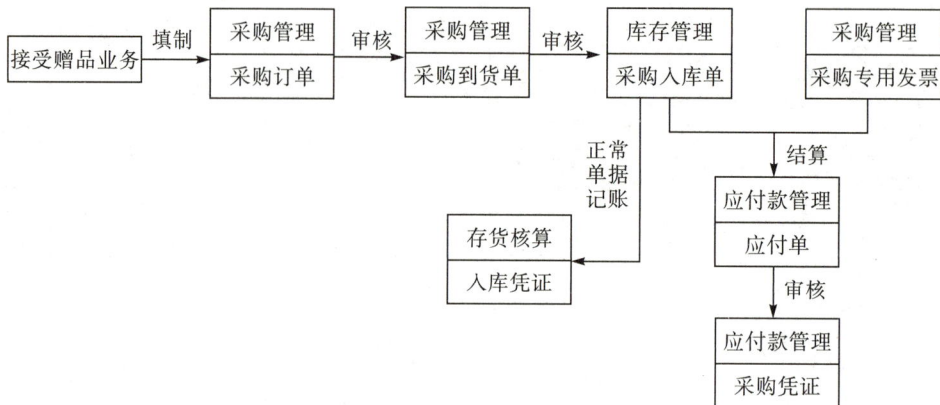

**图 9-101　接受赠品业务流程**

【业务描述】2022年1月25日，吉林×公司与T股份有限公司采购合同，采购004橙汁250箱，含税单价62.15元/箱，合同约定免费赠送006乌龙茶50箱。T股份有限公司开具全额增值税发票，货物已于当日送达，货款尚未支付。取得与该业务相关的凭证如图9-102、图9-103、图9-104、图9-105所示。

**购销合同**

供货方：T股份有限公司　　　　　合同号：　cg005
购买方：吉林X公司　　　　　　　签订日期：2022年01月25日

经双方协议，订立本合同如下：

| 商品型号 | 名称 | 数量 | 单价 | 总额 | 其他要求 |
|---|---|---|---|---|---|
| 010202 | 004 橙汁 | 250.00 | 62.15 | 15537.50 | |
| 010205 | 006 乌龙茶 | 50.00 | 0.00 | 0.00 | 赠送 |
| | | | | | |
| 合计 | | 250.00 | | 15537.50 | |
| 货款合计（大写）： | 人民币壹万伍仟伍佰叁拾柒元伍角 | | | | |

质量验收标准：　　　验收合格
交货日期：　　　　　2022年01月25日
交货地点：　　　　　吉林省长春市X街
结算方式：　　　　　银行承兑汇票
发运方式：公路运输，运费由销售方承担。
付款条件：　　　　　无

**违约条款：** 违约方需赔偿对方一切经济损失，但遇天灾人祸或其他不可抗力因素而导致延误交货，购买方不能要求供货方赔偿任何损失。
**解决合同纠纷的方式：** 经双方协商解决；如协商不成，可向当地仲裁委员会提出申诉解决办法。
本合同一式两份，供需双方各执一份，自签订之日起生效。
供货方（盖章）　　　　　　　　　购买方（盖章）
地址：浙江省杭州市×路　　　　　地址：吉林省长春市X街
法定代表：张某某　　　　　　　　法定代表：刘某某
联系电话：0571-90483332　　　　联系电话：0431-66780000

**图 9-102　"购销合同"对话框**

浙江增值税专用发票

NO. 400232086  01177882426

400232086

发 票 联

开票日期：2022 年 01 月 25 日

| 购买方 | 名称 | 吉林X公司 | | | | 密码区 | | | 略 | |
|---|---|---|---|---|---|---|---|---|---|---|
| | 纳税人识别号 | 0001 | | | | | | | | |
| | 地址、电话 | 吉林省长春市X街，56780000 | | | | | | | | |
| | 开户行及账号 | 中国银行X支行，0001 | | | | | | | | |

| 货物或应税劳务、服务名称 | 规格型号 | 单位 | 数量 | 单价 | 金额 | 税率 | 税额 |
|---|---|---|---|---|---|---|---|
| 004橙汁 | 010202 | 箱 | 250.00 | 55.00 | 13750.00 | 13% | 1787.50 |
| 006乌龙茶 | 010205 | 箱 | 50.00 | 0.00 | 0.00 | 13% | 0.00 |
| 合计 | | | 500.00 | | 13750.00 | | 1787.50 |

价税合计（大写）：壹万伍仟伍佰叁拾柒元伍角

| 销货方 | 名称 | T股份有限公司 | 备注 | |
|---|---|---|---|---|
| | 纳税人识别号 | 01200 | | |
| | 地址、电话 | 浙江省杭州市T路，0571-80483388 | | |
| | 开户行及账号 | 中国银行T支行，01200 | | |

收款人：略          复核：略          开票人：略          销售方（章）：

**图 9－103 "增值税发票"对话框**

## 入库单

2022 年   01 月   25 日                           单号：0000000006

| 交货部门 | 采购部 | | 发票单号 | 400232086 | 验收仓库 | 果蔬汁库 | 入库日期 | 2022/01/25 |
|---|---|---|---|---|---|---|---|---|
| 编号 | 名称及规格 | 单位 | 数量 | | 实际价格 | | 备注 | |
| | | | 应收 | 实收 | 单价 | 金额 | | |
| 010202 | 004橙汁 | 箱 | 250.00 | 250.00 | | | | |
| | | | | | | | | |
| | | | | | | | | |
| | | | | | | | | |
| 合计 | | | 250.00 | 250.00 | | | | |

部门经理：略          会计：略          仓库：略          经办人：略

**图 9－104 "入库单"对话框 1**

## 入库单

2022 年   01 月   25 日                           单号：000000007

| 交货部门 | 采购部 | | 发票单号 | 400232086 | 验收仓库 | 赠品库 | 入库日期 | 2022/01/25 |
|---|---|---|---|---|---|---|---|---|
| 编号 | 名称及规格 | 单位 | 数量 | | 实际价格 | | 备注 | |
| | | | 应收 | 实收 | 单价 | 金额 | | |
| 010205 | 006乌龙茶 | 箱 | 50.00 | 50.00 | | | | |
| | | | | | | | | |
| | | | | | | | | |
| | | | | | | | | |
| 合计 | | | 50.00 | 50.00 | | | | |

部门经理：略          会计：略          仓库：略          经办人：略

**图 9－105 "入库单"对话框 2**

## 操作指导

### 1. 填制采购订单

2022 年 1 月 25 日，以采购部张某某身份登录企业应用平台。

点击页面左下方的【业务工作】按钮，选择"供应链"，点击【采购管理［演示版］】按钮，点击【采购订货】，执行"采购订单"的命令，系统会默认打开"采购订单"对话框。单击工具栏左上角的【增加】按钮，按照购销合同的内容，在页面的"订单编号"输入"cg005"，"采购类型"中选择"正常采购"，"供应商"选择"T"，"部门"选择"采购部"，"业务员"选择"张某某"。在表体中，第一行"存货编码"选择"010202"，"数量"输入为"250.00"，"原币含税单价"为"62.15"，修改"计划到货期"为"2022 - 01 - 25"，第二行中录入"006 乌龙茶"的所有信息，当上述信息都填写完毕后，其他信息由系统自动带出，单击工具栏上的【保存】按钮。保存后，再次单击工具栏上的【审核】按钮，如图 9 - 106 所示。

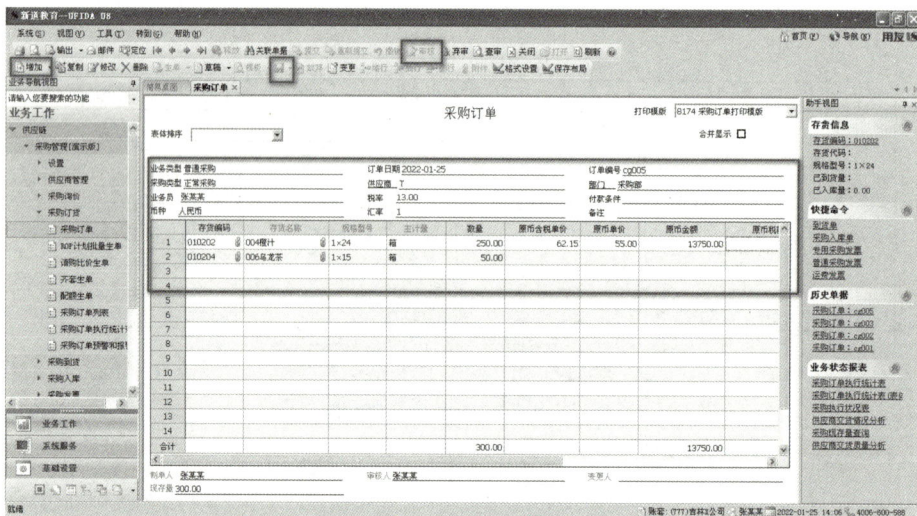

图 9 - 106 "采购订单"对话框

### 2. 生成采购到货单

2022 年 1 月 25 日，以采购部张某某身份登录企业应用平台。

(1)点击页面左下方的【业务工作】按钮，选择"供应链"，点击【采购管理［演示版］】按钮，点击【采购到货】，执行"到货单"的命令，系统会默认打开"到货单"对话框。单击工具栏左上角的【增加】按钮，再单击工具栏上的【生单】下拉按钮，选择采购订单，系统会自动打开"查询条件选择—采购订单列表过滤"对话框，单击【确定】按钮。

（2）打开"拷贝并执行"窗口。在"到货单拷贝订单表头列表"中，双击需要参照的采购订单的【选择】栏，标上"Y"标记，单击【确定】按钮，将该采购订单的相关信息导入采购到货单。

（3）根据业务情况修改到货单，可在此修改到货日期、到货数量等，单击工具栏上的【保存】按钮。保存后，再单击工具栏上的【审核】按钮，其系统操作流程如图9-107所示。

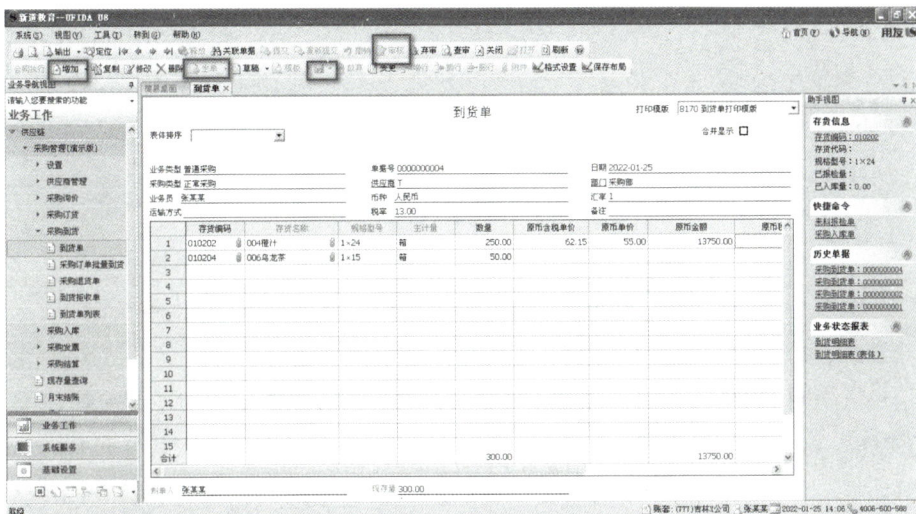

图9-107 "到货单"对话框

### 3. 生成采购入库单

2022年1月25日，以仓储部丁某某身份登录企业应用平台。

（1）点击页面左下方的【业务工作】按钮，选择"供应链"，点击【库存管理[演示版]】按钮，点击【入库业务】，执行"采购入库单"的命令，系统会默认打开"采购入库单"对话框。单击工具栏上的【生单】下拉按钮，选择"采购到货单（蓝字）"，系统会自动打开"查询条件选择—采购到货单列表"对话框，单击【确定】按钮。

（2）打开"到货单生单列表"。

（3）选择相应的"到货单生单表头"，双击到货单所在行，系统会标上"Y"字样，单击页面上的【确定】按钮，系统自动生成采购入库单，选择仓库为"果蔬汁库"，单击工具栏上的【保存】按钮，再单击工具栏上的【审核】按钮，如图9-108所示。

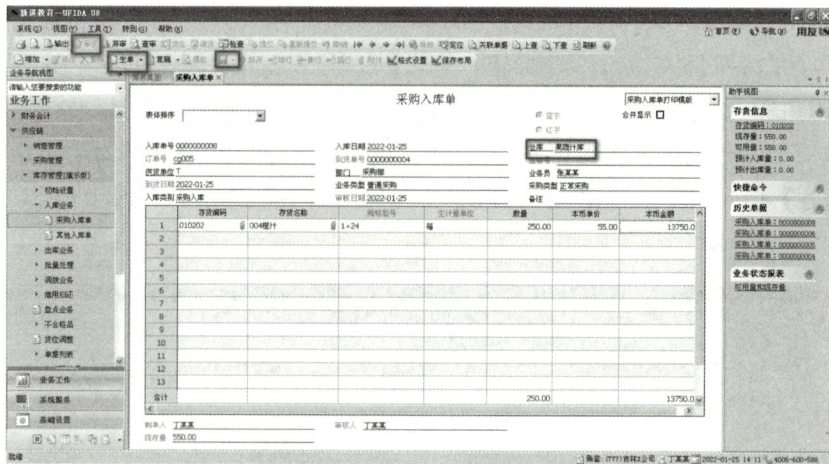

图 9 - 108　"采购入库单"对话框

### 4. 生成采购(赠品)入库单

2022 年 1 月 25 日，以仓储部丁某某身份登录企业应用平台。

(1)点击页面左下方的【业务工作】按钮，选择"供应链"，点击【库存管理[演示版]】按钮，点击【入库业务】，执行"采购入库单"的命令，系统会默认打开"采购入库单"对话框。单击工具栏上的【生单】下拉按钮，选择"采购到货单(蓝字)"，系统会自动打开"查询条件选择—采购到货单列表"对话框，单击【确定】按钮。

(2)打开"到货单生单列表"。

(3)选择相应的"到货单生单表头"，双击到货单所在行，系统会标上"Y"字样，单击页面上的【确定】按钮，系统自动生成采购入库单，选择仓库为"赠品库"，单击工具栏上的【保存】按钮，再单击工具栏上的【审核】按钮，如图 9 - 109 所示。

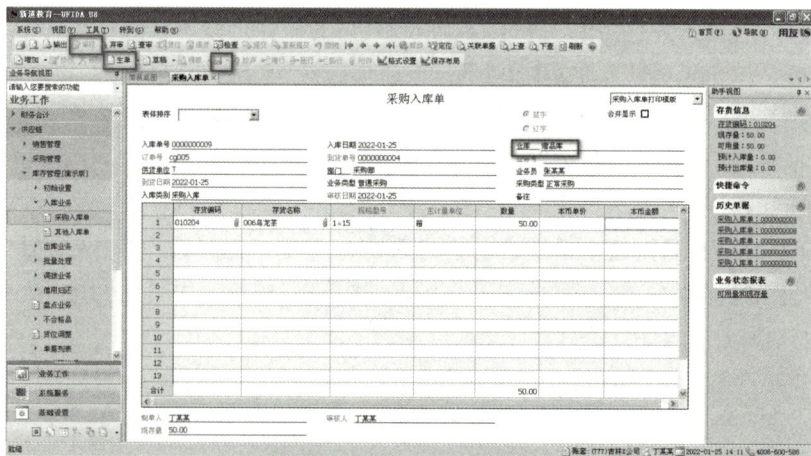

图 9 - 109　"采购入库单"对话框

## 5. 填制采购专用发票

2022 年 1 月 25 日，以采购部张某某身份登录企业应用平台。

(1)点击页面左下方的【业务工作】按钮，选择"供应链"，点击【采购管理[演示版]】按钮，点击【采购发票】，执行"采购专用发票"的命令，系统会默认打开"专用发票"对话框。单击工具栏上的【增加】按钮，再单击工具栏上的【生单】按钮，执行"采购订单"命令，系统会自动打开"查询条件选择—采购订单列表过滤"对话框，单击【确定】按钮。

(2)在系统自动弹出的"拷贝并执行"窗口，选中所要拷贝的采购订单，标上"Y"标记，单击页面上的【确定】按钮，系统自动生成采购专用发票，输入"发票号：400232086"，单击页面的【保存】按钮，如图 9 - 110 所示。

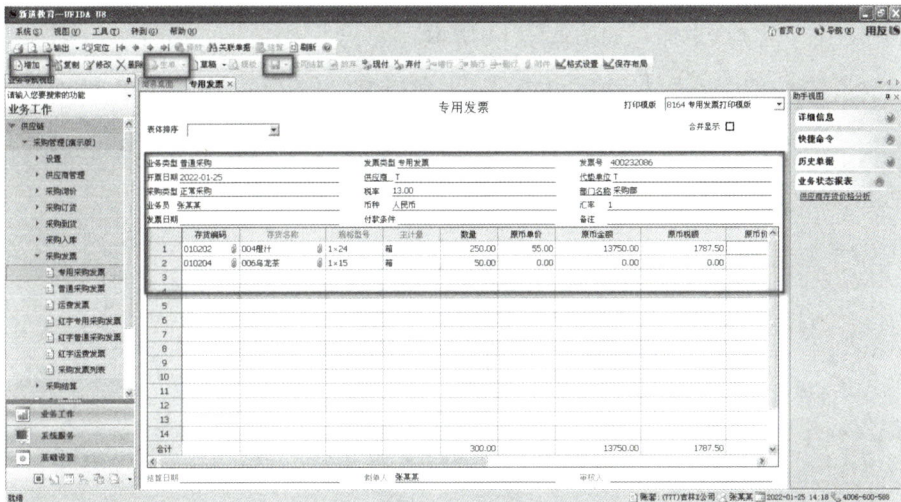

图 9 - 110 "专用发票"对话框

## 6. 采购结算(手工结算)

2022 年 1 月 25 日，以采购部张某某身份登录企业应用平台。

(1)点击页面左下方的【业务工作】按钮，选择"供应链"，点击【采购管理】按钮，点击【采购结算】，执行"手工结算"的命令，系统会默认打开"手工结算"对话框。单击工具栏上的【选单】按钮，系统会自动打开"结算选单"对话框，再单击【确定】按钮，单击【查询】按钮，系统会自动打开"查询条件选择—采购手工结算"对话框，单击【确定】按钮，选择相应的"采购发票"和"入库单"。

(2)单击页面上的【确定】按钮。系统会自动返还至"手工结算"窗口。单击页面上的【结算】按钮，系统会自动弹出"完成结算"的对话框。

## 7. 应付单据审核与制单

2022 年 1 月 25 日，以会计王某某身份登录企业应用平台。

(1)点击页面左下方的【业务工作】按钮，选择"财务会计"，点击【应付款管理［演示版］】按钮，点击【应付单据处理】，执行"应付单据审核"的命令，系统会默认打开"应付单据查询条件"对话框。单击页面上的【确定】按钮，系统会自动弹出"应付单据列表"窗口。

(2)双击【选择】栏，或单击【全选】按钮，单击工具栏上的【审核】按钮，系统会自动完成审核并给出审核报告。

(3)单击页面上的【确定】按钮后退出。执行"制单处理"命令，系统会自动打开"制单查询"对话框，选择"发票制单"。

(4)单击页面上的【确定】按钮，系统会自动打开"采购发票制单"窗口。选择"记账凭证"，再单击【全选】按钮，选中要制单的"采购专用发票"。单击【制单】按钮，此时系统会自动生成一张记账凭证，单击工具栏上的【保存】按钮，此时记账凭证的左上角会提示"已生成"字样，如图9－111所示。

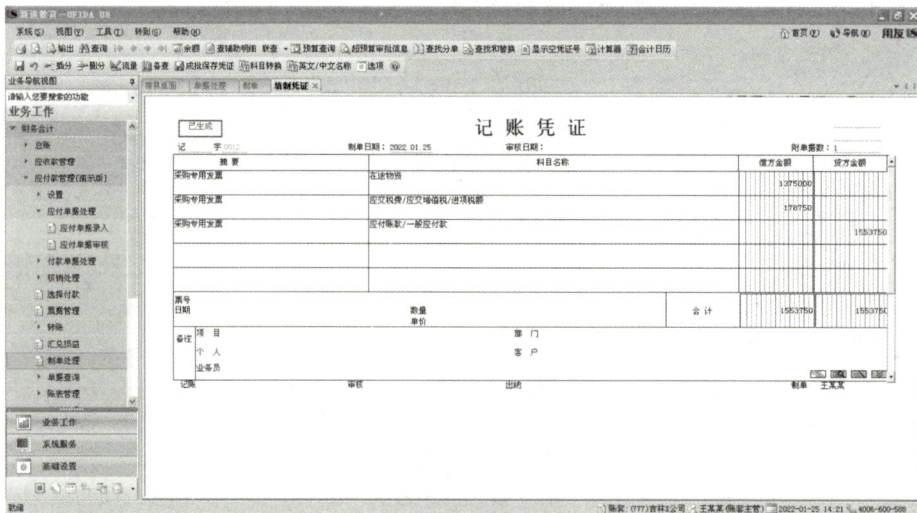

图9－111　"记账凭证"对话框1

### 8. 核算采购成本

2022年1月25日，以会计王某某身份登录企业应用平台。

(1)点击页面左下方的【业务工作】按钮，选择"供应链"，点击【存货核算［演示版］】按钮，点击【业务核算】，执行"正常单据记账"的命令，系统会默认打开"查询条件选择"对话框。单击页面上的【确定】按钮，系统会自动弹出"正常单据记账列表"窗口。

(2)双击选择第2、3条记录。单击【记账】按钮，将采购入库单记账，系统提示"记账成功"对话框。

(3)点击页面左下方的【业务工作】按钮，选择"供应链"，点击【存货核算［演示版]按钮，点击【财务核算】，执行"生成凭证"的命令，系统会默认打开"查询条件"对话框。单击页面上的【确定】按钮，系统会自动弹出"未生成凭证单据一览表"窗口。单击工具栏上的【选择】按钮，或单击工具栏上的【全选】按钮，选中待生成凭证的单据，单击页面上的【确定】按钮。凭证类别选择"记账凭证"。单击【生成】按钮，此时系统会自动生成一张记账凭证，单击工具栏上的【保存】按钮，此时记账凭证的左上角会提示"已生成"字样，如图 9 - 112 所示。

图 9 - 112 "记账凭证"对话框 2

# 任务三 销售管理系统业务处理

## 一、任务描述与分析

吉林×公司已经完成"采购管理系统"的操作。将计算机系统时间调整为 2022 年 1 月 31 日，将"采购管理系统"的备份账套数据引入用友 ERP - U8 系统。

## 二、相关知识

销售管理系统既可以单独使用，也可以与用友 ERP - U8 管理系统的库存管理、存货核算、采购管理、应收款管理等系统集成使用，销售管理系统与其他管理系统的主要关系如图 9 - 113 所示。

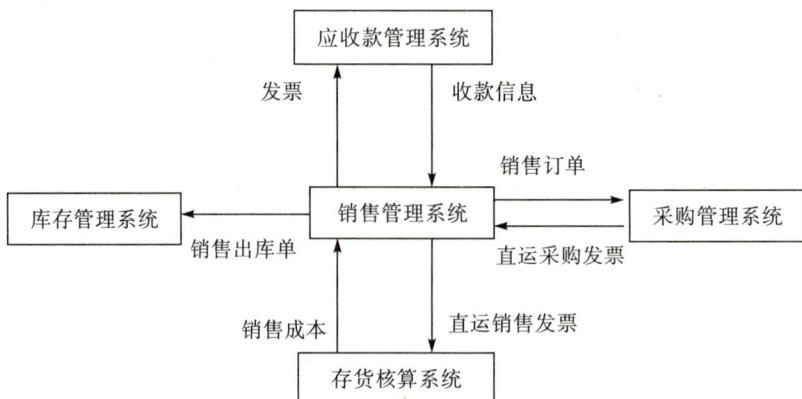

图 9－113　销售管理系统与其他系统的主要关系

## 三、任务实施

根据 1 月发生的经济业务进行相关单据的处理，并进行会计核算。

### 一）普通销售业务

普通销售业务是普遍发生的销售业务类型。根据业务处理流程的不同，着重介绍普通销售业务中赊销和现结销售的处理方法。

### （一）赊销业务

赊销业务是指销售的货物已发出，发票已开具，但尚未收到货款。其业务处理流程如图 9－114 所示。

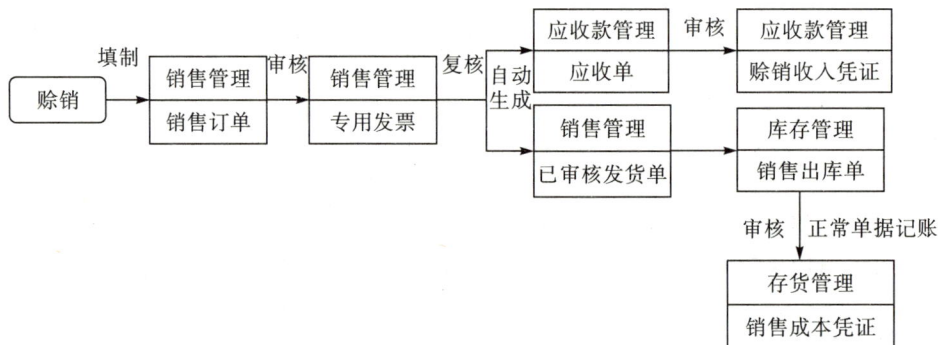

图 9－114　赊销业务处理流程

销售收入凭证如下。

　　借：应收账款。

　　贷：主营业务收入；

　　　　应交税费—应交增值税（销项税额）。

销售成本凭证如下。

借：主营业务成本；

贷：库存商品。

【业务描述】2022 年 1 月 5 日，吉林×公司与长春 A 集团股份有限公司签订销售合同，销售 001 纯牛奶共 100 箱，含税单价为 79.10 元/箱，无现金折扣，交货时间为当天，当日发货并开具销售发票，货款未收。取得与该业务相关的凭证如图 9 - 115、图 9 - 116、图 9 - 117 所示。

## 购销合同

供货方：吉林 X 公司　　　　　　合 同 号：XS001

购买方：长春 A 集团股份有限公司　签订日期：2022 年 1 月 5 日

经双方协议，订立本合同如下：

| 商品型号 | 名称 | 数量 | 单价 | 总额 | 其他要求 |
|---|---|---|---|---|---|
| 010101 | 001 纯牛奶 | 100.00 | 79.10 | 7910.00 | |
| | | | | | |
| | | | | | |
| | | | | | |
| 合计 | | 100.00 | 79.10 | 7910.00 | |
| 货款合计（大写）：　　人民币柒仟玖佰壹拾元整 | | | | | |

质量验收标准：验收合格

交货日期：2022 年 1 月 5 日

交货地点：长春市 A 路

结算方式：转账支票

发运方式：公路运输，运费由销售方承担。

付款条件：　　　　　　　　　　　无

**违约条款**：违约方需赔偿对方一切经济损失，但遇天灾人祸或其他不可抗力因素而导致延误交货，购买方不能要求供货方赔偿任何损失。

**解决合同纠纷的方式**：经双方协商解决；如协商不成，可向当地仲裁委员会提出申诉解决办法。

本合同一式两份，供需双方各执一份，自签订之日起生效。

供货方（盖章）　　　　　　　　购买方（盖章）

地址：吉林省长春市 X 街　　　　地址：长春市 A 路

法定代表人：刘某某　　　　　　法定代表人：李某

联系电话：0431-66730000　　　联系电话：0431-88888888

**图 9 - 115　"购销合同"对话框**

吉林增值税专用发票

NO. 31200286　0111012426
31200286

记账联

开票日期：2022 年 01 月 05 日

| 购买方 | 名称 | 长春 A 集团股份有限公司 | | | | | | 密码区 | 略 |
|---|---|---|---|---|---|---|---|---|---|
| | 纳税人识别号 | 01000 | | | | | | | |
| | 地址、电话 | 吉林省长春市 A 路,0431-88888888 | | | | | | | |
| | 开户行及账号 | 中国银行 A 支行, 01000 | | | | | | | |

| 货物或应税劳务、服务名称 | 规格型号 | 单位 | 数量 | 单价 | 金额 | 税率 | 税额 |
|---|---|---|---|---|---|---|---|
| 001 纯牛奶 | 010101 | 箱 | 100.00 | 70.00 | 7000.00 | 13.00% | 910.00 |
| 合计 | | | 100.00 | | 7000.00 | | 910.00 |

| 价税合计（大写）： | 柒仟玖佰壹拾元整 | | | |
|---|---|---|---|---|
| 销货方 | 名称 | 吉林 X 公司 | 备注 | 税号：00001 发票专用章 |
| | 纳税人识别号 | 0001 | | |
| | 地址、电话 | 吉林省长春市 X 街, 56780000 | | |
| | 开户行及账号 | 中国银行 X 支行, 0001 | | |

收款人：略　　　　　复核：略　　　　　开票人：略　　　　　销售方（章）：

**图 9-116　"增值税发票"对话框**

出库单

2022 年　1 月　05 日　　　　　　单号：00000001

| 交货部门 | 采购部 | 发票单号 | 31200286 | 验收仓库 | 乳制品库 | 入库日期 | 2022/01/05 |
|---|---|---|---|---|---|---|---|
| 编号 | 名称及规格 | 单位 | 数量 | | 金额 | 备注 | |
| | | | 应收 | 实收 | | | |
| 010101 | 001 纯牛奶 | 箱 | 100.00 | 100.00 | | | |
| | | | | | | | |
| | | | | | | | |
| | | | | | | | |
| 合计 | | | 100.00 | 100.00 | | | |

会计联

部门经理：略　　　　会计：略　　　　仓库：略　　　　经办：略

**图 9-117　"出库单"对话框**

## 操作指导

### 1. 填制销售订单

2022 年 1 月 5 日，以销售部于某某身份登录企业应用平台。

点击页面左下方的【业务工作】按钮，选择"供应链"，点击【销售管理[演示版]】按钮，点击【销售订货】，执行"销售订单"的命令，系统会默认打开"销售订单"对话框。单击工具栏左上角的【增加】按钮，按照购销合同的内容，在页面的"订单号"输入"xs001"，

赊销业务

"销售类型"选择"正常销售","客户简称"选择"A","存货编码"中输入"010101",输入数量和含税单价,上述信息都填写完毕后,其他信息由系统自动带出,单击工具栏上的【保存】按钮。保存后,再次单击工具栏上的【审核】按钮,如图 9-118 所示。

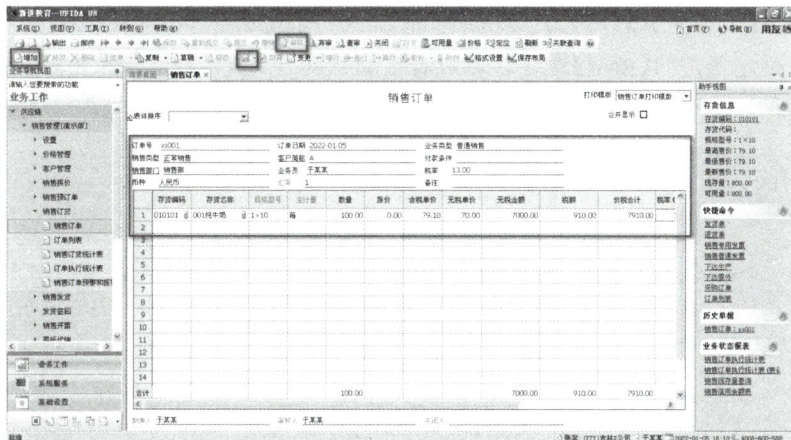

图 9-118 "销售订单"对话框

### 2. 生成销售专用发票

2022 年 1 月 5 日,以销售部于某某身份登录企业应用平台。

点击页面左下方的【业务工作】按钮,选择"供应链",点击【销售管理[演示版]】按钮,点击【销售开票】,执行"销售专用发票"的命令,系统会默认打开"销售专用发票"对话框。单击工具栏上的【增加】按钮,系统会自动打开"查询条件选择—参照订单"对话框,单击【确定】按钮,输入"发票号:31200286",修改表体"仓库名称"为"乳制品库",单击工具栏上的【保存】按钮,单击工具栏上的【复核】按钮,如图 9-119 所示。

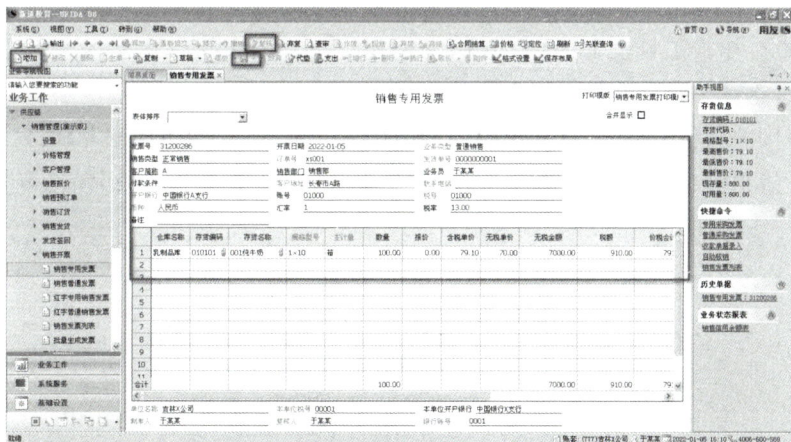

图 9-119 "销售专用发票"对话框

### 3. 浏览发货单

2022 年 1 月 5 日，以销售部于某某身份登录企业应用平台。

点击页面左下方的【业务工作】按钮，选择"供应链"，点击【销售管理［演示版］】按钮，点击【销售发货】，执行"发货单"的命令，系统会默认打开"发货单"对话框。单击工具栏左上角的【浏览】按钮，可以查看系统根据销售专用发票自动生成并审核的发货单，如图 9 - 120 所示。

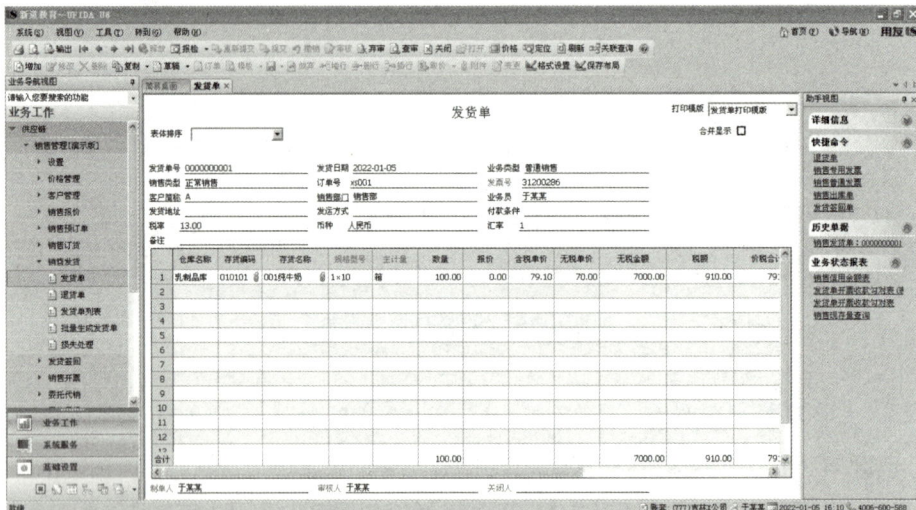

图 9 - 120 "发货单"对话框

### 4. 生成销售出库单

2022 年 1 月 5 日，以仓管员丁某某身份登录企业应用平台。

(1)点击页面左下方的【业务工作】按钮，选择"供应链"，点击【库存管理［演示版］】按钮，点击【出库业务】，执行"销售出库单"的命令，系统会默认打开"销售出库单"对话框。单击工具栏上的【生单】下拉按钮，选择"销售生单"，系统会自动打开"查询条件选择—销售发货单列表"对话框，单击【确定】按钮。

(2)打开"销售生单"，选择相应的"发货单"，单击页面上的【确定】按钮，系统自动生成销售出库单，单击工具栏上的【保存】按钮，再单击工具栏上的【审核】按钮，如图 9 - 121 所示。

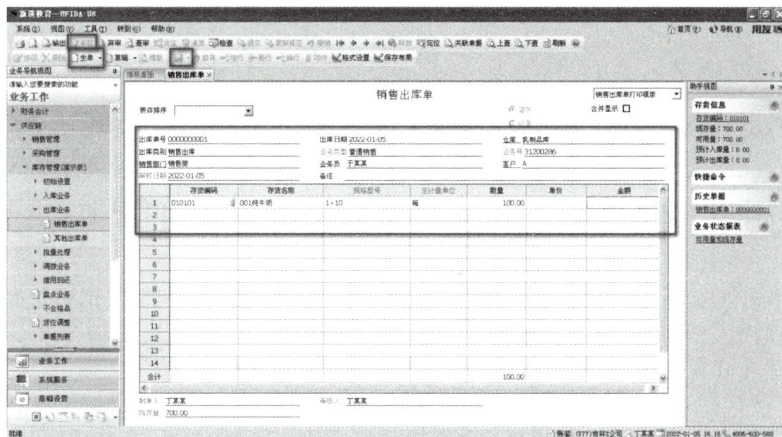

图 9-121 "销售出库单"对话框

### 5. 应收单审核与制单

2022 年 1 月 5 日，以会计王某某身份登录企业应用平台。

(1)点击页面左下方的【业务工作】按钮，选择"财务会计"，点击【应收款管理〖演示版〗】按钮，点击【应收款单据处理】，执行"应收单据审核"的命令，系统会默认打开"应收单据列表"对话框。双击【选择】栏，或单击【全选】按钮，单击工具栏上的【审核】按钮，系统会自动完成审核并给出审核报告。

(2)单击页面上的【确定】按钮后退出。执行"制单处理"命令，系统会自动打开"制单查询"对话框，选择"发票制单"。

(3)单击页面上的【确定】按钮，系统会自动打开"销售发票制单"窗口。选择"记账凭证"，再单击【全选】按钮，选中要制单的"销售专用发票"。单击【制单】按钮，此时系统会自动生成一张记账凭证，单击工具栏上的【保存】按钮，此时记账凭证的左上角会提示"已生成"字样，如图 9-122 所示。

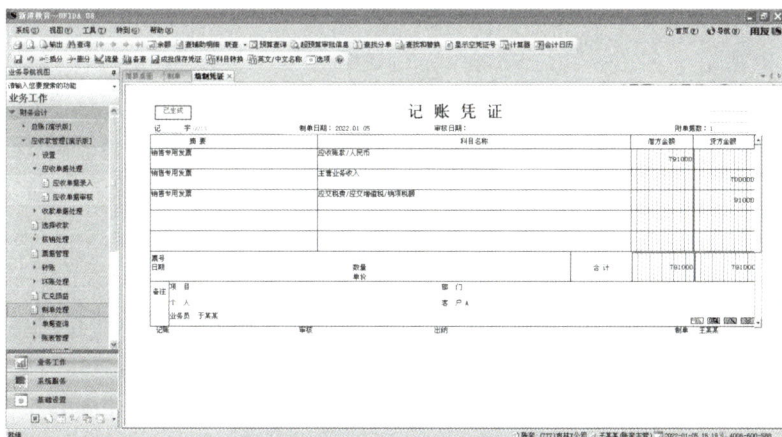

图 9-122 "记账凭证"对话框

289

#### 6.结转销售成本

2022年1月5日，以会计王某某身份登录企业应用平台。

(1)点击页面左下方的【业务工作】按钮，选择"供应链"，点击【存货核算[演示版]】按钮，点击【业务核算】，执行"正常单据记账"的命令，系统会默认打开"查询条件选择"对话框。单击页面上的【确定】按钮，系统会自动弹出"正常单据记账列表"窗口。

(2)单击工具栏上的【选择】按钮，或单击【全选】按钮，单击工具栏上的"正常单据记账列表"按钮，单击【全选】按钮。单击【记账】按钮，将采购入库单记账，系统提示"记账成功"对话框。

(3)点击页面左下方的【业务工作】按钮，选择"供应链"，点击【存货核算[演示版]】按钮，点击【财务核算】，执行"生成凭证"的命令，系统会默认打开"查询条件"对话框。单击页面上的【确定】按钮，系统会自动弹出"未生成凭证单据一览表"窗口。单击工具栏上的【选择】按钮，或单击工具栏上的【全选】按钮，选中待生成凭证的单据，单击页面上的【确定】按钮。凭证类别选择"记账凭证"。单击【生成】按钮，此时系统会自动生成一张记账凭证，单击工具栏上的【保存】按钮，此时记账凭证的左上角会提示"已生成"字样，如图9-123所示。

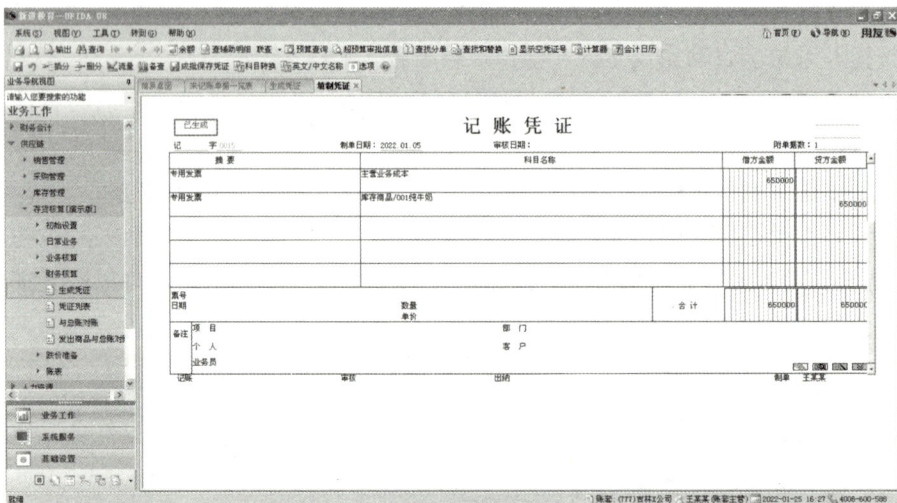

图9-123 "记账凭证"对话框

#### (二)现结销售

现结销售是指销售的货物已发出，发票已开具，收到货款，即在销售货物的同时收取货款。与赊销业务相比，现结销售在生成销售专用发票后可通过系统的现结功能，直接在应收款管理系统中生成现结应收单，经审核后即可生成现销收入凭证，不需挂应收账款往来账。

以下是所生成的现销收入凭证。

借：银行存款。

贷：主营业务收入；

应交税费——应交增值税（销项税额）。

销售成本凭证如下。

借：主营业务成本；

贷：库存商品。

其业务处理流程，如图 9-124 所示。

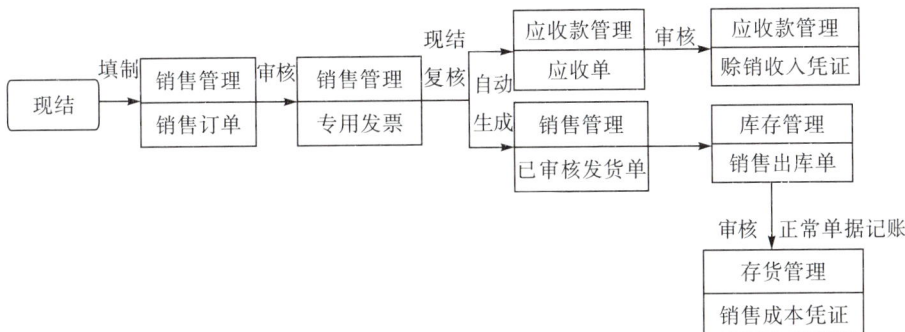

图 9-124 现结业务处理流程

【业务描述】2022 年 1 月 10 日，吉林×公司与 B 购物广场签订销售合同，销售 003 混合果蔬汁共 100 箱，单价为 73.45 元/箱，无现金折扣，交货时间为当天，当日发货并开具销售发票，货款已收。取得与该业务相关的凭证如图 9-125、图 9-126、图 9-127、图 9-128 所示。

现结销售

## 购销合同

供货方：<u>吉林X公司</u>　　　　合同号：<u>XS002</u>

购买方：<u>B购物广场</u>　　　　签订日期：<u>2022年01月10日</u>

经双方协议，订立本合同如下：

| 商品型号 | 名称 | 数量 | 单价 | 总额 | 其他要求 |
|---|---|---|---|---|---|
| 010201 | 003混合果蔬汁 | 100.00 | 73.45 | 7345.00 | |
| | | | | | |
| | | 100.00 | | 7345.00 | |

货款合计（大写）：　　　人民币柒仟叁佰肆拾伍元整

质量验收标准：　　　　<u>验收合格</u>

交货日期：　　　　　　<u>2022年1月10日</u>

交货地点：　　　　　　<u>长春市B路</u>

结算方式：<u>转账支票</u>

发运方式：<u>公路运输，运费由销售方承担。</u>

付款条件：　　　　　　<u>无</u>

**违约条款：** 违约方需赔偿对方一切经济损失，但遇天灾人祸或其他不可抗力因素而导致延误交货，购买方不能要求供货方赔偿任何损失。

**解决合同纠纷的方式：** 经双方协商解决；如协商不成，可向当地仲裁委员会提出申诉解决办法。

本合同一式两份，供需双方各执一份，自签订之日起生效。

供货方（盖章）　　　　　　　　购买方（盖章）

地址：吉林省长春市X街　　　　　地址：长春市B路

法定代表：刘某某　　　　　　　　法定代表：李某某

联系电话：0431-56780000　　　　联系电话：0431-85820888

图9-125　"购销合同"对话框

## 吉林增值税专用发票

NO.35112876　0111012426

35112876

开票日期：2022年1月10日

记 账 联

| 购买方 | 名称 | B购物广场 | | | | | 密码区 | 略 |
|---|---|---|---|---|---|---|---|---|
| | 纳税人识别号 | 02000 | | | | | | |
| | 地址、电话 | 长春市B路，0431-85820888 | | | | | | |
| | 开户行及账号 | 中国银行B支行，02000 | | | | | | |

| 货物或应税劳务、服务名称 | 规格型号 | 单位 | 数量 | 单价 | 金额 | 税率 | 税额 |
|---|---|---|---|---|---|---|---|
| 003混合果蔬汁 | 010201 | 箱 | 100.00 | 65.00 | 6500.00 | 13.00% | 845.00 |
| 合计 | | | 100.00 | | 6500.00 | | 845.00 |

价税合计（大写）：　柒仟叁佰肆拾伍元整

| 销货方 | 名称 | 吉林X公司 | 备注 | 税号：00001 发票专用章 |
|---|---|---|---|---|
| | 纳税人识别号 | 0001 | | |
| | 地址、电话 | 吉林省长春市X街，56780000 | | |
| | 开户行及账号 | 中国银行X支行，0001 | | |

收款人：略　　　复核：略　　　开票人：略　　　销售方（章）：

图9-126　"增值税发票"对话框

出库单

2022 年 1 月 10 日　　　　　　　　　　单号：0002

| 交货部门 | 采购部 | 发票单号 | 35112876 | 验收仓库 | 果蔬汁库 | 入库日期 | 2022/1/10 |
|---|---|---|---|---|---|---|---|
| 编号 | 名称及规格 | 单位 | 数量 | | 金额 | 备注 | |
| | | | 应收 | 实收 | | | |
| 010201 | 003 混合果蔬汁 | 箱 | 100.00 | 100.00 | | | |
| | | | | | | | |
| | | | | | | | |
| | | | | | | | |
| | 合计 | | 100.00 | 100.00 | | | |

部门经理：略　　　　　会计：略　　　　　仓库：略　　　　　经办人：略

图 9‑127　"出库单"对话框

中国银行银行进账单（收款凭证）

2022 年 01 月 10 日　　　　　　　　　　NO.65192444

| 出票人 | 出票人全称 | B 购物广场 | 收款人 | 全称 | 吉林 X 公司 | | | | | | | | | | | |
|---|---|---|---|---|---|---|---|---|---|---|---|---|---|---|---|---|
| | 出票人账号 | 02000 | | 账号 | 0001 | | | | | | | | | | | |
| | 开户银行 | 中国银行 B 支行 | | 开户银行 | 中国银行 X 支行 | | | | | | | | | | | |
| 金额 | 人民币（大写） | 柒仟叁佰肆拾伍元整 | | | | 亿 | 千 | 百 | 十 | 万 | 千 | 百 | 十 | 元 | 角 | 分 |
| | | | | | | | | | ￥ | 7 | 3 | 4 | 5 | 0 | 0 |
| 票据种类 | 转账支票 | 票据张数 | 1 | | | | | | | | | | | | | |
| 票据号码 | 65192444 | | | | | | | | | | | | | | | |
| 复核 略 | | 记账 略 | | | | | | 收款人开户银行签章 | | | | | | | | |

此联是开户银行交给收款人的收账通知

图 9‑128　"银行进账单"对话框

# 操作指导

## 1. 填制销售订单

2022 年 1 月 10 日，以销售部于某某身份登录企业应用平台。

点击页面左下方的【业务工作】按钮，选择"供应链"，点击【销售管理［演示版］】按钮，点击【销售订货】，执行"销售订单"的命令，系统会默认打开"销售订单"对话框。单击工具栏左上角的【增加】按钮，按照购销合同的内容，在页面输入"订单号：xs002"，"销售类型"选择"正常销售"，选择"客户简称：B"，按照购销合同录入存货编码、数量、单价，当上述信息都填写完毕后，其他信息由系统自动带出，单击工具栏上的【保存】按钮。保存后，再次单击工具栏上的【审核】按钮，其系统操作流程如图 9‑129 所示。

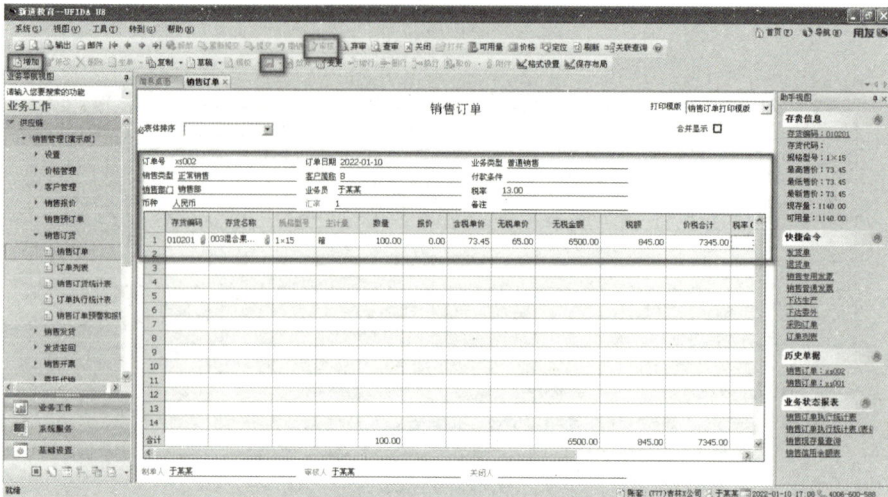

图 9-129 "销售订单"对话框

### 2. 生成销售专用发票

2022 年 1 月 10 日，以销售部于某某身份登录企业应用平台。

点击页面左下方的【业务工作】按钮，选择"供应链"，点击【销售管理［演示版］】按钮，点击【销售开票】，执行"销售专用发票"的命令，系统会默认打开"销售专用发票"对话框。单击工具栏上的【增加】按钮，系统会自动打开"查询条件选择—参照订单"对话框，单击【确定】按钮，输入"发票号：35112876"，修改表体"仓库名称"为"果蔬汁库"，单击工具栏上的【保存】按钮，单击工具栏上的【现结】按钮，根据银行进账单录入信息，选择"电汇"，录入"金额：7345"，录入"票据号：65192444"，点击【确定】，点击工具栏上的【复核】按钮，如图 9-130 所示。

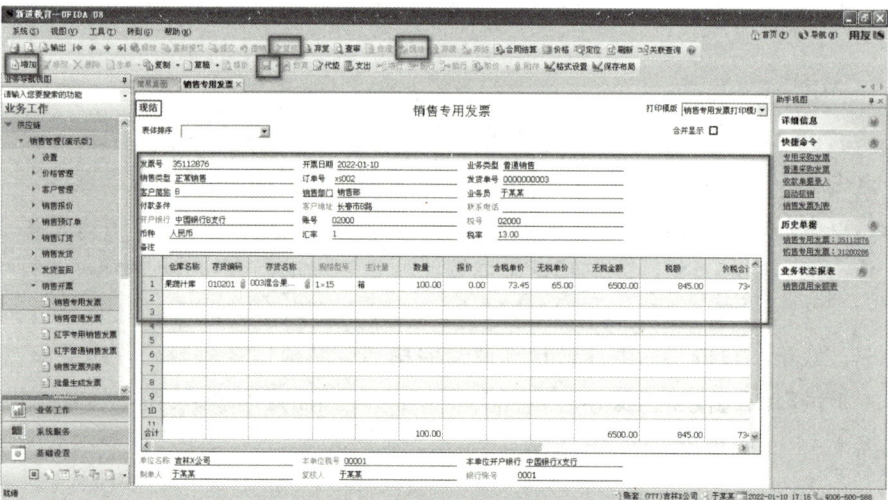

图 9-130 "销售专用发票"对话框

### 3. 浏览发货单

2022 年 1 月 10 日，以销售部于某某身份登录企业应用平台。

点击页面左下方的【业务工作】按钮，选择"供应链"，点击【销售管理［演示版］】按钮，点击【销售发货】，执行"发货单"的命令，系统会默认打开"发货单"对话框。单击工具栏左上角的【浏览】按钮，可以查看系统根据销售专用发票自动生成并审核的发货单，如图 9 - 131 所示。

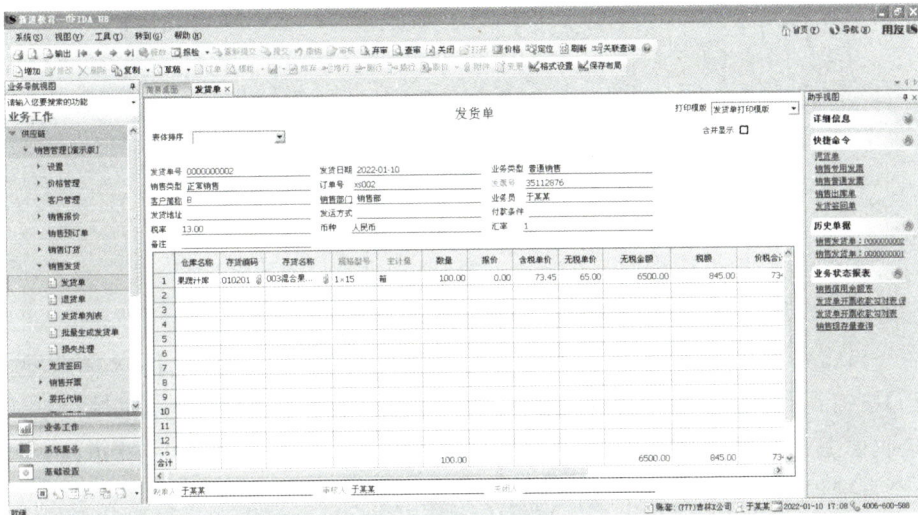

图 9 - 131 "发货单"对话框

### 4. 生成销售出库单

2022 年 1 月 10 日，以仓管员丁某某身份登录企业应用平台。

(1)点击页面左下方的【业务工作】按钮，选择"供应链"，点击【库存管理［演示版］】按钮，点击【出库业务】，执行"销售出库单"的命令，系统会默认打开"销售出库单"对话框。单击工具栏上的【生单】下拉按钮，选择"销售生单"，系统会自动打开"查询条件选择—销售发货单列表"对话框，单击【确定】按钮。

(2)打开"销售生单"，选择相应的"发货单"，单击页面上的【确定】按钮，系统自动生成销售出库单，单击工具栏上的【保存】按钮，再单击工具栏上的【审核】按钮，如图 9 - 132 所示。

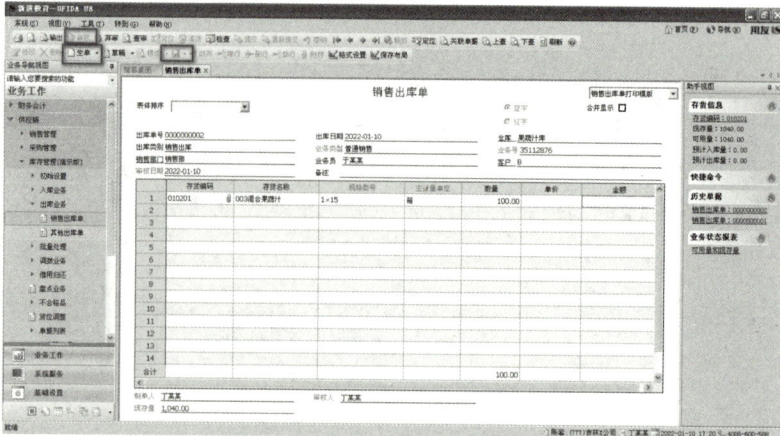

图 9-132 "销售出库单"对话框

### 5. 应收单审核与制单

2022 年 1 月 10 日，以会计王某某身份登录企业应用平台。

（1）点击页面左下方的【业务工作】按钮，选择"财务会计"，点击【应收款管理［演示版］】按钮，点击【应收款单据处理】，执行"应收单据审核"的命令，系统会默认打开"应收单据列表"对话框。勾选"包含已现结的发票"，单击工具栏上的【审核】按钮，系统会自动完成审核并给出审核报告。

（2）单击页面上的【确定】按钮后退出。执行"制单处理"命令，系统会自动打开"制单查询"对话框，选择"现结制单"。

（3）单击页面上的【确定】按钮，系统会自动打开"销售发票制单"窗口。选择"记账凭证"，再单击【全选】按钮，选中要制单的"销售专用发票"。单击【制单】按钮，此时系统会自动生成一张记账凭证，单击工具栏上的【保存】按钮，此时记账凭证的左上角会提示"已生成"字样，如图 9-133 所示。

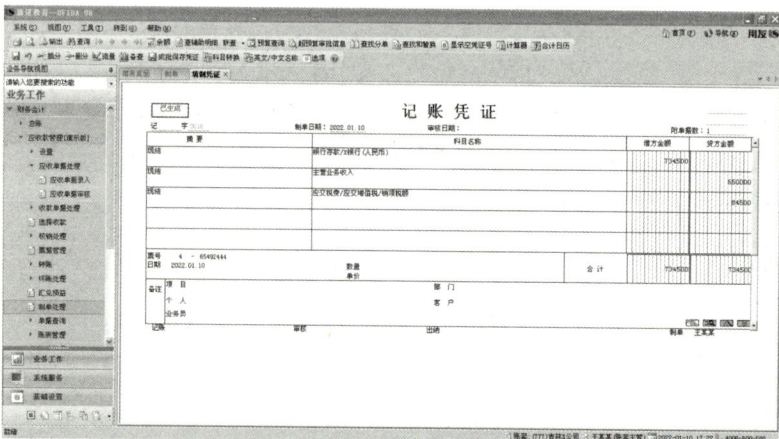

图 9-133 "记账凭证"对话框

### 6. 结转销售成本

2022年1月10日，以会计王某某身份登录企业应用平台。

(1)点击页面左下方的【业务工作】按钮，选择"供应链"，点击【存货核算[演示版]】按钮，点击【业务核算】，执行"正常单据记账"的命令，系统会默认打开"查询条件选择"对话框。单击页面上的【确定】按钮，系统会自动弹出"正常单据记账列表"窗口。

(2)单击工具栏上的【选择】按钮，或单击【全选】按钮，单击工具栏上的"正常单据记账列表"按钮，单击【全选】按钮。单击【记账】按钮，系统提示"记账成功"对话框。

(3)点击页面左下方的【业务工作】按钮，选择"供应链"，点击【存货核算[演示版]】按钮，点击【财务核算】，执行"生成凭证"的命令，系统会默认打开"查询条件"对话框。单击页面上的【确定】按钮，系统会自动弹出"未生成凭证单据一览表"窗口。单击工具栏上的【选择】按钮，或单击工具栏上的【全选】按钮，选中待生成凭证的单据，单击页面上的【确定】按钮。凭证类别选择"记账凭证"。单击【生成】按钮，此时系统会自动生成一张记账凭证，单击工具栏上的【保存】按钮，此时记账凭证的左上角会提示"已生成"字样，如图9-134所示。

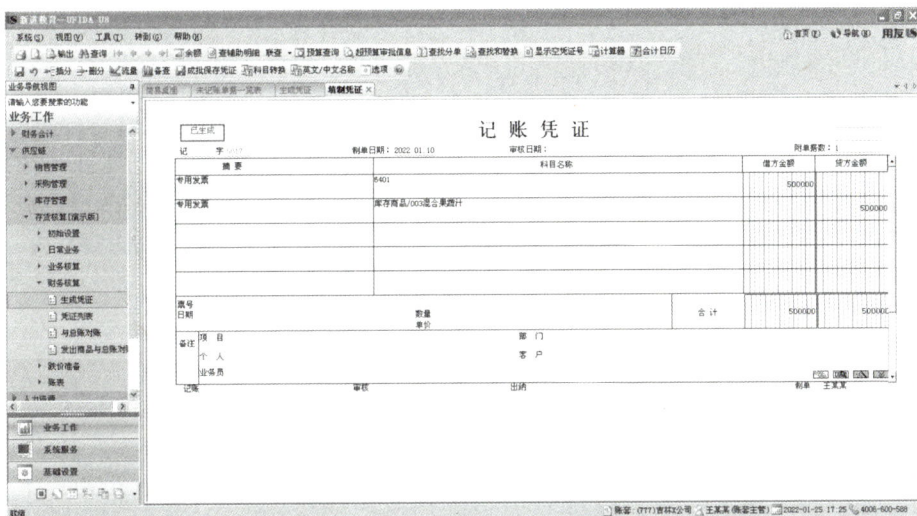

图9-134 "记账凭证"对话框

### 二)销售退回业务

销售业务中发生退货，已开具销售发票，需在系统中录入红回字采购发票并进行业务核算，业务处理方法与普通销售业务相似，只是所生成单据数量和金额为负数。其业务处理流程如图9-135所示。

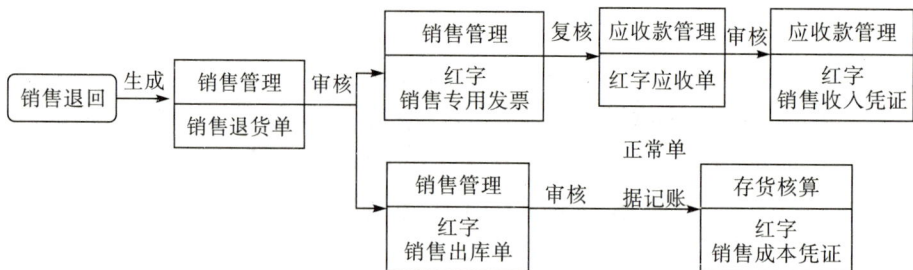

图 9－135　销售退回业务处理流程

【业务描述】2022 年 1 月 20 日，B 购物广场退回 2022 年 1 月 10 日购买的 003 混合果蔬汁 20 箱，原因为质量问题，即日办理退货，并于当日退还价税款及红字发票(使用现结功能处理)。取得与该业务相关的凭证如图 9－136、图 9－137、图 9－138 所示。

图 9－136　"增值税发票"对话框

**出库单**

2022 年 1 月 20 日　　　　　　　单号：0005

| 交货部门 | 采购部 | 发票单号 | 35440386 | 验收仓库 | 果蔬汁库 | 入库日期 | 2022/1/20 |
|---|---|---|---|---|---|---|---|
| 编号 | 名称及规格 | 单位 | 数量 | | 金额 | 备注 | |
| | | | 应收 | 实收 | | | |
| 010201 | 003 混合果蔬汁 | 箱 | -20.00 | -20.00 | | | |
| | | | | | | | |
| | | | | | | | |
| | | | | | | | |
| | 合计 | | -20.00 | -20.00 | | | |

部门经理：略　　　会计：略　　　仓库：略　　　经办人：略

图 9－137　"出库单"对话框

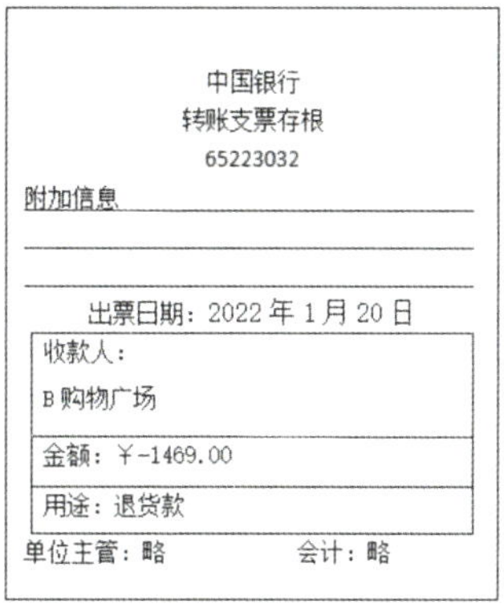
中国银行
转账支票存根
65223032
附加信息
出票日期：2022 年 1 月 20 日
收款人：
B 购物广场
金额：￥-1469.00
用途：退货款
单位主管：略　　会计：略

图 9－138　“转账支票”对话框

## 操作指导

### 1. 填制退货单

2022 年 1 月 20 日，以销售部于某某身份登录企业应用平台。

(1)点击页面左下方的【业务工作】按钮，选择“供应链”，点击【销售管理[演示版]】按钮，点击【销售发货】，执行“退货单”的命令，系统会默认打开“退货单”对话框。单击工具栏左上角的【增加】按钮，此时系统会自动弹出“查询条件选择—退货单参照发货单”对话框，单击页面上的【取消】按钮。

(2)点击【生单】按钮，执行“参照订单”命令，此时系统会自动打开“查询条件选择—退货单参照订单”对话框，单击页面上的【确定】按钮，此时系统会自动生成一张退货单。按照退货单的信息，修改退货数量为“-20.00”，仓库名称为“果蔬汁库”，单击工具栏上的【保存】按钮，单击工具栏上的【审核】按钮，如图 9－139 所示。

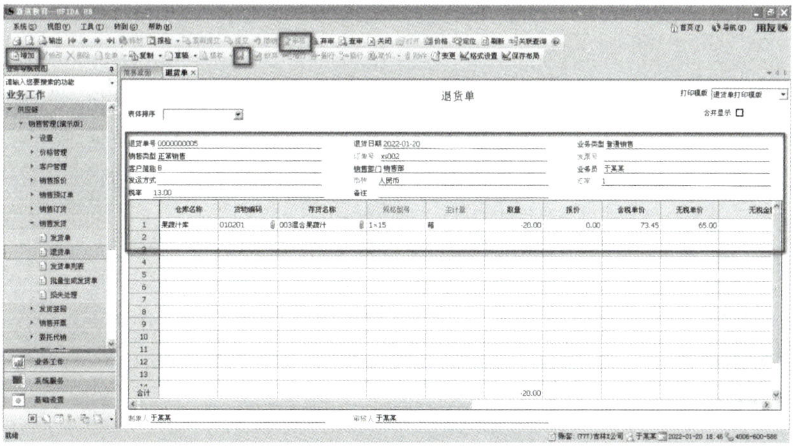


图 9－139　“退货单”对话框

### 2. 生成红字销售专用发票

2022 年 1 月 20 日,以销售部于某某身份登录企业应用平台。

(1)点击页面左下方的【业务工作】按钮,选择"供应链",点击【销售管理[演示版]】按钮,点击【销售开票】,执行"红字销售专用发票"的命令,系统会默认打开"红字销售专用发票"对话框。单击工具栏上的【增加】按钮,系统会自动打开"查询条件选择—参照订单"对话框,点击【取消】按钮。

(2)单击工具栏上的【生单】,执行"参照发货单"命令,此时系统会自动打开"查询条件选择—发票参照发货单"对话框,将"发货单类型"选择"红字记录",如图9-140 所示。

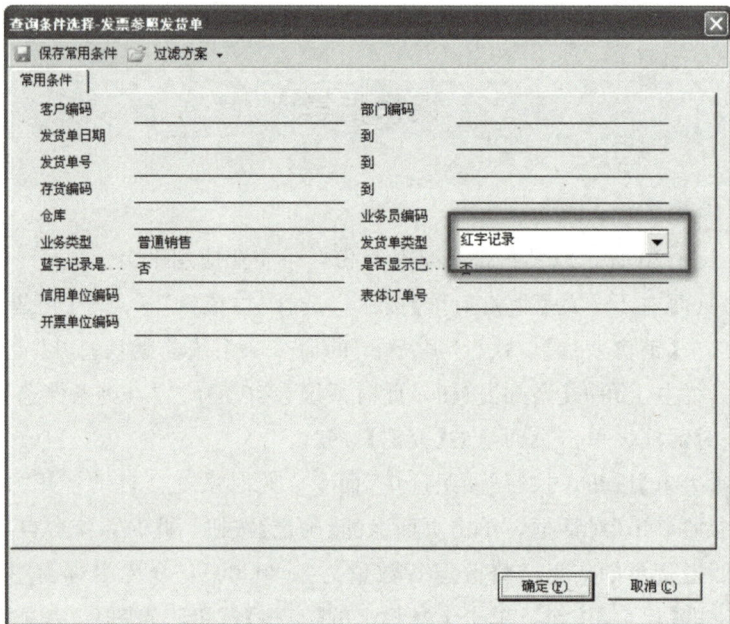

图 9-140 "查询条件选择—发票参照发货单"对话框

(3)单击页面上的【确定】按钮,系统会自动弹出"参照生单"窗口,选择相应的发货单,单击页面上的【确定】按钮。系统自动生成一张红字销售发票,输入"发票号:35440386",单击工具栏上的【保存】按钮,单击工具栏上的【现结】按钮,系统会自动打开"现结"对话框,输入转账支票信息,如图9-141 所示。

销售退回业务

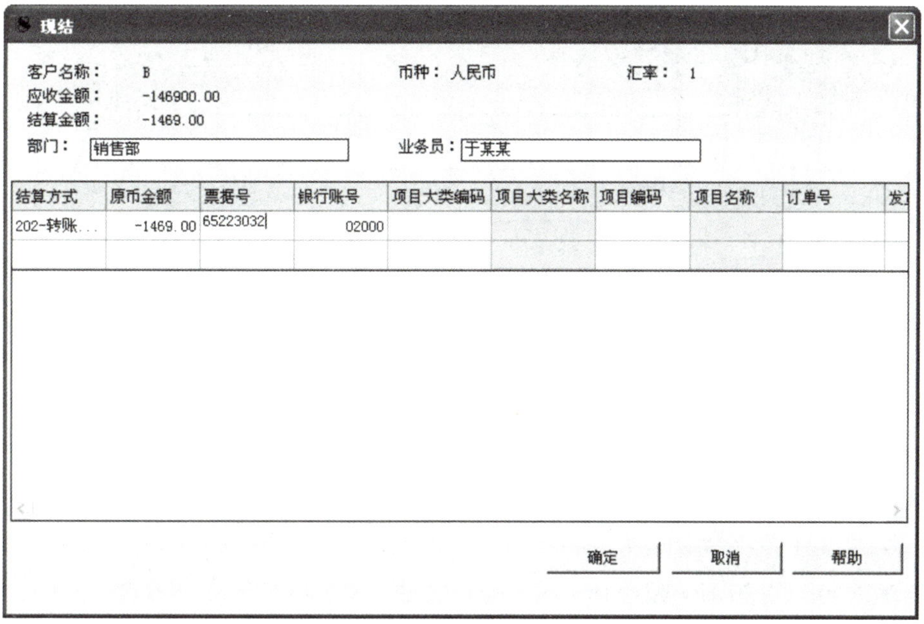

图9-141 "现结"对话框

（4）单击页面上的【确定】按钮，系统提示"发票已现结！"对话框，单击页面上的"复核"按钮。

### 3. 生成红字销售出库单

2022年1月20日，以仓管员丁某某身份登录企业应用平台。

（1）点击页面左下方的【业务工作】按钮，选择"供应链"，点击【库存管理〔演示版〕】按钮，点击【出库业务】，执行"销售出库单"的命令，系统会默认打开"销售出库单"对话框。单击工具栏上的【生单】下拉按钮，选择"销售生单"，系统会自动打开"查询条件选择—销售发货单列表"对话框，单击【确定】按钮。

（2）打开"销售生单"，选择相应的"发货单"，单击页面上的【确定】按钮，系统自动生成销售出库单，单击工具栏上的【保存】按钮，再单击工具栏上的【审核】按钮，如图9-142所示。

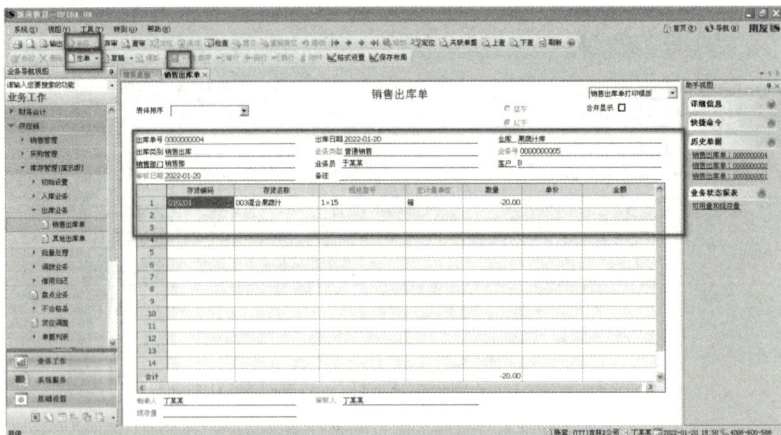

图9-142 "销售出库单"对话框

### 4. 应收单据审核与制单

2022年1月20日，以会计王某某身份登录企业应用平台。

(1)点击页面左下方的【业务工作】按钮，选择"财务会计"，点击【应收款管理〔演示版〕】按钮，点击【应收单据处理】，执行"应收单据审核"的命令，勾选"包含已现结的发票"，系统会默认打开"应收单据列表"对话框。双击【选择】栏，或单击【全选】按钮，单击工具栏上的【审核】按钮，系统会自动完成审核并给出审核报告。

(2)单击页面上的【确定】按钮后退出。执行"制单处理"命令，系统会自动打开"制单查询"对话框，选择"现结制单"。

(3)单击页面上的【确定】按钮，系统会自动打开"销售发票制单"窗口。选择"记账凭证"，再单击【全选】按钮，选中要制单的"销售专用发票"。单击【制单】按钮，此时系统会自动生成一张记账凭证，单击工具栏上的【保存】按钮，此时记账凭证的左上角会提示"已生成"字样，如图9-143所示。

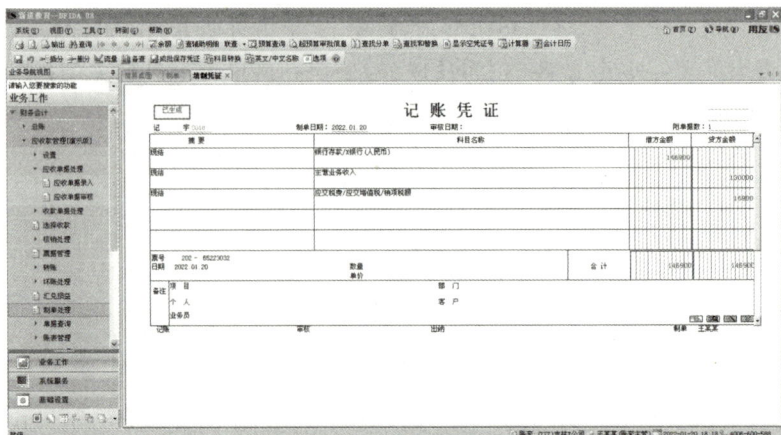

图9-143 "记账凭证"对话框

### 5. 冲减销售成本

2022 年 1 月 20 日，以会计王某某身份登录企业应用平台。

(1)点击页面左下方的【业务工作】按钮，选择"供应链"，点击【存货核算[演示版]】按钮，点击【业务核算】，执行"正常单据记账"的命令，系统会默认打开"查询条件选择"对话框。单击页面上的【确定】按钮，系统会自动弹出"正常单据记账列表"窗口。

(2)单击工具栏上的【选择】按钮，或单击【全选】按钮，单击工具栏上的【正常单据记账列表】按钮，单击【全选】按钮。单击【记账】按钮，系统弹出"手工输入单价列表"窗口，输入单价为"65"。单击【确定】按钮，系统会自动提示"记账成功"对话框。

(3)点击页面左下方的【业务工作】按钮，选择"供应链"，点击【存货核算[演示版]】按钮，点击【财务核算】，执行"生成凭证"的命令，系统会默认打开"查询条件"对话框。单击页面上的【确定】按钮，系统会自动弹出"未生成凭证单据一览表"窗口。单击工具栏上的【选择】按钮，或单击工具栏上的【全选】按钮，选中待生成凭证的单据，单击页面上的【确定】按钮。凭证类别选择"记账凭证"。单击【生成】按钮，此时系统会自动生成一张记账凭证，单击工具栏上的【保存】按钮，此时记账凭证的左上角会提示"已生成"字样，如图 9 - 144 所示。

图 9 - 144 "记账凭证"对话框

## 三)零售日报业务

零售日报不是原始的销售单据，是零售业务数据的日汇总。这种业务常见于商场、超市等零售企业，主要用来处理对零散客户的销售。当发生零售业务时，先按日汇总，再录入零售日报进行管理。一张零售日报在销售管理系统中相当于一张普通销售发票，其多数功能与销售发票相同，两者的区别是零售日报不可参照销售订单生成；零售日报不能处理先发货后开票业务，即零售日报不能参照发货单录入。

零售日报业务的处理流程如图 9-145 所示。

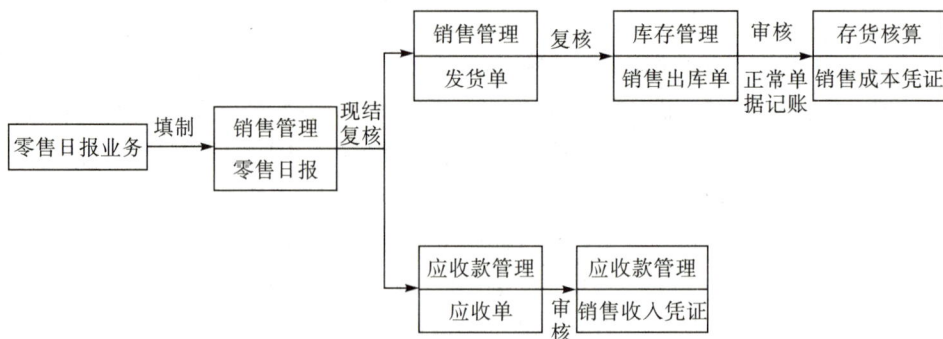

图 9-145　零售日报业务处理流程

【业务描述】2022 年 1 月 26 日，销售部于某某接到 Y 便利店的要货电话，同时开具普通销售发票，货款现金收讫（使用现结功能处理）。取得与该业务相关的凭证如图 9-146、图 9-147、图 9-148 所示。

图 9-146　"增值税发票"对话框

图 9-147　"出库单"对话框

收款收据

NO.006302

2022 年 1 月 26 日

今收到：Y便利店

交来：零售货款

金额（大写）叁仟玖佰伍拾伍元整

￥ 3955.00                                        收款单位

核准：略      会计：略      记账：略      出纳：略      经手人：略

图 9-148    "收款收据"对话框

# 操作指导

## 1. 填制零售日报

2022 年 1 月 26 日，以销售部于某某身份登录企业应用平台。

点击页面左下方的【业务工作】按钮，选择"供应链"，点击【销售管理［演示版］】按钮，点击【零售日报】，执行"零售日报"的命令，系统会默认打开"零售日报"对话框。单击工具栏左上角的【增加】按钮，按照零售业务单据输入信息，输入"日报号：xs006"单击工具栏上的【保存】按钮。保存后，再次单击工具栏上的"现结"按钮，系统会自动弹出"现结"对话框，选择"结算方式"为"现金"，"原币金额"为"3955.00"，"票据号：006302"。单击页面上的【确定】按钮。此时系统会提示"零售日报已现结"对话框，单击【复核】按钮，如图 9-149 所示。

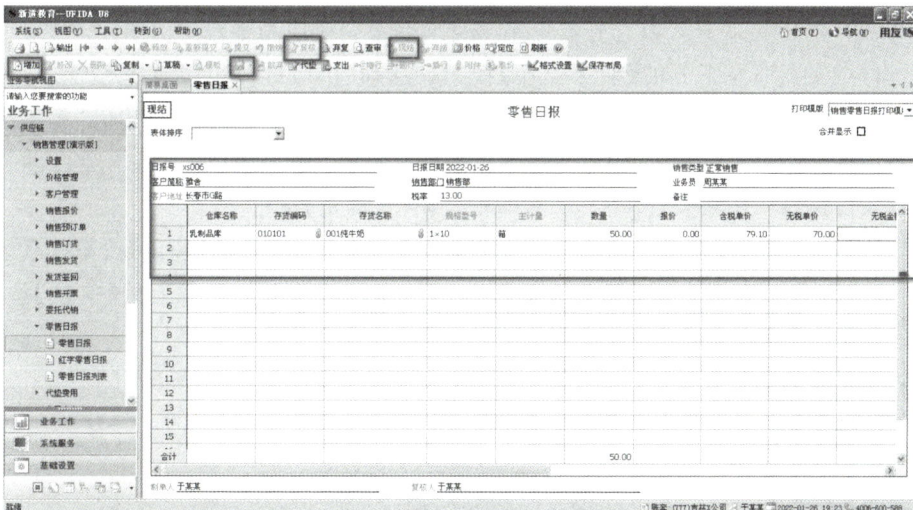

图 9-149    "零售日报"对话框

### 2. 浏览发货单

2022 年 1 月 26 日，以销售部于某某身份登录企业应用平台。

点击页面左下方的【业务工作】按钮，选择"供应链"，点击【销售管理［演示版］】按钮，点击【销售发货】，执行"发货单"的命令，系统会默认打开"发货单"对话框。单击工具栏左上角的【浏览】按钮，可以查看系统根据零售日报自动生成并审核的发货单，如图 9－150 所示。

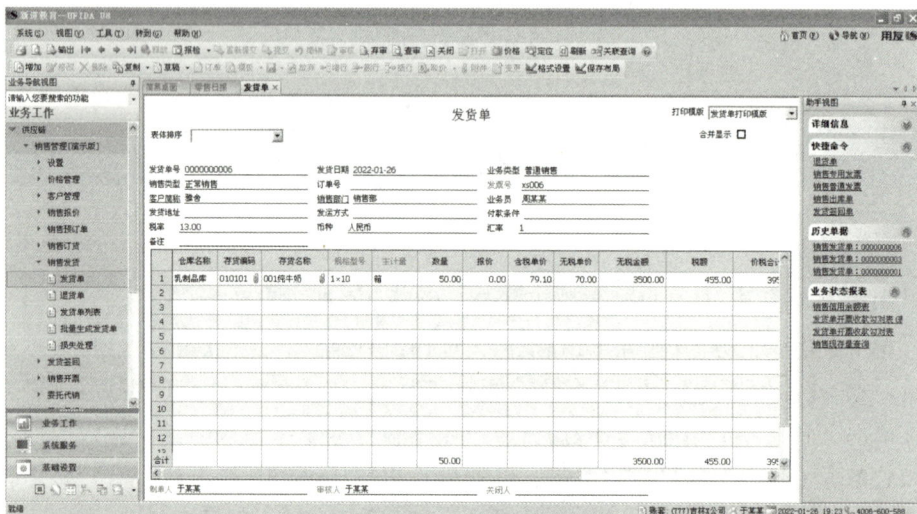

**图 9－150 "发货单"对话框**

### 3. 生成销售出库单

2022 年 1 月 26 日，以仓管员丁某某身份登录企业应用平台。

(1)点击页面左下方的【业务工作】按钮，选择"供应链"，点击【库存管理［演示版］】按钮，点击【出库业务】，执行"销售出库单"的命令，系统会默认打开"销售出库单"对话框。单击工具栏上的【生单】下拉按钮，选择"销售生单"，系统会自动打开"查询条件选择—销售发货单列表"对话框，单击【确定】按钮。

(2)打开"销售生单"，选择相应的"发货单"，单击页面上的【确定】按钮，系统自动生成销售出库单，单击工具栏上的【保存】按钮，再单击工具栏上的【审核】按钮，如图 9－151 所示。

零售日报业务

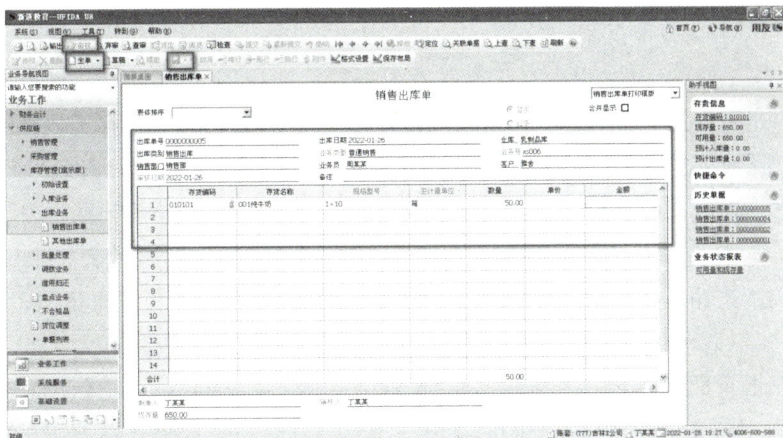

图 9－151 "销售出库单"对话框

#### 4. 应收单据审核与制单

2022年1月26日，以会计王某某身份登录企业应用平台。

（1）点击页面左下方的【业务工作】按钮，选择"财务会计"，点击【应收款管理[演示版]】按钮，点击【应收单据处理】，执行"应收单据审核"的命令，系统会默认打开"应收单据列表"对话框。勾选"包含已现结的发票"，单击【确定】按钮，打开"应收单据列表"窗口，单击【全选】按钮，单击【审核】按钮，系统会自动完成审核并给出审核报告。

（2）单击页面上的【确定】按钮后退出。执行"制单处理"命令，系统会自动打开"制单查询"对话框，选择"发票制单"。

（3）单击页面上的【确定】按钮，系统会自动打开"销售发票制单"窗口。选择"记账凭证"，再单击【全选】按钮，选中要制单的"销售专用发票"。单击【制单】按钮，此时系统会自动生成一张记账凭证，单击工具栏上的【保存】按钮，此时记账凭证的左上角会提示"已生成"字样，如图 9－152 所示。

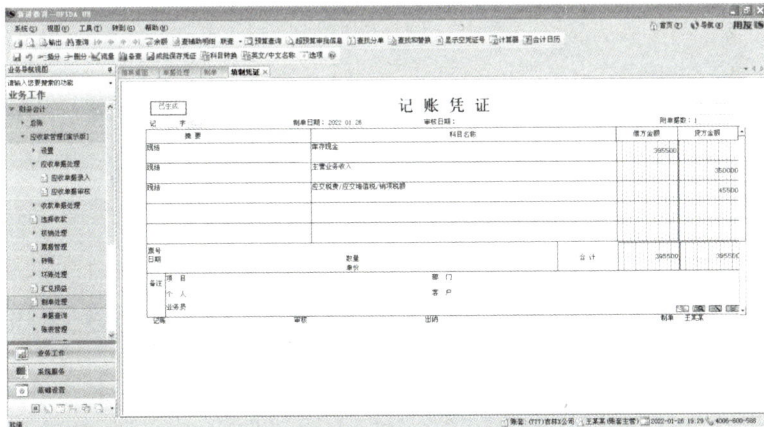

图 9－152 "记账凭证"对话框 1

### 5.结转销售成本

2022年1月26日，以会计王某某身份登录企业应用平台。

（1）点击页面左下方的【业务工作】按钮，选择"供应链"，点击【存货核算［演示版］】按钮，点击【业务核算】，执行"正常单据记账"的命令，系统会默认打开"查询条件选择"对话框。单击页面上的【确定】按钮，系统会自动弹出"正常单据记账列表"窗口。

（2）单击工具栏上的【选择】按钮，或单击【全选】按钮，单击工具栏上的"正常单据记账列表"按钮，单击【全选】按钮。单击【记账】按钮，将销售日报记账，系统提示"记账成功"对话框。

（3）点击页面左下方的【业务工作】按钮，选择"供应链"，点击【存货核算［演示版］】按钮，点击【财务核算】，执行"生成凭证"的命令，系统会默认打开"查询条件"对话框。单击页面上的【确定】按钮，系统会自动弹出"未生成凭证单据一览表"窗口。单击工具栏上的【选择】按钮，或单击工具栏上的【全选】按钮，选中待生成凭证的单据，单击页面上的【确定】按钮。凭证类别选择"记账凭证"。单击【生成】按钮，此时系统会自动生成一张记账凭证，单击工具栏上的【保存】按钮，此时记账凭证的左上角会提示"已生成"字样，其系统操作流程如图9-153所示。

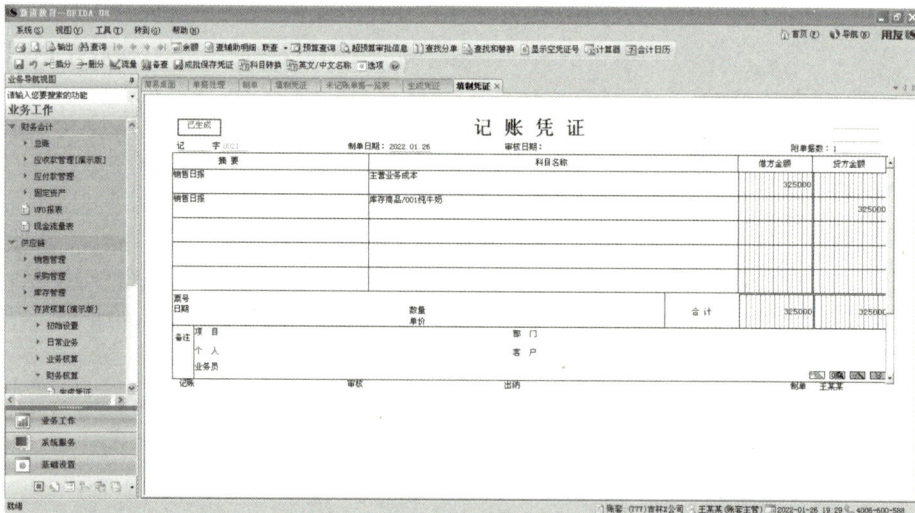

图9-153 "记账凭证"对话框2

## 任务四  库存管理和存货核算系统业务处理

实物盘点后，应根据盘点的数量和质量，如实填写盘点单，并根据盘点结果及时调整存货账面数量和金额，如图9-154所示。

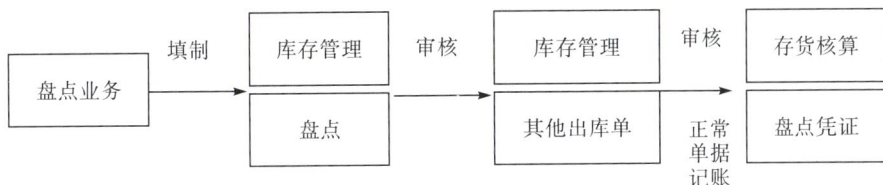

图 9 - 154 盘点业务处理

盘盈业务凭证如下。

借：原材料（或库存商品）；

贷：待处理财产损溢。

盘亏业务凭证如下。

借：待处理财产损溢；

贷：原材料（或库存商品）。

【业务描述】2022 年 1 月 31 日，对乳制品仓库进行盘点，盘亏 001 纯牛奶 1 箱。取得与该业务相关的凭证如图 9 - 155 所示。

**存货盘点表**

盘点日期：2022.1.31　　　　　　　　　　　　盘点人：丁铁严

| 序号 | 存货名称 | 型号 | 账面 | | 盘盈 | 盘亏 | 实盘 | |
|------|---------|------|------|------|------|------|------|------|
| | | | 数量 | 金额 | 数量 | 数量 | 数量 | 金额 |
| 1 | 001纯牛奶 | 1×10 | 650 | | | 1 | 649 | |
| | | | | | | | | |
| | | | | | | | | |
| | | | | | | | | |
| | 合计 | | | | | | | |

注：以上"金额"均为原值。

图 9 - 155 "存货盘点表"对话框

# 操作指导

## 1. 填制盘点单

2022 年 1 月 31 日，以仓管员丁某某身份登录企业应用平台。

点击页面左下方的【业务工作】按钮，选择"供应链"，点击【库存管理［演示版］】按钮，点击【盘点业务】，系统会默认打开"盘点单"对话框。单击页面左上角的【增加】按钮，选择"盘点仓库"为"乳制品库"，输入存货编号为"010101"的盘点数量为

"649"，单击页面上的【保存】按钮。单击【审核】按钮，审核填制的盘点单，如图 9 –
156 所示。

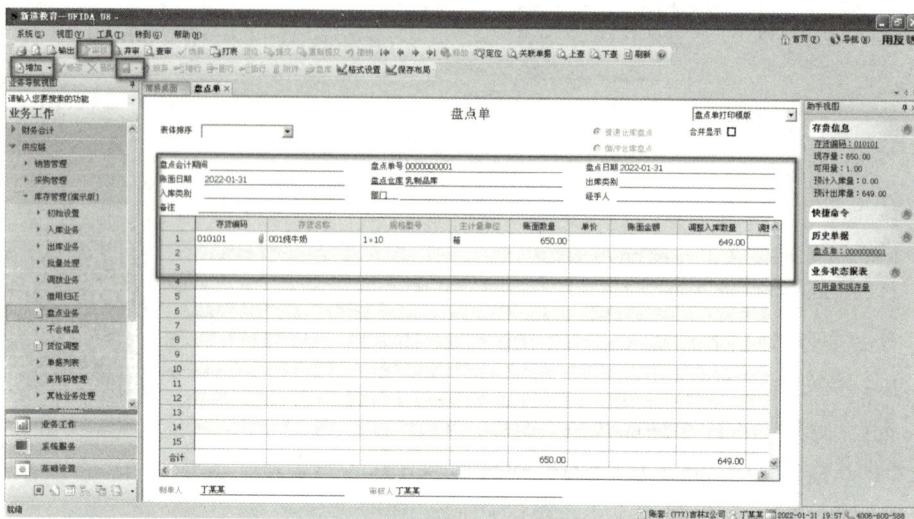

图 9 – 156    "盘点单"对话框

### 2. 审核其他出库单

2022 年 1 月 31 日，以仓管员丁某某身份登录企业应用平台。

点击页面左下方的【业务工作】按钮，选择"供应链"，点击【库存管理［演示版］】
按钮，点击【出库业务】，系统会默认打开"其他出库单"对话框。单击页面上的【浏
览】按钮，定位到盘点单自动生成的其他出库单上，单击【审核】按钮，如图 9 – 157
所示。

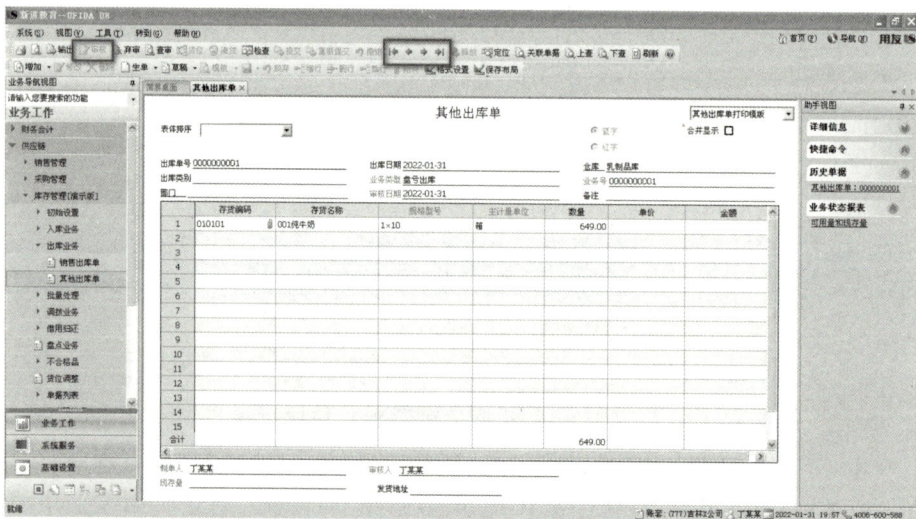

图 9 – 157    "其他出库单"对话框

### 3. 存货核算

2022 年 1 月 31 日，以会计王某某身份登录企业应用平台。

(1)点击页面左下方的【业务工作】按钮，选择"供应链"，点击【存货核算［演示版］】按钮，点击【业务核算】，执行"正常单据记账"的命令，系统会默认打开"查询条件选择"对话框。单击页面上的【确定】按钮，系统会自动弹出"正常单据记账列表"窗口。

(2)单击工具栏上的【选择】按钮，或单击【全选】按钮，单击工具栏上的【正常单据记账列表】按钮，单击【全选】按钮。单击【记账】按钮，将其他出库单记账，系统提示"记账成功"对话框。

(3)点击页面左下方的【业务工作】按钮，选择"供应链"，点击【存货核算［演示版］】按钮，点击【财务核算】，执行"生成凭证"的命令，系统会默认打开"查询条件"对话框。单击页面上的【确定】按钮，系统会自动弹出"未生成凭证单据一览表"窗口。单击工具栏上的【选择】按钮，或单击工具栏上的【全选】按钮，选中待生成凭证的单据，单击页面上的【确定】按钮。凭证类别选择"记账凭证"。单击【生成】按钮，此时系统会自动生成一张记账凭证，单击工具栏上的【保存】按钮，此时记账凭证的左上角会提示"已生成"字样，如图 9 - 158 所示。

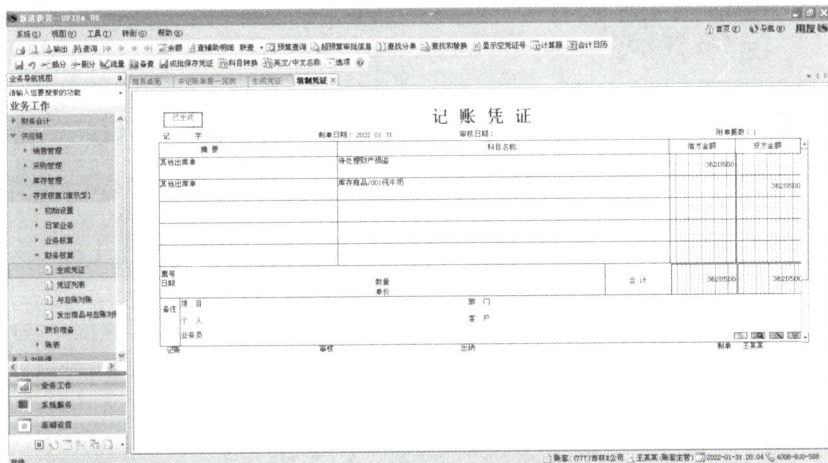

图 9 - 158 "记账凭证"对话框

# 任务五 期末业务处理

### 1. 采购管理月末结账

采购管理系统月末结账是在每个会计期间结束时，将每个月的采购相关单据及数据封存起来，并将当月的采购数据记入相关的账表中。

**操作指导**

2022 年 1 月 31 日，以采购员张某某身份登录企业应用平台。

点击页面左下方的【业务工作】按钮，选择"供应链"，点击【采购管理】按钮，点击【月末结账】，系统会默认打开"结账"对话框。选择所有的仓库，其他条件为默认，单击工具栏上的【结账】按钮，系统会自动弹出"月末结账"提示，如图 9 - 159 所示。

期末业务处理

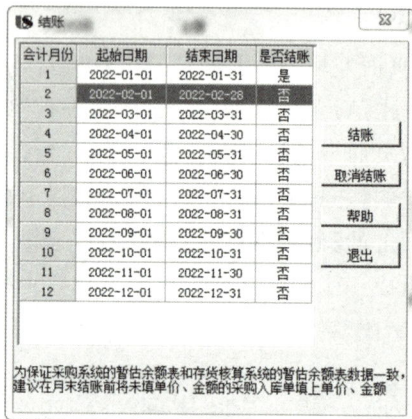

图 9 - 159 "结账"对话框 1

### 2. 销售管理月末结账

2022 年 1 月 31 日，以销售部于某某身份登录企业应用平台。

点击页面左下方的【业务工作】按钮，选择"供应链"，点击【销售管理】按钮，点击【月末结账】，系统会默认打开"结账"对话框。单击工具栏上的【结账】按钮，系统会自动弹出"结账"对话框，如图 9 - 160 所示。

图 9 - 160 "结账"对话框 2

### 3. 库存管理月末结账

2022 年 1 月 31 日，以仓管员丁某某身份登录企业应用平台。

点击页面左下方的【业务工作】按钮，选择"供应链"，点击【库存管理】按钮，点击【月末结账】，系统会默认打开"结账"对话框，单击工具栏上的【结账】按钮，系统会自动弹出"库存管理"对话框，如图 9 - 161 所示。

图 9 - 161 "结账"对话框 3

### 4. 存货核算月末结账

2022 年 1 月 31 日，以会计王某某身份登录企业应用平台。

（1）点击页面左下方的【业务工作】按钮，选择"供应链"，点击【业务核算】按钮，点击【期末处理】，系统会默认打开"期末处理—1 月"对话框，如图 9 - 162 所示。

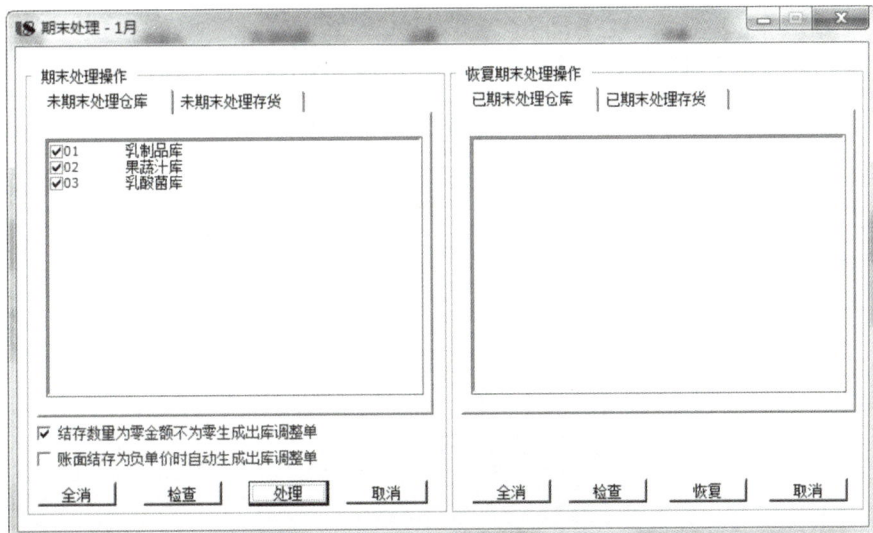

图 9 - 162 "期末处理—1 月"对话框

（2）执行【全选】按钮，再单击【处理】按钮，系统弹出"存货核算"对话框，如图 9-163 所示。

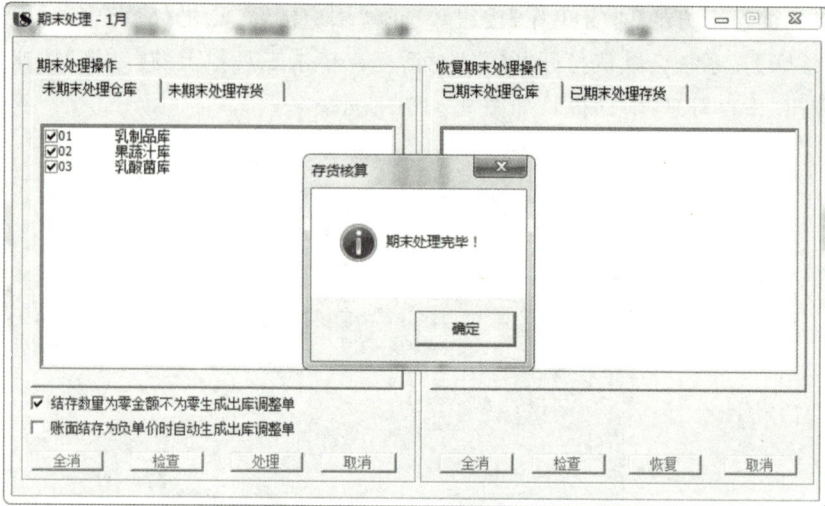

图 9-163　"存货核算"对话框

（3）单击【确定】按钮，系统提示已期末处理仓库。

（4）点击页面左下方的【业务工作】按钮，选择"供应链"，点击【业务核算】按钮，点击【月末结账】，系统会默认打开"结账"对话框。单击【结账】按钮，系统提示"月末结账完成"。"存货核算"对话框如图 9-164 所示。

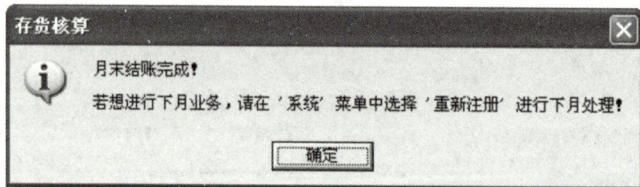

图 9-164　"存货核算"对话框

编制 UFO 报表是会计核算的一项专门方法，UFO 报表能够更为综合、系统、全面地反映企业的财务和业务情况。企业不仅需要编制规范的对外报表，还要根据经营管理编制大量的内部报表。利用 UFO 报表系统可以高效地生成各类报表。

## 任务一　编制 UFO 报表

### 一、任务描述与分析

吉林×公司已经成功建立账套号为"777"的公司账套，启用日期为 2022 年 1 月 1 日，公司已完成 1 月份的日常账务处理和期末业务处理。将计算机系统时间调整为 2022 年 1 月 31 日，将"总账管理系统"的备份账套数据引入用友 ERP－U8 系统。

2022 年 1 月 31 日，以账套主管刘某某的身份登录企业应用平台，在 UFO 报表子系统中，创建销售分析表，保存名为"货币资金表"。销售分析表的格式如表 10－1 所示。

表 10－1　吉林×公司产品销售分析表　　　　　　　　单位：元

| 项目 | 001 纯牛奶 | 002 纯牛奶 |
|---|---|---|
| 产品销售收入 | | |
| 产品销售成本 | | |
| 毛利 | | |
| 毛利率 | | |

制表人：×××

要求：

(1)行高 9 毫米，列宽 35 毫米。

（2）将第一行设为组合单元。

（3）设置单位类型为"数值型"，数字表达式以"逗号"为分界号。

（4）A2 单位格设置为"单位名称,"B2 单元格设置"年"为关键字，设置"月"为关键字。将"年"设置偏移量"－50"，将"月"设置偏移量"－25"。

（5）设置表格标题为宋体加粗，16 号字，水平和垂直方向为居中设置。

## 二、相关知识

编制 UFO 报表是指在 UFO 报表管理系统中根据需要创建报表，设置报表格式和对 UFO 报表进行公式编辑，以使 UFO 报表管理系统在以后的各个会计期间根据所编制的报表，实现根据实际的会计期间和相应的经营业务自动取数、计算和生成报表。

## 三、任务实施

### 1. 创建新表

（1）在企业应用平台窗口中单击【业务工作】，单击【财务会计】，执行"UFO 报表"命令，打开"UFO 报表"窗口，如图 10－1 所示。

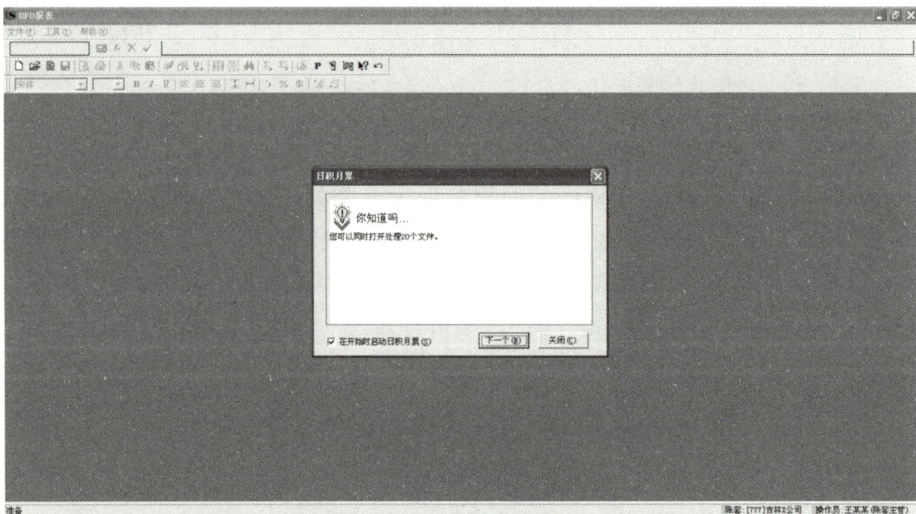

图 10－1 "UFO 报表"窗口

（2）系统弹出"日积月累"对话框，关闭后，执行"文件""新建"命令，系统自动生成一个名为"report"的报表文件，如图 10－2 所示。

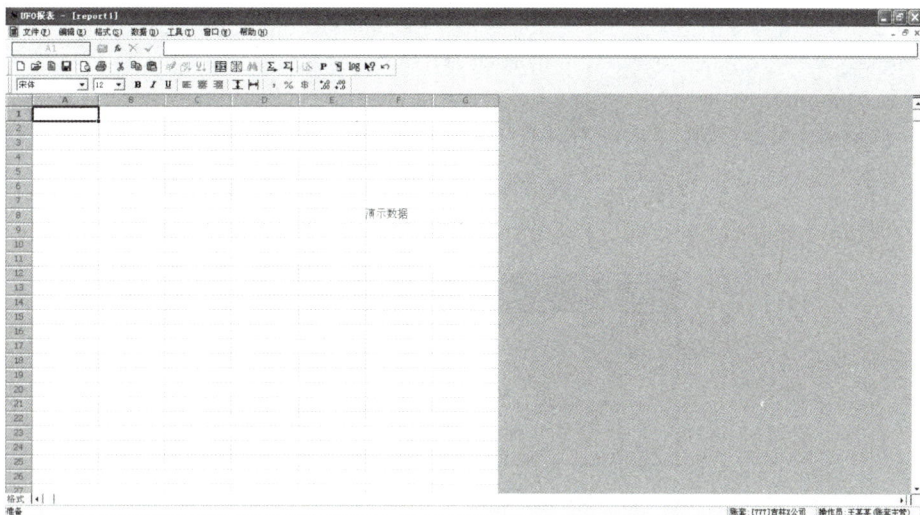

图 10-2　创建报表

### 2. 设置表尺寸

设置表尺寸是指设定报表的行数和列数。报表的行数，是将报表的标题、表头、表体、表尾所占的行数加总求和所得的行数，报表的列数是指报表所设的栏目数。

## 操作指导

(1)在"UFO报表"窗口格状态下单击【格式】，执行"表尺寸"的命令，系统会自动打开"表尺寸"对话框。

(2)根据背景资料输入行数和列数，单击页面上的【确认】。窗口中即显示出所设行数和列数的报表，如图 10-3 所示。

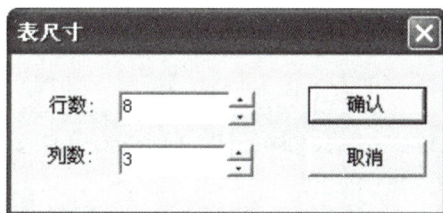

图 10-3　"表尺寸"对话框

### 3. 设置行高和列宽

将"吉林×公司产品销售分析表"设为行高 9 毫米，列宽 35 毫米。

## 操作指导

选定整张表格，单击【格式】按钮，执行"行高"命令，系统会自动打开"行高"对话框，输入行高"9"，列宽"35"，单击【确认】按钮，其系统操作流程如图10-4、图10-5所示。

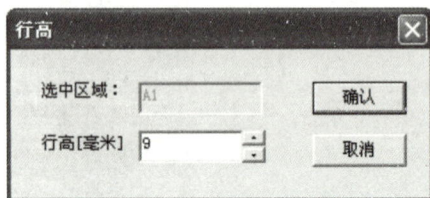

图10-4 "行高"对话框

图10-5 "列宽"对话框

### 4. 画表格线

## 操作指导

(1)选定吉林×公司产品销售分析表表体区 A3：C7。

(2)单击【格式】按钮，执行"区域画线"命令，系统会自动打开"区域画线"对话框。

(3)选定"网线"单选框，单击页面上【确认】按钮，如图10-6所示。

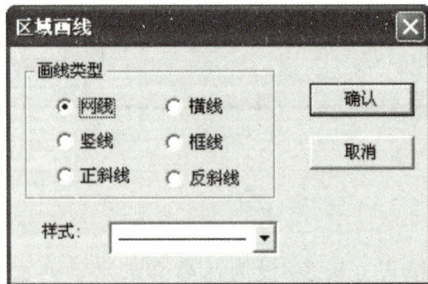

图10-6 "区域画线"对话框

### 5. 定义组合单元

定义组合单元就是将几个单元合并为一个单元。通常报表的标题、表头和表尾的设置会用到组合单元。在一些比较复杂的报表表体中也会用到组合单元。

例：将标题所在第1行定义为组合单元。

## 操作指导

(1)单击行标【1】按钮，刷新利润表标题所在的第一行。

(2)单击【格式】按钮，执行"组合单元"命令，系统会自动"组合单元"对话框。

(3)单击【整体组合】按钮或【按行组合】按钮，如图10-7所示，该行的所有单元将被合并为一个组合单元。

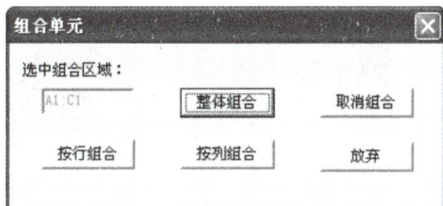

图10-7 "组合单元"对话框

### 6. 输入文字内容

输入报表中的文字内容，如图10-8所示。

| 吉林X公司产品销售分析表 | | |
|---|---|---|
| | | 单位：元 |
| | 001纯牛奶 | 002纯牛奶 |
| 产品销售收入 | | |
| 产品销售成本 | | |
| 毛利 | | |
| 毛利率 | 演示数据 | |
| | | 制表人： |

图10-8 输入的文字内容

### 7. 设置单元属性

将表格中B4：C6区域设置为数值单元，并要求不保留小数点，数值用千位分隔符表示。

## 操作指导

（1）选取 B4：C6 区域，单击【格式】按钮，执行"单元属性"命令，打开"单元格属性"对话框。

（2）在"单元类型"列表框中选定"数值"选项，选定"逗号"复选框，然后单击【确定】按钮，如图 10-9 所示。

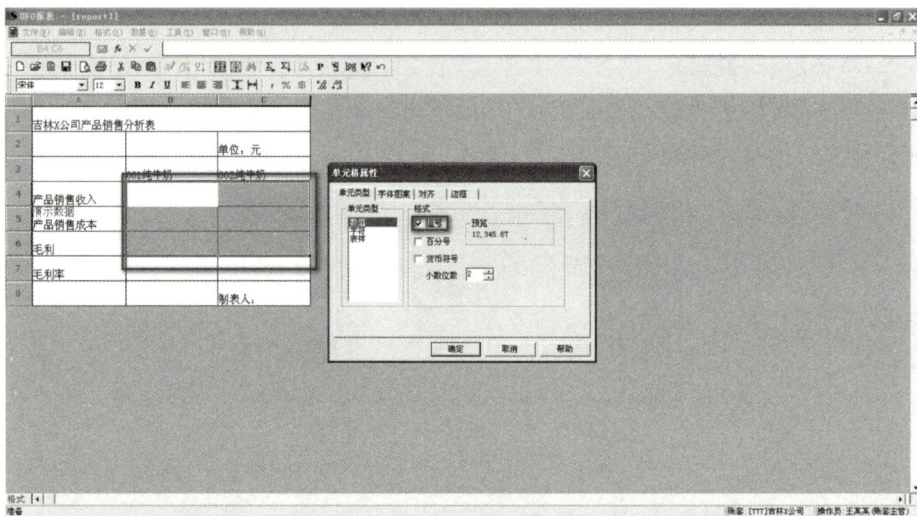

图 10-9 "单元格属性"对话框

### 8. 定义关键字

A2 单位格设置为"单位名称，"B2 单元格设置"年"为关键字，设置"月"为关键字。将"年"设置偏移量"-50"，将"月"设置偏移量"-25"。

## 操作指导

（1）在格式状态下，选中需输入关键字的 A2 单元，单击【数据】按钮，执行"关键字"下的"设置"命令，系统会自动打开"设置关键字"对话框，如图 10-10 所示。

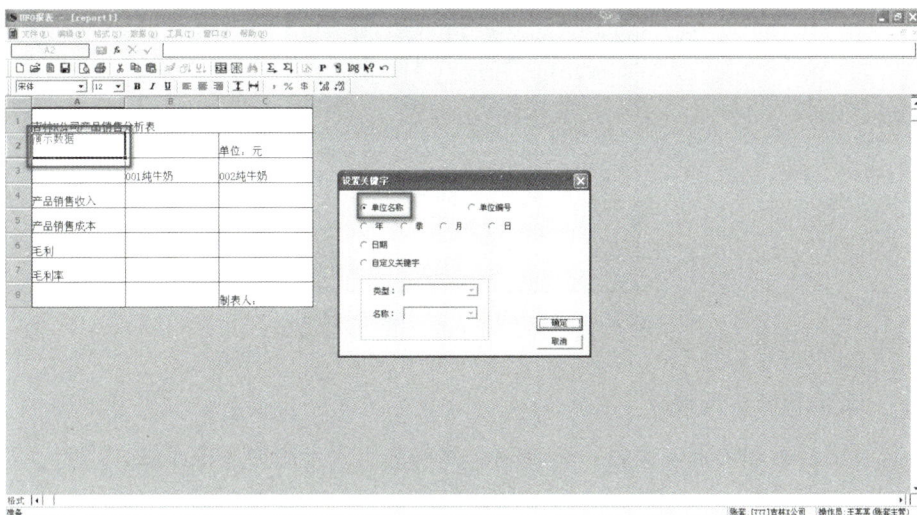

图 10－10 "设置关键字—单位名称"对话框

（2）选定"年"单选框，单击【确定】按钮，如图 10－11 所示。

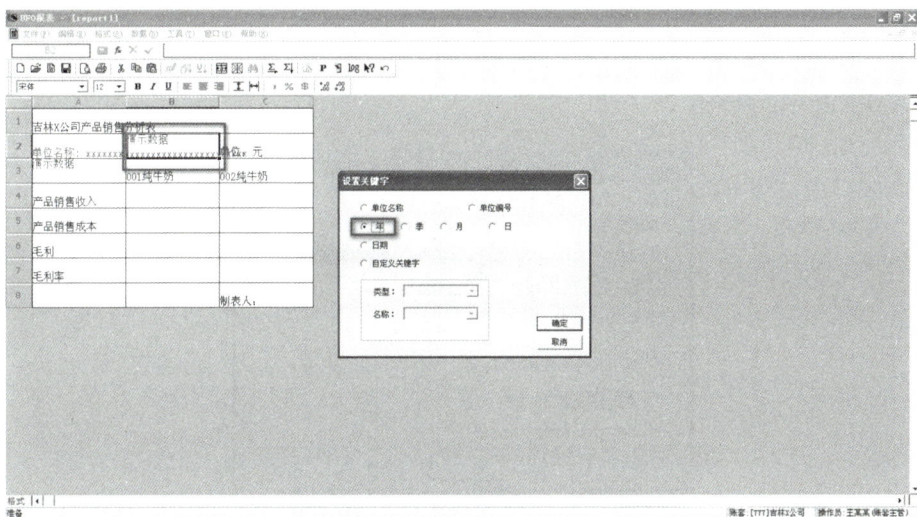

图 10－11 "设置关键字—年"对话框

（3）按照步骤（1）和（2）的方法将"月"定义为关键字。

（4）单击【数据】按钮，打开"关键字"，执行"偏移"命令，系统会自动打开"定义关键字偏移"。

（5）在"年""月"需要调整位置的关键字文本框中输入偏移值，单击【确定】按钮，如图 10－12 所示。

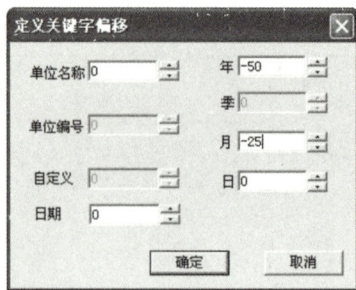

图 10-12 "定义关键字偏移"对话框

### 9. 设置单元格风格

设置表格标题为宋体加粗，16号字，水平和垂直方向为居中设置。

## 操作指导

(1)选定标题所在的组合单位，单击【格式】按钮，执行"单元属性"命令，系统会自动打开"单元格属性"对话框。

(2)打开"字体图案"选项卡，分别在"字体""字型""字号"列表框中按要求进行设置，如图 10-13 所示。

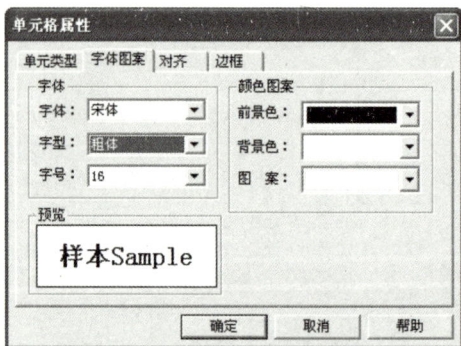

图 10-13 "单元格属性"对话框 1

(3)打开"对齐"选项卡，选定"水平方向"和"垂直方向"对应的"居中"单选框，然后单击【确定】按钮，如图 10-14 所示。

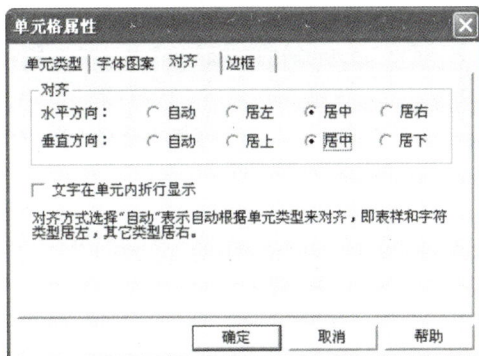

图 10 - 14 "单元格属性"对话框 2

### 10. 保存报表

执行"文件""保存"命令，选择保存路径为"桌面"，输入文件名"吉林×公司产品销售分析表"，单击【另存为】按钮，如图 10 - 15 所示。

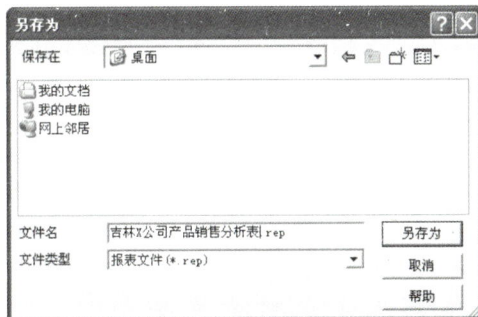

图 10 - 15 "另存为"对话框

# 任务二　编辑报表公式

公式的编辑必须在格式状态下进行。UFO 报表管理系统提供了 3 类公式，分别是计算公式（单元公式）、审核公式和舍位平衡公式。

### 1. 计算公式

输入吉林×公司产品销售分析表中 001 纯牛奶的产品销售收入的计算公式：B4＝6001 科目贷方月发生额，辅助核算项目取"001 纯牛奶"，账套号和会计年度为默认设置。

（1）在格式状态下，选定 B4 单元，单击【数据】按钮，打开"编辑公式"，执行"单元公式"命令，系统会自动打开"定义公式"对话框，如图 10－16 所示。

图 10－16 "定义公式"对话框

（2）单击【函数向导】按钮，打开"函数向导"对话框。

（3）在"函数分类"列表框中选择"用友账务函数"，在"函数名"列表框中选择"发生(FS)"，如图 10－17 所示。

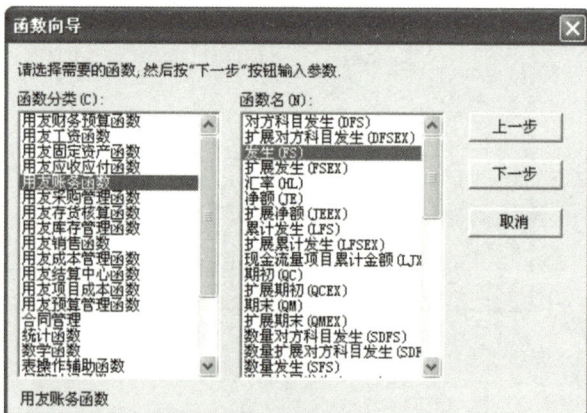

图 10－17 "函数向导"对话框

（4）单击【下一步】按钮，在"用友账务函数"对话框中单击【参照】按钮，打开"账务函数"对话框。

（5）在"账务函数"对话框中设置公式内容，设置完毕后，单击【确定】按钮返回。

2. 审核公式

审核公式是 UFO 报表系统提供的用于检查报表数据之间钩稽关系的公式。通过验证报表数据的逻辑关系来提高报表数据的准确性。审核公式由验证关系公式和提示信息两部分组成，其基本表达式如下：

＜审核关系式＞

MESS"提示信息"

例：在资产负债表中要求反映期初资产总计的 C38 单元应等于反映期初负债和所有者权益合计的 G38 单元，该检验内容相应的审核公式如下。

C38＝G38

MESS"期初数据不符合平衡关系！"

## 操作指导

在格式状态下，执行"数据""编辑公式""审核公式"命令，打开"审核公式"对话框，在文档框中输入公式内容，如图 10－18 所示。

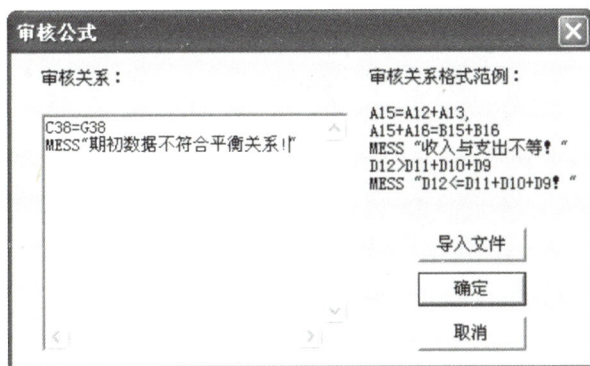

图 10－18 "审核公式"对话框

### 3. 舍位平衡公式

舍位平衡公式主要用于对有关 UFO 报表的汇总。在进行报表汇总时，可能会存在各个报表计量单位不一致的问题，这就需要对部分报表数据进行进位处理，如将原来的以"元"为单位，转换为以"千元"或"万元"为单位，或者进行小数点数据取整等。在这种情况下，可能会导致由于进位而打破原有的数据平衡关系，为此，在UFO 报表系统中，通过设置舍位平衡公式，对进位后的数据按设置的舍位平衡公式进行微调，以使经过进位处理后的数据自动恢复平衡关系。

例如，将资产负债表数据计量单位由"元"进位到"万元"，由此形成的报表命名为"SW1"，舍位范围为 C7：H38，平衡公式为 C38＝C18＋C37，D38＝D18＋D17，G38＝G18＋G37，H38＝H18＋H37。其设置方法如图 10－19 所示。注意输入平衡公式时，每个公式一行，公式之间用半角英文标点逗号分隔，最后一行不用写逗号。

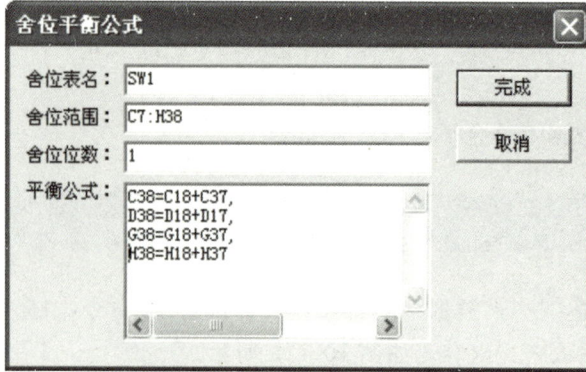

图 10－19　"舍位平衡公式"对话框

# 参考文献

[1]王珠强. 会计电算化：用友 ERP－U8V10.1 版［M］. 北京：人民邮电出版社，2018.

[2]狄建红. 会计电算化实务：用友 ERP－U8 V10.1［M］. 北京：人民邮电出版社，2020.

[3]牛永芹，赵德良，曹方林. ERP 供应链管理系统实训教程［M］. 北京：高等教育出版社，2017.

[4]沈清文，吕玉林，王欢. 会计电算化［M］. 北京：清华大学出版社，2019.

[5]会计仿真实训平台项目组. 会计电算化实训［M］. 北京：清华大学出版社，2018.

[6]财政部会计资格评价中心. 初级会计实务［M］. 北京：中国财政经济出版社，2020.